学校教育相談
心理学

中山　巖　編著

北大路書房

執筆者一覧（執筆順）

編者　中山　巖

中山　巖	佐賀大学文化教育学部	第1,2,3,4,6,14章,付録1,3
名島　潤慈	山口大学教育学部	第5章
古賀　靖之	西九州大学健康福祉学部	第7,12章,付録2
田中　寛二	琉球大学法文学部	第8章
田口　香津子	佐賀女子短期大学	第9章
眞田　英進	佐賀大学文化教育学部	第10章
村田　義幸	長崎大学教育学部	第11章
武内　珠美	大分大学教育福祉科学部	第13章

はしがき

　教育の危機が叫ばれて久しいが，子どもをとりまく状況は，年々深刻化しているように思われる。2000（平成12）年には愛知県の高校生による主婦刺殺事件や，佐賀県の無職少年によるバス乗っ取り事件など，凶悪・粗暴な少年非行が頻繁に発生している感がある。また，いじめ問題についても依然として憂慮すべき状況にあり，さらに，不登校問題についても，1999（平成11）年度に「不登校」を理由に年間30日以上学校を欠席した児童生徒は，全国の国公私立小・中学生あわせて13万人を超え，調査開始（平成3年度）以来，最多になっている。

　文部（科学）省は，児童生徒の問題行動などへの取り組みとして，1995（平成7）年度から，臨床心理士などの児童生徒の心の問題に関する専門家を「スクールカウンセラー」として学校に配置し，2000（平成12）年度にはその数は，2500校に達した。また，1998（平成10）年度の2学期からは，生徒の悩みなどの相談にのったり，気軽な話相手になってもらうために，公立中学校に，教職経験者や青少年団体指導者などの地域の人材を「心の教育相談員」として配置した。

　一方，教員養成カリキュラムについては，1998（平成10）年には教育職員免許法の一部が改正され，従来よりも「教科に関する科目」の単位が減り，「教職に関する科目」の単位が大幅に増えた。さらに小学校，中学校または高等学校の教諭の普通免許状の授与を受ける場合，そのうちの「生徒指導，教育相談及び進路指導等に関する科目」については，従来の2単位から4単位が必須となり，その内訳は「生徒指導の理論及び方法」，「教育相談（カウンセリングに関する基礎的な知識を含む。）の理論及び方法」，ならびに「進路指導の理論及び方法」を含むものとなっている。また，幼稚園教諭の普通免許状の授与を受ける場合にも，新たに2単位が必須となり，「幼児理解の理論及び方法」ならびに「教育相談（カウンセリングに関する基礎的な知識を含む。）の理論及び方法」を含むものに改正された。これらについては，2000（平成12）年度の大

はしがき

学・短大入学者からは全面的に適用されている。このように教員養成カリキュラムが改正されたのは，専門分野の学問的知識だけでなく，教え方や子どもとのふれ合いを重視し，生徒指導や教育相談に関する資質・能力の向上をはかろうとしたためである。

ところで，暴力行為，いじめ，不登校などの児童生徒の問題行動の原因や背景については，家庭，学校，地域社会のそれぞれの要因が複雑にからみ合っている。それらについては，個々のケースによってさまざまであるが，子ども自身の対人関係におけるコミュニケーション能力の不足や，子どもをとりまく家庭や地域社会の教育力の低下や，学歴偏重など受験戦争をあおる社会的風潮などの問題が，しばしば指摘されている。

子どもの問題は家庭や学校，さらには地域社会全体のあり方に関わっており，教師や保護者（親）を含めた今の大人は，子どもが投げかけている問題行動という心のサインを，どのように受けとめて考えるかという課題に直面している。その際，子どもの表面的な問題行動だけに目を向けるのではなく，問題行動の意味を探る態度で接して，問題行動の背景を理解することが大切である。

本書は，学校における教育相談はいかにあるべきか，子どもの問題行動をどのように理解して対応したらよいのかなど，教育相談の本来の意義と方法について考えることを目的として，編集されている。そして，本書が，教育職員免許法が改正されて教育相談・生徒指導が重視されたことにこたえるために，「教育相談」や「生徒指導」などの講義のテキストとして用いられることを期待している。

そして，本書の執筆者は，大学や短大で，さまざまなかたちで教育相談に関する理論や実践に携わっており，スクールカウンセラーとしても現場で活躍している方々である。このたび，このような企画の趣旨に対して快く賛同していただき，編者として感謝している。

なお，本書では，"学校における教育相談"という意味から，「トピックス」，「児童生徒の心と体の疾患」，「子どもの生活年表・資料」なども付録として掲載している。あわせて，参考にしていただければ幸いである。

本書が大学・短大などの学生，現場の教師，あるいは保護者などの一般読者にも読まれることによって，教育相談への理解が深められるとともに，児童生

徒へのよりよい対応がなされることを念願している。

　おわりに，本書の出版に際して，いろいろなご援助をいただいた北大路書房の丸山一夫社長，西村泰一氏をはじめスタッフの方々に心からお礼を申し上げたい。とくに，編集部の関一明氏と北川芳美氏には編集や校正などすべてにわたり大変お世話になり，深く感謝の意を表するしだいである。

　2001年2月

編者　中山　巖

もくじ

第1章　学校における教育相談の意義と役割 …………………… 1
1. 教育相談とは　　　　　　　　　　　　　1
2. 生徒指導とは　　　　　　　　　　　　　2
3. 生徒指導における教育相談の役割　　　　5
4. 学校における教育相談の今日的意義　　　6
5. 保護者との面接の進め方　　　　　　　　9
6. 事例研究会の進め方　　　　　　　　　　13

第2章　教師に望まれるカウンセリング・マインド …………… 16
1. カウンセリング・マインドとは　　　　　16
2. カウンセリング・マインドを活かした教師の指導　　18
3. カウンセリング・マインドを育てるために役立つ実習　　33

第3章　パーソナリティとその理解 …………………………… 38
1. パーソナリティについての考え方　　　　38
2. パーソナリティの発達　　　　　　　　　42
3. 自我の防衛機制　　　　　　　　　　　　45
4. コンプレックス　　　　　　　　　　　　48

第4章　心理検査とその利用 …………………………………… 53
1. 心理検査の種類　　　　　　　　　　　　53
2. 心理検査が備えるべき条件　　　　　　　65
3. 心理検査を実施し，利用する際の留意点　66

第5章　カウンセリングの技法 ………………………………… 71
1. カウンセリングとは　　　　　　　　　　71
2. カウンセリングの目標について　　　　　74
3. カウンセリング技法について　　　　　　75
4. カウンセラーからの質問　　　　　　　　77

5．カウンセラーからのアドバイス　　　　　　　　78
　　6．カウンセリングにおける夢の利用　　　　　　　80
　　7．自殺の問題　　　　　　　　　　　　　　　　　81

第6章　不登校の理解と対応 …………………………………… 84
　　1．不登校とは　　　　　　　　　　　　　　　　84
　　2．不登校児童生徒への対応　　　　　　　　　　99

第7章　いじめの理解と対応 …………………………………… 114
　　1．いじめの内容　　　　　　　　　　　　　　　115
　　2．いじめる子どもの特徴とそのサイン　　　　　119
　　3．いじめられる子どもの特徴とそのサイン　　　120
　　4．いじめのフィールド，システム，およびダイナミックス　　121
　　5．いじめ問題への対応と対策　　　　　　　　　124

第8章　非行の理解と対応 ……………………………………… 129
　　1．非行とは　　　　　　　　　　　　　　　　　130
　　2．非行への対応　　　　　　　　　　　　　　　146

第9章　性に関する問題の理解と対応 ………………………… 149
　　1．性に関する問題の理解　　　　　　　　　　　149
　　2．性に関する問題への対応の現状　　　　　　　157
　　3．性に関する教育相談の実際　　　　　　　　　159

第10章　障害児の理解と援助 …………………………………… 165
　　1．障害の定義　　　　　　　　　　　　　　　　165
　　2．障害の分類と教育的対応　　　　　　　　　　166
　　3．障害理解のための心理教育的診断　　　　　　172
　　4．障害の理解と対応　　　　　　　　　　　　　175

第11章　生徒の進路についての指導と援助 …………………… 188
　　1．進路指導の意義　　　　　　　　　　　　　　188
　　2．進路指導の内容と方法　　　　　　　　　　　192

もくじ

第12章　保健室の養護教諭の役割 …… 202
1．保健室を訪れる児童生徒への理解　　203
2．教育相談における養護教諭の役割　　208
3．養護教諭による教育相談の実際　　210

第13章　スクールカウンセラーの役割 …… 222
1．スクールカウンセラーが登場するまで　　222
2．スクールカウンセラーとは　　226
3．スクールカウンセラーの意義と課題　　230
4．スクールカウンセラーの活動内容　　235

第14章　教育相談関係機関とその利用 …… 240
1．主な教育相談関係機関の概要　　240
2．学校と教育相談関係機関との連携のあり方　　253

●付録

【付録1】：トピックス
1．学級崩壊…258／　2．「キレる」子どもたち…260／　3．17歳の少年による凶悪事件…262／　4．「少年法」改正…263／　5．児童虐待…264／　6．高校中途退学者…266／　7．大学入学資格検定（「大検」）…267／　8．学校週5日制…268／　9．「やさしさ」世代の若者たち…269／　10．臨床心理士…270

【付録2】：児童生徒の心と体の疾患
1．摂食障害…273／　2．肥満症…273／　3．胃・十二指腸潰瘍（消化性潰瘍）…274／　4．過敏性腸症候群…274／　5．気管支喘息…275／　6．アトピー性皮膚炎…275／　7．過呼吸症候群（過喚起症候群）…276／　8．自律神経失調症…276／　9．神経性習癖…277／　10．場面緘黙症…278／　11．対人恐怖症…278／　12．強迫神経症…279／　13．転換ヒステリー…279／　14．統合失調症（精神分裂病）…280／　15．躁・うつ状態（感情障害・気分障害）…280／　16．思春期危機症…281／　17．自殺…281／　18．てんかん…282／　19．行為障害…282

【付録3】：子どもの生活年表・資料

引用・参考文献　　295
事項索引　　305
人名索引　　310

CHAPTER 1 学校における教育相談の意義と役割

1 教育相談とは

　「教育相談（educational counseling）」は、児童生徒および幼児（以下、「児童生徒等」という。）の教育上の問題について、本人、親、教師等に対して適切な援助をすることである。文部省（1981）は、教育相談を、「一人ひとりの子どもの教育上の諸問題について、本人又はその親、教師などに、その望ましいあり方について助言指導することを意味する。言いかえれば、個人のもつ悩みや困難の解決を援助することによって、その生活によく適応させ、人格の成長への援助をはかろうとするものである」と定義している。さらに、中沢（1978）は、「教育相談は人間性信頼を基本原理としながら、子どもたちの不安感や混乱感を除去し、不信感や反抗感を変化させ、消極的な否定的態度を積極的な肯定的態度に変容させ、子どもたちに望ましい人間関係を体験させ、人間不信感を人間信頼感にかえる態度変容や、行動変容に関する新しい原理や方法を開発している新しい教育活動である」と述べている。

　このように教育相談は、家庭教育のあり方、学業相談、進路指導などを主な内容とする開発的教育相談（教育・指導のための教育相談）と、知能や情緒の発達などに問題をもつ児童生徒等に対して、問題解決や治療・指導をめざす治療的教育相談（治療・指導のための教育相談）とに大別される。しかし、学業不振や進路指導が情緒障害や非行などの問題と関連することもあるので、実際には両者を明確に区分することはむずかしい。

　なお、文部省（1990）は、「教育相談は、生徒指導の一環として位置づけられるものであり、その中心的役割を担うものである」と明記している。したがって、教育相談の考え方と方法を生徒指導の基本として取り入れることが重視

されている（文部省，1991）。生徒指導の一環としての教育相談においては，その成立の経緯から，発達的観点に立つ積極的な側面よりも，適応上の問題や心理面の問題などをもつ児童生徒等への対応が重視されてきたが，今日では治療的な側面から予防的な側面，さらには開発的な側面への役割の重要性が強調されている（文部省，1991）。

ところで，学校で行なわれる教育相談は「学校教育相談」とよばれるわけであるが，この「学校教育相談」という用語は，わが国の独特な歴史から生み出されたもので，「学校カウンセリング」と重複する部分があり，両者とも英語で"school counseling"となっている。学校教育相談は，どちらかというと問題をもつ児童生徒等の診断・治療に重点をおき，学校カウンセリングの方は，カウンセリングにおける人間観・教育観を学校教育現場に適用して学校教育のあり方を改善していこうとする意味がこめられている場合が多い。

学校教育相談は，文字通り，小・中・高校の各学校で行なわれる教育相談であり，個々の児童生徒等の教育上の諸問題に関して，本人，親，教師等に対して，適切な援助や相談活動を行なうことである。

『生徒指導上の問題についての対策（中学校・高等学校編）』（文部省，1980）では，学校教育相談は，「生徒の自己実現を促進するための援助手段の一つである。言いかえれば，生徒自身が現在の自分および自分の問題について理解し，どのようにすればその問題を解決できるかについて自己洞察をし，自らの内にもつ力によって自己変容していくことを援助する過程である」と定義されている。児童生徒等の自己実現を援助することは学校教育の目的に合致するものであり，この意味から，学校における教育相談は，教育の原点に迫るための基本姿勢として大切である。したがって，教育相談の治療的機能だけに注目するのではなく，開発的機能をも重視し，すべての児童生徒等がその対象であることを共通に理解することが必要である。

2 生徒指導とは

「生徒指導（pupil guidance ; guidance of pupil personal work）」に類似する用語として，「生活指導」，「ガイダンス」，「補導」などの用語があるが，生

徒指導はそれらを包括する用語である。

　就学前の子ども（幼児）や小学生（児童）については，生徒指導よりも生活指導とよばれる場合が少なくない。しかし，「文部省設置法」や「地方教育行政の組織及び運営に関する法律」では，学校の種別に関係なく，一律に「生徒指導」という用語で統一されている。『生徒指導の手引』（改訂版）（文部省，1981）でも，「生徒指導に類似した用語に生活指導という言葉があり，この2つは，その内容として考えられているものがかなり近い場合もあるが，生活指導という用語は現在かなり多義に使われているので，本書では生徒指導とした」と記されている。

　アメリカでは，1900年代初頭の職業・進学指導（狭義のガイダンス），教育測定，精神衛生の指導という3つの指導理論が確立されたことが契機となり，学校において生徒指導の原型となるガイダンスが導入された。日本でも，昭和20年代の中頃，中学・高校の生徒指導に社会的自己実現をめざすアメリカのガイダンス理論が紹介されて注目されたが，すぐにはアメリカのように学校教育で応用されることはなかった。

　ガイダンスは，一般的には「生徒指導」と訳された。これは，本来，児童生徒等が自己の能力，興味，性格特性などについての理解を深め，生活環境のいろいろな事態における適応上の問題について，自主的な判断力を養い，社会的自己実現ができるように援助するものであり（文部省，1990），このガイダンスを計画的に行なうための手法の中心として採用されたものが，学校におけるカウンセリング（教育相談）であった。

　従来は，生徒指導といえば，問題行動にどのように対応したらよいかということに重点がおかれてしまう傾向がみられたが，本来は，児童生徒等の内面に注意を向けて，一人ひとりの人間性の発達をうながすものである。たとえば，文部省（1981）は，生徒指導の意義について，「青少年非行などの対策といった，いわば消極的な面にだけあるのではなく，積極的にすべての生徒のそれぞれの人格のより良き発達をめざすとともに，学校生活が，生徒の一人ひとりにとっても，また学級や学年，さらに学校全体といったさまざまな集団にとっても，有意義にかつ興味深く，充実したものになるようにすることをめざすところにある」と記している。さらに，飯田（1980）も，「教育的価値の達成を直

接にめざす教育諸活動に対して，その基盤をつくったり，その促進を援助したり，その正常な路線から脱漏する児童生徒を救済したりするような仕事—いわば，普通の意味の教育活動に対する精神的な意味の条件を整備するような仕事—を担当するのが，生徒指導である」と述べている。

　このように，生徒指導にも2つの側面があり，児童生徒等の人格や精神をより望ましい方向に進める積極的な面での指導と，適応上の問題や心理面の問題などをもつ児童生徒等に対する消極的な面での指導があり，前者の場合は，すべての児童生徒等を対象にして，あらゆる教育活動を通して行なわれる。したがって，人格形成をめざす生徒指導の積極的側面は開発的教育相談に対応し，不適応な問題行動を指導する生徒指導の消極的側面は治療的教育相談に対応していることになる。

　生徒指導について定義するとすれば，「本来，一人ひとりの生徒の個性の伸長をはかりながら，同時に社会的な資質や能力・態度を育成し，さらに将来において社会的に自己実現ができるような資質・態度を形成していくための指導・援助であり，個々の生徒の自己指導能力の育成をめざすものである。そして，それは学校がその教育目標を達成するためには欠くことのできない重要な機能の1つである」（文部省，1988）というような表現になる。ここでいう「自己指導能力」には，自己受容（自己をありのままに認めること），自己理解（自己に対する洞察を深めること），自己決定（自分の行動を決断し，実行すること）などが含まれている。

　自己指導能力を育成するための指導上の留意点としては，次のようなことがあげられる（文部省，1990）。
① 児童生徒等に自己存在感を与えるようにする。人間は，他者との関わりの中で生きており，その関わりの中で自己の存在感を見い出せる時，生き生きと活動できる。
② 共感的人間関係を育成するように努める。たとえば，同じような人間的弱さや不安をもった人間どうしが出会い，それぞれの経験をありのままに語り合うことによって，自分の経験をはっきりと意識化し，現実に向かって心を開放する役割をはたすことができる。
③ 児童生徒等にできるだけ多く自己決定の場を与えるようにする。自己決定

の場で自ら決断し，実行し，責任をもつ経験を何度も積み重ねることによって自己指導能力の育成がはかられる。また，児童生徒等は，自分がどのような行動をとればよいのかの選択を迫られる時，本来の自分自身を見つめ，それを明確にすることの必要性に迫られる。すなわち，このような場面を通して，自己受容，自己理解が進められる。

ところで，教科の指導と生徒指導との間には相互関係が存在し，「教科の指導は，教科における生徒指導によって推進され，逆に，生徒指導は，教科の指導によって推進される」（文部省，1981）ということになる。教科における生徒指導は，小学校の場合には，一人の学級担任の教師がほとんどの教科を担当するので比較的実践しやすいが，教科別に担当の教科が異なる中学校や高校の場合には，比較的実践しにくい面がある。したがって，中学校や高校の場合には，学級担任の教師と教科を担当する教師との間での相互の連携がとくに必要である。そのためには，中学校や高校では，生徒指導協議会や学年部会の場で生徒についての共通理解をはかることが重要になる。

❸ 生徒指導における教育相談の役割

これまで述べてきたように，教育相談と生徒指導は，その目的においてほぼ一致している。教育相談が生徒指導にどういう働きをもっているかについて，具体的にまとめると次のようになる（文部省，1991）。

① 個性的な成長課題への援助を通して，個性の伸長をはかる：生徒指導は児童生徒等の個性を伸長することをねらいの1つとしている。したがって，一人ひとりの個性的な成長の課題の解決に向けて，それを援助する教育相談によって，個性の理解と成長の過程が促進される。

② 自己をみつめることで，価値の内面化を促進する：生徒指導の目標は，児童生徒等の自律をはかることであるから，外的な抑制から自己抑制へ，外的な評価から自己評価による自己動機づけへという内面的価値による自律への過程が重視されなければならない。たとえば，叱られることが怖いからではなく，自分の気持ちの問題として万引きをしないのであり，あるいは，親に言われるからではなく，自分の心に登校したい願いがあることを確かめて登

校するのである。教育相談を通して自己を観察し，素直に感情を認めて表現する体験は，このような内面化の過程を促進するものとして期待される。
③　自己理解への援助を通して，個性的自己形成に寄与する：児童生徒等は，自分について考え，書き，話し，暖かく聴いてもらえる体験を通して，適切な自己観察の様式を学ぶことができる。とくに，教育相談で教師が児童生徒等の話をじっくり聴いてやるようなことは，教師による児童生徒等の自己理解への援助の機会として重要である。
④　受容を通して，自己と周囲との関係についての理解を促進する：受容は，教育相談の主要な働きの１つである。たとえば，児童生徒等は自分の失敗などを教師に話して受容される体験を通して，自己を受容できるようになり，その結果，まわりの人をも受容することができ，人間関係についての理解が深まり，改善できるようになる。
⑤　保護者との面接を豊かなものにし，生徒指導の成果を高める：生徒指導の成果を高めるためには，保護者との連携が必要である。そのためには，保護者と教師との面接の中で信頼と共感の関係が形成され，保護者が面接によって自分自身と子どもについての理解と洞察が深まることがとくに重要である。教育相談の考え方や方法によって，実り豊かな面接が可能になる。
⑥　システムづくりによって，効果的な環境を準備する：教育相談は，その役割上の性質として，一人の児童生徒等を取り囲むさまざまな人々との関係の調整にあたる機能をもっている。学級担任の教師もまた，学校を中心として関係調整をする任務を担っている。そこで，生徒指導をめぐって，関係するさまざまな人と機関との連携を進めることが重要になる。
⑦　学級経営に教育相談の視点を導入する：学級担任の教師による日常の学級経営を，教育相談の視点から照らしてみることが必要である。そのためには，児童生徒等一人ひとりの個性を尊重しながら学級経営を進めることが大切である。

4　学校における教育相談の今日的意義

教育相談は，教師と児童生徒等あるいはその保護者である親とが一対一で話

し合うところに本質がある。ここでは，児童生徒等の問題行動への理解と対応の仕方を通して，学校における教育相談の今日的意義について考えてみたい。

問題行動とよばれる不適応行動には，暴力や非行などのように，他者に迷惑を及ぼす「反社会的行動（anti-social behavior）」と，不登校や自殺などのように，社会からひきこもる「非社会的行動（asocial behavior）」とがある。一般に，児童生徒等の問題行動について，教師は反社会的行動の方を重視する傾向があり，精神医学や臨床心理学などの精神保健の専門家は非社会的行動の方を重視する傾向があり，両者の間で問題行動のとらえ方（問題行動観）に違いがある（Wickman, E. K., 1928）。

児童生徒等の問題行動を理解して対応する場合には，『水面に浮かぶ氷の原理』（図1-1）で説明することができる（中山，1992）。すなわち，表面に現われている問題行動は，水面上に出ていて目で見ることができる氷の部分に相当し，問題行動を生み出している背景（家族関係，生育歴，友人関係など）は，目で見ることができない水面下の氷の部分に相当する。たとえば，問題行動の心理や背景を理解することなく表面的な反社会的行動だけを見て判断し，高校生に停学処分を出したり，不登校の児童生徒等に対して再登校をいくら促してもうまくいかないのは，ちょうど，水面上の氷の部分をいくら抑えつけて沈めても，その手を離してしまえば再び浮かんできてしまうのと同じ原理である。そして，水面上に現われている氷の部分（問題行動）を少なくしようと思うならば，むしろ水面下の氷の部分（問題行動の背景）の方に注意を向けてとかすこと（理解するように努めること）が早道である。

ところで，少年非行の一つとして，「不純異性交遊」とよばれていた性に関する問題行動がある。不純異性交遊という用語は，警視庁では"不純な性交をし，またはそれを目的として時間的，場所的に不健全な交遊をする行為"として定義されており，現在でも警察関係などの統計報告には不純異性

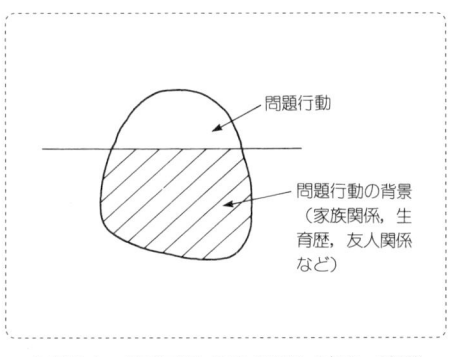

● 図1-1　水面に浮かぶ氷の原理（中山，1992）

交遊という項目が残されている。しかし，文部（科学）省は，1987（昭和62）年頃から，生徒指導における性に関する指導の中で，不純異性交遊という用語をやめ，「性に関して特別な指導を要する行動」という表現に変えている。そして，①児童生徒等の発達から考えて，それにふさわしい行動と著しくかけ離れている行動，②一般的な社会的価値基準に適応しない行動，③児童生徒等の成長や発達を阻害する行動，という3つの性的な問題をまとめて，児童生徒等の「性に関して特別な指導を要する行動」としている（文部省，1999）。

河合（1976）は，このような性に関して特別な指導を要する行動（不純異性交遊）を示した女子高校生に対してカウンセリングをした体験を，次のように紹介している：「『不純異性交遊』という項目が少年非行の中にある。中学生や高校生などが，いわゆる桃色遊戯にふけったりする場合である。多くの男性と性関係をもつ，ある女子高校生に会った。彼女は自分のしていることがどうして悪いことかわからないと主張する。自分は自分の好きなことをしているだけであって，誰にも迷惑をかけていないのにどうしていけないのか。大人たちはうらやましいから何とかケチをつけているだけではないか，となかなか厳しいことを言う。一般に彼らの論理性は鋭いので，それに耳を傾けていると，ひょっとすると彼らの方が正しいのではないかという気えさしてくる。好きな者の関係が不純で，好きでもない関係なのに夫婦であれば純粋というのか，とつめよられてたじたじとなった高校の先生もいる。私は彼女の話を熱心に聴いた。ともかく相手の話を聴くことは大切だ。彼女の話がひととおり終った時，私は言った。『世の中で，してはならないことには2種類あって，説明がつくのと，理屈ぬきで悪い，というのがあります。あなたのしていることは後者の方で，ともかく理屈ぬきで絶対にやめるべきです。』これで問題が片づいたわけではないが，ともかく彼女はそれ以来男性関係を断った。」

この例では，カウンセラーが土壇場のところで自分の気持ちを率直に表現した言葉が，相手の女子高校生の気持ちを動かした点が重要である。なお，このように助言や指導が「うまくゆく」ときは，それを受ける側にも「とき」が熟していることが必須の条件である（河合，1983）。したがって，教師がこの例を真似して，性に関する問題をもった生徒に対して同じような言葉を伝えても，効果があるとは限らない。すなわち，教育相談をする教師は，研修会や講演会

で学んだ知識とか，カウンセリングに関する専門書やマニュアルに書いてある一般的原則や応答例などのような借り物の知識だけでは，相手の児童生徒等の心を動かすことはできないのである。河合（1995）は，「教育相談と言っても特効薬ではないし，何に対しても有効というものではない。（教育の分野で，はたして特効薬などあるだろうか。特効薬を期待する教師は，その心の中に怠慢さを蔵していることを知るべきである。）」と指摘しているが，このことを教師としては重く受けとめる必要がある。親の側も，子どもが発しているSOSのサインが自分に対して向けられていることを知り，子どもの心を理解するように自分なりに努力することが大切である。そのような努力を怠り，関係機関などに安易に頼ってしまうことをしたら，SOSのサイン（問題行動）を出した子どもの目的を無視したことになってしまう。さらには，"何でも特効薬には必ず副作用がある"ことも，銘記する必要がある。

このように，一般的公式が通用しないような世界で，教師と児童生徒等が出会うところに教育相談の本質的意味があり，教師が児童生徒等に対して示す対応は，土壇場のところに追いつめられて生じてくるような，その教師がもっている個性に基づいたものでなければならない。すなわち，一対一で教師と児童生徒等が個性と個性のぶつかりを体験するような教育相談の場をもつことができれば，教育相談の今日的意義があると言えよう（河合，1995）。そのためには，教師としては，マニュアルや特効薬的なものを期待するのではなく，教育相談の場で，生きた一人の人間として全存在をかけることが大切である。

5　保護者との面接の進め方

児童生徒等の保護者（親）は，学校側から適切な助言や指導を得たいと思う気持ちがある一方で，自分の育て方や家庭の問題について指摘されたくないという気持ちをいだいている場合もある。

また，保護者のなかには家庭のしつけなどの問題であるにもかかわらず，学校側にその責任を追求する者や，自分の子どもへの教師の対応のまずさを批判する者や，学校側や教師に対して依存心が強く，過剰な期待をかける者など，さまざまである。

そこで，本節では，教師が保護者と面接する際にどのようなことに留意すべきかについて，具体的に考えてみたい。

1. 保護者の代理自我にならない

　保護者との面接は，保護者を援助することが目的である。そのためには，教師としてはまず，「保護者は，子どものことについて何を問題と感じているのか？」とか，「保護者としては，どうすればよいと思っているのか？」という視点を頭におきながら，保護者との面接を進めていく必要がある。そして，保護者との面接を進めていく過程で，保護者に対して次のようなことを気づかせることが大切である（加藤，1997）：①子どもの自立を目標にする。②保護者があきらめさえしなければなんとかなる。③父親・母親はそれぞれの役割を果たす。④ピンチはチャンスであると考える。⑤家庭は明日へのエネルギーの回復の場所である。

　その上で，最終的には子どもの問題を保護者自身が判断できるようになることが重要である。そのためには，教師としては保護者を援助はするが，保護者が判断して決めるべきことを肩代わりするような「代理自我」にはならないように気をつけることが大切である。

2. 保護者の心を傷つけるような言動を慎む

　保護者が教師に批判的になるのはどのようなときであるかについて，佐々木（1998）は次のような場合をあげている：①教師から拒否的，否定的に受けとめられていると保護者が感じているとき。②教師の伝え方が不十分であったり，ゆがめられて保護者に伝わり，誤解されているとき。③一方的な助言や要望が多く，教師の高圧的な姿勢に反感をいだいているとき。④何度も注意を受け，被害的な感情をいだいているとき。

　何気ない教師の一言や対応のまずさが，保護者を怒らせたり，遠ざけたりして，問題をこじらせ，長引かせることがある。とくに，問題をもつ児童生徒等の保護者は強い不安感をいだいているので，保護者から「この先生は，私の子どもの問題を一所懸命に考えてくれる人である」，「親として困っている私の気持ちや不安を理解してくれる先生である」というように，子どもと保護者の両

方の気持ちを理解してくれる人であると感じてもらえるような教師になることが大切である。

　たとえば，教師は保護者との最初の面接の際には，「お子さんのことで何とかしたいという気持ちでいっぱいだったんですね」，「お母さんも，さぞかしきつかったでしょうね」，「これからは，私どもと一緒に子どもさんのことを考えていきましょう」，「なにか私どもの方でお手伝いできることはありませんか？」などといった声かけを，保護者に対してすることが必要である。

　教師としては，「このような問題が起きるのは，親のしつけが悪いからだと思います」，「いじめられたお宅の子どもさんの方に問題があるように思います」，「お宅のお兄さんもそうでしたね。ご家族に何か問題があるのではないでしょうか？」，「お宅の子どもさんのような例は，私の体験では初めてです」，「学級には他の子どもさんもいるわけですから，お宅の子どもさんばかりに労力をかけるわけにはいきません」，「学校側のすることに，余計な口出しはしないようにして下さい」などといった言葉は，保護者には絶対言わないように慎むべきである。

3. 担任教師への信頼感を増すように努力する

　現在の担任教師に不満をいだいている保護者は，以前の担任教師，自分の子どものきょうだいの担任教師，同じ学年の他の担任教師などと比較していることが多い。保護者によっては，自分自身の学校時代に接した良い教師のイメージを強くもっており，それを現在の担任教師に求めている場合もある。とくに，若い女性教師が担任である場合には，ベテラン教師と比較されて，「この先生は結婚もしていないし，子育ての経験もないので頼りない」と思われてしまうことが多い。しかし，若い教師には若いなりのエネルギーと体力があり，ベテラン教師にはその点では負けないわけであるし，児童生徒等にとっては年齢差が少ないために親しみやすい存在であるので，若いということは教育上必ずしもマイナスではないことを信じて自信をもつことが大切である。そのためには，若い教師なりに，「私は教師としての経験は少ないのですが，子どものことを思う気持ちは他の教師に負けません」といったような気概をもつことが必要である。そして，日頃から学級通信などで学校での子どもたちのようすを知らせ

るような努力を積み重ねながら,保護者の不安を少しずつ和らげていくことも大切である。保護者の側も,若い教師が自分の子どものことで必死になって努力している姿を知れば,少しずつ理解してくれるはずである。

　保護者の側も担任教師のことを十分に知らずに誤解していることもあるので,場合によっては,ベテラン教師や教頭などがその保護者の家庭に出向いて,担任教師がその子どもに対していかに努力しているかという実態を情報として伝えることも必要である。

　担任教師の側も,児童生徒等の問題を自分一人で悩んで抱え込まないようにして,ベテラン教師や学年部会の場で他の教師たちに相談したり,他の教科の教師たちに協力してもらうような姿勢をもつことが大切である。

4.　できるだけ具体的なことを話題にする

　保護者との面接の際,保護者が話す言葉に教師がそのままうなずいてしまい,子どもの問題を一緒に考える機会を逃してしまうことがある。たとえば,母親が「私の子どもはわがままですものね」と話したときには,その子どものどういう行動が母親からみてわがままであるのかということを,教師としては具体的にたずねてみることが必要である。保護者にとってわがままであると思われる行動であっても,子どもにとっては保護者から自立する上で大切なことである場合が少なくない。あるいは,相談に来た保護者に対して,その日の前日あるいは休日に子どもがどのような過ごし方をしたかについて,実際にあった事を報告してもらうようなことを通して,できるだけ具体的な状況を取り上げながら,親子の関わり方について一緒に考えることが効果的である。

5.　保護者と子どもを別々に面接する

　教育センターなどの教育相談関係機関では,並行面接のかたちで,子どもと保護者の治療や面接を別々の人が担当することが多いが,その際には,治療や面接場面での自分の言動については保護者に伝わらないという安心感を子どもにもたせることが原則である。そのようにしないと,子どもは保護者への不満を話すことができないし,遊戯療法などの治療場面で,攻撃心を発揮して思い切り自分を表現することができにくくなるからである。

学校での教育相談でも，保護者と子どもが一緒に同席すると，子どもは保護者についての不満を話しにくいし，保護者の方も子どもの前で夫（妻）や姑についての不満を話しにくいので，保護者と子どもを個別に行なう方が望ましい。このことは，教師が家庭訪問をして保護者と面接する場合でも同じであり，保護者との話の内容が子どもの耳に入らないことが望ましい。

6. 電話に頼りすぎない

電話による相談については，保護者としては，自宅からの電話では，子どもや夫（妻）や姑に聴かれたくない内容を話すことができないし，電話では相手に誤解を生む危険性もあるし，お互いの表情がわからないので，教師と保護者が直接会って一対一で面接することが望ましい。さらには，便利さという理由から電話による相談が中心になってしまうと，保護者は問題が生じるとすぐに教師の方に電話をかけてしまい，自分で問題を解決しようとする努力や，不安に耐えて待つことの大切さを理解できないままに終ってしまう心配がある。したがって，教師が子どものことで保護者と電話をする際には，できるだけ長話にならないようにして，事務連絡くらいにとどめておいた方がよい。

7. 保護者の立場を配慮して家庭を訪問する

教師が子どもの問題について話し合うために家庭訪問をする際には，保護者の立場を十分に配慮することが大切である。たとえば，母子家庭を男性教師が訪問したり，教師がわざわざ昼間の時間帯に家庭を訪問すると，保護者は近所の人たちの目を気にしてしまい，教師が家庭訪問することに対して迷惑がることがある。したがって，教師が家庭訪問をする場合には，前もって保護者の了解を得ることが必要である。そして，訪問する日や時間を決める際にも，できるだけ保護者の都合を優先するように配慮することが大切である。

❻ 事例研究会の進め方

事例研究会は英語の case conference に相当するもので，そのままケース・カンファレンスとよばれることもあり，事例研究（case study；ケース・スタ

ディ）のための会合である。学校では，全体の事例研究会が1年に2～3回実施できることが望ましい。

　学校での教育相談に関する事例研究会の意義とその必要性については，次のような点があげられる。

① 担任をはじめとする教師，養護教諭などが，さまざまな立場や視点から対象の児童生徒等に関する事実や接した経験などの情報を提供し合うことによって，その児童生徒等についての理解が深まる。
② 教師にとっては，児童生徒等に対する自分自身の関わり方を見直すとともに，養護教諭を含めた教師相互の間での連携を深める機会になる。
③ 個別指導の必要性や，教育相談や生徒指導についての重要性を認識する機会になる。
④ スクールカウンセラーや校外の教育相談関係機関などからの専門家に参加してもらうと，教師とは異なる視点からの助言が得られて，柔軟な対応や指導が必要であることを教えられ，教師の資質向上につながる。

　次に，校内での事例研究会を進める一般的な手順を示すとすると，以下のようになる。

① 事例提供者の教師や養護教諭が，対象の児童生徒等の生育歴ないし家族関係，友人関係，学業成績，問題の経過，主訴などについての資料を用意して，説明する。
② 説明された事実や問題などを確認したり，不足している情報を知るために，口答または書式で事例提供者に質問する。
③ 事例提供者が質問に答えることによって，事例についての共通理解をはかる。
④ 事例の問題についての原因や要因とか，行動の意味などについて意見を出し合う。
⑤ 事例の児童生徒等や保護者に対してどのような対応をしたらよいかについて，話し合う。
⑥ 教師以外にスクールカウンセラーや教育相談関係機関などの専門家がいる場合には，指導・助言を受ける。
⑦ 事例提供者である教師や養護教諭に感想を述べてもらう。

⑧ 参加者全員で事例についての守秘義務を再確認し，場合によっては，配布された資料のプリントを回収する。

最後に，校内で事例研究会をする際の留意点としては，次のようなことがあげられる。

① 提出する事例は，欲張らずに，できるだけ1事例にしぼって，集中して考え合うことが望ましい。

② 参加者の人数が多すぎると意見が出しにくくなり，話し合いの深まりもみられなくなるので，場合によっては，大規模校などでは，小学校低学年・中学年・高学年に分れて実施したり，中学校や高校では学年部会で実施することが望ましい。

③ 特定の人だけが発言したり，一人が長々と発言することは望ましいことではないので，事例研究会が円滑に進行するためには，司会者の役割は重要である。

④ 問題解決を急ぐあまりに，対応策や解決策の方にすぐに進まないように，事例についての共通理解を深めるような時間を十分にとることが必要である。

⑤ 事例研究会では，意見の食い違いがあっても，そのことに意義があるわけで，結論を出すことが会の目的ではないということを，参加者全員が十分に理解しておくことが大切である。

⑥ 事例研究会では，うまくいっていない事例について考えることにも十分な意義があるので，参加者は事例提供者を責めたり，批判したりしないように，事例提供者の苦労や気持ちを十分に配慮して発言することが大切である。

⑦ 事例研究会に提出される児童生徒等の事例については，個人の秘密に関する内容が含まれているので，秘密を厳守することが大切である。このような守秘義務は，医師や弁護士などと同様に，教師にとっても必要な職業倫理である。事例についての資料（プリント）が職員室の机の上にうっかり置かれたままになっていて児童生徒等の目に触れたり，外部に資料がもれないように十分に注意しなければならない。

CHAPTER 2 教師に望まれるカウンセリング・マインド

1 カウンセリング・マインドとは

　カウンセリング・マインド（counseling mind）という用語は、スキンシップと同じように、日本人がつくった和製英語である。わが国では、1980年代に教育委員会を中心に、「教師はすべてカウンセラー（counselor）」とか、「すべての教師にカウンセリング・マインドを」といったキャンペーンのもとで、一人ひとりの児童生徒に目を向けて大切にすることが強調され、それ以後も、カウンセリング・マインドを活かした教師の指導が重要であることが指摘され続けてきた。

　ところで、カウンセリング・マインドは、直訳すると「カウンセリングの精神」とか、「カウンセリングの心」となる。菅野（1994）は、カウンセリング・マインドとは「カウンセリングを行なうときのような心」という意味にとらえ、カウンセリングを行なうときの大切な心がまえとして、次のような4つの点をあげている。

① 表面的な行動にとらわれず、行動の背後にある"そうせざる（ならざる）をえない"気持ちを考慮に入れて、人の行動を理解する。

② 人間は、頭のなかではわかっていても、そのように行動できないこともある。そのことをふまえ、その人が本当に目的にかなった行動ができるためには何が必要であるかを考慮しながら、働きかけを行なう。

③ 人間は、人とつながりをもち、見守られ、愛情を注がれれば、健康回復や自立成長に向かう力がわいてくるものだ、という人間理解をもつ。

④ クライエント（client：来談者）と関わりながら、自己にも目を向け、クライエントとともに自分も成長していこうと心がける。

さらに，カウンセリング・マインドについてもう少し詳しく定義するとすれば，「相手の気持ちを，相手の身になって感じることであり，相手と気持ちの通じ合う人間関係を大切にする基本的な態度・技能をさす」（北島，1987）とか，「クライエント（児童生徒）がことばをはじめとして，その人全体で表現し，伝え，理解してもらいたいと願っている内容，感情，意図を，カウンセラー（教師）ができるだけ理解しようと努めながら，クライエント（児童生徒）の人格的発達を援助しようとすることである」（神保，1991）などとなる。

　したがって，カウンセリング・マインドは，ロジャーズ（Rogers, C. R., 1957）が提唱したクライエント中心療法におけるカウンセラーとしての6つの必要十分条件のうちで，とくに「クライエントに対する無条件の積極的尊重（クライエントの自己成長力を信頼すること）」と「共感的理解（クライエントが感じていることを，あたかも自分自身のものであるかのように感じとること）」に関連しているわけである。なお，empathy という英語は「共感」ないし「感情移入」と訳されるので，共感的理解は「クライエントの私的な世界を，あたかも自分自身のものであるかのように感じとること（感情移入的理解）」というように表現することもできる。

　このように，カウンセリング・マインドとは，カウンセラーとして望ましい基本的態度や技術を取り入れて，それを活かしながら相手に接することである。すなわち，教師である場合には，一人ひとりの児童生徒を，かけがえのない価値ある存在として大切に受けとめて，彼らの気持ちをよく理解し，彼らの気持ちになって指導・援助をすることである。

　以上のような視点に立てば，カウンセリング・マインドは，児童生徒を教え込もうとして教師側の価値観を押しつけたり，命令したりすることではないことがよくわかる。そして，カウンセリング・マインドは，生徒指導や教育相談に限定されるものではなく，学習面などのすべてを含めた学校生活のなかで，教師として児童生徒一人ひとりに接する際に必要な基本的態度であることを，心に深く銘記すべきである。

2 カウンセリング・マインドを活かした教師の指導

原野（1987）は，教師がカウンセリング・マインドをもってほしい理由として，次のような点を指摘している。

① カウンセリング・マインドには，子どもの人間形成，人格形成に必要な心の交流が含まれている。つまり，教師は子どもに論理を教え，理屈を学ばせるほかに，子どもと一緒になって笑い，楽しみ，喜び合い，かつ，ともにくやしがり，残念がるような共有体験をもつことが必要である。

② カウンセリング・マインドは，直接の命令や指示，上からの指導にはなじまない。子どもの人間形成を育てる際に必要な自主性，自発性，自己指導能力を身につけるためには，教師の指示的態度や直接指導する行動はあまり好ましいものではない。子どもには自ら成長するエネルギーが潜んでおり，その自己成長を見守りつつ，時々アドバイスを与えるような助言指導，つまり，カウンセリング・マインドに裏づけられた教育が必要である。

なお，北島（1987）は，カウンセリング・マインドを活かす望ましい教師の資質として，①児童生徒にとって魅力がある教師，②児童生徒の小さな変化をとらえて励ます教師，③自ら変容することができる教師，の3つをあげている。

以下，教師に求められている，望ましいカウンセリング・マインドについて，具体的に考えてみたい（中山，1993，1995）。

1. 行動の背景を理解する

筆者の小学校2年の1学期の通知表の「学校から家庭へ」の欄では，"言葉づかいがやや乱暴です。御注意下さい"とあり，3年2学期にも"行動面で表裏のある行為や言葉がちょいちょいあるのですが，お友達に御注意なさって下さい（上学年生と遊ぶ傾向のようですから…）"と記載されている。筆者は2人兄弟であるが，小学校2年の1学期に一回り上の兄が大学に進学していなくなったために，家庭では急にひとりっ子のようになり，その時の寂しい気持ちを埋めるために，兄に代わる存在として年上の上級生を求めてつき合うようになり，その結果として，言葉づかいが乱暴になったように思われる。当時の学

級担任（3年間同じ女性教師）が，筆者のそのような心理を見ぬいていたかどうかについては，不明である。もし，担任教師が"お兄さんが急にいなくなったために，その埋め合せとして上級生とおつき合いして，その影響を受けて言葉づかいが乱暴になっているようです"といったかたちで，きちんと理解して記載して下さったとしたら，筆者にとっては救いになったはずである。すなわち，そのような記載になっていたとしたら，自分の行動の背景が教師や両親によって正しく理解されていることで安心し，教師や両親からの注意も素直に取り入れることができたように思われる。

このように児童生徒の行動を真に理解するためには，第1章での「水面に浮かぶ氷の原理」（図1-1）で説明したように，水面下に沈んでいる氷の部分に相当する家族関係（親子関係，きょうだい関係），生育歴，友人関係など，いわゆる行動の背景についてより深く理解することが大切である。

2. 児童生徒の心を映し出す良い鏡になる

われわれ人間は，胸などの身体を映し出すレントゲン撮影はできるが，心を映し出すような機械はもっていない。

カウンセリングでは，クライエントがいだいている感情を，カウンセラーが鏡のような存在になって，反射（くりかえし）や明瞭化（要約）の技術を用いて，クライエントの心を映し出すような働きをすることが必要である（図2-1）。このような技術は，とくにカウンセリングの初期の段階では有効である。

「反射」は，クライエントが発言したことをそのままくりかえして，最後に「～ね」とだけつけ加える技術で，カウンセラーの受容的態度を伝えるために用いられる。なお，ここでいう「受容（acceptance）」とは，他者の存在に対して無条件の価値を認めたり，暖かい関心を示すこ

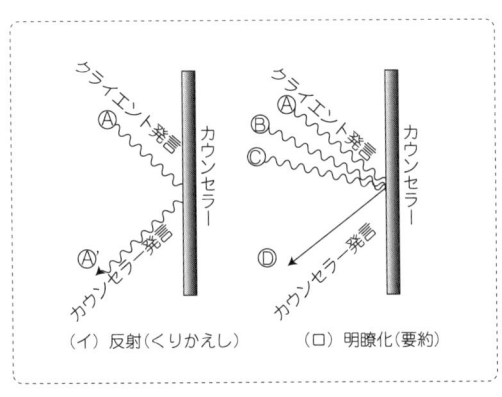

● 図2-1　カウンセリングの基本的技術

とであり，相手の言葉に心をこめて「うん，うん」とうなずいたり，「ああ，そう」と言ってあいづちを打ったりすることも，受容的態度になる。

「明瞭化」は，クライエントがいろいろ発言したことや混乱した感情や考え方を，カウンセラーが的確に要約・整理したかたちで伝える技術である。クライエントは，自分の感情や考え方が明瞭化されることによって，今まで混乱していた気持ちが整理されて安定し，問題解決の糸口を見いだすようになる。

このような「反射」や「明瞭化」の技術は，カウンセラー自身の感情や考え方を述べるわけではないので，クライエントにとっては新しい刺激にはならないために安心できる。しばしば"良いカウンセラーは，良い鏡になれ"といわれるのは，「反射」と「明瞭化」の2つの鏡になることである。このようなことは，カウンセリング場面に限らず，児童生徒と教師の人間関係においても必要なことである。児童生徒は，教師を通して自分の心が映し出されて自分を見つめることができるようになれば，教師は彼らにとって心の鏡になっているわけである。

3. "今，ここで"の感情を敏感によみとる

カウンセリングでは，カウンセラーはクライエントや自分自身の"今，ここで（here and now）"の感情を敏感に察知することが求められる。たとえば，「クライエントは今，私に対してどんな気持ちでみているのだろうか？」とか，「私自身は今，クライエントが話した言葉に対して怒りを覚えていないだろうか？」などと分析することである。あるいは，集団心理療法の場で，自分のことについて長々と発言しているメンバーに対して，治療者が「今，あなたが話していることに退屈しているメンバーが，このグループにいないでしょうかね？」と質問して，他メンバーの"今，ここで"の気持ちを考えさせたりすることである。

同じように，教師も「今，この子はどんな気持ちでそのことを話したのだろうか？」とか，「どうして，生徒たちは黙ってしまったのだろうか？」といった見方をしながら，目の前にいる児童生徒の気持ちを正しくよみとることが大切である。それによって，児童生徒は自分のことを理解してもらい，受けとめてもらえたことで安心すると同時に，ありのままの自分を尊重してくれる教師

を信頼するようになる。

4. 焦らずに待つことができる

　児童生徒が不登校などで挫折したような場合には，教師としては，いつかは自立して立ち直ることを信じて，傍らで黙って見守れる姿勢をもつことが必要である。児童生徒に対する信頼や愛情をもって，焦らずに待つことができれば，信頼された児童生徒は，やがて自分から立ち上がり，行動する意欲がわいてくるはずである。反社会的行動をする児童生徒に対して，教師はどうしても説教するようになりがちであるが，彼らは，下手に説得がましいことを言われたら，逆に反発してしまうものである。

5. 母性原理と父性原理をうまくかみ合わせる

　ここでいう母性原理とは，母親的な態度や役割のことであり，父性原理とは，父親的な態度や役割のことである。

　台風で海上が荒れて航海ができなくなり，行き先がなくて困っている船舶に対して，無条件に受け入れる避難港のような存在が母親である。そして，台風の際に視界がまったくない海上で，羅針盤だけを頼りに船舶を運航しているような場合の，船員から頼りにされる羅針盤のような存在が父親である。

　すなわち，母性原理とは，子どもの声に耳を傾けてじっくり聴いたり，子どもが困って SOS のサインを出してきたときには受けとめるような，共感的・受容的態度を示すことである。そのことによって，こどもはカタルシス（心の浄化作用。問題が解決しなくても，不平・不満や秘密などを聴いてもらうことで心がすっきりすること）を体験したり，安心したりするのである。子どもを受けとめる大人は，"水を吸い取るスポンジ"のような存在になることが大切である。

　一方，父性原理とは，正しいことはきちんとしなければいけないという厳しさを教えたり，現実吟味をさせながら決断力や応用力を育てたり，自立にとって必要な自己主張能力や男らしさ（男性性）を身につけさせるようなモデルになることである。

　したがって，教師の場合には，集団目標をかかげて，ぐいぐい引張っていく

ような教師は父性的タイプであり，一人ひとりの児童生徒を気遣って心のケアをしていくような教師は母性的タイプである。一般に，やさしい母親のもとで育った人は，他者に対してもやさしい気持ちを示すことができる人になりやすい。あるいは，気が弱い父親のもとで育った男性は，父性的親心が乏しい親や教師になりやすく，「責任は俺がとるから，やりなさい」とか，「俺がついているから，大丈夫だ」などといったセリフを言うことが苦手なタイプになりやすく，校長のような管理者には不向きであるかもしれない。

　ところで，非行や校内暴力などの反社会的行動を示す子どもに対しては，最後まで見棄てることなく，胸に受けとめるようなやさしい母性原理も必要であるが，父性原理による対応も重要である。たとえば，万引をした少年を警察署から引き取るような連絡が家族に入った場合，社会的地位や職業などの世間体を気にした父親が，息子を引き取りに行かずに母親にまかせてしまったとしたら，父親に迎えに来てほしいと願っていた息子は，自分の父親は登場すべきときに登場してくれない，男らしくない父親であると判断してしまい，せっかく息子が立ち直る可能性があったのに，その芽をつみとる結果になりやすい。このような対応は教師にもあてはまり，児童生徒に対応する際には，母性原理を基調にして父性原理をうまくかみ合わせることが必要である。

　なお，教師が保護者と同じようなタイプであったとしたら，子どもにとっては家庭も学校も心の居場所ではなくなってしまうので，教師がそのような保護者とは逆のタイプになることが求められる。たとえば，厳しすぎたり，過干渉で子どもの言うことをじっくり聴いてもらえないような保護者をもつ児童生徒の場合には，受容的なタイプの教師になることが必要である。教師としては，一人ひとりの児童生徒の保護者のタイプをよく分析し，個々の児童生徒に適した柔軟な対応をしなければならない。

6. 反抗を自立の節目として理解する

　男子中学生が男性の担任教師に対して反抗的態度を示しているような場合，厳しい父親になかなか反抗できないために，その担任教師を父親代わりにして反抗していることがある。そのような場合には，教師としては，自分への反抗に対して腹をたてるのではなく，いずれはその生徒が父親にきちんと反抗して

自立できるようになることを願いながら，しばらくは，父親の代理として反抗の相手をつとめるような気持ちで接することが望ましい。

7. 叱る際には，児童生徒の人格，性格にふれない

ギノット（Ginott, H. G., 1972）は，教師と児童生徒のコミュニケーションの基本原則として，「教師は児童生徒の現状を話し，人格，性格にはふれるな」ということを提唱している。

たとえば，教師が児童生徒を叱る際には，「君は，どうしてこんなに不注意なの」などと批判するよりは，現状についてだけふれて，「ほら，絵の具がこぼれている。水と雑巾がいるね」などと言う方が，問題を解決して児童生徒を守ることができ，安全である。

8. 相手を責めるような言葉を用いない

人間は，相手の言葉によって影響を受けやすい存在である。たとえば，「あなたは，私にものを言わせようとしない」と言ってしまったら，相手は自分が責められたという思いが強くなり，防衛的になり，態度を硬化してしまう。それよりも，自分が感じたことや自分の気持ちを率直に表現して，「そんなふうに言われると，私はなにも言えない」という言い方をする方が，相手としては攻撃的になったり，否定的になったりすることができにくくなる。

児童生徒の問題を抱えて相談に来る保護者は，自分に対して「過保護です」とか，「子どもさんに甘いです」などと言われてしまうと，自分自身が責められた思いが強くなり，防衛的になり，態度を硬化しやすい。それよりも，保護者の話をよく聴き，イライラしている保護者の気持ちを安定させることが大切であり，そのことが保護者を援助することにつながる。

9. 児童生徒の心を傷つけるような言動を慎む

わが国では，「医原病」とか「母原病」という用語が，書物やマスメディアの世界で登場することがある。たとえば，医師側の不用意な言動などによって患者に引き起こされる病気を，医原病とよんでいる。教師の場合も，自分の不適切な言動や不注意によって児童生徒の心が傷ついたりすることがあるので，

「教原病」とよばれるようなことがないように十分留意する必要がある。

　たとえば，中学校や高校での体育の授業の際に，生理中の女子生徒が「今日は見学させてください」と申し出た場合に，男性教師が無神経に「今日もまた生理か」と言ってしまい，女子生徒の心をひどく傷つける結果になってしまうことがある。

　あるいは，これは筆者自身の体験であるが，高校の担任教師がホームルームの時間に「今月はボーナスの月であるから，授業料を納めやすいと思うので，遅れないように出してほしい」と発言し，当時父親が退職して恩給生活の身で，ボーナスには無縁である家庭であった筆者にとっては，心に痛みを覚えた忘れられない発言として今でも残っている。この場合も，教師には悪気はないのであるが，学級内には農業や自営業など，さまざまな職業の保護者をもつ生徒がいることを，もっと配慮すべきであったと思われる。

　さらに，これも筆者の高校時代のことである。その頃は，まだ国立大学の入試が1期校と2期校に分かれていた時代である。筆者は，中学校時代から中学校の教師になることを志望していたので，地元の2期校の教育学部中学校教員養成課程（英語専攻）だけを受験するつもりであった。しかし，そのことを高校3年の時に担任教師に伝えたところ，「君の実力ではもったいない。1期校も受験した方が良い」と言われたのである。担任教師としては，教え子を少しでもレベルの高い大学に合格させたいという気持ちがあって，そのような発言になったと思われる。しかし，筆者としては，その時，担任教師に高校教師ではなくても，同じ教師という職業をめざそうとしている自分に対して，喜んで励ましてもらえたらうれしかったのであるが，逆に，寂しい思いをしたことを覚えている。教師という職業にプライドをもち，その仕事の大切さを理解している教師ならば，「君の実力ではもったいない」というような発言はしないはずである。教師が進路指導をする際には，自分の価値観を生徒に押しつけるのではなく，生徒の希望や適性を尊重して指導することが大切である。

10.　声かけを大切にする

　われわれは，他者から自分の名前を覚えてもらえることはうれしいものである。それだけ自分のことに関心をいだいてもらえる証拠であり，一人の個人と

して尊重されていることになるからである。

　たとえば，時々，朝，校門に立って生徒に声かけをしていた中学校の校長が，教えたこともない，ある女子生徒の名前を呼んだところ，彼女から「あら，校長先生，なんで私の名前を知っているの？　私がよく問題を起こす生徒だからでしょ？」と聞かれ，「いや，君の目がきれいだからさ」と答えたとしたら，それだけで両者の心のふれ合いができたことになる。とくに中学校や高校の教師としては，髪形や服装を注意したり，指導したりするだけではなく，生徒と知り合い，励ますためにできるだけ声かけをすることが大切である。

11.　小さなふれ合いを大切にする

　教師は，仕事がいくら忙しくても，児童生徒との日常の小さなふれ合いを大切にしなければならない。とくに小学校の児童に「どんな先生に担任をしてもらいたいですか？」と質問すると，「休み時間に一緒に遊んでもらえる先生がいい」と答える者が多い。教師は，休み時間や掃除，給食などの機会に児童生徒と一緒に過ごすことによって，彼らの小さな変化にも気がつくことができる。

　これは，筆者が知っている公立小学校の男性教師の例である。彼が研修会の助言者や出張などの仕事のために学校を留守にすることが多くなった頃，自分が担任をしている学級の男子の大半がスーパーなどで万引をして，その品物を互いに売買したりする事件が起き，そのことで筆者に相談がもち込まれたことがある。それに対して，筆者が「先生が忙しくなり，自習の時間や代わりの先生の授業が多くなってしまい，先生とのふれ合いの機会が少なくなり，そのために子どもたちが寂しい思いをするようになったはずです。その結果，子どもたちは先生をもう一度以前のように自分たちの学級に引きもどそうとして，そのような万引をしたのかもしれませんね」という解釈のコメントをしたところ，「そうかもしれません。子どもたちのことを疎かにして，校外の仕事に目を向けすぎていたように思います。とても勉強になりました」と述べて，納得して帰られたのである。

12.　児童生徒の能力を引き出し，自信をつけさせる

　小学校1年の通知表に"内気で涙もろく，発表は好まない方である"と記載

されているように，筆者は，小学校1年の時点では学級ではめだたない存在であり，年度末の記念写真でも最前列の右隅に背中を曲げてすまなそうに写っている。

筆者の場合には，小学校6年間，中学校3年間は学級の編成替えがなく，担任教師も3年間は同じ学級を担当するシステムになっていた。

低学年の年度末の学芸会（学習発表会）では，筆者は"その他大勢"の役で「それがいい。それがいい。」などといった台詞を言っていたように記憶している。自分が台詞を間違ったり黙っていても，他の配役の児童にはほとんど迷惑をかけずにすんだわけである。このように，筆者にとっては，小学校1～3年での学芸会に関しては特別な思い出がないままに終わっている。

しかし，小学校4年から若い男性教師が担任になり，年度末の学芸会で筆者を"王様"という大役に抜擢してくれたのである。筆者が無事に王様を演じることができたときには，王妃になったK子さんと自分は将来結婚するかもしれないと思ったくらいに感激したことをよく覚えている。そのような学芸会での体験を通して自信をつけた筆者は，学芸会の後の年度末の記念写真では，真ん中の中心的位置に写っており，心理的にも学級内で中心的存在になったことを裏づけている。筆者の場合には，学級編成がそれまでの4年間同じであったし，記念写真ではどの位置で写ってもよかったので，記念写真での物理的布置は心理的布置を示しているわけである。

教師は，高校野球やプロ野球の監督が新人選手などを抜擢して自信をつけさせたりすることがあるように，機会をとらえて児童生徒の能力を引き出し，自信をつけさせることが大切である。

13. 児童生徒自身が納得できるような人選をする

筆者は，小学校5年の1学期の途中で，同じ県内の田舎の小学校に転校したのであるが，その小学校6年のときに，学校を代表して健康優良児として推薦されたことがある。当時は，朝日新聞社が主催して全国健康優良児を選んで表彰するようになっており，そのために各小学校から男女各1名が推薦されたわけである。

小学校6年の時の筆者は，身長と体重は県の平均を上回っていたが，胸囲は

平均よりも1.5 cm 少なかったにもかかわらず，学業成績が良かったということが優先されて選ばれたようである。健康優良児とは，心身ともに健康であることが第1条件であり，学力はその次の条件のはずであると考えていた筆者は，自分の身体状況が特別優れていたわけでもないのに選ばれたことに対して，自分自身で納得できず，恥ずかしかったことを覚えている。そして，身体状況よりも学力が優先されたことに対して，教師からえこひいきをされたような感じをいだき，嫌な気持ちになったのである。

14. 児童生徒にプレッシャーをかけない

　筆者が通った高校は県立の進学校であったために，学業成績の序列化が盛んであった。たとえば，入学式の際に新入生を代表して挨拶する生徒は，入学試験で1番の成績をとった者が指名されるということが伝統になっていた。筆者の学年の場合もその伝統的慣習に従って，A君が選ばれて挨拶したのである。しかし，そのことによって彼は全校生徒から注目される存在になり，入学当初より1番の成績を維持しなければならないという，大きなプレッシャーを背負う結果になったわけである。

　さらに，筆者の高校では進学校の例にもれず，学内模擬試験での成績上位の者50名を公表することになっていたために，入学試験で1番の成績をとった生徒がどのような順位になっているかが注目されてしまうわけである。A君は学内模擬試験でしだいに順位が下がり，ある時，上位50番の内に入らずに自分の氏名が消えてしまった直後に，自殺してしまうという悲劇に至ったのである。

　このような心の重荷を特定の生徒に負わせないためにも，入学式で新入生代表の挨拶を選ぶ際には，出身校のローテーション方式にするか，アイウエオ順のような無作為形式を採用する方が，はるかに教育上好ましいことであると思われる。学校側としては，人間の価値評価は学業成績だけではなく多様な尺度があることを，入学当初より生徒に示す姿勢が必要である。そして，模擬試験の成績の公表は，教師にとっては生徒の競争意識を高めるためにするわけであるが，生徒にとってはかなりのストレスになることが多いという現実を，教師はもっと察知すべきである。

15. 転校生に対して細かな配慮をする

　前にふれたように，筆者は小学校5年の1学期の途中で一度だけ転校した体験があるが，転校した1日目のことは今でもよく記憶に残っている。最初の授業が算数で，真分数，仮分数，帯分数についての学習であったが，初めての分野で教科書もなかったために，まったく戸惑ってしまい，間違って解答してショックを受けたことを今でも鮮明に思い出すことができる。

　上述のように，どの学校でも転校生を急に受け入れる可能性があるので，筆者のように，転校先で使用されている教科書がすぐに入手できなくて困るような体験をさせないために，予備用の教科書をいつも備えておくことが大切である。

　さらに，最近は，両親が離婚して母子家庭になって転校してくる児童生徒も増えてきているので，その児童生徒が転校してきた理由を問いつめられたり，父親がいないことでいじめられたりしないように，教師として気をつけておく必要がある。

　このように，転校生の場合には，授業内容が異なるためについていけなかったり，対人関係に苦しんだりして，しばらくの間は精神的にきついので，教師としては，転校生の心の居場所を早く確保してやり，学校生活に不適応を起こさないように細かな配慮をすることが大切である。

　なお，これは仕方がないことではあるが，父親の転勤の関係で何度も転校を強いられてしまうような児童生徒の場合には，級友に早く受け入れてもらうためにはどうしたらよいかとか，慣れたところでどうせまた転校しなければならないのだから…などと考えて，ある意味で，ずるくふるまうような習慣を身につけてしまう危険性もあり得る。このような点についても，教師としては頭に置いて指導する必要がある。

16. 通知表の記載と項目について工夫する

　ここでは，とくに筆者自身がもらった自分の通知表をもとにして，カウンセリング・マインドを活かした通知表の記載の仕方や項目について，具体的に考えてみたい。

① **具体的に記載する**

　教師は通知表を記載する際に，"真面目"とか"努力"という表現を好む傾向がある。しかし，筆者がもらった通知表の内には，そのような抽象的な表現ではなく，具体的で，子どもの側からも理解されやすい記載が多く見いだせる。

　たとえば，小学校2年では"鼻汁を出していますので，御注意ください"と記載されており，当時，黄色の鼻汁を出していた姿がなつかしく思い出される。あるいは，小学校4年の身体状況の所見欄には，"食欲きわめて旺盛。時々腹痛を起こす"という記載があり，筆者の旺盛な食欲がすでに小学校4年頃から始まっていたことに気がつくしだいである。さらには，"図工や詩や俳句などで大人じみた作品になりがちです"（小学校5年2学期）とか，"共同での肉体的な勤労をすることが，どうも落ちています"（小学校6年1学期）などと記載されている。

　このような具体的な記載になっていると，子どもが直接それを見ても理解できるし，保護者の側も子どもの学校での行動について具体的に理解することができる。そして，このような記載がなされている通知表は，子どもが成人してからもいつまでも自分の思い出として残る貴重なものである。同時に，自分の性格形成の歩みを考える上でも，非常に参考になる。

② **中学校・高校の通知表には，教科担任名を記載する欄を設ける**

　筆者の中学校2，3年の通知表には，教科の5段階評定と所見のほかに「教科担任」の欄が設けられており，教科別に教師の氏名が記載されている。今でも，筆者はこの教科担任の氏名を見ただけで，その教師とのいろいろな思い出やその当時の学校生活のことが走馬燈のように浮かんでくる。しかし，「教科担任」の欄がない中学校1年や高校3年間の通知表は，それを見ていても思い出が浮かびにくく，味気ない感じがする。

　筆者が大学生にたずねてみても，中学校・高校時代の通知表で教科担任名が記載されている通知表をもっている者は見当たらない。中学校や高校では教科によって教師が替わるので，筆者としては，担任教師名はぜひ記載されるべきであると考えている。そうすることによって，中学校・高校時代の通知表が思い出として残り，本人にとって貴重なものになるであろう。

17. 興味・関心をもたせる授業をする

① 漢字の字源や意味を教える

　教師が児童生徒に漢字を教える際には，ただ機械的に漢字を覚えさせるのではなく，その漢字がもっている字源や意味を教えることが大切である。

　たとえば，筆者の場合は，「やさ（優）しい」という漢字の「優」の意味を教える際には，"イ"は人間を表わしており，"憂"は憂い，悲しみ，苦しみなどを表わしていると考え，"やさ（優）しい人"とは，「自分の目の前にいる人や身近な人の心の憂い，悲しみ，悩み，重荷などを見棄てることなく，寄り添えることができる人」であると説明している。筆者は，その後に，次のような事例を紹介したりする。

　筆者がカウンセリングをした不登校の男子高校生は，犬が大好きであり，たまたま大雨の日に野犬が若者の運転する自動車にひき逃げされるのを目撃し，それを見棄てることができずに，大けがをした野犬を行きつけの動物病院にかつぎこみ，手術をお願いし，命を救ってやることができた。その際に父親に，手術代と入院費を立て替えてもらった彼は，それを支払うために求人募集の広告のちらしを見て，ある会社の肉体労働のアルバイトを1か月間やりとげて，何とかそのアルバイト代で父親にお金をもどすことができたのである。それまでの彼はアルバイトの体験もなく，生まれて初めて肉体労働をしたわけであり，アルバイト先では対人関係にも苦労したのであるが，その野犬のために最後までがんばったのである。

　この事例では，対象が身近な人間ではなく動物であるが，このような高校生こそが真にやさ（優）しい人間であることを話せば，だれでも，「優」という漢字のもつ意味をより深く理解して納得するはずである。

　このような教え方をすると，児童生徒も漢字の学習に興味と関心を示すようになると思われる。成績，専門，講義という漢字が，なぜ"成積"，"専問"，"講議"では間違いであるかということを説明できる教師は，はたしてどのくらいいるのだろうか。高校教師が停学処分中の生徒に対して，作業課題として漢字の学習を機械的にさせても，その生徒が漢字の字源や意味を知らない場合には効果がない。

② **教材や教え方を工夫する**

　筆者の知人は，私立の短大の家政科で英語を教えていた際に，少しでも女子学生に英語に対して興味を示してもらおうとして，編物の手順などを実際に記載してある英語の雑誌を用いて講義をしていた。あるいは，看護専門学校で，看護婦と患者などの看護場面を取り上げた英語のテキストを見たことがある。

　農業高校や工業高校などの職業高校では，英語を苦手とする高校生が多い。そのような高校生に対して興味や関心をいだかせるためにはどうしたらよいかという問題で頭を痛めている英語教師も少なくない。ある農業高校では，農業機械について英語で書かれているパンフレットを教材にした授業を試みている。

　このような教材を工夫する努力だけでなく，教え方についても工夫する必要がある。たとえば，中学や高校で日本史や世界史を教える際に，教科書には出ていない歴史上のエピソードなどを紹介すると，生徒は歴史に対して興味をいだくことができ，学習意欲も向上するはずである。暗記中心の授業をするのではなく，児童生徒と一緒に考えるような授業をすることが望ましい。学ぶことの楽しさを教えることができるような教師は，カウンセリング・マインドを活かした教師である。

　ところで，「教師はすべてカウンセラー」といった合い言葉やカウンセリング・マインドが強調されることは好ましいことではあるが，学ぶことや授業で教えることを疎かにして，教育相談やカウンセリングに関わっている教師がいるとしたら，それはカウンセリング・マインドを活かした教師の真の姿ではなく，本末転倒である。

18. 小学校での学級の名称を工夫する

　筆者が1949（昭和24）年に入学した小学校では，前述したように，入学から卒業までの6年間は学級の編成替えがなく，担任教師も3年間は同じであるというシステムになっていた。そして，筆者が入学したときには4つの学級に分かれており，"温組"，"和組"，"敬組"，"信組"という名称がつけられていた。

　おそらく，温組には温かな心をもつこと，和組にはお互いが仲良くすること，敬組には他の人や教師を敬うこと，信組には他の人や教師を信頼すること，といった児童への6年間の願いや思いがこめられていたものと思われる。そこに

は，当時の学校側の児童観が感じられ，1年2組といったような名称よりもはるかに教育的であったように思われる。

なお，小学校の学級の名称が筆者のような名称になっていた例は，全国的にもかなり珍しいと思われる。これも，6年間に学級の編成替えがいっさいなかったためにできたアイデアであったかもしれない。

19. 安心感をいだかせる教師になる

これは筆者の治療体験から言えることであるが，精神科の病院では，完璧な看護師よりは少しくらいぬけた感じのする看護師の方が，患者にとっては安心感があり，好まれることがある。したがって，外科では必ずしも向いていなかった看護師が，精神科に移ってからは水を得た魚のように生き生きと仕事をするようなケースもある。

このようなことは教師にもあてはまることであり，きちんとした完璧な授業をしている教師が，ある時，自分の生い立ちや家族のことを話してくれたことによって，児童生徒から身近な存在としてみられるようになり，安心感をいだかせることになる。児童生徒には，"先生もふつうの人なのだ"という思いと同時に，"自分のことを話してくれるような先生だから，私のことも受けとめてくれる人である"という思いをいだかせるような結果にもなりやすい。

20. 他の教師の悪口を子どもの前で話さない

教師が児童生徒の前で同僚教師の悪口や批判を口に出して言うことは，教師間の不一致を児童生徒に印象づけるだけでなく，教師に対する信頼感を失うことになり，教師としては失格である。あるいは，親が教師である場合に，家庭で子どもの前で勤務先の同僚教師の悪口などを言ったりすると，それを聴いた子どもは，教師という職業に対して不信感をいだき，自分の学校の教師を尊重しなくなる。あるいは，教育実習に来た大学生に対して，その大学の教師の悪口や批判を指導担当の教師が言ったりすることも，教師としてはふさわしくない。

❸ カウンセリング・マインドを育てるために役立つ実習

1. ブラインド・ウォーク（閉眼歩行）

　ブラインド・ウォーク（blind walk）は，2人がペアを組み，一人が目を閉じ，もう一人は目を開けたままで閉眼者を30分間（または20分間）誘導する体験学習の実習である。この実習を効果的にするためには，できるだけ未知の人や異性とペアになったり，日頃とは違った未知な場所やにぎやかな商店街などで実施することが望ましい。

　開始の際には，誘導者は閉眼者の身体を2～3回ぐるぐる回して，誘導される方向の手がかりを除去する。終了後は，お互いの役割を交替する。閉眼の際に目かくし用のハンカチやタオルなどを用いないのは，目を開けようと思えばいつでも可能であるが，それを我慢して誘導者を最後まで信頼し続けることができるかどうかを試すためである。

　開始前の教示としては，①誘導される際には，できるだけ両手を使って対象物に直接触れてみる，②誘導する際には，途中で残り時間を教えない，③交通事故に気をつける，などの点を注意する。なお，この実習でより新鮮な体験を味わうためには，この実習の意義や目的についての説明を受けずに，白紙の状態で臨んだ方が望ましい。両方の役割を体験した後，ブラインド・ウォークを体験したことについての感想文を自由記述で書かせる。

　ブラインド・ウォークを体験することの意義としては，次のような点があげられる（中山，1982）。
① 誘導者になることによって，相手の立場に立って物事を考える訓練になる。
② 言葉で誘導することのむずかしさや動作的コミュニケーションの重要性を学ぶ。
③ 誘導者に対する疑惑と信頼の葛藤を通して他者を信頼することの大切さを学び，誘導者になって他者から信頼されることのうれしさを体験する。
④ 自己ないし他者の性格を知る機会になる。
⑤ しだいに一人歩きができる過程を体験することによって，自立することの

意味について学ぶ。
⑥　目が不自由な人に対する理解を深める。
⑦　視覚が果たす役割を再認識する。
⑧　誘導してみて，障害者に対する人々の態度や反応を体験する。
⑨　未知な人と知り合ったり，異性のもつ思いやりなどを知る機会になる。

　このように，ブラインド・ウォークでは，目が見えているときにはわからなかったようなことを体験できる。すなわち，"見えなくなって初めて（世の中のことが）見えることがある"という貴重な体験を味わうことができるので，カウンセリング・マインドを育てる上では，非常に有意義な実習である。

　なお，このブラインド・ウォークは非常に強烈な体験であるために，一生忘れられないものになっているようで，まさに"百見は一験に如かず"という体験学習の意義を味わう上で最適な実習である。

2.　"Who are you?"のみの質問形式による相互インタビュー

　2人がペアを組み，一方が聴き手になる。聴き手は，うなずいたり，あいづちを打つことはできるが，"Who are you?"という質問だけしかすることができない。たずねられた相手（話し手）は30分間（または20分間）自分自身のことをなにか日本語で応答しなければならない。

　この実習を開始するにあたっては，相手が話した内容については絶対に他者に話してはいけないという守秘義務があることを，前もって徹底させておくことが必要である。そうしないと，話し手は聴き手に対して自分のことをオープンに話すような自己開示（self disclosure）ができにくくなるからである。

　なお，ペアは，疑惑と信頼の葛藤を体験する上では，できるだけ未知な人と組むことが望ましい。お互いの役割を交替して終了した後，この実習を体験したことについての感想文を自由記述で書かせる。

　この実習を体験することの意義としては，次のような点があげられる（中山，1983）。
①　よい聴き手とはどういうことかについて学ぶ。
②　聴き手に対する疑惑と信頼の葛藤を体験しながら，他者に対する自己開示の問題について学ぶ。

③ 相手の話を聴くことによって他者との同質性を見いだして安心し，仲間としての共有感覚が芽ばえる。
④ 聴き手に自分のことを話すことによって，自分を見つめ直す機会になる。
⑤ 相手に自分のことを自由に話せることによって，カタルシスを体験する。
⑥ 聴き手に話すことによって，自発性が引き出される。
⑦ 守秘義務の重要性について学ぶ。

このように，この実習を通してカウンセリングの基本について学ぶことができるので，カウンセリング・マインドを育てる上で有益な実習である。

3. 集中的グループ経験

集中的グループ経験（intensive group experience）は，感受性訓練（sensitivity training），エンカウンター・グループ（encounter group），集中的グループ体験学習，カウンセリング・ワークショップなどの名称でよぶこともある。

一般には，7～8名のメンバーと1名のファシリテーター（facilitator：促進者）で構成されている固定したグループで，2～3時間のセッションを数回重ねる。

グループの発展段階の流れとしては，①グループのあり方について戸惑いを示して沈黙する段階，②心理的な苦痛を避けて雑談やゲームなどに逃避する段階，③ファシリテーターへの依存や非難が強まる段階，④身近な話題を通してグループのあり方について模索する段階，⑤自分の内面的な弱さを他者にさらけ出しても安全であることを確認する段階，⑥自分と他者との同質性を見いだして安心する段階，⑦相互理解を通して自分自身や他者の存在を肯定する段階，といった順序をたどることが多い（中山ら，1983）。

この集中的グループ経験の実習は，ロジャーズ（1967）が指摘しているように，自我防衛や見せかけの自分を取り去って，その後の日常生活で他者との間に好ましい人間関係が生まれることを期待して行なわれるわけであり，個人的態度や行動を変容させる上で効果がある。

4. ロール・プレイング（役割演技）

ロール・プレイング（role playing）は，与えられた役割を一人ひとりが自

分なりにふさわしい表現方法を用いて,自発的,創造的に演じることである。
　方法としては,①役割再現法（具体的場面を取り上げて,本人が自分の役割を再現する）,②役割交換法（相手の立場になって役割を演じたり,途中で役割を交換する）,③役割代理法（演じている途中で困難な壁にぶつかった際に,その演者に替わり代理者として役割を続ける）,④加入法（途中で新しい役割がつくられ,新たにメンバーとして加入する）,⑤鏡映法（自分の役割を演じてもらい,それを観察して自分をふりかえる）などがある。
　ロール・プレイングの効果としては,①日頃の考え方や不満をはき出すことにより,心がすっきりする（カタルシス）,②自分とは異なる立場の役割を演じることにより,相手の立場や考え方を理解する（他者理解）,③自分自身のことを客観的に見つめる（自己理解）,④問題を具体的に考える,⑤自発性が引き出される,⑥自己主張ができるようになる,などの点があげられる。
　なお,このロール・プレイングは,精神科病院などで生活技能訓練（social skills training；略して「SST」とよばれている）として用いられたり,学級での適応指導などに導入されている。
　その際の実施上の留意点としては,①他者の前で上手に演技をしようとする意識をもちすぎないように指導する,②抵抗感を少なくするために,簡単なウォーミング・アップを行なう,③発達段階やメンバーに応じたテーマや方法を工夫する,④演じることで被害意識をもたせないように指導する,⑤終了直後に感想を述べ合ったりして問題を深める,⑥演者に対して良いところをほめたり,他者の発言で傷ついた者に対してフォロー・アップをする,などがあげられる。
　参考までに,自己主張訓練（assertion training）のためのロール・プレイングの場面として考えられるものを,次にあげてみる。
① 電車を待っている列に割り込んできた人に対して,順番通りに並ぶように注意する。
② 禁煙車でタバコを吸っている人に対して,タバコを吸わないように注意する。
③ 映画館で映画を観ている際に,自分の座席の前でおしゃべりをしている若いカップルに対して,静かにするように注意する。

④ 自分の前で長電話をしている若者に対して,待たされて困っている不満を表明する。
⑤ 外出したいと思っている時に,用事を言いつける母親に対して,自分の意思をはっきり伝える。

CHAPTER 3 パーソナリティとその理解

1 パーソナリティについての考え方

1. パーソナリティとは

　パーソナリティ（personality）は日本語で「人格」と訳されるが，ラテン語のペルソナ（persona）が語源である。ペルソナは，古代のギリシャやローマの演劇で俳優が登場する際に顔の上にかぶせた「仮面（mask）」という意味である。しかし，このペルソナは，時が過ぎるうちにその意味が変遷していき，仮面という意味から，しだいに①演劇での登場人物，②社会のなかで役割をもって遂行する人，③個人的特質をもった人，というような意味に転じていき，そこから派生して，最終的には「人間のもっている資質の総体」を意味するようになったのである。したがって，ペルソナがもっているこのような意味は，パーソナリティという用語に大なり小なり含まれている。

　すなわち，個人は周囲の環境からさまざまな社会的役割を要請されたり，期待されたりしており，それに応じて行動しなければならない。たとえば，教師の場合には，学校では教師としての仮面，家庭では親としての仮面，余暇ではスポーツマンとしての仮面，というように，それぞれの場で，他者に対して必要に応じて自分の仮面を示しながら，うまく適応しているわけである。

　パーソナリティについての代表的な定義としては，オールポート（Allport, G. W., 1961）のものがあげられる。彼は，パーソナリティとは，「個人の内部に存在する力動的な体制であり，その個人の行動と思考の独自性を規定するものである」と定義している。すなわち，人間は考え方，態度，興味，関心，願望，感情などにおいて，それぞれ特有なものをもっており，環境的な刺激条件

が同じであっても，個人によって行動の現われ方が異なってくる。このように，環境的な刺激条件と行動との間に介在するものが，その個人のパーソナリティである。したがって，パーソナリティは人間の心理学的な個性（individuality）ないし特性（trait）である。

　個人のパーソナリティには，ある程度の永続性が認められなければならない。たとえば，小学校時代の通知表に"教師が見ている前では掃除をきちんとするが，教師がいなくなると怠ける"というような行動が記載されている個人が，教師になっている現在の自分の"他者に対しては外面が良いが，家庭ではわがままである"という行動とかなり一致しているとしたら，"他者を意識して，他者からよく思われたい"という特性は，長期にわたって存在していることになり，永続性があるということになる。

　一方，同じ個人であっても，場面や状況によって行動が異なることがあるので，パーソナリティを一面的に判断してはいけない。たとえば，日頃はおとなしい人であっても，スポーツをしているときには攻撃的になったりすることがある。

　ところで，パーソナリティと同義語ないし類似したかたちで使用される用語として，性格（character）と気質（temperament）がある。性格は，狭義に用いられる際には，パーソナリティの下位概念として，パーソナリティの一つの位相であると考えられ，とくに，パーソナリティの意志的側面を強調する際に用いられる。気質は，知能や体格と同じように，パーソナリティを形成する素材の一つで，遺伝的，体質的に規定されやすい個人の一般的な情動的性質として考えられている。

　知能と性格を合わせてパーソナリティと考えたり，パーソナリティを知能，気質，性格に分けたりすることもある。しかし，実際には，そのように3つの用語（概念）を厳密に区分することは困難である。とくに，パーソナリティと性格の概念間には一致することが多いので，広義に用いられる場合には，ほとんど同義語として用いられている。

　なお，personalityを日本語で「人格」と訳してしまうと，"あの人は人格者である"というような表現があるために，ややもすると倫理的なニュアンスでとらえられてしまうので，英語のままで「パーソナリティ」と表現する方が望

ましいように思われる。

2. パーソナリティの理論

(1) 類型論

　パーソナリティを一定の原理に基づいて共通性のあるいくつかの類型 (type) に分類したのが，類型論である。

　類型論はヨーロッパ諸国で盛んになり，とくにドイツを中心に発展した。たとえば，ドイツの精神医学者クレッチマー（Kretschmer, E., 1921）は，多くの臨床的観察を通して人間の体型を細長型，肥満型，闘士型の３つに区分し，それらと内因性精神病との関連を明らかにしながら，精神病者から正常人までを含んだパーソナリティの類型論を展開している。彼は，パーソナリティの中心は気質であり，その気質は体質によってつくられると考え，気質と体型とを関連させて，次のような３つの類型に区分している。

　分裂性気質（内閉性気質）　体型としては細長型（やせ型）が多い。非社交的，控え目，生真面目，過敏で，決断力や応用力に欠け，ユーモアを解したり他者の気持ちをくみ取ることが下手で，自分の弱点にふれられると激しく興奮しがちで，対人関係や社会的適応性に問題がある。このように，社交的な面よりも，自分自身の内面的な世界を保つことを好むために，周囲にとけ込むことがむずかしいタイプである。このタイプの人間としては，上品で繊細な感覚の人，孤独な理想家，冷たい支配家と利己的な人，無味乾燥または鈍感な人などのイメージがあげられる。

　躁うつ性気質（循環性気質）　体型としては肥満型（肥り型）が多い。明朗・活発，社交的・開放的でユーモアがあり，実際的なことに関心があり，世話好きで，決断も早く，精力的で，仕事をてきぱきと片づけるが，熟慮することなく行動してしまう一面がある。時には抑うつ気分になり，悲観的で口数が少なくなることもあるが，他者に対してはあまり冷たい感じを与えない。このタイプの人間としては，多弁で陽気な人，無口で情緒豊かな人，現実主義的で行動力のある人，実業家，環境や時勢に順応しやすい人などのイメージがあげられる。

　てんかん性気質（粘着性気質）　体型としては闘士型（筋骨型）が多い。一

つのことに執着しやすく，凝り性で，秩序を好み，融通性がなく，仕事ぶりは几帳面で粘り強く，目上の人に対してはいんぎんである。必要以上にまわりくどい一面や，執念深いところがあり，他者の不正やずるさに対しては激怒するような爆発性もある。

さらに，スイスの精神医学者ユング（Jung, C. G., 1921）は，パーソナリティを外向型と内向型に分類している。外向型の人は，一般的な心的エネルギー（リビドー）が主として外界に向かって働き，外界の刺激に影響されやすい傾向をもつタイプで，感情の表出が豊かで，物事にこだわらず，決断力や実行力があり，社交的でユーモアに富んでいる。一方，内向型の人は，リビドーが主として内面に向かって働き，外界の刺激にはあまり関心をいだかず，自分自身に関心が集中する傾向をもつタイプである。感情の表出は控え目で，行動が消極的で実行力には乏しいが思慮深く，孤独を愛し，一人で仕事をすることを好む。外向型と内向型についての判定は，向性検査によってなされる。

なお，このような類型論では，パーソナリティを直観的に理解しやすい利点があるが，実際にはどの類型とも決めがたい中間型や混在型も多く存在するわけであり，パーソナリティを画一化して，典型的な類型に分類しすぎないように留意する必要がある。

（2）特性論

いろいろな事態や状況を通して一貫して出現する個人の行動傾向を特性（trait）と考え，それらの特性の組み合わせによってパーソナリティを説明しようとするのが特性論である。

特性論はイギリスやアメリカにおいて発展し，とくに因子分析という統計の手法を用いて，パーソナリティを構成している基本的特性を抽出している。たとえば，キャッテル（Cattell, R. B., 1950）は，行動評定による生活史的方法を中心にして得られた資料について，因子分析により12個の基本的特性を抽出している。

特性論の立場に立てば，各特性について個人別にプロフィールを描くことができ，個人内差異や個人間差異を調べることができる。しかし，類型論のようにその個人のパーソナリティについての全体像を把握することは，やや困難である。したがって，パーソナリティを把握するためには，総合的・質的な類型

論と分析的・量的な特性論とをうまく補完させることが望ましい。

（3）精神分析理論

ウィーンの精神科医で精神分析の創始者であるフロイト（Freud, S, 1923）は、パーソナリティの構造をイド（id），自我（ego），超自我（super-ego）の3つの体系で説明している。

イドは，現実を無視した「快楽原理」に従い，"〜したい"といったかたちで，人間の内的な衝動を充足させたり，欲求を解消することのみを求めるようなパーソナリティの原初的な形態であり，エス（Es）ともよばれる。

自我は，「現実原理」に従って，"〜しよう"といったかたちで，現実を把握しながら，イドに基づいた衝動的な行動を抑制するような調整機能をもっている。

超自我は，自我が形成されてから，社会道徳や両親のしつけを自己の内に取り入れ，内在化することによって形成されるもので，いわば，良心に相当するものである。超自我には，自我に似てイドの衝動を抑えたり，現実原理に走りがちな自我を理想への実現に向けさせるような役割がある。しかし，"〜してはならない"，"〜せねばならない"といったかたちで超自我があまり強くなると，本音を抑えすぎて建前が優先してしまうような人間になりやすい。したがって，自我が主体となって，超自我や外界の要請に応じながらイドの欲求を適度に充足させることができれば，精神的に健康であるといえる。

このような精神分析理論でのイド，自我，超自我は，あくまでもパーソナリティの構造を説明するための構成概念であり，現実に存在するような実体ではない。なお，精神分析理論を考える際に，イドを"自動車のエンジン"，自我を"運転手"，超自我を"交通法規"，"交通信号"，"警察官"にたとえてみるとわかりやすいと思われる。

2　パーソナリティの発達

1. 乳児期

新生児期（生後1か月）を含む1〜1.5年間を乳児期とよんでいる。エリク

ソン (Erikson, E. H., 1959) が指摘しているように，この時期は，母子間の相互作用を通して基本的信頼感が形成される重要な時期であ。この時期に，母親が乳児の欲求にこたえて授乳したり，乳児をあやして抱いてやるようなスキンシップを通して，乳児は母親という特定人物との間に安定した情緒的な結びつき（愛着行動）を体験するのである。

この時期に乳児院や養護施設に預けられてしまうと，このような母親との接触が欠けてしまうために，情緒の発達が阻害されて無感動な子どもになってしまうような，いわゆるホスピタリズム（hospitalism：施設病）が生じる危険性がある。

2. 幼児期

満1歳ないし1歳半から6歳までの就学前の時期を幼児期とよんでいる。この時期は，目標に対して自発的，積極的に行動しようと努力する意志力の形成が重要な発達課題になっており，活動が制止されたりすると，あきらめや恥や罪悪感などを体験してしまう。

2～4歳頃には，強い自己主張を示して親の指示や命令にも反抗するようになり，いわゆる第一反抗期を迎える。さらには，この時期に，ほとんどの幼児は保育所や幼稚園で仲間との集団生活を体験するわけで，他人と衝突することによって自分の意志が鍛えられたり，自己中心性を脱却して社会性を身につける機会になる。

この時期に親に対する甘えや反抗を十分に体験しないままに，親の手がかからない「いい子」に育ってしまうと，自己主張ができにくい児童や生徒になりやすい。

3. 児童期

児童期は小学生に相当する時期である。小学校中学年から高学年になると，親や教師との結びつきよりも仲間意識が芽ばえてきて，いわゆるギャング（徒党）集団という，「われわれ意識」をもった連帯感の強い集団を組むようになり，その時期をギャング・エイジ（gang age：徒党時代）とよんでいる。

このようなギャング集団は，一般的には男子に多くみられるが，同性の5

〜 6 名か 7 〜 8 名の遊び仲間の集団で，仲間以外の者に対して閉鎖的になり，仲間たちだけの約束やルールをつくって守ることに喜びを見いだしたりする。このように地位や役割をもちながら集団として協同して行動することは，対人関係を学んだり社会性を身につけることにつながる。そのような意味で，ギャング・エイジはパーソナリティの発達にとっては重要な時期である。

4. 青年期

青年期は中学生，高校生，大学生に相当する時期であるが，最近では，青年期の上限の年齢を30歳くらいまで延長して考えられていることが多い。思春期ともよばれている青年期初期は，心身の激しい変化がみられ，第二次性徴が始まる時期であり，親や教師などの社会的権威に反抗する第二反抗期でもある。

ところで，エリクソン（1959）は，青年期を自我同一性（ego-identity）が確立する時期として重視している。自我同一性は，"真の自分"とか"自分らしさ"といった表現にすると理解しやすいと思われる。自我同一性には，職業的自我同一性と性的自我同一性がある。前者は，自分の適性や能力にふさわしい職業を見つけ出すことであり，後者は，異性からどう思われているかということが気になるような男らしさ，女らしさの問題である。

自我同一性を確立する際に，人によっては，しばらく社会的制約を受けずに自由のままでいたいと考えて，大学で留年したり，定職につくことを延長するような，いわゆる心理・社会的モラトリアム（moratorium：猶予期間）を選ぶような場合もある。なお，このモラトリアムは，本来は経済学の用語で，債権・債務の決済を一定期間延長して猶予するという意味である。

しかし，"真の自分とは何か"，"自分らしさとは何か"といった自立の課題を求めながらも自我同一性の確立に失敗して挫折してしまうと，いわゆる自我同一性拡散（identity-diffusion）の状態になる。無感動，無気力という，いわゆる大学生特有のスチューデント・アパシー（student apathy）も，その例である。

このスチューデント・アパシーは，笠原（1977）が指摘しているように，大学1年の秋や卒業の年に起こりやすく，そのような学生は，それまでに一度は心の黄金時代を体験しており，身内に優越者が多いために，自分がだめな存在

であると思ったり，弱い自分をさらけ出しにくかったりするケースが多い。さらには，優勝劣敗に過敏であるために，節目節目に決断することができずにすぐオリてしまい（いわゆるマージャン用語），不安定さを避ける意味で自分のペースで納得してやれるレポートを好み，試験を嫌い，他人を押しのける競争社会を嫌って手作りの仕事を好み，やさしさ志向が強い，という特徴がある。

❸ 自我の防衛機制

1. 適 応

　人間は，何らかの外的・内的条件によって自分の欲求が阻止されるとフラストレーション（frustration：欲求不満）の状態に陥る。しかし，フラストレーションはだれにもあることで，それに対する耐性，すなわちフラストレーション・トレランス（frustration tolerance：欲求不満耐性）の程度が問題になる。

　とくに，2つ以上の相互に対立する欲求が衝突し合って板ばさみになっている状態を葛藤（conflict）とよんでいる。葛藤には，①回避—回避（「前門の虎・後門の狼」の迷い），②接近—回避（「フグは食いたし，命は惜しし」の迷いや，同一人物に対して愛と憎しみの相反する感情をいだくアンビバレンス〈ambivalence：両価性または両面価値〉の状態），③接近—接近（サッカー観戦かプロ野球観戦かで迷う）の3種類がある。

　このような欲求不満や葛藤をはらんだ危機的状況のなかで，人間は意識的合理的ないし無意識的に適応（adjustment）または順応（adaptation）していかなければならないわけである。

　適応の方法には，個人の欲求を生活環境からの要請に合うように変容していく受動的適応と，生活環境を個人の欲求に合うように改変していく積極的適応とがある。前者の場合には，ホメオスタシス（homeostasis：生理的，心理的な平衡状態）や順応の概念が含まれているが，自分の欲求を抑えすぎるあまりに過剰適応にならないように注意する必要がある。

2. 自我の防衛機制

　不安やコンプレックスが強まると，自我はその安定をはかるために，さまざまな無意識的な心的機制を用いる。これが，いわゆる自我の防衛機制（defence mechanism）もしくは適応機制（adjustment mechanism）とよばれるものである。自我の防衛機制はわれわれ人間の不安を解消するためのものであり，個人差はあるが日常生活でだれにでも起こり得るものである。
　以下にあげるものは，代表的な自我の防衛機制である。

(1) 取り入れ（introjection）
　摂取ともよばれる。他者に属している長所や特質などを自分の態度や行動基準にすることであり，他者と自分を同一視する機制である。たとえば，「自分の故郷からは，こういう偉い政治家が出ている」とか，「自分の出身校からは，こういう学者が出ている」などと言っている人は，自分とその人との間に共通項を見いだして，自分も優れた人間であることを認めてもらいたいためである。

(2) 投　射（projection）
　自分自身にとって認めたくないような欲求，願望，劣等感などを他者に見いだすことで，自分がもっている不安を解消しようとする機制である。たとえば，自分がある人を憎んでいることが自分では許されない場合に，相手が自分を憎んでいるのだと思い込んだり，あるいは，「あの人はケチである」という悪口を言っている本人が，実はケチであるような場合である。

(3) 反動形成（reaction formation）
　自分がいだいている欲求，感情，態度をそのまま行動として現わすことは望ましくないと考え，それらを抑圧して正反対の態度や行動を示すことである。たとえば，継母が自分の子どもの方がかわいいと思っているのに厳しくし，夫の連れ子に対して過度に甘やかしてしまうような場合には，継母が世間の人たちや夫から自分が良い母親として思われたいからである。攻撃的な人が他人に対していんぎん無礼になる場合も，この例である。

(4) 退　行（regression）
　現実の困難な状況や欲求不満を解消するために，現在の発達段階よりも以前の発達段階に逆もどりした態度や行動を示すことである。たとえば，一人っ子

として母親の愛情を独占してきた子どもが，下に弟や妹が生まれたときに，母親の愛情や注意を引きもどそうとして「赤ちゃん返り」をしたり，チックになったりすることである。

(5)合理化（rationalization）

イソップ物語に，甘いぶどうをほしがって何回も跳びつこうとしたが，とうとう届かなかったキツネが，「あれはすっぱいぶどうだから，取れなくてもよかったのだ」と言い訳をして立ち去ったという場面があるが，これは「すっぱいぶどうの論理」である。類似した例としては，たとえば，あこがれていた大企業の採用試験に不合格になり，中小企業に仕方なく就職することになった大学生が，「大企業に入って歯車の一部になって人生を終わってしまうよりは，中小企業に入った方が自分の適性や能力を十分に発揮できる」と言い訳したり，美人に失恋した男性が「女性は容姿よりも性格である」と言い訳したりする場合があてはまる。

さらには，現在お金がなくて家賃が安いアパートに住んでいる大学生が，「大学の近くに住むと皆のたまり場になってしまうので，今のアパートは大学から遠いけど，卒業までここで我慢しよう」と思っている場合には，自分が置かれている現実は"すっぱいレモン"のように不満であるが，何とか"甘い"理屈をつけてその現実を耐えようとする「甘いレモンの論理」で説明できる。

このように，行動の真の動機や原因を認めてしまうと，自分の無能力や失敗を認めることになるので，他のもっともらしい理屈をつけて，自分の立場を正当化しようとする心のメカニズムが合理化である。

(6)置き換え（displacement）

ある対象に向けられていた感情や態度を他の対象に置き換えることで，不満を解消しようとする機制である。たとえば，厳しい父親に対する憎悪を男性教師に向けている男子中学生の場合も，その例である。精神分析では，幼児期や児童期に父親や母親に向けられていた感情や欲求が治療者に向けられる場合を転移（transference）とよんでいるが，それも置き換えの一種である。なお，病的なものとしては，男性が女性の下着などを盗んで収集して自慰に用いるようなフェティシズム（fetishism：物品性愛症）がある。

（7）昇　華（sublimation）

　社会で受け入れがたいような性的または攻撃的な欲求や感情を抑圧して，より社会的に価値のある高い水準の行動にエネルギーを転化させている機制である。たとえば，思春期の青年が性欲を抑えてスポーツ，芸術などに没頭したりする場合も，その例である。

（8）補　償（compensation）

　自分の弱点や劣等感を他の面での優越感によって補うような機制である。たとえば，成績が良くない小学校低学年くらいの児童が，教師に対して非常によくあいさつをするような場合には，あいさつをする行動によって自分の存在を教師に認めてもらいたいからである。あるいは，体力的に劣等感をいだいている子どもが知的な学習面でがんばる場合なども，その例である。

4　コンプレックス

　コンプレックス（complex）という用語を最初に用いたのはスイスの精神医学者ユングであり，彼は，何らかの感情によって結合されている心的内容の集まりが，通常の意識活動を妨害する現象を観察し，そのような無意識内に存在する心的内容の集合を「感情によって色づけられた複合体（gefühlsbetonter Komplex）」と名づけたのである。これが後に略されて，「コンプレックス」とよばれるようになったのである。なお，一般に「あの人はコンプレックスが強い」とか，「私には背が低いというコンプレックスがある」などと表現している場合には，後述する「劣等コンプレックス」の意味で用いられていることが多い。

　以下，代表的なコンプレックスの種類をあげてみる。

（1）エディプス・コンプレックス

　20世紀の初め，フロイトによって明らかにされたものである。このコンプレックスの命名のもとになったのは，悲劇のギリシャ神話「エディプス王」である。

　エディプスは，テーバイの国王ライオスと王妃イオカステとの間に生まれた男子である。国王ライオスは，神託によって「あなたは，いずれ自分の息子に

殺される運命になっている」と告げられたので，家臣に命じて，生まれて間もない赤子のエディプスを国境に捨てさせた。その後，捨てられたエディプスは隣国で拾われて，コリント王の子どもとして育てられた。しかし，成長したエディプスは，コリント王の実子ではないことを友人からほのめかされたため，アポロンの神託を求めたところ，「あなたは故郷に帰ると父親を殺し，母親と結婚することになる」と告げられた。コリント王を実の父親であると思っていたエディプスは，コリントに帰るのをやめて旅に出たところ，その途中で自分の父親とは知らずに，老人を殺してしまった。その後，テーバイへと旅を続け，途中で怪獣スフィンクスの謎を解いたほうびに，テーバイの王位につき，自分の母親とは知らずに，イオカステを妻とした。その後，テーバイの国に凶作や悪疫が続いたため，デルポイの神託を求めたところ，「先王を殺害した者の汚れであるから，その犯人を探し出して国外に追放せよ」と告げられた。それで，いろいろ調査をさせたところ，すべての真相がわかり，イオカステは首をくくって自殺し，エディプスは自分の運命をのろって両眼をつぶして盲目になり，放浪の旅に出たのである。

　フロイトは，このような神話の悲劇の近親相姦の心理が男性の無意識内に基本的に存在すると考え，神話の主人公の名を借りて，「エディプス・コンプレックス」と名づけたのである。すなわち，フロイトは，乳幼児期から母親が愛着・依存の対象である男子の場合には，女子と違って，母親は一貫して愛着・依存の対象であり，父親は母親をめぐるライバルであると考えたのである。

　フロイトがこのようなエディプス・コンプレックスの概念を重要であると考えた背景には，フロイト自身がユダヤ人として父親の権力が強い家庭に育ったことが大きく影響していると思われる。父系制社会の色彩が強い欧米諸国にくらべて，どちらかというと，母性性の方が強いわが国の場合には，フロイトが考えるほどはっきりとしたエディプス・コンプレックスはあてはまらないかもしれない。しかし，母親との愛着・依存関係のなかへ父親が登場してくるというような意味に拡大して考えると，理解しやすいように思われる。

　厳しい父親に反抗できない男子の場合や，父親と同じ職業を選んだ息子が偉大な父親をいつまでものり越えることができなくて苦しんでいる場合などは，このエディプス・コンプレックスにあてはまる。

なお，広義には，後述する「エレクトラ・コンプレックス」をも含めて，異性の親に対する愛着心と同性の親に対する憎しみの感情や，父親や母親への敵対感情（ライバル意識）など，親子間の心の葛藤を総称して，エディプス・コンプレックスとよんでいる。

(2) エレクトラ・コンプレックス

これは，ユングが女性にもエディプス・コンプレックスに対応するものがあると指摘し，フロイトもそれを受け入れて，「エレクトラ・コンプレックス」と命名したものである。この名称は，エディプス・コンプレックスと同じように，ギリシャ神話に由来する。

ギリシャ軍の大将アガメムノンがトロイア戦争に参加している間に，妻クリュタイネストラーがアイギストスという男性と不義を行ない，凱旋してきたアガメムノンはその2人によって浴槽で惨殺された。アガメムノンの娘エレクトラは，弟オレステスと一緒に，父親のかたきをとるために，アイギストスと母親クリュタイネストラーを殺した。

フロイトは，女性の場合には，2〜3歳ごろまでは同性である母親が愛着・依存の対象であるが，それ以後は，異性である父親に対して愛着・依存が始まり，それまで愛着・依存の対象であった母親をライバルとして敵視するようになると考え，神話での娘エレクトラの名を借りて，エレクトラ・コンプレックスと名づけたのである。

たとえば，ある女性が自分の父親を非常に尊敬していると，それに代わり得るような理想的な男性がなかなか出現しないために，生涯独身であるというような場合は，このコンプレックスと関係していると考えられる。

(3) カイン・コンプレックス

これは，きょうだい間の心の葛藤を示すコンプレックスで，旧約聖書の創世記第4章に由来している。

兄のカインは土を耕す農業に従事し，弟アベルは羊を飼っていた。ある時，カインは農作物を，アベルは羊を神さまに供え物としたのであるが，神さまはアベルとその供え物の方を喜び，カインとその供え物を顧みられなかった。それに憤ったカインは，アベルを野原へ連れ出し，殺してしまったのである。

このような旧約聖書の物語をもとにして，きょうだい間の羨望や憎しみなど

の敵対感情を「カイン・コンプレックス」と名づけたのである。なお，"きょうだい"と平仮名で表現したのは，兄弟，姉妹，および異性を含めた兄弟姉妹関係すべてを含めるためである。

　たとえば，兄や姉が，自分より幼い弟や妹が親によく甘えたり，自分よりも世話を受けたりする姿を見て，嫉妬心をいだくような場合や，逆に，下の子よりも上の子の方が親から大切に扱われていることに対して，下の子が恨むような場合などである。なお，このようなきょうだい間の敵対心や競争心は，無意識のうちに，将来，同僚に対する敵対感情に発展すると考えられている。

（4）ディアナ・コンプレックス

　ディアナはギリシャの女神アルテミスのローマ名で，狩猟が得意で，気位の高い美しい処女神であった。ある時，自分が水浴している姿をアクタイという男性に見られてしまい，それに怒った処女神アルテミスは彼を人間から牡鹿に変えてしまい，彼は自分が飼っていた犬たちによって食い殺されたのである。

　この物語の処女神のアルテミスにみられるような，男性的な強さと独立心を求める女性の心の葛藤を「ディアナ・コンプレックス」とよんでいる。このコンプレックスは，"女性の心のなかに潜在している男性性（アニムス）"と関連しており，たとえば，女性が職業的役割などの点で男性と対等でありたいと願い，そのことにこだわり続けてしまうような場合は，この例である。

（5）劣等コンプレックス

　「劣等コンプレックス」の重要性を強調したのは，アドラー（Adler, A.）である。劣等感というのは，劣っていると主観的に感じることであるが，劣等感を隠そうとする傾向が強まって，劣等感が持続している状態を劣等コンプレックスとよんでいる。

　たとえなにかについて客観的に劣っているという事実があっても，そのような劣等性を認識することが，必ずしも劣等コンプレックスにはならない。たとえば，字が下手であっても，それを認めることによって，自分のパーソナリティの尊厳性が失われないと感じている人の場合には，劣等コンプレックスとはなり得ないわけである。

　他者という横の関係に敏感で恥意識をもちやすい日本人の場合には，学歴に基づく劣等コンプレックスや，O脚，斜視や性器などの器官に関する劣等コン

プレックスをいだきやすい。そして，劣等感と優越感は表裏一体の関係であり，優越感が強い人には劣等コンプレックスが隠されていることが多く，そのような人は他者に威張りちらしたり，自分よりも地位が低い人や弱者に対して支配的な態度をとったり，めだつ服装をしたりすることがある。しかし，吃音を克服してギリシャの優れた雄弁家になったデモステネスのように，自分に何らかの劣等感をもっている人が，それを克服しようとして，ふつうの人をしのぐような結果を出す場合もある。

（6）メサイヤ・コンプレックス

　メサイヤとは，「救世主」という意味である。世間には，他者を救いたがる傾向が強すぎて，他者からありがた迷惑であると思われてしまうような行動をする人がいる。そのような人は，自分自身の自我同一性が確立していなかったり，自分の問題に真に対決することを避けている場合が多く，その代わりに，悩み苦しんでいる人のためにつくそうと考えて，カウンセラーや宗教家になったりする危険性がある。このように，自分自身の問題を解決しないままに，他者を救うことにこだわって一所懸命になりすぎることを，「メサイヤ・コンプレックス」とよんでいる。

CHAPTER 4 心理検査とその利用

1 心理検査の種類

　測定の目的によって心理検査（psychological test）を分類すれば，知能検査（intelligence test）と性格（人格）検査（personality test）とに大別することができる。現在よく用いられている代表的な心理検査をあげるとすれば，表4-1のようになる。

　知能検査は，実施方法によって個別式と集団式に分けることができるし，内容的には，言語や文字を用いる言語性検査と，言語的要素を含まないで図形・符号・器具などを用いる動作性（非言語性）検査に区分される。

　性格検査は人格（パーソナリティ）検査ともよばれるが，質問紙法（questionnaire），投影法（projective technique），作業検査法（performance test）の3つに区分される。

● 表4-1　代表的な心理検査

```
(1)知能検査
　ビネー式知能検査（田中・ビネー式知能検査）
　ウェクスラー式知能検査 ┌（幼児用）WPPSI
　　　　　　　　　　　　│（児童用）WISC, WISC-R, WISC-III
　　　　　　　　　　　　└（成人用）WAIS, WAIS-R
(2)性格（人格）検査
　1 質問紙法（人格目録法）：Y-G 性格検査（矢田部・ギルフォード性格検査），MMPI（ミネソタ多面人
　　　　　　　　　　　　　格目録）
　2 投影法（投映法，投射法）：ロールシャッハ・テスト，TAT（主題統覚検査），SCT（文章完成法），
　　　　　　　　　　　　　P-F スタディ（絵画─欲求不満テスト），バウム・テスト（樹木画法），家
　　　　　　　　　　　　　族画，風景構成法
　3 作業検査法：内田・クレペリン精神作業検査
(3)その他
　親子関係診断テスト，ソシオメトリック・テスト
```

質問紙法は，質問項目に対して「はい」，「いいえ」，「どちらでもない」といったかたちで回答する方法で，人格目録法（personality inventory）ともよばれており，性格特性を表わす項目に自分がどれだけあてはまるかを被検者（被験者）自身が判断して回答する方法である。この方法は，性格検査のなかでは最も種類が多く，よく用いられている。代表的なものとしては，Y-G性格検査やMMPI（Minnesota multiphasic personality inventory）などがある。

　投影法は，ばく然とした，あいまいな刺激や自由な構成材料を通して個人の自発的な反応を引き出して，個人がもっている内面の無意識的なパーソナリティ（影の部分）の特徴を測定しようとする方法であり，臨床心理学の領域において最もよく用いられている検査法である。投影法の心理検査には，ロールシャッハ・テスト，TAT（thematic apperception test），CAT（children's apperception test：児童用主題統覚検査），SCT，P-Fスタディ（picture frustration test），描画法などがある。描画法にはバウム・テスト，人物画，家族画のほかに，HTPテスト（house-tree-person test：消しゴムつきの鉛筆と8色のクレヨンを与えられて，家，木，人をそれぞれ一つずつ別の画用紙に描かせる），風景構成法（画用紙の周辺を検査者が枠どりした後に，川，山，田，道，家，木，人などを検査者が言う順に描かせて，一つの風景になるようにする）などがある。

　作業検査法は，一定条件のもとで比較的単純な作業をさせて，その作業成績や作業パターンを分析してパーソナリティを把握しようとする方法である。この方法では，質問紙法のように，被検者が意識的に反応をゆがめたりすること（「社会的望ましさ：social desirability」の方向への反応歪曲）は困難である。

1. 知能検査

　知能の定義についてはさまざまなものがあるが，①個人のその環境に対してどの程度適応ないし順応できるかという能力，②学習する能力，③抽象的な思考能力，などが代表的なものである。これらを包括した知能の定義としては，たとえば"個人が目的に合うように活動し，合理的に思考し，目的をとりまく環境を効果的に処理する総合的または全体的能力である"（Wechsler, D., 1939）などがあげられる。なお，従来から，知能検査には創造性の概念が組み

込まれていることが少ないという批判がある。

次に，代表的な個別式知能検査を2つ取り上げて，それぞれの特徴について解説するとともに，集団式知能検査についてもふれてみたい。

(1) ビネー式知能検査

この知能検査は，子どもの知能の測定を意図して作成されたものである。すなわち，フランスの心理学者ビネー（Binet, A.）がパリの教育委員会からの要請で，健常児と精神遅滞児を判別するために，1905年に医師シモン（Simon, T.）と協力して作成したもので，世界最初の知能検査である。

問題が難易度の順に配列されており，何歳に相当する問題まで正答することができたかによって，精神年齢（mental age：MA）が算出される。この精神年齢を生活年齢（chronological age：CA）と対比させることによって，知能の発達水準が測定される。ビネー式知能検査では，知能指数（intelligence quotient：IQ）が次の式で算出される。

$$知能指数（IQ）=\frac{精神年齢（MA）}{生活年齢（CA）}\times 100$$

IQは正規分布を仮定しているので，平均は100で，精神年齢が生活年齢よりも大きければ知能が優れていることになる。なお，数値は小数を四捨五入して整数で表わすことになっている。たとえば，生活年齢が11歳（132か月）の児童が知能検査の問題で11歳7か月（139か月）の精神年齢に相当する結果が出た場合には，次のようになる。

$$IQ=\frac{139}{132}\times 100 ≒ 105$$

なお，人間の精神年齢はある程度の生活年齢を越えると増加しなくなるので，手引きにしたがって修正生活年齢を用いるようになっている。

この知能指数の概念は，生活年齢が異なる子どもや成人の知能についても共通に比較することができるなど，便利な点が多く，その後世界中に広く普及するようになったのである。

わが国では，1925（大正14）年に鈴木治太郎によって鈴木・ビネー式知能検

査が，1943（昭和18）年には田中寛一によって田中・ビネー式知能検査がそれぞれ標準化された。その後改訂が重ねられたのであるが，ビネー式知能検査は総合的な知能を測定しようとするものであり，個人の知能を構成している因子や能力を分析的に測定できないという限界がある。

（2）ウェクスラー式知能検査

　ニューヨーク大学附属ベルビュー病院に勤務していた心理学者ウェクスラーは，個人の知能の特性を分析して診断する目的で，1939年に個別式の成人用ウェクスラー・ベルビュー知能検査を考案した。

　その後，彼は，1949年には児童用の知能検査WISC（Wechsler Intelligence Scale for Children）を，1955年には成人用の知能検査WAIS（Wechsler Adult Intelligence Scale）を発表した。さらに，1966年には就学前児用の知能検査WPPSI（Wechsler Preschool and Primary Scale of Intelligence），1974年にはWISCの改訂版（Revised）であるWISC-R，1981年にはWAIS-Rがそれぞれ発表された。

　わが国でも，WISCが1953（昭和28）年に児玉省・品川不二郎によって，WAISが1958（昭和33）年に児玉省・品川不二郎・印東太郎によって，それぞれ標準化された。

　その後，1978（昭和53）年には6～16歳の児童生徒を対象にした日本版WISC-R（図4-1），1990（平成2）年には16歳以上の成人を対象とした日本版WAIS-Rが作成され，3歳10か月～7歳1か月児を対象とした日本版WPPSIも作成されている。

　ビネー式知能検査が年齢尺度であるのに対して，ウェクスラー式知能検査は点数尺度を採用している。点数尺度とは，すべての年齢の被検者に同一の問題系列を示し，通過した問題に応じて得点を与える方法である。

　また，ウェクスラー式知能検査でのIQは，被検者の得点が同年齢の標準集団の平均からどのくらい隔たっているかを示した数値である。前述のビネー式知能検査のIQがMAをCAで割った商として求めた比率IQ（ratio　IQ：RIQ）とよばれているのに対して，ウェクスラー式知能検査のIQは偏差知能指数（Deviation Intelligence Quotient：DIQ）とよばれている。偏差知能指数（DIQ）は，次の式で算出される。

```
B男（13歳）の事例

言語性検査（V）
              粗点  評価点(SS) 1 2 3 4 5 6 7 8 9 10 11 12 13 14 15 16 17 18 19
1. 知    識   17    9
3. 類    似    2    1
5. 算    数   11    5
7. 単    語   19    2
9. 理    解    6    1
言語性評価点合計VSS（ 18 ）

動作性検査（P）
              粗点  評価点(SS) 1 2 3 4 5 6 7 8 9 10 11 12 13 14 15 16 17 18 19
2. 絵画完成   20    6
4. 絵画配列   30    8
6. 積木模様   42    6
8. 組み合わせ 24    7
10. 符   号   56   10
動作性評価点合計PSS（ 37 ）

言語性評価点合計（VSS）18  VIQ 56
動作性評価点合計（PSS）37  PIQ 79
全検査評価点合計（全SS）55   IQ 60
```

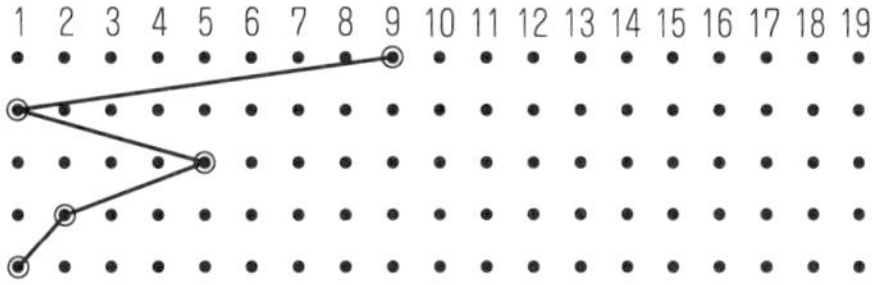

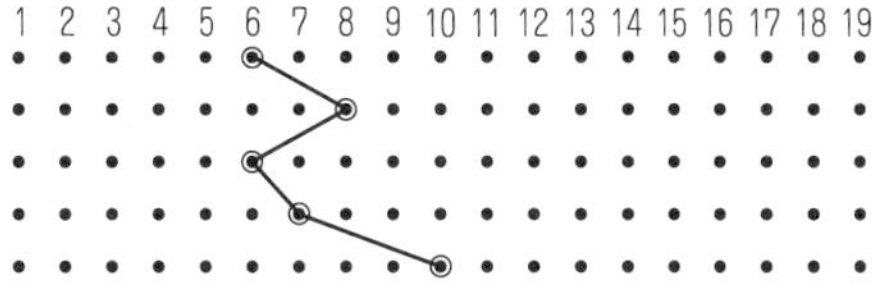

言語性検査についてみると，〈知識〉は他の項目にくらべるとよくでき，評価点9で正常であったが，その内容はアンバランスであった。
一方，動作性検査は言語性検査にくらべると全般的によくでき，やり方もてきぱきとしていた。〈符号〉では評価点10と正常であり，〈絵画配列〉〈積木模様〉〈組み合わせ〉では施行時間はかなりかかったが，やり方そのものは見通しをもって行なっており，いわゆる精神遅滞児のやり方とは質的に異なっているとの印象を受けた。

● 図4-1　WISC-Rの下位検査とプロフィールの例（日本文化科学社，1985）

$$偏差知能指数（DIQ）=\frac{個人の得点-同じ年齢集団の平均点}{同じ年齢集団の標準偏差}\times15+100$$

DIQは，ビネー式知能検査と同じように平均は100である。

ところで，ウェクスラー式知能検査は言語性検査と動作性検査から構成されており，全検査IQのほかに言語性IQ（verbal IQ：VIQ）と動作性IQ（performance IQ：PIQ）が算出できるという特徴をもっている。とくに，動作性検査は，精神遅滞児の判別診断の際には重要視されている。

一般には，高い知能の者は動作性IQよりも言語性IQの方が高く，低い知

能の者は動作性IQの方が言語性IQよりも高いという傾向が認められる。なお，言語性IQと動作性IQとの差が15以上のような著しい差がある場合には，日常生活における適応性に問題がある。

言語の理解が困難である被検者や，言葉を話せない被検者には動作性検査だけを，あるいは，視覚や運動能力に障害がある被検者には言語性検査だけを用いることも可能である。

（3）集団式知能検査

集団でいっせいに検査するもので，たくさんの志願兵の知能検査を短期間にする目的で，1917年にアメリカ陸軍で作成されたものが最初である。当時は言語性検査をα式，記号・図形・数字などを材料とした非言語性検査をβ式とよんでいたが，現在は，前者のようなものをA式知能検査，後者のようなものをB式知能検査とよんでいる。わが国でも，新制田中A式知能検査，新制田中B式知能検査などが作成された。

知能検査の結果は知能指数で表示されるが，集団式知能検査の場合は，結果を知能偏差値（Intelligence Standard Score：ISS）で表示することもある。知能偏差値は，次の式で算出される。

$$知能偏差値（ISS）=\frac{個人の得点-同じ年齢集団の平均点}{同じ年齢集団の標準偏差}\times 10+50$$

知能偏差値の平均は50で，それよりも高い数値ほど知能が優れていることになる。

一般には，個別式知能検査の方が集団式知能検査よりも妥当性や信頼性が高いと考えられているが，集団式知能検査は簡便で効率よく処理できるために，学校現場などではよく用いられている。しかし，1991（平成3）年の指導要録改訂で知能指数の記入欄が廃止されたこともあり，最近では集団式知能検査は以前ほどには用いられていない。

2. 性格検査

ここでは，質問紙法，投影法，作業検査法のうちから代表的なものを取りあげて解説する。

（1）Y-G性格検査（矢田部・ギルフォード性格検査）

　これは，アメリカ南カリフォルニア大学の心理学教授であったギルフォード（Guilford, J. P.）によって考案された性格検査をもとにして，矢田部達郎らが日本人向けに標準化したものである。この性格検査は妥当性や信頼性が高く，集団での実施や採点・判定も簡便であることから，わが国では高い評価を受けており，よく用いられている質問紙法である。

　学童用（小学2～6年），中学生用，高校生用，成人用（大学生を含む）の4種類がある。この検査は12個の性格特性の尺度について，それぞれ10問（学童用は8問）ずつの質問項目から構成されている。結果は，12個の性格特性についてプロフィールで表示することができ，さらには，5つの性格類型にも判定することができる。

　この検査で全部の質問項目を回答するまでに長い時間を要したり，「どちらでもない」という回答数が多い被検者の場合には，慎重すぎて決断力がないタイプであることが多い。

（2）SCT（文章完成法）

　この文章完成法（sentence completion test：SCT）は，狭義では質問紙法と投影法の中間に相当するが，ふつうは広義の投影法に含めている。

　たとえば，「私の父＿＿＿＿＿」，「子どものころ，私は＿＿＿＿＿」，「友だち＿＿＿＿＿」などといったかたちで，文章の最初の部分を刺激文ないし刺激語として提示し，被検者にその後の空白部分を自由に埋めさせて，文章として完成させる方法である。

　日本では精研式SCTなどが用いられており，小学生用（4～6年），中学生用，成人用（15，16歳以上）などがある。

　表現された文章を通して，両親やきょうだいに対する感情，自分の失敗や挫折に対する見方，対人関係における不安や攻撃心などについて分析する。

　話すことが苦手な児童生徒や，あまり話したがらない児童生徒等に対しては，教育相談やカウンセリングを進める際に，前もってこの検査を実施しておくと，彼らの心理状態がわかり，有効である。

（3）ロールシャッハ・テスト

　この検査は，スイスの精神科医ロールシャッハ（Rorschach, H.）が1921年

に主著『精神診断学』で公表したものである。濃淡があるインクのしみ（インク・ブロット）が左右対称に描いてある非構成的な刺激図版10枚（黒白図版5枚，赤色が加わった黒白図版2枚，色彩図版3枚）で構成されている。被検者は，手渡された各図版について何にみえるか，思い浮かんだものを報告する。

検査者は反応総数，拒否反応，初発反応時間，反応領域，反応内容，形態水準などを分析して診断名を決定したり，知的水準，自我の強さ，現実吟味能力，自我防衛，コンプレックス，衝動，不安，対人関係などについて解釈する。

たとえば，目を強調する反応が多かったりすると他者への懐疑心が強いと考えられるし，ふつうは「これは，こうもりに見えます」という反応が多い黒白図版に対して，「悪魔のようで，怖いです」などと反応するような場合には，他者に対して被害的になっていることが多い。

あるいは，反応総数が少ないうえに，「重い荷物をもち上げようとしているけど，もち上がらなくて苦労している」といった反応を示すような被検者は，抑うつ状態になっている可能性が高い。

このように，ロールシャッハ・テストは，人間のパーソナリティのさまざまな側面を理解したり，精神医学的な診断をする方法として高い評価を受けており，世界中で最もよく用いられている投影法である。

（4）バウム・テスト（樹木画法）

これは投影法の一種である描画法で，比較的容易に実施できるので，学校での教育相談や治療機関などでよく用いられている。この検査は，スイスの心理学者コッホ（Koch, K.）が1949年に『Der Baumtest』という書物で公表したものである。バウム（Baum）は，ドイツ語で樹木という意味である。

A4版の白紙（または画用紙）と4Bの鉛筆と消しゴムを用意して，「実のなる木を1本描いて下さい」という教示を与える。なお，実が描かれていないことにも意味があるので，「実のなっている木」に限定しているわけではない。さ

● 図4-2　バウム・テストの例（高橋・高橋，1986）

らに，幼児や小学校低学年の児童の場合には，「リンゴの木を1本描いて下さい」というような教示に変えてもよい。

　この検査では，描画の際に被検者が他の被検者の描画を見て影響されることがないようにすることが必要であるし，検査者が被検者の描画行動を観察したり，場合によっては，終了後に描画の内容について質問したりすることもあり得るので，集団で実施するよりは個別に実施する方が望ましい。

　描かれた内容や表現の仕方を分析することによって，潜在的な願望やいままでの生育歴や親子関係などを推測したりすることができる。さらには，児童生徒の知的発達の程度を大まかに診断することもでき，場合によっては，精神遅滞児の発見につながることもある。

（5）内田・クレペリン精神作業検査

　この検査は，作業検査法として代表的なものである。ドイツの精神科医クレペリン（Kraepelin, E.）が1902年に連続加算法による『作業曲線』の研究を発表し，わが国では，それをもとにして内田勇三郎が開発し，1933（昭和8）年に「内田・クレペリン精神作業検査」として公表したものである。

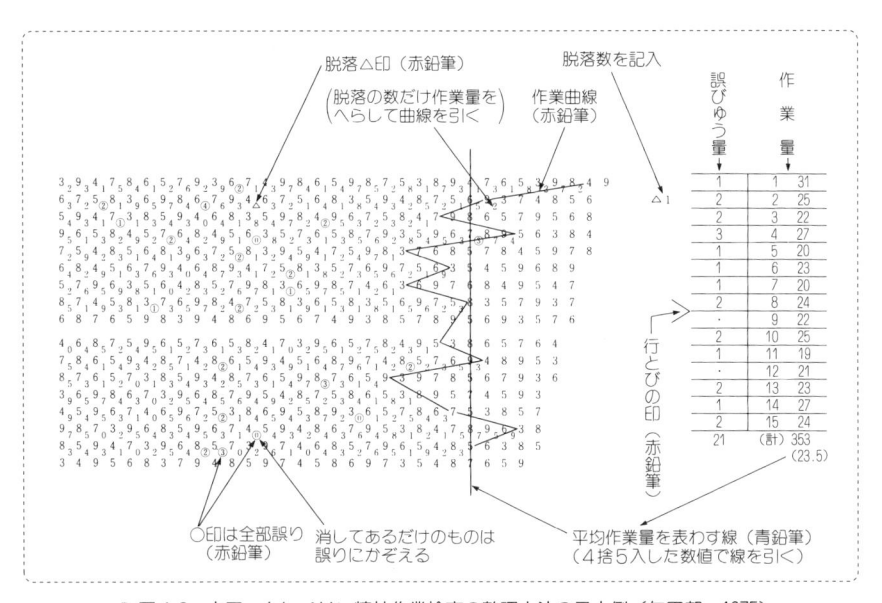

● 図4-3　内田・クレペリン精神作業検査の整理方法の見本例（矢田部，1975）

各行について1分間単位で1桁の数字を2つずつ連続してできるだけ早く加算させる作業で，加算した結果を1の位の数字のみで記入させるようになっている（図4-3）。作業は前半（15分）と後半（10分または15分）に分けられており，両者の中間で5分間休憩する。1分間（1行）ごとの作業量を結んで，前半と後半に分けて作業曲線を描き，各々の平均作業量を算出する。

結果については，①作業量（知的水準），②誤びゅう量（不注意や知的水準の低さ），③初頭努力（前半と後半の各々において，最初の1行目の作業量が平均作業量をどの程度上回っているかどうかを算出して，新しい作業への取り組みや意欲を診断する），④休憩効果（後半の平均作業量が前半の平均作業量をどの程度上回っているかを算出して，作業に対する慣れや疲労回復の度合いを診断する），⑤作業曲線の動揺や連続する3行についてのV字型落ち込み（情緒不安定ないし情意のむら），などについてチェックされ，それらを総合して定型，準定型，準々定型，疑問型，異常型のいずれかに判定される。図4-4は，1万人あまりの一般社会人の平均作業曲線で，健康者常態定型曲線（略して定型曲線）とよばれている。

この検査では被検者どうしの競争心が刺激されて作業量が増大する傾向があるので，集団で実施する方が望ましい。

なお，被検者の体調（女性の生理など）によって検査結果が左右されやすいので，実施の際には，身体状況を検査用紙の備考欄に記入させる配慮も必要である。あるいは，被検者が検査中に鉛筆や検査用紙を下に落としたりすると，作業曲線の動揺やV字落ち込みなどと診断されてしまう可能性があるので，集団で実施する場合には，少なくとも検査者を複数配置にして，時間を計る役と観察する役を別々にし，被検者の行動を観察して記録できるように工夫することが必

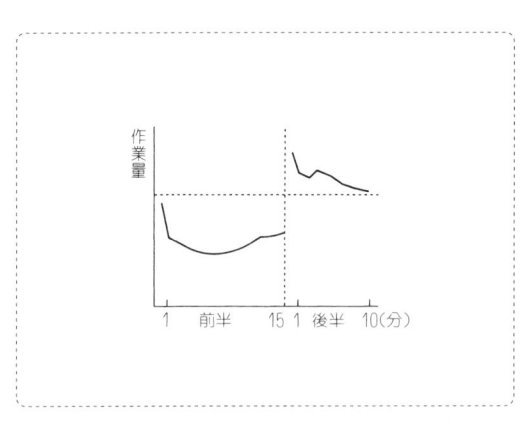

● 図4-4 内田・クレペリン精神作業検査における健康者常態定型曲線（矢田部，1975）

要である。

現在では，精神科の患者の社会復帰を診断するために用いられたり，教員採用試験や看護学校入学試験などで適性検査として用いられたりすることがある。しかし，とくに後者のような場合には，合否を決定する際には，参考資料くらいに考える方が望ましい。

3. その他

(1) 親子関係診断テスト

サイモンズ（Symonds, P. M., 1939）は子どもに対する親の養育態度として，拒否的—保護的，支配的—服従的という2つの次元を抽出しており，品川・品川（1958）はサイモンズのそれらの研究をもとにして，「田研式親子関係診断テスト」を作成した。児童用（小学4年以上）と両親用（父親・母親）があり，図4-5のように，親の養育態度の10類型について診断されるようになっている。

図4-5のダイアグラムでは，同心円の中心から周辺にいくほど好ましくない養育態度になり，とくに二重円の外側は危険地帯として診断される。

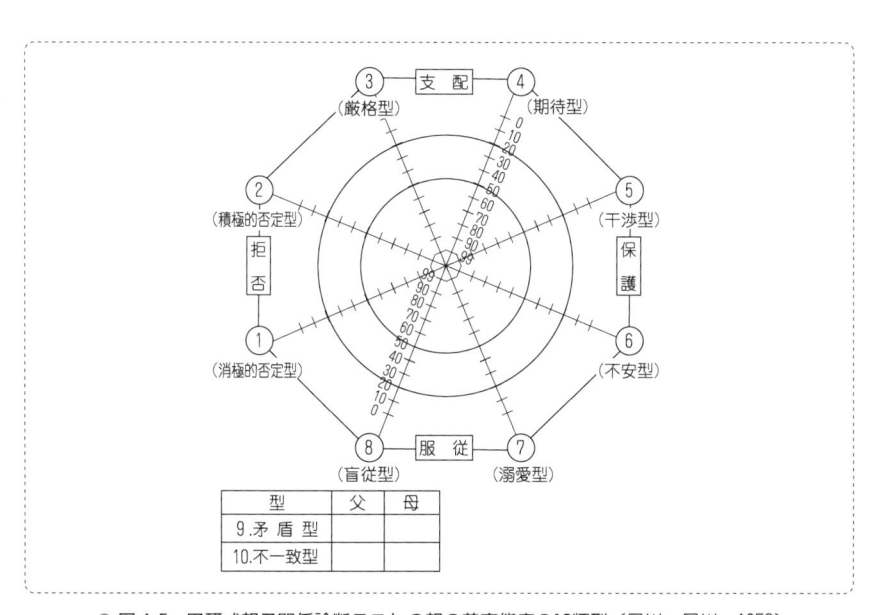

● 図4-5 田研式親子関係診断テストの親の養育態度の10類型（品川・品川, 1958）

10類型のうちの「矛盾型」とは，父親や母親が時と場合によって子どもに対するしつけや態度に一貫性がなく，自分自身の感情によって子どもを怒ったり甘やかしたりしてしまうタイプである。たとえば，月給日やボーナスの日になると，それまで子どもに厳しかった母親がしつけに甘くなり，食事前の手洗いなどを厳しく注意しなくなったりすることである。

　「不一致型」は，子どもに対する父親と母親の態度が不一致であることを示し，たとえば，母親はしつけに関して厳しいが，父親の方は逆に甘いというような場合である。「矛盾型」と「不一致型」のいずれの場合も，子どもは親の顔色をうかがいながら常に緊張していなければならないので，情緒的に不安定になり，その後も，他者の顔色をうかがって行動するような人間になりやすい。

　このテストでは，両親の養育態度のズレだけでなく，子どもが評定した親の養育態度と親自身が評定した養育態度とのズレも比較することができる。

（2）ソシオメトリック・テスト

　ソシオメトリック・テスト（sociometric test）は，モレノ（Moreno, J. L., 1934）によって考案されたもので，集団内の成員間にみられる選択―排斥関係を中心にして人間関係を測定・分析する方法であり，ソシオメトリー（sociometry）ともよばれている。

　たとえば，教師が「これから5人の理科の実験班をつくるとしたら，このクラスのなかでだれと一緒になりたいか，好きな順に3人書いて下さい」という欄と，「これから5人の理科の実験班をつくるとしたら，このクラスのなかでだれと一緒になりたくないか，嫌いな順に3人書いて下さい」という欄をつくり，各々に記入させるような方法で級友関係を調べる。

　記入された結果については，個人別に選択・排斥数を算出し，ソシオマトリックス（sociomatrix）を作成し，それらの関係を図式化してソシオグラム（sociogram）にまとめる。

　図4-6のようなソシオグラムを教師がみれば，学級内の集団構造や好かれている児童生徒（人気児），嫌われている児童生徒（排斥児），孤立している児童生徒（孤立児）などを視覚的に把握することができる。しかし，学校集団の成員数が多い場合には，整理するために時間がかかったり，できあがったソシオグラムも複雑なために見にくかったりすることがある。

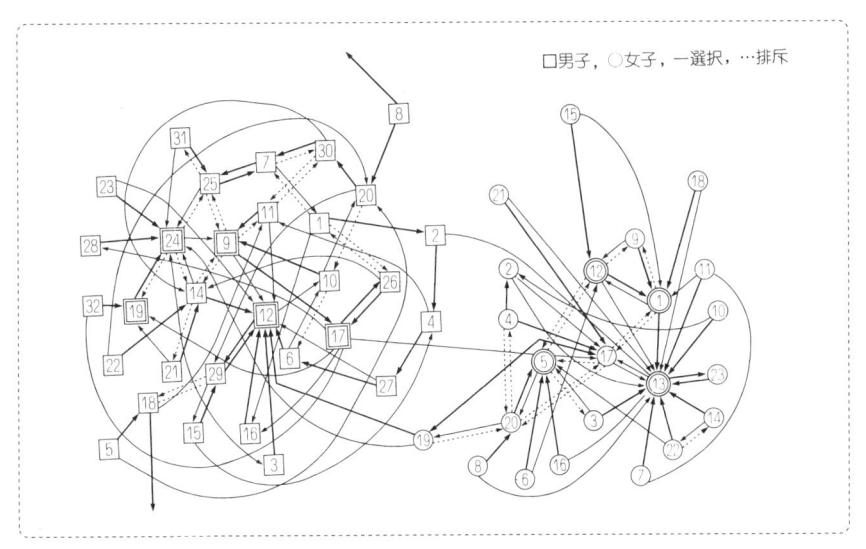

● 図4-6　学級集団のソシオグラムの例（田中，1975）

なお，日頃から自分が嫌われていることを意識していたり，他者からの評価を気にしているような児童生徒にとっては，この方法で排斥関係を調べられることで嫌な気持ちになり，心を痛める結果になりやすいので，実施については細かな配慮が必要である。

2　心理検査が備えるべき条件

1.　妥当性

　ある検査が測定しようと意図しているものを，その検査がどの程度的確に測定しているかということが，検査の妥当性である。したがって，この妥当性は，心理検査にとって最も重要な条件である。

　他のすでに確立されている心理検査との相関や，経験を積んだ臨床家などの評定や診断の結果とどれだけよく一致するかをみたりして，妥当性を測定する。

2. 信頼性

　検査がもっている一貫性ないし安定性のことである。たとえば，検査者の違いによって結果が異なったり，同じ検査をくりかえした場合に測定の度に結果が異なったりするような場合には，その検査がもっている信頼性は低いことになる。

　信頼性を測定する方法としては，同じ検査を同じ被検者にある期間をおいてくりかえし実施し，得られた結果について相関係数をみる再テスト法や，同じ検査内での項目を偶数項目と奇数項目というふうに二分し，同じ被検者から得られた両者の結果について相関係数をみる折半法などがある。

　しかし，再テスト法では，期間を置くことによって被検者の側の条件が変化したり，被検者に前回の検査での記憶が残っていて影響が出てしまうなどの難点がある。折半法の場合にも，二分する方法によっては得られる信頼性係数が異なる可能性があるし，ロールシャッハ・テストやバウム・テストのような投影法には用いることができないという難点がある。

3. 実用性

　実際に検査を実施する際には，方法や採点が容易であり，経費もあまりかからないことが望ましく，結果についての解釈もわかりやすいということが大切である。そのためには，検査者にとってきちんとした，わかりやすい手引書が用意されていることが必要である。

❸ 心理検査を実施し，利用する際の留意点

1. ラポート（親近感）

　rapport は英語ではラポート，仏語ではラポールと発音され，親近感，親和的関係などと訳される。

　ラポートを保つためには，検査者としては，心理検査に対する被検者の不安を取り除いて安心させ，被検者が心理検査に対して意欲や関心をいだくように

努めることが大切である。

たとえば，幼児や児童に個別式知能検査などを実施する場合には，検査者は被検者の緊張を取り除くために，机の正面に座るよりも90度横の位置に座る方が望ましい。

あるいは，個別式知能検査で問題がむずかしくてショックを受けているような被検者の場合には，「今度は，違う問題をやりましょう」などと言って励ますことも大切である。とくに精神遅滞児のような被検者の場合には，やる気を維持させるために，正答の際に「よくできたね」などと言って，ほめることも必要である。

2. 教示や質問の仕方

検査者は，検査を手際よく実施できるように，前もって手引書をよく読んで，検査手続きに習熟しておくことが必要である。

被検者に対して誘導的な教示や質問をしたり，探りすぎるような質問をすることは，検査者として慎まなければならない。たとえば，ロールシャッハ・テストの際に被検者から「図版を回してもいいですか？」とか，「絵の一部だけを見てもいいのですか？」といった質問が出された場合には，検査者は「いいです」，「かまいません」などと答えてよいが，最初から「図版を回してもかまいません」，「絵の全体だけでなく，部分を見てもかまいません」などという教示はしないのが原則である。このような教示をしてしまうと，前もって被検者に対して一定の態度や構えを与えてしまうことになり，自発的な反応を求めている投影法本来の目的に反するからである。

集団式知能検査の際に，被検者によっては練習問題の段階で教示がよく理解できないままに，そのまま検査を受けてしまう場合がある。たとえば，知的水準が低い児童生徒の場合には，教示がわからないままに検査を受けている可能性があるし，内気な児童生徒の場合には，教師から「やり方がわからない人は，手をあげて質問して下さい」と言われても，他の児童生徒の前では恥ずかしくて質問がしにくいので，そのままにしていることがある。したがって，集団式知能検査で低い結果を示したり，ある下位検査の成績だけが特別に低かったりした児童生徒については，さらに個別式知能検査を実施して再検討することが

必要である。

3. 実施する時間

被検者の精神状態が良い時間帯に心理検査を実施することが大切である。とくに，知能検査や内田・クレペリン精神作業検査のような場合には，午前中に実施する方が望ましい。なお，個別式知能検査の場合は，被検者によっては途中で疲労を覚えたり，興味を失うことがあるので，休憩時間も適宜必要である。

4. 検査者の数

前述の内田・クレペリン精神作業検査のところでも指摘したように，集団で心理検査を実施する場合には，時間の計測のチェックや被検者の不慮の事故などに対応できるようにするために，複数の検査者を置くことが望ましい。

5. テスト・バッテリー

テスト・バッテリーとは，一人のパーソナリティを多角的に評価するために，複数の心理検査を有効に組み合わせて用いることである。その際，安易に多数の心理検査を用いることは望ましいことではなく，理論的基盤に立って必要最少限なものを選択することが重要であり，検査者はそれらの検査について十分精通していなければならない。

さらには，被検者の疲労感を高めたり，動機づけを低下させることがないように，検査者は欲ばって１日でたくさんの心理検査をかたづけようとしないように留意すべきである。

6. 心理検査の選び方

教育現場で時々みられることであるが，心理検査においては妥当性が最優先されなければならないという原則があるのに，コンピュータで結果が処理されて判定できるという簡便さ（実用性）を最優先してしまう危険性がある。

7. 質問紙法の限界

質問紙法では，質問項目の内容が多義的であいまいな表現が用いられている

場合もあり，被検者の解釈の仕方によっては反応が異なることもある。たとえば，「嫌な人と道で出会うと避けて通る方ですか」というような質問項目の場合に，田舎の一本道と，逆に，にぎやかな都会でその道以外に逃げて隠れることができる道が存在しているような状況との両方を考えるような被検者がいるとしたら，反応に迷うはずである。

さらには，知的水準が低い児童生徒の場合には，質問項目の内容を解釈する能力に問題があるので，質問紙法を実施する際には知的水準を考慮する必要がある。

なお，質問紙法では，被検者が「社会的望ましさ」の方向に反応をゆがめることも可能であるので，入学試験や就職採用試験などで用いることは慎重にすべきである。

8. 検査結果の受けとめ方

被検者の検査時の身体などの状況によっては検査結果が多少は異なる可能性があるので，検査結果を絶対的なものと考えすぎないように，ある程度の柔軟性をもって受けとめることが必要である。たとえば，知能検査のIQの数値については，±10程度の幅をもって考えた方が無難であるといわれている。すなわち，IQ＝105の人は，95〜115の範囲内の数値をとる可能性を含んでいる。

ところで，教師が児童生徒の心理検査の結果を知ることは指導上有益であるが，心理検査の結果に頼りすぎないように，日頃から児童生徒と接したり，自分自身の目を通して彼らを観察していく努力を絶えず続けることが必要である。

9. 検査結果の伝え方

知能検査の結果が児童生徒に伝わることは，教育上好ましいことではない。たとえばIQの数値が低い児童生徒の場合には，そのことを知ると，「自分は頭が悪いので，どうせ努力してもだめである」などと思ってしまい，努力する芽を自らつんでしまう心配がある。逆に，IQの数値が高い児童生徒の場合には，そのことを知ると，「自分は頭が良い」とうぬぼれてしまい，努力しなくてもよいと考えてしまう危険性がある。

このことは，児童生徒だけでなく親に伝えた場合でも，同じように受けとめ

られてしまう危険性がある。たとえば，IQ の数値を知った親が，「自分の子は，だめな子である」と悲観したり，「自分の子は，優秀な子である」と過信してしまい，そのような親の思いが子どもに悪い影響を与えてしまう可能性がある。また，ふとした拍子に親から子どもに伝わってしまうこともあり得る。

　いずれにしても，教師が親に対して子どもの知能検査の結果を知らせることは，マイナスの結果を招くことが多い。

CHAPTER 5 カウンセリングの技法

1 カウンセリングとは

1. カウンセリングと心理療法

　カウンセリング（counseling）を行なう人をカウンセラー（counselor）とよび，カウンセリングを受ける人（来談者）をクライエント（client）という。クライエントの代わりに，カウンセリー（counselee）とか被面接者（interviewee）ということもある。クライエントとはもともと顧客とか依頼者という意味であるが，ここでは，「生きていく上でのむずかしさを抱えて来談してきた人」という意味である。

　ところで，最近いろいろなところでカウンセリングという言葉を耳にするが，このカウンセリングとはいったいどういうものなのだろうか。

　より専門的な心理的援助を心理療法（psychotherapy）とよび，そうでないものをカウンセリングとよぶ人がいる。また，神経症（neurosis）や境界例（borderline case），精神病（psychosis）の人々に対する心理的援助を心理療法とよび，より健康な人々に対する心理的援助をカウンセリングとよんで区別する人もいる。心の病気を治す方を心理療法とよび，個人の潜在的可能性を開発する方をカウンセリングとよぶ人もいる。

　このようにいろいろな考え方があるが，ここでは一応，カウンセリングを心理療法の一分野としておきたい。心理療法は，薬物療法（pharmacotherapy）や作業療法（occupational therapy）と異なり，何らかの心理学的な媒介物を用いてクライエントを援助していくものである。たとえば，絵を用いれば絵画療法（art therapy）となるし，音楽を用いれば音楽療法（music therapy），箱庭なら箱庭療法（sand play therapy），コラージュ（張り絵）ならコラージュ療法（collage therapy），遊びなら遊戯療法（play therapy），催眠状態なら催眠療法（hypnotherapy），寝椅子による自由連想なら精神分析療法（psychoanalytic therapy）となる。

　カウンセリングでは，もっぱら「言葉」が用いられる。面接場面においては，カウンセラーとクライエントはお互いに言葉を用いて交流し合うのである。このように言葉が主要な用具となるため，カウンセリングの適用対象は思春期以降のクライエントということになる。クライエントによって言語化されるものは，学校や職場での対人的エピソード，ある特定の人物（たとえば担任）に対する思いや感情，過去の心的外傷体験，現在や将来に対する不安，夜見る夢，コンプレックスなど，さまざまなものがある。

2.　カウンセリングの種類

　カウンセリングの種類としては，指示的カウンセリング（directive counseling），来談者（クライエント）中心カウンセリング（client-centered counseling），精神分析的カウンセリング（psychoanalytic counseling），認知─行動論的カウンセリング（cognitive-behavioral counseling），アドラー派カウンセリング（Adlerian counseling）など，さまざまである。内観療法（Naikan therapy）の考え方に基づく内観カウンセリング，森田療法（Morita therapy）の考え方に基づく森田式カウンセリングといったものもある。これらはそれぞれ，人間観や疾病成立観，援助目標，援助技法が異なる。カウンセラーをめざす人は，自分の好みや関心にあったカウンセリングを選び，熟練した指導者のもとでスーパーヴィジョン（supervision：指導）を受けるとよいだろう。実際には，いくつものカウンセリングのやり方を統合的に組み合わせた折衷的カウンセリング（eclectic counseling）を行なう人が多いように思われる。臨床場面では，単一の技法だけですべてのクライエントの要望に応じるということは不可能に近い。

3.　カウンセリングの形態・手段・対象領域

　カウンセリングの形態としては，カウンセラーとクライエントが一対一で面

接する個別カウンセリング（individual counseling），集団で行なう集団カウンセリング（group counseling），家族全員を対象とする家族カウンセリング（family counseling），夫婦を対象とする夫婦カウンセリング（couples counseling）などがある。

　手段から言えば，対面式カウンセリング（face-to-face counseling）のほか，電話カウンセリング（telephone counseling）も盛んである。また，手紙や電子メールなどの通信手段を用いたカウンセリングも行なわれている。電話では中身の濃い，直接的なやりとりが可能である。一方，手紙や電子メールは間接的となるため，簡単なアドバイスを行なうのに適している。手紙と電子メールとでは，後者の方が断然便利であり，時間的なロスも少ない。筆者の場合には，海外在住のクライエントからの相談には，もっぱらこの電子メールを愛用している。

　カウンセリングを対象領域からみれば，学校カウンセリング，産業カウンセリング，進路・職業カウンセリング，悲嘆カウンセリング，エイズカウンセリング，セックスカウンセリングなどに分けられる。

4.　カウンセラーの態度

　カウンセラーの取るべき態度としては，①クライエントに対して嘘をつかない，②私利私欲（たとえば名誉欲）のためにクライエントを利用しない，③クライエントに対して復讐しない，④重荷になったからといって自分勝手にクライエントを見棄てない，といったことが大切となる。ただし，カウンセラーといっても生身の人間なので，事例によってはむずかしいこともある。その場合，どうすればよいかをとことん考え抜いたり，熟達したカウンセラーに指導を受けたり，事例検討会で多くの人に吟味してもらったりするとよい。

　ちなみに，特定のクライエントに対する強烈な憎しみや性愛的な感情は，一般に処理がむずかしい。その場合，そのような感情が実はクライエントからの非言語的コミュニケーションではないかという視点から，カウンセラー―クライエント関係を再吟味してみることが大切となる。たとえば，ある女性クライエントに対して強い愛情欲求を感じた場合，それをすぐにカウンセラー個人の人格的な問題だというふうに断定してしまわないで，愛情欲求は平素無口なク

ライエント自身の欲求かもしれないという線にそって吟味してみるわけである。もっとも，あれこれ努力してもどうしても処理しきれない場合には，クライエントに理由を話して，別のカウンセラーを紹介した方がよいだろう。

2 カウンセリングの目標について

　カウンセリングの目標を何にするかは，カウンセラーが依拠する立場やクライエントによって異なるが，項目のみ列挙すれば，①症状ないし問題行動の除去，②個人の潜在的可能性の開発，③内的混乱の整理，④家族成員間のシステムの正常化，⑤対人適応力の増大，⑥自己意識の拡大など，さまざまである。

　筆者自身はカウンセリングの一般的目標を，「能動性（activeness）」の回復と増大に置いている。能動性とは，簡単に言えば，つらいなー（さみしいなー）と思いつつも自分の人生の発達階段を昇っていこうとする能動的な心的態勢のことである。人生航路は，発達的・成長的危機と偶発的・突発的危機とが互いに交錯し合っている。親から虐待されたり，突然わが子に死なれたり，「自分」というものが大混乱に陥ったり，リストラや大災害にあったりと，人の心はなかなか安らぐひまがない。老いを迎えれば，今度は「死の不安」という人生最大のストレスが襲ってくる。

　このように，本人がいくら否認しようとも，人生は危機の連続である。生活の大波に浮きつ沈みつしながらも生を営んでいこうとする主体的・積極的な精神のあり方が能動性なのであり，このような能動性の育成をめざした援助法を，筆者は仮に能動的カウンセリング（active counseling）ないし能動的心理療法とよんでいる。たとえば，「あなたの身近な人々の行動をよく観察して，あとで私が思い出し笑いをするような興味深いエピソードを，次回の面接のときに教えてくれませんか？」とクライエントに頼むのは，能動的カウンセリングの１技法である。これは，対人的能動性に焦点をあてた依頼である。

　カウンセラーとの相互交流を経てクライエントの心のなかに能動性が育ってくると，現在の不遇を人のせいにしたり，本来なら自分が直面しなければならない課題を回避し続けるといったことがしだいに減ってくるし，周囲の人々とも能動的に関われるようになる。

自立とは，自分以外の他者の力を有効に活用できることでもある。能動性という観点からすれば，クライエントをいじめる人，クライエントにつらくあたる人さえも，実はクライエントの能動性を伸ばそうとして機能している人ということになる。実際，人にはさまざまな役割があるものである。

❸ カウンセリング技法について

カウンセリング場面においてはさまざまなカウンセリング技法が用いられるが，技法の中身はカウンセラーの依拠する立場によって異なるので，詳細はそれぞれの成書に譲りたい。ここでは，参考として，マイクロカウンセリングを紹介しておきたい。マイクロカウンセリングは，アイヴィ（Ivey, A. E.）らが従来のさまざまなカウンセリングないし心理療法の技法を有機的に組み合わせたものであり，大変わかりやすい。

図5-1は，アイヴィ（1983）によるマイクロ技法の階層表（microskills hierarchy）である。技法としては，①関わり技法（attending skills），②焦点のあて方技法（focusing），③積極技法（influencing），④対決技法（confrontation）の4つである。

①の関わり技法は，カウンセリングを行なう場合の基礎的なものであり，カウンセラーがクライエントとの関係を形成し，関係を深めていくことに役立つ。たとえば，種々の関わり行動と効果的な

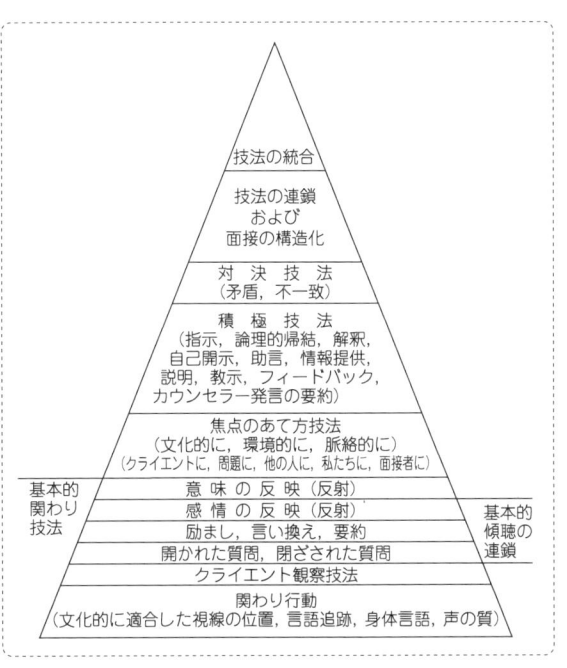

● 図5-1 マイクロ技法の階層表（Ivey, A. E., 1983）

質問は，クライエントが話し始めるのを助けるという点で効果的であり，最小限のはげましは会話をさらにうながすし，言い換えは，クライエントが話すことをカウンセラーが聴いているということを示すのにたいへん重要となる。要約は，クライエントが自分の思考を統合することを助ける。

②の焦点のあて方技法は，カウンセラーがクライエント自身やクライエントと関係のある他者，クライエントが提示した問題などに焦点をあてるものであり，クライエントの気づきをうながす。

③の積極技法は，表5-1に示したように，指示，論理的帰結，自己開示などであり，クライエントが行動を起こすための新しい枠組や情報を与えるものである。

④の対決技法は，クライエントの行動上の矛盾や不一致の部分をとらえて，

● 表5-1　積極技法の一覧表（Ivey, A. E., 1983）

技　法	操作的定義	ね　ら　い
指示 directives	カウンセラーがクライエントにどんな行動をとってほしいかを明確に指示すること	クライエントが課題を理解し，行動を確実にできるように助ける
論理的帰結 logical consequences	クライエントの行動によって起こり得る結果を，良否にかかわらず伝えること	クライエントに自分の行動の結果を気づかせ将来に向っての選択をさせる
自己開示 self-disclosure	カウンセラーの考えや感じを，クライエントに伝えること	クライエントの自己開示を促進しクライエントの行動変容のためのよいモデルとなる
フィードバック feedback	カウンセラーあるいは第三者がクライエントをどうみているかというデータを与えること	第三者がクライエントをどうみているかというデータを用いて，自己探究，自己吟味をうながす
解釈 interpretation	人生状況に対する一つの観点をクライエントに与えること	クライエントが人生状況を別な観点からみたり別な枠組みで考える能力を促進する
積極的要約 influencing summary	面接中，カウンセラーの言ったことや考えたことをクライエントに要約して伝えること	カウンセラーの有力な発言にクライエントが協力したり，整理して頭にいれ，よく理解できるようにすること
情報 information 助言 advice 教示 instruction 意見 opinion 示唆 suggestion	クライエントにカウンセラーの考えや情報を伝える	新しい助言や新しい情報に，クライエントの目を向けさせる

心の葛藤を再検討させるものである。

4 カウンセラーからの質問

　カウンセリング場面においては，質問が多用される。生年月日や住所，家族構成，生活史，来談理由などをたずねることも質問であるし，アドバイスや解釈さえも質問という形式でなされることが多い。以下，筆者の臨床経験から，質問についてのいくつかの留意点を述べてみたい。

　1．質問する場合，もしも質問したらそれによってクライエントの安全感（security）（Sullivan, H. S., 1947）をおびやかすような領域は，できるだけ避けるようにする。クライエントの内的状況がよくわからない場合には，前もってクライエントに，「私の質問でとてもいやな感じがしたときとか，質問にあまり答えたくないときには，必ずそう言ってくれませんか」と頼んでおくのもよい。

　2．質問する際には，質問の内容を少し工夫してみるとよい。たとえば，クライエントと家族との関係を調べる場合，「あなたにとってお父さんはどんな人ですか？　お母さんは？　お姉さんは？」といった直接的な質問をするよりも，「家族のなかであなたのことを一番気にかけてくれている人はどなたですか？」の方が，心理的家族関係を見るためにはより生産的である。ちなみに，筆者は，クライエントにとっての重要な他者を探索する場合，「ノアの箱船」，「真珠採り」といった質問を用いることがある。前者は，「世界が大洪水となり，あなたは大きな箱船に乗って洪水から逃れますが，その場合，だれだれを一緒に箱船に乗せますか？」というものである。クライエントによれば，一緒に乗せるものは人ではなくて，動物のこともある。後者は，「あなたは潜水服を着て，海底で真珠貝を採っています。海の上には小舟がおり，小舟には空気ポンプがあって，海底のあなたに空気を送っています。パイプを通して規則正しく空気が送られないと，あなたは死んでしまいます。あなたは，空気ポンプを押す人をだれにしますか？」というものである。これら2つは，クライエントが愛着している人や信頼している人を探索するために筆者が工夫した質問である。

3．クライエントの内省力が低下していたり，クライエントが保護者や担任に連れられてカウンセラーのもとにやってきた場合には，来談理由をクライエントにたずねても，はっきりした答えが返ってこないことがある。このような場合には，「自分がどんなふうになったらいいと思いますか？」といったたずね方をしてみる。

4．カウンセラーの考えをクライエントに述べる場合，話の最後は質問の形にして，「さきほどからあなたの話を聴いていますと，もしもあなたがお母さんに対して自己主張すればお母さんからあとでしっぺ返しをされそうで，それがこわくてあなたはいつも黙ってお母さんの言いなりになっているように思えますが，あなたとしてはどんなふうな感じですか？」といった具合にしてみるとよい（この質問は，母子同席面接ではなくて，クライエントと一対一で面接している場面を想定したものである）。

5．「なぜ？」という質問は一般に避けたほうがよい。「なぜ，盗ったの？」，「なぜ，登校しないの？」といった質問は詰問調になるし，なぜと問われると，クライエントはどうしても合理化や弁解でその場を逃れようとするからである。また，なぜという質問にクライエントが答えられないで沈黙している場合には，カウンセラーが腹をたててしまうからである。

カウンセリングは対人的援助サービスなので，なぜと追求する代わりに，「現在の学校生活でなにか困っていることはありませんか？」，「毎日の生活でなにか気にかかっていることはありませんか？」といった質問を用いて，援助対象を明確にしていった方がよい。場合によっては，クライエントの了解を得て性格検査を行ない，その結果をもとに話し合うのもよい。

5 カウンセラーからのアドバイス

実際のカウンセリング場面においては，質問と並んでアドバイス（助言）は欠かせないものである。もっとも，一口にアドバイスといっても，より励ましに近いもの，指示に近いもの，情報提供に近いものなど，いろいろである。

1．クライエントから「どうしたらいいでしょうか？」とアドバイスを求められた場合，カウンセラーとしてはすぐにアドバイスを与える前に，「この問

題にあなたとしては，どんなふうに対処したらよいと思いますか？」，「もう打つ手がないということですが，本当になにかあなたなりの工夫を思いつきませんか？」，「あなたとしてはどちらを選択したい感じですか？」などと問いかけてみるのがよい。これは，共同作業のパートナーであるクライエントにもそれなりの仕事をしてもらうということなのであるが，同時にまた，少しでも能動性の発露をクライエントにうながすという意味がある。クライエントが自分で考え，自分で納得した対処法なら，それが困難なものであったとしても，クライエントは捨てずにやり抜いていくからである。

　2．必要があって具体的なアドバイスを行なう場合には，アドバイスはクライエントの実行可能な線にそって，小刻みに行なう。つまり，クライエントのできることを，あたかも階段を一段一段上っていくような感じで行なう。その場合，クライエントにとってどんなことができるかは，クライエントと一緒に検討する。たとえそれが不首尾に終わったとしても，クライエントにとっては，カウンセラーという他人と共同作業をしたのだという実感が残る。

　3．アドバイスのなかには，社会資源の教示も含まれよう。問題によれば，時間をかけてあれこれ一緒に吟味し合うよりも，クライエントが利用可能な相談機関や自助グループを紹介した方がよいこともある。また，クライエントがもち込む問題のなかには，カウンセラーの専門外のこともある。その場合も，教示・紹介が必要となる。たとえば，「年齢が高いので早く子どもを生みたいが，抗てんかん薬をずっと服用しているので，妊娠した場合の胎児への影響が心配。障害児出産がこわい」といった問題についての社会資源としては，①産科と精神科（神経科）のある総合病院，②医薬品機構のくすり相談，③日本薬剤師会の中央薬事情報センター，④各県の薬剤師会の薬事情報センター，⑤財団法人日本てんかん協会などが考えられよう。その他，「日本精神神経学雑誌」，「精神医学」，「臨床精神医学」といった専門雑誌から抗てんかん薬の催奇性に関する研究論文をコピーして，クライエントに情報提供するのもよいだろう。

　要は，クライエントの生きる力が回復することで，だれが援助するかは大きな問題ではない。国内にあるさまざまな社会資源とクライエントをつなぐためには，カウンセラーとしては，絶えず情報収集をすることが大切となる。なお，

面接を続けていたクライエントが県外に転居することもあるので，カウンセラーは，カウンセリングや心理療法に関する全国的な研究会や学会に参加して，他県のカウンセラーと知り合いになっておくことも大切である。

❻ カウンセリングにおける夢の利用

　思春期以降のクライエントと話していると，夢が自発的に報告されることも少なくない。報告されない場合でも，「最近なにか印象に残るような夢を見ましたか？」とたずねてみると，多くのクライエントは肯定して，夢の内容を教えてくれる。夢は，クライエントが直面している心理・社会的危機の貴重な情報源となるし，カウンセラー――クライエント関係の真実を知らせてくれることもある。

　夢が報告された場合，ややもすれば夢の内容をたずねるだけに終わってしまったり，カウンセラー側の勝手な「解釈（思い込み）」がクライエントに投げかけられたりしがちである。しかしながら，夢の意味は，カウンセラーが適切に「介入」しなければつかめないことが少なくない。介入（intervention）という言葉は，一般には，質問（question）・明確化（clarification）・解釈（interpretation）・再構成（reconstruction）などの意味で用いられているが，ここでいう介入とは，「夢についての夢主の有益な連想を引き出すような質問」という意味である。

　表5-2は，筆者（1999）が用いている介入技法の一覧表である。一般的介入のなかの「感想Ⅰ質問」は従来なされてきたやり方であるが，夢のポイントを問う「感想Ⅱ質問」は，夢に対する夢主の意識を先鋭化させるものである。次に，特殊的介入のなかの「対応性質問」は夢自己と覚醒自己とを相互に結び合わせ，「レベルⅡ質問」は潜在的な心的要素を顕在化させ，「潜在感情質問」は特定の夢要素のなかに象徴的なかたちで隠されている夢主の潜在感情を抽出するものである。これらのうち，対応性質問は，「夢―目覚めという次元（覚性の次元）」と「過去―現在という次元（時間性の次元）」とをかみ合わせたものであり，一方，レベルⅡ質問と潜在感情質問は，「顕在―潜在という次元（層性の次元）」に立つものである。

● 表5-2 夢分析における介入技法（名島，1999）

介入	介入の内容		
一般的介入	夢全体についての感想を問う質問で，大別すると，〈この夢についてどう思いますか？〉（感想Ⅰ質問）と〈この夢のポイント（特に印象的なところ）はどんなところだと思いますか？〉（感想Ⅱ質問）の2つがある。感想Ⅰ質問よりも感想Ⅱ質問の方が，夢に対する夢主の意識を先鋭化させる。臨床場面では，まず感想Ⅰ質問をして，それに対する夢主の連想をたずねた後，あるいは夢主の連想について話し合った後，感想Ⅱ質問をする。		
特殊的介入	(1)夢自己と覚醒自己との対応性質問	夢自己と，①現在の覚醒自己，②過去の覚醒自己，③過去から現在までの覚醒自己との対応性質問という3つの質問がある。①は，たとえば，〈あなたの夢のなかで人々から非難されていますが，現在のあなたの生活のなかではいかがですか？〉，②は，〈過去の生活のなかではいかがですか？〉，③は，〈これまでの生活のなかではいかがですか？〉といったものである。	
	(2)夢の要素とプロットに関するレベルⅡ質問	レベルⅠ質問は，夢そのものに則した素材についての連想を問う質問で，従来の「夢の要素についての自由連想を求める質問」に相当する。一方，レベルⅡ質問は，質的・抽象的側面についての連想を問う質問。たとえば，〈水がじわじわ増えてくるというと，何か思い浮かびますか？〉はレベルⅠ質問，〈あなたにとってじわじわ増えてくるものというと，何か思い浮かびますか？〉はレベルⅡ質問である。レベルⅠ質問・レベルⅡ質問は同一の要素ないしプロットについて行なうものであるが，特別な方法として，レベルⅠ質問に対する連想内容を利用してレベルⅡ質問を行なうことがある。	
	(3)潜在感情質問	夢のなかの特定の要素に象徴化されている感情についての質問。たとえば，〈この夢のなかの火を何かの感情（気持ち）にたとえるとしたら，いかがですか？〉といった具合いに，夢主にとって印象的な夢要素を何かの感情にたとえてもらう。	

これらの介入技法をうまく利用すれば，夢イメージの背後に秘められた意味がカウンセラーとクライエントの意識に届くようになり，クライエントの自己理解は促進されよう。

7　自殺の問題

カウンセラーにとって最も神経をつかうのが，自殺の問題である。自殺は3歳から可能であるが，現実には10歳未満の自殺は稀である。近年の日本での自殺者は，年間3万人以上と多くなっている。自殺に関するカウンセラーの留意点としては，以下のようになる。

1．カウンセラーとしては常日頃，なぜ自殺することがいけないのか，逆に言えば，なぜ人間は生きていかなければならないのか，ということについてのカウンセラーなりの答えを用意しておく必要がある。

2．自殺の危険因子に留意する。危険因子としては，高橋（1992）がまとめ

ているように，次のようなものがある：①過去に自殺企図歴があること，②うつ病・統合失調症（精神分裂病）・人格障害・アルコール症といった精神疾患があること，③援助組織が欠如していること（未婚・離婚・離別・死別者は既婚者に比べて自殺率が高い），④性別（男性の方が女性よりも自殺の危険性が高い），⑤年齢（高齢者になるほど危険性は高くなる），⑥重要な対象喪失体験（近親者やペットや健康の喪失）があること，⑦性格特徴（未熟で依存的，衝動的，完全癖，抑うつ的で孤立的，反社会的），⑧家族や近親者に自殺者がいること，⑨事故をくりかえし起こすという事故傾性（accident proneness）があること，⑩幼児期に親や近親者から肉体的・性的な虐待を受けた経験があること。ちなみに，②では，うつ病とアルコール症といったように異なる精神疾患を合併している人の方が，そうでない場合よりも自殺の危険性は高くなる。

　3．笠原（1980）の言う「谷間説」に留意する。谷間とは，移行期・中間期である。たとえば，主治医やカウンセラーの交代期とか，クライエントがうつ病を脱しかかったときとか，統合失調症（精神分裂病）者の病識が出かかったときなどに注意する。

　4．自殺の緊急度が高い場合，つまりクライエントが具体的な自殺行動を強く考えているとか，自殺手段を手元に用意しているような場合，親に連絡を取ったり，精神科医につなぐ必要がある。大学生なら，大学の保健管理センターか医学部精神科の医師につなぐ。

　主治医から投与される精神安定剤や睡眠薬を大量にため，深夜にそれらを飲んだ上でカウンセラーに電話してきたような場合，まずクライエントや親の居場所と連絡先を聞き出す。そして，保護者がすぐ近くにいるなら，保護者に事情を話して見に行ってもらう。保護者が遠方なら，カウンセラー自身が車で行くか，救急車の手配をする。クライエントのようすからみて時間的に少し余裕があるなら，主治医か，主治医の勤務している病院の当直医に連絡を取って医師の指示を仰ぐ。

　5．左手首の内側の表皮をカミソリやカッターナイフで浅く切るといった非自殺行動でも，注意が必要である。マルツバーガー（Maltsberger, J. T., 1986）は，「ピンで自分を刺すといった浅い傷を負うだけのような一見些細な自傷行為が，自殺に至る強烈で危険な衝動を示していることもある」と警告し

ている。もっとも，すでにカウンセリング関係に入っているクライエントの場合，切るとか刺すといった自傷行為がカウンセラーへのメッセージであることもあるので，注意しておく必要がある。

　6．不幸にして学校内で自殺生徒が出た場合には，管理職（校長・教頭）やスクールカウンセラーは，「後追い自殺」を予防する。具体的には，自殺した生徒ととくに親しかった生徒たちに対して緊急の面接ないしカウンセリングを行なう。わけても小学校高学年から中学校にかけての思春期は心身ともに不安定な時期であり，親しい友人の死という対象喪失経験によって自己破壊欲動が急激に活性化されやすくなる。

　もしも自殺が未遂に終わった場合には，できるだけ早く自殺を企図した生徒のもとに行き，その生徒と一緒に自殺行動の心理的意味や生きることの意義などについて，とことん話し合うことが大切となる。

CHAPTER 6 不登校の理解と対応

1 不登校とは

1.「不登校」という用語

　「不登校」（nonattendance at school）に関連する用語としては，登校拒否（school refusal），怠学（truancy）があり，以前には学校恐怖症（school phobia）という用語が用いられていたことがある。

　ブロードウィン（Broadwin, I. T., 1932）によって最初の報告がなされ，米国の医師ジョンソンら（Johnson, A. M. et al., 1941）によって，子どもが心理的な理由から学校に行けない状態を，怠学と区別して，「学校恐怖症」という用語で最初に記載されたのが，不登校の研究の最初である。ジョンソンらは，学校恐怖症を児童期の神経症的障害としてとらえており，情緒的不安によって登校できない子どもたちの根底には，母子双方の強い分離不安があると考えた。わが国でも1957（昭和32）年頃からそのような事例についての関心がもたれるようになったのであるが，それまでは教育界でも「ずる休み」といったかたちでしか取り扱われなかった。不登校の事例についてのわが国の最初の文献としては，佐藤（1959）と鷲見ら（1960）のものがあげられ，後者で「学校恐怖症」の用語が初めて用いられている。

　しかし，その後，そのような母子間の分離不安によって説明できるのは幼児や小学校低学年児についてであり，それ以後の児童や思春期の子どもの場合には，そのような説明だけでは不十分であるといった批判が高まった。さらに，登校しない児童生徒の場合に，級友や教師，あるいは授業場面などが必ずしも恐怖の対象になっているとは限らないという指摘もなされた。また，登校しな

い児童生徒に対して精神医学上の「恐怖症（不潔恐怖，赤面恐怖，高所恐怖，対人恐怖など）」の一種とみなすことは適切ではないという考え方もしだいに強くなった。すなわち，昭和30年代後半から40年代にかけて，児童生徒が登校しない現象は，単に学校に対する不安や恐怖という面からだけでなく，多面的に理解されなければならないとする考え方が大勢をしめるようになり，登校しないさまざまな状態を総称して「登校拒否」という用語が用いられるようになったのである。そして，文部省（1984）は，「何らかの心理的，情緒的な原因により，客観的に妥当な理由が見いだされないまま，児童生徒が登校しない，あるいはしたくてもできない状態」を「登校拒否」と定義した。

　しかし，「登校拒否」という名称についても，さまざまな意見が出され，「登校拒否」は怠学や非行を除いた神経症的なものに限定した方がよいという考え方が強く出されたり，「学校に行かねばならないとわかっていても行けない」という状態は必ずしも登校を拒否しているわけではないから，それを「登校拒否」として表現することは不適切であるという批判がなされた。その結果，「学校へ行けない」，あるいは「学校に行かない」という両方の状態を総称して「不登校」という用語を用いる傾向が，精神医学者を中心にして増えていったのである。なお，「不登校」の意味については立場によって必ずしも一定ではなく，怠学や非行を除いた欠席の多い児童生徒に限定して「不登校」という用語で表現されている場合もあるし，"不安を中心とした情緒的混乱による不登校"とか"怠学による不登校"などといった表現もなされている。また「不登校」という用語は，単に登校しないという状態を示すわけであるから，病気や経済的な理由によって登校しない場合も含まれてしまうことになりかねない。

　このように，「登校拒否」，「不登校」のいずれを用いても，それぞれ表現には一長一短があり，どちらを用いるにしても，児童生徒が何らかの要因により登校しない，あるいはしたくてもできない状態であるという認識については共通である。

　そこで，文部省の初等中等教育局も，1992（平成4）年3月に出した『登校拒否（不登校）問題について──児童生徒の「心の居場所」づくりを目指して──』〈学校不適応対策調査研究協力者会議報告〉において，「『不登校』の用語も用いられつつある状況とその意義を考慮しつつも，現状ではなお，『登校

拒否』という用語を踏襲することが妥当であると考え，当面は『登校拒否（不登校）』とよぶこととするが，以下においては，これを単に『登校拒否』と表現する」と記載した上で，「何らかの心理的，情緒的，身体的，あるいは社会的要因・背景により，児童生徒が登校しない，あるいはしたくてもできない状況にあること（ただし，病気や経済的な理由によるものは除く）」を「登校拒否」と定義している。なお，この「登校拒否」の定義は，文部省（1998）の生徒指導資料第22集「登校拒否問題への取組について──小学校・中学校編───」でも，そのまま用いられている。

さらに，文部省初等中等教育局（1992）は，上述の報告書で，"登校拒否は特定の子どもに起こる現象ではなく，どの子どもにも起こり得る可能性がある"と明記している。このことは，文部（科学）省の登校拒否についての認識を大きく転換した画期的なできごとである。すなわち，昭和60年代の初期までは，登校拒否は「特定の児童生徒等の特有の問題があることによって起こる現象である」とされ，次のような認識傾向がみられたのである（文部省，1998）。

① 登校拒否は，本人の性格に起因すると考えられた。不安傾向が強い，適応性に欠ける，社会的・情緒的に未成熟であるなど，登校拒否を起こしやすい性格があって，それが何らかのきっかけにより登校拒否となるというものであった。
② 登校拒否を起こしやすい児童生徒の性格は，家庭に起因すると考えられた。そのため親の養育態度の改善を重視することが多かった。
③ 登校拒否を一種の心の病ととらえる傾向が見られた。閉じこもり・家庭内暴力・昼夜逆転の生活など登校拒否の状態は，統合失調症（精神分裂病）・うつ病など精神病の初期症状とみなされる場合があり，その対応には精神科医や臨床心理士などの連携も必要というものであった。

ところで，1998（平成10）年6月の中央教育審議会の「新しい時代を拓く心を育てるために──次世代を育てる心を失う危機──」の答申では，「登校拒否」という用語がなくなり，「不登校」という用語になっている。1998年3月に発行された文部省の生徒指導資料第22集「登校拒否問題への取組について───小学校・中学校編───」では，「登校拒否」という用語が用いられているが，1998年12月の文部省初等中等教育局中学校課が出した「生徒指導上の諸問題の

現状と文部省の施策について」の報告書では,「登校拒否」という用語ではなく,「不登校」という用語が用いられている。さらに, 1999（平成11）年8月に文部省が出した「生徒指導上の諸問題の現状について（速報）」では,「登校拒否」ではなく「不登校」という用語が用いられており, その際の「不登校」についての定義を見てみると, 前述の文部省初等中等教育局（1992）の報告書での「登校拒否」についての定義と一字一句同じである。なお, 文部（科学）省大臣官房調査統計企画課がまとめている学校基本調査においても, 1999（平成11）年度からは理由別長期欠席者数の区分では,「学校ぎらい」が「不登校」という名称に変更されている。

2. 不登校の現状

（1）不登校児童生徒数とその推移

文部（科学）省は, 1966（昭和41）年度から現在に至るまで, 全国の小・中学校での不登校の実態を調査してきている。不登校については, 以前には,「学校ぎらい」を理由として年間50日以上欠席した児童生徒だけが把握されてきたが, 1991（平成3）年度の調査からは, 同理由により年間30日以上欠席した児童生徒数についても調査されるようになった。

表6-1, 図6-1は, 1991（平成3）～1999（平成11）年度における全国の国・公・私立の小・中学校での不登校児童生徒数（年間30日以上欠席）とその推移をみたものである（文部省, 2000）。表6-1によると, 1999（平成11）年度の1

● 表6-1 不登校児童生徒（30日以上欠席者）数と出現率（文部省, 2000）

区分	小学校				中学校				不登校児童生徒数の合計（人）	増▲減率（％）
	全児童数：A（人）	不登校児童数：B（人）	増▲減率（％）	B/A×100（％）	全生徒数：A（人）	不登校生徒数：B（人）	増▲減率（％）	B/A×100（％）		
平成3年度	9,157,429	12,645	—	0.14	5,188,314	54,172	—	1.04	66,817	—
4年度	8,947,226	13,710	8.4	0.15	5,036,840	58,421	7.8	1.16	72,131	8.0
5年度	8,768,881	14,769	7.7	0.17	4,850,137	60,039	2.8	1.24	74,808	3.7
6年度	8,582,871	15,786	6.9	0.18	4,681,166	61,663	2.7	1.32	77,449	3.5
7年度	8,370,246	16,569	5.0	0.20	4,570,390	65,022	5.4	1.42	81,591	5.3
8年度	8,105,629	19,498	17.7	0.24	4,527,400	74,853	15.1	1.65	94,351	15.6
9年度	7,855,387	20,765	6.5	0.26	4,481,480	84,701	13.2	1.89	105,466	11.8
10年度	7,663,533	26,017	25.3	0.34	4,380,604	101,675	20.0	2.32	127,692	21.1
11年度	7,500,317	26,044	0.1	0.35	4,243,762	104,164	2.4	2.45	130,208	2.0

（調査対象：国・公・私立学校）

第6章 不登校の理解と対応

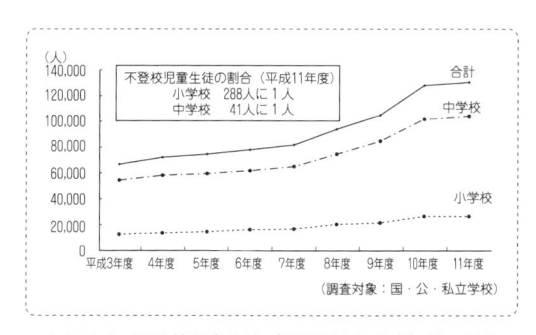

●図6-1 不登校児童生徒（30日以上欠席者）数の推移
（文部省，2000）

年間に「不登校」を理由として30日以上欠席した者の数は，小学生26,044人（出現率0.35％），中学生104,164人（出現率2.45％），合計130,208人であり，1991（平成3）年度の調査開始以来最多となっている。この数値は，小学生では約288人に1人，中学生では約41人に1人の割合になる。さらに，1999（平成11）年度の30日以上欠席した不登校児童生徒数を1991（平成3）年度のそれと比較すると，小学校では約2.1倍，中学校では約1.9倍になっており，出現率でも小学校では約2.5倍，中学校では約2.4倍になっている。

　表6-2，図6-2は，1966（昭和41）～1997（平成9）年度における全国の国・公・私立の小・中学校での年間50日以上欠席した不登校児童生徒数の推移をみたものである（文部省初等中等教育局中学校課，1998）。表6-2によると，1997（平成9）年度1年間に「不登校」を理由として50日以上欠席した者の数は，小学生16,383人（出現率0.21％），中学生71,127人（出現率1.59％），合計87,510人となっており，児童生徒数が減少傾向にあるなかで年々その数は増加し，1966（昭和41）年度の調査開始以来最多となっている。また，1997（平成9）年度の50日以上欠席した不登校児童生徒数を1975（昭和50）年度のそれと比較すると，小学校では約5.8倍（出現率は約7.0倍），中学校では約9.2倍（出現率は約9.9倍）になっており，1985（昭和60）年度のそれと比較すると，小学校では約4.0倍（出現率は約5.3倍），中学校では約2.5倍（出現率は約3.4倍）になっている。

　表6-3，図6-3は，全国の公立小・中学校における年間30日以上欠席の不登校児童生徒数を学年別にみたものである（文部省初等中等教育局中学校課，1998）。どの年度においても，小・中学生とも学年が進むにつれて多くなっており，とくに小学校6年から中学校1年と中学校1年から2年にかけて大きく増加していることがわかる。

● 表6-2 不登校児童生徒（50日以上欠席者）数の推移（文部省初等中等教育局中学校課，1998）

区分	小学生			中学生			不登校児童生徒数の合計(人)
	(A)全児童数(人)	(B)不登校児童数(人)	B/A×100(%)	(A)全生徒数(人)	(B)不登校生徒数(人)	B/A×100(%)	
41年度	9,584,061	4,430	0.05	5,555,762	12,286	0.22	16,716
42	9,452,071	4,111	0.04	5,270,854	11,255	0.21	15,366
43	9,383,182	3,875	0.04	5,043,069	9,631	0.19	13,506
44	9,403,193	3,807	0.04	4,865,196	9,239	0.19	13,046
45	9,493,485	3,626	0.04	4,716,833	8,357	0.18	11,983
46	9,595,021	3,292	0.03	4,694,250	7,522	0.16	10,814
47	9,696,133	2,958	0.03	4,688,444	7,066	0.15	10,024
48	9,816,536	3,017	0.03	4,779,593	7,880	0.16	10,897
49	10,088,776	2,651	0.03	4,735,705	7,310	0.15	9,961
50	10,364,846	2,830	0.03	4,762,442	7,704	0.16	10,534
51	10,609,985	2,951	0.03	4,833,902	8,362	0.17	11,313
52	10,819,651	2,965	0.03	4,977,119	9,808	0.20	12,773
53	11,146,874	3,211	0.03	5,048,296	10,429	0.21	13,640
54	11,629,110	3,434	0.03	4,966,972	12,002	0.24	15,436
55	11,826,573	3,679	0.03	5,094,402	13,536	0.27	17,215
56	11,924,653	3,625	0.03	5,299,282	15,912	0.30	19,537
57	11,901,520	3,624	0.03	5,623,975	20,165	0.36	23,789
58	11,739,452	3,840	0.03	5,706,810	24,059	0.42	27,899
59	11,464,221	3,976	0.03	5,828,867	26,215	0.45	30,191
60	11,095,372	4,071	0.04	5,990,183	27,926	0.47	31,997
61	10,665,404	4,407	0.04	6,105,749	29,673	0.49	34,080
62	10,226,323	5,293	0.05	6,081,330	32,748	0.54	38,041
63	9,872,520	6,291	0.06	5,896,080	36,110	0.61	42,401
元	9,606,627	7,179	0.07	5,619,297	40,087	0.71	47,266
2	9,373,295	8,014	0.09	5,369,162	40,223	0.75	48,237
3	9,157,429	9,652	0.11	5,188,314	43,796	0.84	53,448
4	8,947,226	10,449	0.12	5,036,840	47,526	0.94	57,975
5	8,768,881	11,469	0.13	4,850,137	49,212	1.01	60,681
6	8,582,871	12,240	0.14	4,681,166	51,365	1.10	63,605
7	8,370,246	12,782	0.15	4,570,390	54,092	1.18	66,874
8	8,105,629	15,314	0.19	4,527,400	62,228	1.37	77,542
9	7,855,387	16,383	0.21	4,481,480	71,127	1.59	87,510

（注）平成3年度以降の不登校児童生徒数は表6-1の内数。　　　　　　（調査対象：国・公・私立学校）

第6章 不登校の理解と対応

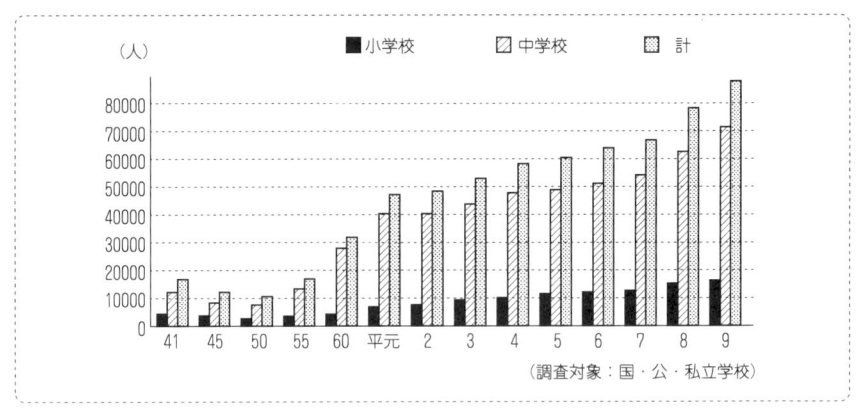

● 図 6-2　不登校児童生徒（50日以上欠席者）数の推移（文部省初等中等教育局中学校課，1998）

● 表 6-3　学年別不登校児童生徒（30日以上欠席者）数（文部省初等中等教育局中学校課，1998）

［小学校］

区　　分	1年	2年	3年	4年	5年	6年	計（人）
平成3年度	793	1,219	1,686	2,240	3,042	3,648	12,628
4年度	816	1,222	1,832	2,476	3,278	4,045	13,669
5年度	766	1,311	1,907	2,663	3,597	4,465	14,709
6年度	819	1,339	2,006	2,787	3,838	4,946	15,735
7年度	854	1,308	2,068	2,913	4,167	5,206	16,516
8年度	1,056	1,700	2,461	3,341	4,824	6,063	19,445
9年度	1,065	1,719	2,629	3,580	5,051	6,657	20,701

［中学校］

区　　分	1年	2年	3年	計（人）
平成3年度	11,282	18,827	23,788	53,897
4年度	12,547	20,575	24,985	58,107
5年度	12,803	20,928	25,992	59,723
6年度	13,616	21,455	26,222	61,293
7年度	14,553	23,168	26,801	64,522
8年度	16,812	26,156	31,254	74,222
9年度	18,873	29,982	35,171	84,026

（調査対象：公立学校）

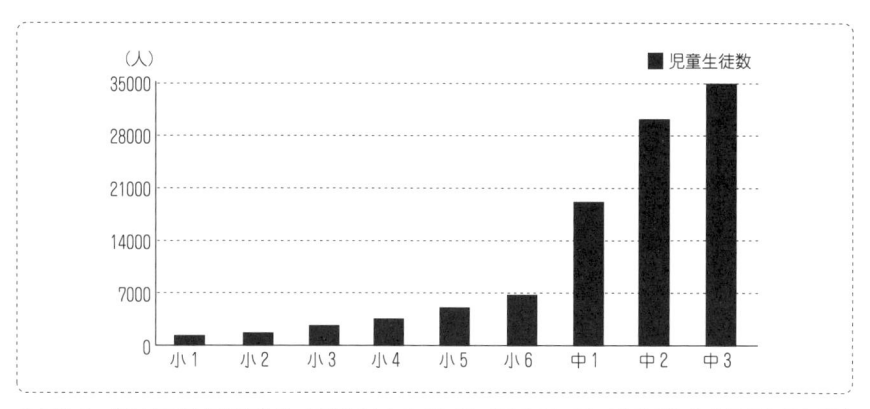

● 図6-3　学年別不登校児童生徒（30日以上欠席者）数（平成9年度）（文部省初等中等教育局中学校課，1998）

（2）不登校のきっかけ

　不登校の原因・背景としては，学校，家庭，地域社会，本人の意識の問題などさまざまな要因が複雑にからみ合っていることが多い。表6-4は，文部省初等中等教育局中学校課（1998）が1997（平成9）年度における全国の公立小・中学校での年間30日以上欠席の不登校児童生徒について，不登校に陥った直接のきっかけと不登校状態が継続している理由との関係を調べてまとめたものである。

　表6-4をみてみると，不登校になった直接のきっかけについては，小学生では「本人の問題」が，中学生では「学校生活」が最も多いことがわかる。さらに，「学校生活」に起因した場合の内訳をみると，小・中学生とも，いじめ，けんかなどによる「友人関係をめぐる問題」が最も多く，次いで，小学生では成績の不振，授業がわからない，試験が嫌いなどによる「学業の不振」と「入学，転編入学，進級時の不適応」がともに多く，中学生では「学業の不振」が多い。同じように「家庭生活」に起因した場合の内訳をみると，小・中学生とも，親の叱責，親の言葉・態度への反発などによる「親子関係をめぐる問題」が最も多く，次いで，小学生では，親の単身赴任などによる「家庭の生活環境の急激な変化」が多い。

　次に，不登校になった直接のきっかけと不登校状態が継続している理由との関係をみてみると，小学生では，「学校生活」，「家庭生活」，「本人の問題」の

● 表6-4 不登校となった直接のきっかけと不登校状態が継続している理由との関係（平成9年度）（文部省初等中等教育局中学校課，1998）

[小学校]

直接のきっかけ \ 不登校状態が継続している理由		学校生活上の影響	あそび・非行	無気力	不安など情緒的混乱	意図的な拒否	複合	その他	計	比率(%)
学校生活に起因	友人関係をめぐる問題	796	16	187	673	99	656	18	2,445	11.8
	教師との関係をめぐる問題	193	5	35	117	55	152	7	564	2.7
	学業の不振	112	24	407	195	25	164	16	943	4.6
	クラブ活動，部活動等への不適応	13	0	37	12	1	13	0	76	0.4
	学校のきまり等をめぐる問題	20	5	22	38	31	29	3	148	0.7
	入学，転編入学，進級時の不適応	65	4	91	333	36	174	17	720	3.5
	小計	1,199	54	779	1,368	247	1,188	61	4,896	23.7
家庭生活に起因	家庭の生活環境の急激な変化	26	38	419	523	55	385	62	1,508	7.3
	親子関係をめぐる問題	57	55	726	1,283	123	858	83	3,185	15.4
	家庭内の不和	19	16	208	369	34	284	41	971	4.7
	小計	102	109	1,353	2,175	212	1,527	186	5,664	27.4
本人の問題に起因	病気による欠席	37	10	362	462	26	368	93	1,358	6.6
	その他本人に関わる問題	155	50	1,557	2,092	256	1,686	256	6,052	29.2
	小計	192	60	1,919	2,554	282	2,054	349	7,410	35.8
その他		31	17	342	199	85	377	278	1,329	6.4
不明		38	11	230	349	54	457	263	1,402	6.8
計		1,562	251	4,623	6,645	880	5,603	1,137	20,701	100.0
比率(%)		7.5	1.2	22.3	32.1	4.3	27.1	5.5	100.0	

[中学校]

直接のきっかけ \ 不登校状態が継続している理由		学校生活上の影響	あそび・非行	無気力	不安など情緒的混乱	意図的な拒否	複合	その他	計	比率(%)
学校生活に起因	友人関係をめぐる問題	4,758	1,272	2,025	4,850	782	3,391	167	17,245	20.5
	教師との関係をめぐる問題	391	158	185	260	188	285	21	1,488	1.8
	学業の不振	697	2,389	3,955	1,278	295	1,257	99	9,970	11.9
	クラブ活動，部活動等への不適応	241	68	195	413	61	279	14	1,271	1.5
	学校のきまり等をめぐる問題	178	1,399	267	97	245	257	3	2,446	2.9
	入学，転編入学，進級時の不適応	312	169	474	933	177	528	47	2,640	3.1
	小計	6,577	5,455	7,101	7,831	1,748	5,997	351	35,060	41.7
家庭生活に起因	家庭の生活環境の急激な変化	107	686	1,132	955	159	745	124	3,908	4.7
	親子関係をめぐる問題	144	1,566	1,687	1,752	384	1,497	201	7,231	8.6
	家庭内の不和	61	804	910	778	141	703	67	3,464	4.1
	小計	312	3,056	3,729	3,485	684	2,945	392	14,603	17.4
本人の問題に起因	病気による欠席	217	122	1,113	1,620	137	1,061	416	4,686	5.6
	その他本人に関わる問題	723	3,034	6,433	5,489	1,241	5,102	660	22,682	27.0
	小計	940	3,156	7,546	7,109	1,378	6,163	1,076	27,368	32.6
その他		70	355	646	375	201	649	338	2,634	3.1
不明		138	263	1,004	937	258	1,274	487	4,361	5.2
計		8,037	12,285	20,026	19,737	4,269	17,028	2,644	84,026	100.0
比率(%)		9.6	14.6	23.8	23.5	5.1	20.3	3.1	100.0	

[合計]

直接のきっかけ	不登校状態が継続している理由	学校生活上の影響	あそび・非行	無気力	不安など情緒的混乱	意図的な拒否	複合	その他	計	比率(%)
学校生活に起因	友人関係をめぐる問題	5,554	1,288	2,212	5,523	881	4,047	185	19,690	18.8
	教師との関係をめぐる問題	584	163	220	377	243	437	28	2,052	2.0
	学業の不振	809	2,413	4,362	1,473	320	1,421	115	10,913	10.4
	クラブ活動,部活動等への不適応	254	68	232	425	62	292	14	1,347	1.3
	学校のきまり等をめぐる問題	198	1,404	289	135	276	286	6	2,594	2.5
	入学,転編入学,進級時の不適応	377	173	565	1,266	213	702	64	3,360	3.2
	小計	7,776	5,509	7,880	9,199	1,995	7,185	412	39,956	38.2
家庭生活に起因	家庭の生活環境の急激な変化	133	724	1,551	1,478	214	1,130	186	5,416	5.2
	親子関係をめぐる問題	201	1,621	2,413	3,035	507	2,355	284	10,416	9.9
	家庭内の不和	80	820	1,118	1,147	175	987	108	4,435	4.2
	小計	414	3,165	5,082	5,660	896	4,472	578	20,267	19.4
本人の問題に起因	病気による欠席	254	132	1,475	2,082	163	1,429	509	6,044	5.8
	その他本人に関わる問題	878	3,084	7,990	7,581	1,497	6,788	916	28,734	27.4
	小計	1,132	3,216	9,465	9,663	1,660	8,217	1,425	34,778	33.2
その他		101	372	988	574	286	1,026	616	3,963	3.8
不明		176	274	1,234	1,286	312	1,731	750	5,763	5.5
計		9,599	12,536	24,649	26,382	5,149	22,631	3,781	104,727	100.0
比率(%)		9.2	12.0	23.5	25.2	4.9	21.6	3.6	100.0	

（調査対象：公立学校）

（注1） 本調査では具体例を次のように示した。
　○直接のきっかけ
　　・友人関係をめぐる問題…………いじめ，けんか等
　　・教師との関係をめぐる問題……教師の強い叱責，注意等
　　・学業の不振……………………成績の不振，授業がわからない，試験が嫌い等
　　・家庭の生活環境の急激な変化…親の単身赴任等
　　・親子関係をめぐる問題…………親の叱責，親の言葉・態度への反発等
　　・家庭内の不和…………………両親の不和，祖父母と父母の不和等本人に直接関わらないこと
　　・その他本人に関わる問題………極度の不安や緊張，無気力等で他に特に直接のきっかけとなるような事柄が見あたらないもの
　○不登校状態が継続している理由
　　・学校生活上の影響………………いやがらせをする生徒の存在や，教師との人間関係等，明らかにそれと理解できる学校生活上の影響から登校しない（できない）。
　　・あそび・非行…………………遊ぶためや非行グループに入ったりして登校しない。
　　・無気力…………………………無気力でなんとなく登校しない。登校しないことへの罪悪感が少なく，迎えに行ったり強く催促すると登校するが長続きしない。
　　・不安など情緒的混乱……………登校の意志はあるが身体の不調を訴え登校できない，漠然とした不安を訴え登校しない等，不安を中心とした情緒的な混乱によって登校しない（できない）。
　　・意図的な拒否…………………学校に行く意義を認めず，自分の好きな方向を選んで登校しない。
　　・複合……………………………不登校状態が継続している理由が複合していずれが主であるかを決めがたい。
　　・その他…………………………上記のいずれにも該当しない。
（注2） 不登校児童生徒1人につき，主たるきっかけを1つ選択。
（注3） 継続理由の分類は，教育センター等の客観的な判定（診断）を参考にし，不登校状態の期間のうち最も現在に近いときの状態によって学校が行ったものである。

いずれに起因した場合でも,「不安など情緒的混乱」が理由で不登校状態が継続しているケースが最も多い。一方,中学生では,「学校生活」に起因した場合には「不安など情緒的混乱」が理由で,「家庭生活」や「本人の問題意識」に起因した場合には「無気力」が理由で,不登校状態が継続しているケースが最も多い。

　ここでは,とくに,不登校のきっかけになるような教師との関係や友人関係をめぐる問題に焦点をあてて,具体的に考えてみたい。

　給　食　小学生の場合には,給食がきっかけになって不登校になることがある。たとえば,給食を全部食べないで残して教師から怒られたり,教師に無理やりに食べさせられたり,「黙って,早く食べなさい」などと厳しく注意されると,とくに少食や偏食がちな子どもや食事のペースが遅い子どもの場合には,給食の時間が精神的苦痛になり,不登校になってしまうケースもある。給食場面に限らず,これまでの教師の指導には,"ここまでできなければだめである"とか"できる・できない"という尺度で児童生徒を評価してきた傾向がある。しかし,文部省初等中等教育局(1992)の報告書にも,「子どもの自立への歩みは,けっして一様ではなく,中にはゆっくりとした足取りを示す子どももいる。……1人ひとりの子どもの成長発達にも個性があることを理解しなければならない」と明記されているように,給食指導においても,教師は,子どもの個性やタイプに応じた人間味のある温かい指導をするように心がけることが大切である。

　いじめ　最近は,いじめによる不登校が大きな問題になっている。いじめの内容はさまざまである。たとえば,級友に文房具を隠されたり,教科書を捨てられたり,ノートに落書きされたり,トイレに閉じ込められたりするような行為や,"バイキン"とか"くさい"などと言われて,班の打ち合わせからはずされてしまうとか,昼休みに"弁当はずし"をされたり,一日中だれとも口をきいてもらえないといったかたちでのけ者にされたり,"シカト [陰湿ないじめの手段で,人を無視することをいう。1979(昭和54)年ごろに現われた若者語で,花札の10月札の「紅葉と鹿」の図柄で,鹿が首をかしげて横を向いているのを,鹿がそっぽを向いて無視しているとみたのが語源であるといわれている。つまり,シカトの「シカ」は鹿で,「ト」は10月の意味である]"されたり

するような嫌がらせまである。その他，部活動での先輩からのいじめがきっかけで不登校になる場合もある。先輩・後輩というタテの関係で，先輩の命令には絶対に服従するようになっていて，ことばづかいや少しのミスで先輩からなぐられたり，しごかれたりして，部活動が恐怖になり，学校に行けなくなるケースがある。児童生徒がそのようないじめをきっかけにして不登校になっても，その理由を親や教師に言わないことが多く，とくに中学生にはその傾向が強い。もし，自分がいじめられたことを親や教師に話したことがわかると，それを理由にいじめっ子たちから仕返しを受けることが怖いからである。また，親や教師がいじめられている子どもに対して，「おまえの方にも悪いところがあるのでは？」，「それくらいのことで泣くのは，弱い子だ」，「くやしいと思ったら，言いかえしてやりなさい」などといった言葉をかけることは，かえって子どもの心を傷つける結果になりやすい。

　直接の加害者と被害者のほかに，それを無関心に傍観している者が多いこともいじめの特徴である。教師は，いじめの事実をできるだけ正確に把握し，いじめは人間の心や人格を傷つける行為であり，許せないことであることを加害者や傍観者にきちんと考えさせ，指導することが大切である。さらに，教師としては，被害者の味方になって，あくまでも被害者を守りぬく姿勢であることを被害者に理解させることも重要である。このような教師の誠意ある態度や努力があれば，学級の雰囲気にも反映し，いじめによる不登校も少なくなるはずである。

　ところで，教師の体罰がきっかけで，不登校になることもある。たとえば音楽の時間に笛の吹き方を間違えたために，担任教師に笛を取り上げられて机に叩きつけられ，それ以来，音が変になり，音楽の度に往復ビンタやげんこつを受けたという男児（小学校4年）のケースもある。このようなケースは，いわば教師による子どもへのいじめといえる。教師は，子どもを非人道的な，あるいは品位を傷つけるようなやり方で指導しないように，慎むべきである。

　校　則　中学校や高校になると校則が厳しくなり，生活指導の教師から厳しく注意されたりすることが重なると，それをきっかけにして不登校になることがある。たとえば，スカートの丈やズボンの太さなどの制服に関するきまりから，名札の有無，髪の長さ，靴下の色に至るまで，細かいチェックがある。そ

のような校則を破ったために，教師から前髪を切られたり，正座させられたりして，学校に行けなくなった女子生徒もいる。生徒からは，「かばんのなかを開けて調べるような持ち物検査は絶対やめてほしい」，「校門指導は刑務所みたいな感じがするので，してほしくない」などの不満が多く出されている。1989（平成元）年11月に国連で採択された『子どもの権利条約』は，18歳未満の子どもの権利を法的・行政的に保障することを義務づけたものであるが，その28条には，「学校の懲戒（規律，校則と訳されることもある）は，子どもの人間としての尊厳に合致する方法で行なわれなければならない」とうたわれている。学校側も生徒の要望や意見に対して誠実に対応し，前向きの姿勢で歩み寄ることが必要である。

（3）不登校のタイプ

不登校への対応を効果的に進めるためには，きっかけ（原因）や症状などについてタイプ分けをして，各々のタイプに応じた援助や治療を適切に行なうことが必要である。

たとえば，文部省（1998）の生徒指導資料第22集『登校拒否問題への取組について——小学校・中学校編——』では，不登校児童生徒を7つのタイプに分類し，各々のタイプの特徴を次のように記している。なお，これら7つのタイプ分けは，前述の表6-4での「不登校状態が継続している理由」の7区分にそのまま対応している。

① 学校生活上の影響型：学校生活や学習の場における出来事や体験などが原因となっている場合である。具体的には，友だちによるいじめや仲間はずれなどの友人関係のトラブル，教師に対する不信，校則・生徒心得などになじめない，給食を嫌がる，クラブ活動・学校行事への参加を嫌う，転校したが新しい学校に適応できないなどの理由から長期にわたって学校を欠席する場合や，授業の内容がよく理解できない，皆についていけないなど，学業面での不満や劣等感をもち，そのために学校がおもしろくないと感じ，長期に欠席する場合である。

② 遊び・非行型：学校を休んで遊びまわったり，生活態度が乱れたりして，学校生活よりも校外での遊びなどに関心をもち，学校に行かない場合である。本人に登校の意思が少ないため，ややもすると欠席・遅刻・早退・授業放棄

や校外での逸脱行動をくりかえすことが多い。また，グループで行動することが多く，ゲームセンターや駅前広場などに仲間で群がる傾向が強く，時として逸脱・反社会的な行動を起こしやすい。
③ 無気力型：学習意欲に乏しく，無気力な生活態度に終始している児童生徒が「何となく」という気持ちで学校欠席をくりかえす場合である。登校刺激にも過敏に反応することが少ない。したがって，学校を休んでいるときの保護者や教師からの注意や激励によって，しばらくの間登校できるが長続きしない。友だち関係も希薄で非行化することはほとんどない。
④ 不安など情緒的混乱の型：学校に行かなくてはならないと考えて，行こうと努力するのだが，不安・緊張や情緒的混乱などのために行けなくて苦しむ場合である。これは，「神経症的不登校」ともいわれ，次のような行動的特徴を示すことが多い。
(i) 朝の登校時刻をピークにさまざまな心身不調を訴え，登校をしぶり始める。具体的には，頭痛・腹痛・発熱などの身体的な訴えや症状，それに加えて，不安・緊張などの精神不安定状態を示す。しかも，こうした朝の心身不調は，昼間は弱まったり，消失したりする日内変動の傾向を示す。さらに，それらの多くは，医師から特別な所見はないと診断されるものである。また，登校負担のかからない休日には朝から比較的元気であることも特徴的である。
(ii) 登校刺激に対して過敏に反応するという特徴がある。つまり，家族や教師などから学校を休んでいることを非難・叱責されたり，登校するよう催促・強制されたりすると，気分が不安定になり，反抗したり，暴力をふるったり，自分の部屋に閉じこもったりすること（すくみ反応）がみられる。
(iii) 学校を休んだ日には，家のなかに閉じこもり，外出を極力避けるという特徴がある。また，友だちとのつきあいも途絶してしまう。したがって，友だちからの電話にも反応しなくなるし，友だちが朝迎えに来ても，トイレに隠れたりして友だちと会うことを避ける傾向が著しくなる。これは，学校へは行くべきなのに行けない自分に対して，引け目や後ろめたさを強く感じているからである。
⑤ 意図的な拒否の型：学校生活の意義が認められないというような独自の考

えから，進路を変更する，または変更したいために登校しないものである。このタイプの児童生徒は，自己の将来に対する見通しを本人なりにもっている場合が少なくない。たとえば，校則などによる規則ずくめの管理体制を嫌い，高校を中退して「大学入学資格検定（大検）」を受けて，再出発しようとする高校生などが，このタイプに含まれる。このタイプの児童生徒に対しては，本人の将来にとって，学校という集団の場で人間関係を学ぶことはマイナスではないことを，理解してもらうように努力することが必要である。単に登校を強制するだけでは，かえって学校への不適応を助長することになる。

⑥　複合型：これまで述べてきた不登校のタイプがさまざまに複合している場合である。とくに，学校生活に起因する型は，きっかけがそうであっても，その後，欠席が長期になったり，その状態が進行していく過程で，不安など情緒的混乱型に陥ったり，無気力型や遊び・非行型に変化したり，無気力型と他の型が複合した行動傾向をとるなどの多様な傾向を示す場合が多い。

⑦　その他：上記のいずれの型にも該当しないと判断される場合である。

ところで，上述の「不安など情緒的混乱の型（神経症的不登校）」については，東京都教育委員会（1990）では，さらに「分離不安型」，「息切れ型」，「甘やかされ型」の3つに細かく分類している。以下，それら3つのタイプについて解説する。

①　分離不安型：とくに幼児期や小学校低学年で現われる場合が多い。過保護や神経質な母親のもとに育つと，子どもは集団への不安や緊張が強くなって親離れができにくくなり，母親の方も子どもを一人で手元から離すことに不安を感じるようになる。このような場合には，母親が一緒に同伴すると登校できることが多く，登校した後，少しずつ母子分離をするような工夫をすると，しだいに一人でも登校できるようになる可能性がある。逆に，母親が拒否的な場合には，子どもは母親のやさしい温かな愛情を引き出そうとして母親に必死にしがみつき，不登校を引き起こすことがある。このような場合には，母親自身の方で子どもに対する冷たい態度や憎しみの感情に気づいて，それを変容するようになれば，子どもは元気に登校することができる。さらには，家庭で両親のけんかや不和を見たりすると，子どもは「母親が離婚す

るかもしれない」とか,「母親の身に何か起こるのではないか」といった不安をいだいて,心理的に不安定になり,学校に行っても落ち着かず,不登校に陥ることもある。

② 息切れ型：中学校や高校になって急に起きることが多い。それまでは家庭や学校で「良い子」や「優等生」といわれていた子どもに起こりがちである。「自己喪失型」ともよばれており,何かのきっかけで,それまで保っていた自分が否定されて,自信をなくして不登校に陥る。性格的には,まじめで几帳面,潔癖,神経質で,完全欲求や優越感が強い。学校を休むことへの罪悪感が強く,閉じこもりがちである。

③ 甘やかされ型：小学校時代からささいなことで欠席をくりかえし,中学校や高校になるにつれて欠席が多くなる。小さいときから家の中で自己中心的に過ごし,自分の要求がすぐにかなえられることが多かったので,他人と協調したり,学校で規則正しい生活を過ごしたりすることが苦手なタイプで,「性格未熟型」ともよばれる。

次に,これら7つのタイプについて統計的にみてみると,前述の表6-4では,小学生においては「不安など情緒的混乱の型」(32.1%),「複合型」(27.1%),「無気力型」(22.3%)の順に多く,中学生では「無気力型」(23.8%),「不安など情緒的混乱の型」(23.5%),「複合型」(20.3%)が多い。なお,中学生では,小学生にくらべて,「遊び・非行型」が多くなっているのが特徴である。

学校側としては,不登校の児童生徒を一定のタイプに枠づけして解釈するだけではなく,彼らが何を考え,訴えようとしているのかを理解して,このような分類を個人の指導のための手がかりや解決策に役立てることが大切である。

❷ 不登校児童生徒への対応

子どもが学校に行かなくなったときに,「母親から『なぜ学校に行けないの？』と泣きつかれた」,「先生が家まで迎えに来て,学校に無理やりに連れて行かされた」,「先生が皆に『心の病だ』と紹介した」,「親と一緒に精神科に行かされ,その後,薬をのむように言われた」などといった対応をされ,その結果,罪悪感や劣等感がひどくなり,子どもの不登校がますます悪化してしまう

ようなことがある。

そこで，本節では，不登校の子どもに対して，保護者や教師の側としては具体的にどのように対応することが望ましいかについて，まとめてみたい。なお，以下に述べる留意点については，保護者と教師とに区分して記述しているが，項目によっては，基本的な対応の仕方について両者に共通する点も含まれていることは言うまでもない。

1. 保護者が対応する際の留意点

（1）不登校による二次的反応の意味を理解する

不登校では，子どもの側の内面的条件や周囲からのストレスによって，二次的反応として，身体の不調や神経症的な症状が現われたり，家庭内暴力などの行動化がみられることがある。

たとえば，身体的症状としては，腹痛，頭痛，吐き気などを訴えたり，実際に発熱したり，髪の毛が抜けたり，チックなどが生じたりする。これらの身体的症状は，学校に行きたくないというサインであるが，学校を怠けて行かない場合には出現しないものであり，実際には仮病でないのにもかかわらず，医者に連れて行くと「身体の異常は認められない」と診断されることが多い。しかし，これらは本人にとってはかなり苦しい状態であるので，心理的にかなり追いつめられていることをよく理解することが大切である。

さらには，潔癖感や順序へのこだわりが強くなって，うがいや手洗いを何回もしたり，風呂に長時間入ったり，ダイエットに対して過度に関心を示したりするような強迫症状も生じることがある。このような強迫症状ないし強迫的行為がなされるのは，他人への不信感があるために他人が使用した物には触れたくないと思ったり，自分自身に対する劣等感が強いために汚らわしい自分を許すことができないと思ったりするからである。

その他，不登校をしていることで，他人や家族に対してひけめを感じたり責められているように思い，心の安定をはかるために自分の部屋にひきこもって昼夜逆転の生活になるような「ひきこもり行動（すくみ反応）」や，主に母親を対象とする「家庭内暴力」のような行動化になる場合がある。このような行動化がひどくなると，保護者の側としては，子どもが精神病ではないかという

不安を強くもつようになる。しかし，保護者はそのような不安をもちつつも，一方では，そうではないことを願うような矛盾した感情をもっていることが多い。保護者としては，自分の対応の仕方によって子どもが落ち着いたりすることがあることを理解して，できるだけ不必要な不安をいだかないようにすることが大切である。たとえば，母親に対する家庭内暴力には，自分がどうしてよいかわからないつらさを暴力に訴えることで母親に理解してほしい気持ちとか，自分の味方であるかどうかを母親に試している気持ちが現われていることが多い。保護者がそのような子どもの気持ちを理解しないで，暴力を恐れて110番で警察官を呼んだり，精神科の病院に入院させたりすると，子どもの側は，保護者としての責任を放棄したことに対する恨みや不信感を強くいだくようになる。

　ところで，これらの症状や行動化の二次的反応は，それらが先に始まったために不登校になったのではなく，不登校になったり，あるいは不登校になりかかることによって生じてくるものである。すなわち，不登校を起こしている自分自身の状態を容認することができず，ひけめや負いめを感じて"自分はだめな人間である"と否定的に思い込んだり，保護者や教師から登校刺激（ストレス）を与えられたりすると，自分自身が葛藤状態に陥り，不安がさらに増大して身体的症状や神経症的症状に逃避したり，自暴自棄になったりするのである（渡辺，1990）。なお，これらの症状や行動化は，夕方や日曜日などの休日，あるいは夏休みなどの長期休業になると，他の児童生徒が学校に行っていない時間帯や期間であるために，軽減したり，消失しやすい。保護者としては，このような不登校による二次的反応の意味を正しく理解して，対応することが大切である。

（2）登校刺激を与えずに待つ

　不登校の子どもがようやく昼頃から起きてきて，パジャマ姿のままで夜中までテレビを見たり，ファミコンなどに夢中になって過ごしているような昼夜逆転の生活が続いたりすると，保護者としてはつい，「そんな生活をしていていいの？」とか，「高校くらいは卒業しておかないと将来困るよ」などと言ってしまいがちである。このような言葉は，保護者としては子どものためと思って言っているのであるが，実は，保護者の側が安心したいために子どもに言って

いることが多く，好ましいことではない。

あるいは，保護者によっては，不登校の子どもとの間で取り引きや駆け引きをしてしまうことがある。たとえば，不登校になってからいままでの小遣いを少なくしてしまうとか，逆に，「学校へ行くようになれば，もっと小遣いを増やしてやる」と言ったり，物を買うことを条件にして再登校をうながすようなことは，慎みたいものである。

ところで，不登校を克服した女子高校生などが，自分たちの不登校体験をふりかえって，「他人の気持ちをわかるには，良い体験でした」と述べることがあるように，不登校の体験は長い人生にとって必ずしもマイナスにはならない。保護者としては，"学校へもどりさえすれば，それでよい"といった考え方から登校刺激を与えるのではなく，まず，子どもの苦しい気持ちをよく理解することが大切である。そして，"学校に行けない子はだめである"という考え方を捨て，いまは子どもがひと休みをしている時期であると考え，子どもがいつかは自立することを信じて，焦ることなく待つ姿勢が必要である。

不登校の子どもの心理状態をたとえで説明するとすれば，"高速道路を走っていた自動車の運転手が，疲れを覚えて，途中のパーキングエリア（駐車場）に入り，仮眠している状態である"と言えよう。その際に，同乗している者が，しばらくしてから「もう，そろそろ起きて運転しろよ！」と言って，眠っている運転手を起こしたとしたら，その同乗者は，不登校の子どもを焦らせて再登校させようとする保護者にたとえることができる。逆に，運転手に対して，「私たちはあそこの休憩室か売店にいるから，疲れがとれて自分で運転できるようになったら，迎えに来いよ！」と言ってくれるような同乗者の場合は，不登校の子どもに対して焦らずに待つことができる保護者の姿勢に等しい。そのような同乗者に恵まれた運転手は，疲れがとれたときに，再び高速道路にもどるか，普通の道路に変更するかはわからないが，少なくとも，自分の意思でハンドルを握ることだけは確かである。

不登校の子どもがひきこもりをしていたときに一番望んでいたことは，"それでいいんだよ。そのままでもいい"と考えてもらえることであったという事実を，保護者としては心に銘記する必要がある。

（3）子どもと真の対決をする

　以下に引用する事例 1 は，父親が中学 2 年生の不登校の息子に対して，父親として逃げることなく，現実吟味をさせながら真の対決をしたことによって，息子が再登校できるようになったケースである。

■事例 1　「父親」になることを求めた中学 2 年の不登校の息子　▼▼▼▼▼▼▼▼▼▼

　20 年以上も前のことである。ある中学 2 年生の男子が，登校しなくなった。……母親が時に登校をうながすが，何ともならない。父親は会社の仕事が忙しいので，あまりかかわることはできないが，もちろん，子どもの行動には不満で，「もう少し厳しく言ったらどうだ」などと母親に言っている状態である。

　そのうちに，子どもが「自転車を買ってくれたら登校する」と母親に言うようになった。しかし，当時だと新品の自転車を買うのは，その家の家計ではなかなか大変なことであった。母親がそんな高いものはなどと渋っていると，子どもは「自転車を買って」と父親に直接談判をした。父親は，その時はすぐには答えられなかった。しかし，だいぶ考えたあげく，息子を自分の部屋に呼んで，1 対 1 で向かいあった。

　父親は息子に自分の月給の明細表を見せ，自分が 1 か月一所懸命に働いてこれだけの収入を得ており，それに対して自転車の新品の値段はいくらであるか，それを知ってもお前は自転車が欲しいのか，と問いかけた。息子は驚いてしまった。彼は父親の月給のことなどまったく知らなかった。彼は何となく，家には相応のお金があり，欲しいと言えば買ってもらえそうに思っていたのである。彼は今まで知らなかった「現実」に直面したのだ。

　息子はそれでもあきらめきれずに自転車店に行き，自転車を眺めていた。不思議に思った店の人の問いかけに，息子は事情を説明した。息子に同情した自転車店の主人は，中古でも「新品同様」のものがあり，それが，どのくらい安くなるのかを教えてくれた。息子は勇躍して家に帰り，再度父親に交渉した。父親は値段の上限を設定した。それと，いくら「新品同様」などと言っていても，だまされることもある，と説明した。

　息子は再度自転車店に行き，いろいろ交渉を重ねて，父親の提示した金額内で中古の自転車を獲得し，乗りまわしていたが，そのうち元気で登校するようになった。

　当時は自転車を欲しがる子が多かった。不登校の子どもで，自転車を買ってやるとしばらく喜んで乗りまわしていたが，結局は登校しなかった，という例もある。したがって，「自転車」が特効力でないことは明らかである。いったい子どもの欲しがっているものは何なのであろうか，それについて考えることが必要だ。

　この際，子どもの欲しがっていたものは「父親」ではなかろうか。現実に立ち向かっている父親。現実の厳しさを教え，子どもがそれに向かってゆけることを信頼している父親。それが，これからだんだんと大人の世界に入ってゆこうとする中学

生の息子にとっては必要だったのである。……
　このような時に，父親が子どもとの対決を避けて，無理をして自転車を買ってしまうような時がある。もちろん，それも経済的には大変なことである。しかし，お金を使うことによって心を遣うことを逃れようとする態度がある限り，子どもは自転車を買ってもらっても嬉しくないのだ。……
　そのような状況を，大人の常識によって説明すると，「この子は，それを買え，これを買え，買ったら登校するなどと言いながら，買ってやっても，登校しないのである。もうこれからはだまされませんよ」ということになる。確かに言われてみれば，そのとおりである。子どもも，これに対して抗弁はできない。しかし，心の深いところから，「うちの父は何度機会を与えてやっても，父親になるのを逃げてばかりいる」と言っている声が私には聞こえてくるのである。
（河合隼雄著作集第7巻『子どもと教育』，岩波書店，1995，95-97ページより）

　このように，子どもは，不登校のような非社会的行動や非行のような反社会的行動を起こした際には，父親が子どもの問題から逃げずに，登場すべきときに登場してほしいと願っているのである。不登校の子どもの保護者の集い（親学級）に，母親だけでなく，父親も一緒に参加するようになると，その子どもの不登校の問題が解決の道につながることが多い。あるいは，男の子が非行を犯して警察から家族に連絡があった際に，父親が世間体を捨てて息子を迎えに警察に行き，息子に会って引き取ったとしたら，父子関係の仕切りなおしができ，息子も自分の行動を反省する結果になりやすい。

（4）家族の力動関係を再構成する

　子どもが不登校を起こした際に，保護者の側が自分たち夫婦や家族のあり方を変えるような建設的な努力をすることによって，子どもの不登校が解決することが多い。

　たとえば，会社の仕事が多忙であるために，息子のことはほとんど母親にまかせきりであった父親が，不登校になった息子のために，今までの生活パターンを思い切って改め，接待の2次会を控えたり，土曜のゴルフの回数を減らしたり，転勤話も断り，本来の父親の役割を取りもどしたことで，息子の不登校がおさまったケースがある。すなわち，両親が不登校の子どもに対して共同責任をもつという原則が再認識されたわけである。

　次にあげる事例2も，精神科医の家族療法的接近により，家族関係の力動が良い方向に改善されて，子どもが再登校したケースである。ここでも，不登校

の子どもが家族におけるトリックスター（仕掛人）的存在になり，家族の力動関係を再構成するきっかけになっている。

■事例2　家族のあり方を原因とする不登校を起こした中学3年女子

　いかにもいいところのお嬢さん風の中学3年生が，登校できなくなったと来院した。一人っ子の彼女のいうところをかいつまんで述べると，次のようになる。

　「私は初対面の人には自分でも驚くほど上手にやれます。にこやかに頭を下げて，相手が感じのいい少女だと思ってくれるのがわかるのです」「でも少し慣れてくるとだめなんです。同級生なんかが親しげに，やあ，だれだれさんと肩をたたいていたりしてくるでしょう。そんな時どうふるまえばいいのかわからなくなるのです」「もっと日常的になると，みんなあけすけに自分のこと，他人のことをしゃべるでしょう。前の晩見たテレビタレントのこととか同級生のうわさ話とか。そうなると私は話に入れなくなってしまうのです。つまらない井戸端会議みたいな気がして。最初のうちはにこやかに装って相づち打っているんだけど，だんだん顔がこわばってくるのが自分でもわかるんです。すると相手もよそよそしくなるし，いつの間にか私の周囲にはだれもいなくなってしまうのです」。

　要するに他者との親愛感をもてないのだという。

　母から家庭背景を聴くとこうなる。家は代々呉服商で，今も祖父が実権を握っている。母は養子として父を迎えたが，はっきりいって子種が欲しかっただけだという。母は接客が好きで，いつも店に出ていた。そのために本人の養育は祖母と未婚の叔母に任せてきた，と次々に驚くべきことを平然と述べる。母は年齢不相応といえるほど若々しく，実に愛想がよい。

　さて，通院を繰り返すうちに，本人は母にべったりと甘え始めた。これまでにないことだという。母もそんな娘がいとおしくなってきたのか，店を休んで彼女の面倒をみる。ところが次に問題となったのは祖母と叔母であった。彼女をわが子のように育ててきたから，本物の母が母親だすと，こじれが出てきたのである。

　私はここで傍観者を続けていた父を呼び，さらに親子3人で話し合った。結論は3人が家を出ることであった。これは劇的効果をもたらした。父は父らしくなり，母は母となった。そして彼女はまるで水を得た魚のように元気になり，登校を始めた。

　子供は父母がいる限り父と母を求める。父母も子供がいることで父となり母となる。子供の問題行動は，実は家族のあり方への秘められた告発であることが意外に多い。

（朝日新聞（福岡），1991年8月28日朝刊　吉田脩二「巣立ちの群像――本物の母」より）

（5）学歴信仰や良い子像にとらわれない

　保護者が学校信仰や学歴信仰にとらわれて，教師的立場になってしまったり，

家庭が学校化してしまったままの状況では，勉強や成績中心主義に追いやられた子どもの不登校は改善されない。

斉藤礼子（1990）は，自分の長女が不登校になった際の母親としての体験を，事例3のようにまとめている。

■事例3　小学4年女子の不登校児をもった母親の体験

わが子が学校へ行けなくなったのは，小4も終わりの春のことであった。
……何とか子どもを学校へ通えるようにしてやらねば，と精神科へ通った。子どもの成育歴，親の考え方，育て方などを聴取した若い医師の，ちらりほらりと親子関係や夫婦関係にその問題点を探り出そうとする口ぶりに，そうではないと反論しつつも，私が悪かったのではないかという思いがだんだんふくらんでくるのだった。学校に行かれない日々が長びくにつれ，いつまで待てば行けるようになるのかとの疑心から，私の気持ちは暗くなっていった。……重い気持ちをいだいて学校へ行き，どうもすみませんと頭を下げ，何とか出てこれないだろうかという学校側の期待を子どもに伝え，親も子どもがそれに応えてくれたらと期待していた。……親同士の話し合いや会が催す講演会，またわが子の話す学校の姿から，さまざまなことを教えられ考えさせられた。つまり，学歴信仰や学校の期待する良い子像を捨て，新たな人間像，人生像を親子でともに模索していくよりほかはないということだった。その子の人生はその子のもの。たとえ地の果てで野たれ死にしようとも，これが私の人生だと納得できるなら，そういう人生があってもいいのではないかと腹をくくってからは，この子の将来はどうなるのだろうかという不安も消えていった。……学校に行かせるために通っていた，精神科への通院もやめた。……親の学校に対する態度や価値観が変わるとともに，いわゆる"登校拒否による2次的精神症状"はだんだんに消え，子どもは元気になり，学校でうえつけられた勉強に対する拒否感や，成績に対するこだわりがなくなっていった。そして，必要と思ったことは自分で学習し，生活のなかでさまざまなことを自然に学んでいることを思い知らされた。

この事例のように，保護者の側が，学校に行かせるために通っていた精神科への通院をやめたり，学歴や学校へのこだわりから解放され，いままでの価値観を変えて新しい人間観や人生観を見いだしたことが，不登校の子どもに好ましい影響を与える結果になったのである。

（6）子どもの問題について先まわりしない

保護者が子どもの問題に対して先まわりして解決しようとすることは，子ども自身にとっては必ずしも好ましい結果をもたらさない。

たとえば，1歳違いの兄が不登校を起こして高校を休学して1年留年したよ

うな場合に，弟が同じ高校を受験することがよいかどうかといった問題に，保護者が直面することがある。もし，第三者がそのような相談を保護者から受けた場合には，それは保護者が決めるべき問題ではなく，当事者である兄弟どうしがじっくり話し合って決めるべき問題であることを，きちんと助言する必要がある。

　人生の節目である進学や就職などの進路を決める際には，あとになって保護者の方に責任を転嫁させることがないように，最後は子ども自身で決めさせることが大切である。子どもに保護者としての意見は伝えてもよいが，「私の意見はあくまでも参考であり，最後に決めるのはあなた自身である」というような言葉をつけ加えることを忘れてはならない。

　このことは，たとえば呉服店で反物を販売する従業員の場合と似ている。従業員が迷っているお客に勧めて買わせた場合と，最後はそのお客自身が決断して買った場合とでは，翌日に反物を返却に来る確率は前者の方が高い。なぜなら，後者の場合には，自分自身が決めたという自尊心（プライド）があるために，お客としては返却しにくいわけである。

　この例と同じように，子どもは最後に自分自身で決めたことについてはがんばるだろうし，たとえ失敗や挫折をしても，保護者である親などを恨むことはできないはずである。不登校の子どもが高校への進路について通信制か定時制かで迷っているような場合でも，あとで保護者が恨まれないように，本人自身に決めさせることが望ましい。

（7）安易に第三者や教育相談関係機関に頼らない

　子どもが不登校を起こした際に，保護者がその子どもをすぐに第三者や教育相談関係機関などにまかせてしまうことは，必ずしも好ましいことではない。不登校という行動は，子どもが自分の苦しさを訴えている心のサインであるわけで，保護者としてはその心のサインの意味を理解することがまず大切であり，そのような努力をしないままに第三者や教育相談関係機関に安易にまかせてしまうことは，子どもの訴えを正面から責任をもって受けとめたことにはならない。このような意味から，保護者が占いやまじないなどに頼ったりすることも，子どもにとって望ましいことではない。

2. 教師が対応する際の留意点

(1)「悪者（犯人）捜し」の態度をやめる

　母親の過干渉や父親の弱さなどを理由にして，児童生徒の不登校の原因が保護者や家庭にあると決めつけるような教師の「悪者（犯人）捜し」の態度は，望ましいことではない。

　たとえば，高校教師である荒井（1990）は，学校での教育相談を長年続けた体験を，次のように記している。

■事例4　高校教師としての教育相談の体験

　私が教員になってから25年になろうとしています。……私が初めて本格的な登校拒否児に出会ったのは20年ほど前になります。「家庭内病理現象論」に囚われていた私は，その子の弱さ，身勝手さ，社会性の欠如を家庭を中心とした成育歴上の問題として分析し，彼自身が克服しなければならない課題として把握していました。しかし同時に，彼の感性と問題意識の鋭さ，美的センスのすばらしさ，そして学校の成績は最低なのに（今だったら，そうだからこそとも思えるのですが），知的水準，思考能力の高さにびっくりさせられました。……私はこの最初の事例から，もっともっと学ぶべきだったのです。登校拒否とその期間に現われる現象を，できうるかぎり肯定的にとらえねばならないということを……。また，「学校に行かない子は異常だ。家庭，成育歴に問題があるはずだ」と私たちに思い込ませている"学歴信仰"ともいうべき常識に疑いをもつべきだったと考えます。……登校拒否児にはこちらの常識，スケジュールを捨て，本人の思い，ペースを尊重したかかわりをしなければならないこと。そして，何よりも人間にとって登校・進級・卒業より大切なことがあるということを学ばされたように思います。そして，カウンセリング以外にも，教師として日常的なことでやれることはたくさんあることも知りました。

　「悪者（犯人）捜し」の態度である限りは，自分を第三者としての批判的立場に置いたままになっている。むしろ，児童生徒が不登校によって何を訴えようとしているのかを理解するような，不登校の「意味を探る」態度が大切である（河合，1983）。教師としては，不登校の意味を探ることによって，プロの教師としての職業的自我同一性に苦しんでいる自分と，自立の問題で壁にぶつかっている不登校の児童生徒との間にある種の共通性を見いだすことができる。そのように，不登校の児童生徒を通して自分の問題を考えることができれば，彼らを学校や学級における迷惑な存在として認知するような教師にはならない

はずである。少なくとも教師としては，"不登校の子どもはわがままで甘えている"とか，"親が子どもに甘いから不登校になる"といった一方的な視点で不登校をとらえることだけは，極力避けたいものである。

（2）"心の居場所"をつくる

不登校をしていた児童生徒が再登校する際には，「勉強についていけるだろうか？」とか，「皆が自分を受け入れてくれるだろうか？」といった不安をいだきやすいものである。このような意味から，今までは，児童生徒にとって比較的プレッシャーを感じさせないような再登校の状況として，半日で授業が少ない土曜日を選ぶこともできたが，「学校週5日制」が完全実施されてからは不可能になってしまった。不登校の児童生徒が好んでいるクラブ活動（部活動）や特定の教科の授業がある場合には，他の授業などには出席できなくても，それだけに参加するような「部分登校」の形態があってもよいと思われる。

しかし，何よりも重要なことは，教師や養護教諭が，児童生徒にとって"自分のことをわかってくれて，いざとなったら自分の味方になってくれるような頼りがいのある存在"となり，学級や学校が安心できる「心の居場所」になっていることである。そして，再登校することができた場合には，教師はあくまでもその児童生徒のペースを尊重することが大切であり，欲ばって次のステップに無理に誘わないように注意しなければならない。

（3）保健室の役割を重視する

近年，全国の小・中・高校では，学校に登校しても授業や学級に入れない児童生徒が保健室で時間を過ごす，いわゆる「保健室登校」（常時保健室にいるか，特定の授業には出席できても，学校にいる間は主として保健室で過ごすことが多いという状態）がめだっている。したがって，不登校児童生徒にとって"心の居場所"になっている保健室での養護教諭の存在と役割がますます重要になってきている。1998（平成10）年6月の中央教育審議会答申『新しい時代を拓く心を育てるために――次世代を育てる心を失う危機――』でも，"心の居場所"としての保健室の役割を重視している。

そのような現状を踏まえて，各学校では養護教諭から不登校児童生徒の保健室でのようすなどについての情報を知り，養護教諭と教師が連携・協力してい

くような体制づくりが必要である。さらには，学校に配置されているスクールカウンセラーが十分に活用されるためには，保健室の養護教諭が果たす役割は大きく，担任教師や教育相談係の教師とスクールカウンセラーとの間のパイプ役として重要な存在になっている。

なお，保健室登校の際の留意点や問題点としては，次のようなことがあげられる。

① 不登校を起こしていた児童生徒が保健室登校ができるようになると，最初の頃は「保健室だけでも入れるようになり，よかった」と喜んでいた担任教師が，児童生徒が元気になりだすと，つい欲を出してしまい，「先生と一緒に教室に行ってみようか？」などと誘ってしまうことがある。このような焦りは，かえって，児童生徒の教室への復帰を遅らせてしまうことになりやすい。むしろ，保健室登校から校外の適応指導教室に通級する方法に切り替え，そこでのスポーツ（ドッヂボールやバドミントンなど）でエネルギーを発散したり，対人関係で自信をつけ，そこから時々学校への「チャレンジ登校」を試みて成功したケースがある。

② 保健室登校をしている児童生徒の場合，どうしても学習面が遅れてしまい，高校入試の際に学力が不足して全日制高校などに進学できないような問題が生じる。一人で学習することができる児童生徒の場合には，「相談室登校」や「図書室登校」の方がかえって向いていることもある。

(4) 見棄ててはいないという姿勢を伝える

児童生徒が不登校をしていても，教師としては，決してその児童生徒と保護者を見棄ててはいない姿勢を伝えることが必要である。たとえば，教育センターや適応指導教室などの教育相談関係機関に不登校の児童生徒を紹介した後でも，「学校としてなにかできることはありませんか？」といった，保護者と共に歩む姿勢を教師が示すことが大切である。さらには，時々家庭訪問をしたり，電話でようすをたずねたりして，家庭との連絡が途絶えないようにすることも大切である。あるいは，担任教師が近所のスーパーなどに買い物に来たついでに不登校の児童生徒の家庭に立ち寄って，「どうしていますか？」とか，「元気ですか？」などといった声かけをするだけでも，児童生徒や保護者にとっては，自分たちが見棄てられていなことを知り，うれしいものである。

なお，家庭に閉じこもって不登校になっている場合や校外の適応指導教室だけに通級しているような児童生徒の場合には，学校での成績評価ができないために，通知表の成績の欄が空白になることがある。しかし，そのような場合でも，終業式の日に担任教師はその児童生徒の家庭に行って，通知表を渡すことが望ましい。担任教師としては，翌日か別の日にゆっくり家庭訪問をして通知表を渡す方がよいと思っていても，前もってそのことを電話などで伝えてもらっていなかった児童生徒や保護者の場合には，"他の児童生徒と同じように終業式の日に通知表を届けてもらえなかったのは，自分たちのことをどうでもよいと思っているからである"と判断してしまう危険性がある。教師の側としては，そのような誤解が生じないように，細心の注意をはらうことが必要である。

(5) 進路指導が不利にならないように配慮する

　中学校に来られなかったり，適応指導教室だけに通級している生徒などについては，学校に来ている生徒にくらべて，進路指導が疎かになりがちである。中学校の不登校生徒にとっては，定時制や通信制をはじめとして，専門学校や大学入学資格検定（大検）制度などに関する情報も必要である。不登校生徒に進学や就職に関する情報を提供することは，決して登校刺激にはならないので，教師としては，できるだけ多くの情報を提供するように努めるべきである。そして，最終的には，それらの情報をもとにして，本人が自分の進路を自分の意思で決めればよいわけである。とくに，長期に及んでいる不登校の生徒については，進路指導に関する情報が不足しているので，教師ができるだけ家庭訪問をして，進学や就職についての進路の希望を確認したり，各自に必要な情報を提供することが望ましい。

　なお，最近の傾向として，中学校長が不登校生徒の進学希望の高校に出向いて行き，その生徒に関する情報を高校側につつみ隠さず話すことによって，かえって，受験の際に配慮してもらうことができるようなケースもある。その際，不登校生徒が3年2学期の後半や3学期になってから部分登校をしたり，定期試験を受けるようになったという報告があると，高校側は，その不登校生徒が高校進学への意欲を示したとして高く評価するようである。今後，不登校問題については，このような進路指導での中学と高校との間の連携が望まれる。

（6）児童生徒の気持ちを尊重して保護者と対応する

担任や教育相談の教師が家庭訪問を継続的にする際に，不登校の児童生徒に拒否されて会えなかった場合には，保護者とお茶を飲んだり，雑談などをして帰らないことが望ましい。あくまでも自分が会いに来た対象は児童生徒であることを，保護者と児童生徒の両者にはっきり示す姿勢が必要である。さらに，不登校の児童生徒にとっては，保護者や教師が自分のことをどのように報告し，話されているのかも気になるものである。必要な場合には，保護者に学校の方へ出向いてもらうか，外の公衆電話を用いてもらうなどの方法によって，保護者の相談に応じたり，相互に連絡し合うことが望ましい。

なお，児童生徒との面接などを通して得られた情報については，保護者に知らせた方がよいと思っても，前もって本人に対して「このことを親に知らせてもいい？」といったかたちで了解を得ることが必要である。もし，そのような配慮をしないままに保護者に話したとしたら，児童生徒との信頼関係を失なってしまうことがある。

（7）他の級友との関係について配慮する

担任教師が不登校の児童生徒の気持ちを理解しないままに，その子の家に自分の代わりに同級生や親友を送りこんで，迎えにやらせたり，プリントなどを届けさせたりするようなことは，結果としてよくないことが多い。不登校の児童生徒は，同級生や親友が自発的に自分のことを思って来ているかどうかについては敏感に見ぬいてしまうので，たとえ善意や熱意であっても，そのような教師の一方的な働きかけややらせ的な行為は慎んだ方がよい。担任教師から依頼された同級生や親友の側も，心理的に負担を感じてしまうことが多い。

なお，不登校をしている児童生徒は，学校を休んでいる間に担任教師が他の級友たちに自分のことをどのように説明しているのかが気になったり，再登校したときに級友たちから「何で休んでいたの？」と聞かれたらどうしようかと心配したりする。担任教師が不登校の児童生徒について級友たちに伝える際に，"ずる休み"のようなマイナスのイメージを与える言語表現をした場合には，あとで本人に伝わると，ショックを受けて再登校しにくくなることがある。

教師によっては，「不登校」といった用語を用いるよりは，「心の病」という表現の方がふさわしいと判断することがある。しかし，子どもにとっては，

「心の病」とされると，級友から"身体はどこも悪くなく，本人の精神力の問題で休んでいる"というふうに取られてしまうと考え，心に苦痛を感じることがある。したがって，たとえば，「体調が悪くて回復に時間がかかりそうです」といったような説明をすることが望ましい場合もある。とくに，小学生のような年齢の低い発達段階では，心の問題とするよりは，身体の病気の方が理解されやすいことが多い。あくまでも，教師としては，不登校は特別な病気ではなく，どの子どもにも起こり得る可能性があることを児童生徒に正しく理解させることが必要である。

(8) 管理職（校長・教頭）が学校全体の問題として受けとめる

学校では，校長や教頭の管理職が不登校の問題をどのように理解し，対応しているかということが重要なポイントになる。管理職の態度や姿勢は個々の教師に影響するだけでなく，その学校の窓口の雰囲気にも現われてしまう。もし，管理職が不登校の児童生徒を迷惑な存在として位置づけているとしたら，当の児童生徒だけでなく，保護者にとっても心が痛み，気軽に学校に出向いて相談することができにくい状況になる。

不登校の児童生徒が出現したことに対して，学校側にもなにか問題があるからではないかといった視点をもち，受け皿としての学校全体の問題として真剣に受けとめていくような姿勢が，とくに管理職には必要である。たとえ，児童生徒が再登校してきたとしても，学校の状況が以前と変わらないままであるならば，再び不登校になってしまう可能性は大である。そして，行政側も不登校を単に保護者や児童生徒の心理的な問題としてかたづけるのではなく，学級定員の削減や管理主義の克服といった根本的な問題まで考えることが必要な時期に直面していることを銘記すべきである。

CHAPTER 7 いじめの理解と対応

　文部省（2000）の「平成11年度の生徒指導上の諸問題の現状について（速報）」の報告によれば，1999（平成11）年度に全国の公立小・中・高等学校および特殊教育諸学校で起きた「いじめの発生件数」は全体で31,369件であり，学校別の内訳では小学校9,462件，中学校19,383件，高等学校2,391件，特殊教育諸学校133件となっており，前年度より件数にして5,030件，率にして13.8％減少している。また，「いじめが発生した学校数」は9,056校（小学校3,366校，中学校4,497校，高等学校1,133校，特殊教育諸学校60校）である。

　1985（昭和60）年度から1999（平成11）年度までの「いじめの発生件数」についての推移は，図7-1に示すとおりである。平成6～11年度における「いじめの発生件数」は，平成7年度をピークに4年連続で減少している。しかし，

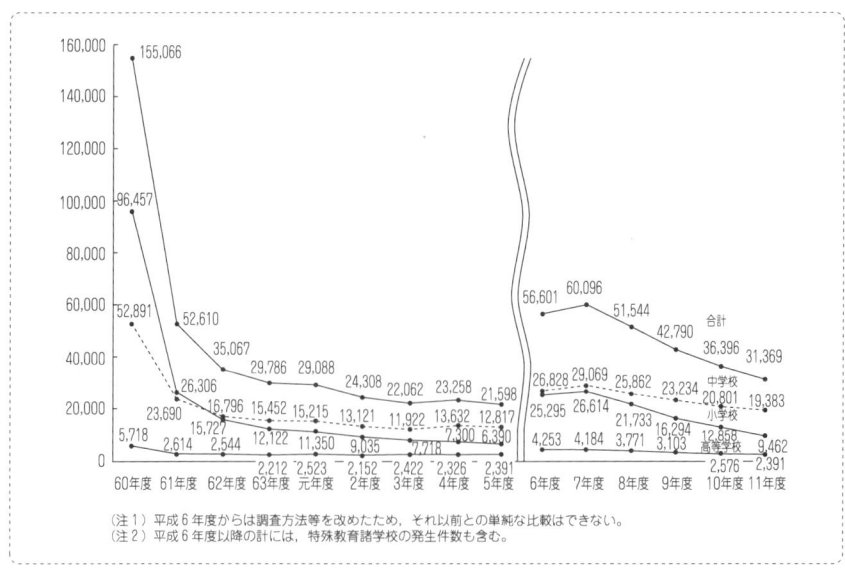

● 図7-1　昭和60年度～平成11年度のいじめの発生件数の推移（文部省，2000）

（注1）平成6年度からは調査方法等を改めたため，それ以前との単純な比較はできない。
（注2）平成6年度以降の計には，特殊教育諸学校の発生件数も含む。

1999（平成11）年に愛知県で発生した中学3年生のグループによる5千万円恐喝事件で象徴されるように，いじめの内容は凶悪化しており，対応には困難さが増してきているものと思われる。

1　いじめの内容

　文部省（1984）の見解では，いじめについては，「①自分より弱い者に対して一方的に，②身体的・心理的な攻撃を継続的に加え，③相手が深刻な苦痛を感じているもの。なお，起こった場所は，学校の内外を問わないこととする」としている。

　ここでは，いじめの手段，構成人数，動機の3つの分類に基づいて，いじめの内容について説明を加えてみたい。

1.　手段による分類

①言葉での脅かし

　言葉で脅かして相手をいじめる場合である。たとえば，「ひどい目に会わせる」とか「ただではおかない」などといった言葉を用いる。一人で行なうこともあれば複数で行なうこともあり，その程度もさまざまである。相手を威嚇しおびえさせることが目的であるから，最も効果的な言葉を工夫して用いることになる。

②冷やかし・からかい

　脅かすのではなくて，おもしろ半分に言い，悪ふざけをするものである。たとえば，冷やかしとしては，「だれかさんと仲がいい」とか「勉強の虫」などであり，また，からかいとしては，「ブス」とか「デブ」などと言う場合である。冷やかしやからかいは，多くの場合，大勢の友人の前で行なうので，言われた方は恥ずかしくて堪えがたい思いをすることが多い。

③持ち物を隠す

　特定の児童生徒の持ち物を隠す場合である。たとえば，教科書やノートなどの学用品とか，帽子や靴などの身につける物，雑誌や漫画本などさまざまである。隠された児童生徒は困って泣きべそをかいていたりするが，いじめる側は

それを見て楽しむわけである。

④仲間はずれ

仲間に入れないもので，遊びや運動，勉強などで仲間はずれにする場合である。仲間はずれにされる児童生徒は孤立して，寂しく，悲しい思いをすることになる。そのために，不登校などの問題行動に発展する原因になることもある。

⑤集団による無視

前述した「仲間はずれ」の一種とも考えられるが，集団で特定の児童生徒を無視し，口をきかない場合である。多数の友人から相手にされなくなるので，無視される児童生徒の悩みは非常に深くなる。

⑥暴力をふるう

相手の身体に直接暴力をふるうもので，自分の手や足をつかったり，棒などの道具をつかったりするものである。その程度はさまざまであり，ちょっと小突いたり頭髪を引っ張ったりするようなものから，傷つけるほどひどいものまである。暴力は身体に直接の痛みや衝撃が加わるため，被害を受ける児童生徒にとっては深刻な問題になる。

⑦たかり

相手から物品や金銭を取り上げるもので，上級生が下級生に行なったり，力の強い者が弱い者に行なう場合がふつうである。いじめられる側は，怖いから何とか要求を満たそうとして，家庭から金銭を持ち出したり，商店から物品を万引きしてくるようになることもある。

⑧お節介・親切の押しつけ

一見，思いやりや親切心からしているようでいて，実はかたちを変えたいじめである。動作が緩慢な児童生徒や学業成績が悪い児童生徒などに，口うるさくいちいち干渉をくりかえすようなことが多く，大勢の友人や教師の前で行なわれることが多いため，いじめられる者はひどく苦しみ，卑屈になってしまう。

⑨その他

その他にも，いろいろな場合をあげることができる。たとえば，自分たちの仲間に入れる交換条件として相手を酷使するとか，特定の児童生徒の持ち物を壊したり傷つけたり，衣類を汚す，言い掛かりをつけて不快そうな表情や素振りをする，特定の児童生徒の虚偽の情報やうわさを言いふらすなどである。

2. 構成人数による分類

①単独のいじめ
　一人で相手をいじめる場合である。前述した「手段による分類」にあてはめると，言葉での脅かし，冷やかし・からかい，持ち物を隠す，暴力をふるう，たかり，お節介・親切の押しつけ，その他の場合が含まれる。このなかには相手の弱みや欠点をとらえて，執ようにいじめをくりかえしている場合も少なくない。

②数名によるいじめ
　特定の児童生徒を対象にして，2，3人から5，6人程度の集団で対応する場合である。前述した「手段による分類」では，どれもがあてはまり，いじめ全体のなかで最も多いと考えられる。いじめられる側からすれば，相手が多いので逃げられず，それだけ苦痛も大きい。そのために転校を希望するとか，不登校を起こしたり，また，ひどい場合は自殺にまで追い込まれることがある。

③大勢によるいじめ
　学級全体などのいじめの場合であり，最も極端な集団によるいじめである。前述した「手段による分類」にあてはめると，仲間はずれ，集団による無視などが考えられるが，その他にも，さまざまないじめが組み合わさる場合もある。いじめられる側の悩みは，概して非常に深刻になる。

3. 動機による分類

①怒りや憎しみからのいじめ
　怒りや憎しみ，嫉妬などから相手をいじめる場合である。いじめられる側にわがままな行動があったり，あるいは，教師のお気に入りであるなどと思われるため，いじめる側からみると腹がたったり，おもしろくなかったりして，それらの不満を解消するために意図的にいじめる場合である。数としては，この種のいじめは非常に多いと考えられる。

②うっ憤晴らしからのいじめ
　いじめる側に何らかの欲求不満があり，そのうっ憤を晴らすために行なわれる場合である。教師に叱られたとか，家庭でおもしろくないことがあったとか，

テストの結果が悪かったなどの理由で気持ちがむしゃくしゃして，自分より弱い相手に向かっていくことがある。欲求不満が蓄積している児童生徒は，こうした方法で心のいらいらを発散すると考えられる。このような児童生徒にとっては，自分より弱い相手をいじめることにより，うっ憤を晴らしているのである。

③性格的な偏りからのいじめ

爆発的で怒りっぽいとか，執念深いなど性格的な偏りのある児童生徒が行なういじめである。この場合には，何らかのことで相手を怒らせたとか，恨みをかうようなことをした児童生徒がいじめられることが多い。

④関心を引くためのいじめ

相手の関心を引くためにいじめる場合であり，通常は軽いいじめ方をする。かわいい子とか，顔だちのよい子などがいじめの対象になりやすい。その対象は必ずしも異性とは限らず，同性に向けられることもある。

⑤隠された楽しみのためのいじめ

隠された楽しみのために相手をいじめる場合である。表面的にはそうでないように見えるが，陰湿で屈折したいじめ方をするとか，お節介な親切の押しつけのようなかたちをとることが多い。また，人前でしないで，陰でわからないようにいじめることもある。

⑥仲間に引き入れるためのいじめ

相手を自分たちの仲間に引き入れるためのもので，仲間に入れる代わりにいじめる場合である。相手はそれでも卑屈にしたがっており，相互に暗黙の約束事のようなものが成り立っている。第三者からみれば，この種のものはいじめとは思えない場合が多い。

⑦違和感からのいじめ

相手は自分たちと違うとか，自分たちになじまないなどの違和感から相手をいじめる場合である。たとえば，転校して来た児童生徒とか，動作が遅い児童生徒，臆病な児童生徒，みんなに交わろうとしない児童生徒などが対象になりやすい。

⑧その他

その他にも，一種のゲームのように順番にいじめの対象を変えていくとか，

服従させようとしていじめる，親愛の情を示すためにいじめるなど，さまざまな場合がある。

2　いじめる子どもの特徴とそのサイン

　いじめる子どもの特徴としては，一般的には外向的で活動的，よくしゃべるなど活発な性格の者が多く，どちらかといえば，落ち着きがなく，いたずら好きである。また，生活態度にけじめがなく，無神経なふるまいや忘れ物がめだつなど，行動が雑であることが少なくない。そして，いじめる本人の側からすれば，それなりの理由がある。一種の正義感からやっていると考えられることもあるが，その一方で，いじめそのものに楽しみを見いだしたり，憂さ晴らしをしていることもある。しかし，いずれの場合も，自分の判断や感情のままに行動していて，相手の気持ちを思いやるとか，相手を説得するなどの心のゆとりや誠意がほとんどない点が共通している。

　松原（1996）は，いじめる子どもの示すサインや行動を，次のようにまとめている。

　＜学校内で示すサインや行動＞

　①教師を避けようとする。②教師がえこひいきをすると反発する。③教師から誤解されていると思っている。④自分が悪者扱いされていると思っている。⑤教師によって態度を変える。⑥不平不満が多い。⑦すぐむきになる。⑧授業中に物を投げたり，抜け出したりする。⑨教室や壁に落書きをする。⑩ガムや菓子類を校内で食べる。⑪金の貸し借りをする。⑫ことばづかいが荒い。⑬部活動を楽しまない。⑭遠足や校外授業を楽しまない。⑮親しい素行の悪い友だちが多くいる。⑯素行の悪い友だちのことをよく知っている。⑰「友だちが仲間はずれにする」とよく言う。⑱何となくスカッとした気分になれない。⑲他人は自分よりも幸せそうだと思っている。⑳内気な子や下級生をからかったり，脅かしたりする。

　＜家庭で示すサインや行動＞

　①すぐに怒ったり文句を言う。②ちょっとしたことでもすぐに頭にくる。③保護者の注意を聞かない。④親によく反抗する。⑤我慢できない。⑥ことばづ

かいが荒い。⑦部屋が汚い。⑧朝起きられない。⑨朝食抜きで登校する。⑩遅刻が多い。⑪外出をよくする。⑫友だちからの電話を気にする。⑬夜更しをよくする。⑭トイレの時間が不規則になる。⑮服装が派手になる。⑯忘れ物が多い。⑰よく買い食いをする。⑱金遣いが荒い。⑲友だちにもらったといって，高級品をもっている。⑳秘密が多く，保護者に話さない。

③ いじめられる子どもの特徴とそのサイン

　いじめられる子どもの特徴としては，一般的には内向的でおとなしく，小心で過敏であり，びくびくしやすい性格傾向の者が多い。その反面，自己顕示欲が強かったり，ふてくされて反抗したり，わがままで依存性が強いなどの特徴もある。こうしたことから，周囲に反感をもたれたり，嫌われたり，あるいは，違和感をもたれて相手から攻撃を受けることがある。また，本人の体力・体格や容貌などが，いじめの対象とされることもある。いじめられる子どもは強い劣等感をもっていたり，萎縮しているなどといった心理的問題を抱えていることが多い。

　松原（1996）は，いじめられる子どもの示すサインや行動を，次のようにまとめている。

　＜学校内で示すサインや行動＞
　①顔色が悪く，元気がない。②一人でぼんやりしている。③おどおどした行動が目につく。④どんな遊びでも誘われるとすぐにしたがう。⑤友達のつかい走りをしている。⑥プロレスごっこの後，しょんぼりしている。⑦我慢して，皆についていく。⑧友だちの悪口を言われても，反抗しないで愛想笑いをする。⑨広い場所で，一人で掃除をしている。⑩遠足や校外学習を嫌がる。⑪放課後のクラブ活動を楽しまない。⑫遠足のとき，一人で弁当を食べている。⑬授業中に発言すると，あとで友だちから皮肉を言われる。⑭成績が急に下がる。⑮「下手くそ」，「のろま」などと言われる。⑯「くさい」，「変な子」などと言われる。⑰学校をよく休む。⑱体の不調を訴える。⑲朝，家を出たけれど学校に来ていないことがある。⑳時々涙ぐむ。

＜家庭で示すサインや行動＞
①下校後，ぐったりと座り込む。②持ち物や学用品類がなくなったり，壊れたりしている。③お金をこっそりと持ち出す。④手足にすり傷やあざをよくつくっている。⑤ノートやカバンによく落書きがしてある。⑥内気で小心で歯がゆい思いをする。⑦他の子のいじめの被害を話題にする。⑧学校を休みたがる。⑨遅刻が増える。⑩頭痛や腹痛など身体の不調をよく訴える。⑪自分の部屋によく閉じこもっている。⑫日記やノートにいじめられていることを書いている。⑬日記に「どうしたらよいかわからない」，「死にたい」などと書いている。⑭時々部屋で泣いていることがある。⑮急に部屋をきちんと整理整頓をする。⑯食欲がない。⑰寝つきが悪い。⑱怖い夢をよくみる。⑲元気がない。⑳夜遅くまで起きていることがある。

4 いじめのフィールド，システム，およびダイナミックス

フィールドとは，いじめが発生している場のことである。学級あるいは学校という場，授業中や休み時間や部活動の場，登・下校や塾通いや家に友だちが来てともに過ごしている場，時には地域社会，たとえば，先輩とよばれている卒業生，暴走族のグループ，さらには，暴力団の下部組織といった学校以外の外のグループとつながっている場もあるかもしれない。いじめは大人には見えない，そして簡単には気づけない，子ども社会の場のなかで起きている。そのようないじめのフィールドを，まず最初に把握することが必要である。

次に，いじめが起きているフィールドには，必ず構造化されているシステムがある。図7-2で示すように，多くの場合いじめる側は集団であり，いじめられる側は一人である。そして，このいじめの問題には関わりたくないと思っている，多くの子どもたちがいる。その多くの子どもたちは必ずしも傍観者ではない。そのいじめに少しでも関係をもつと，今度は自分に被害が及ぶという危機感を内面に強めている存在である。このなかには，どちらかといえば，いじめている側に加担していると思える反応をする子どもたちもいる。しかし，このいじめのシステムは，子ども側の要因だけで形成されているのではなく，担任・教育相談や生徒指導の教師・養護教諭などのその学校の教師集団，さらに

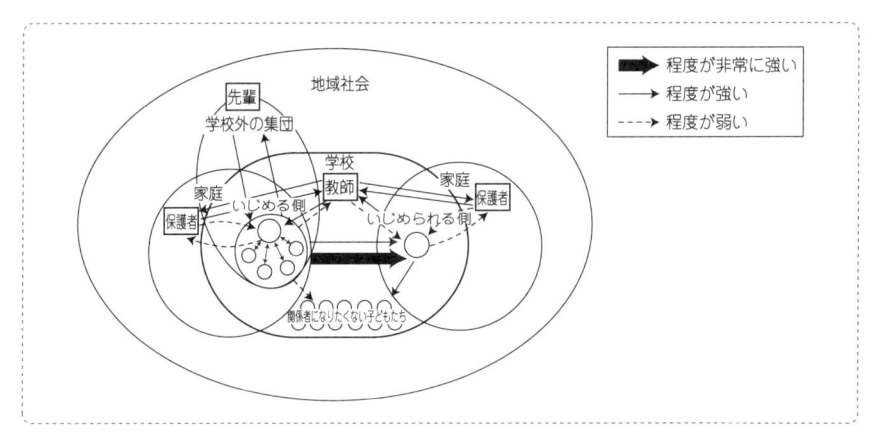

● 図7-2　いじめのフィールド，システム，およびダイナミックス（古賀，1997）

保護者を加えた大人側の要因もある。そして，いじめが発生しているフィールドのなかでシステムが構造化され，いじめる側といじめられる側，関係者になりたくないと思っている多くの子どもたち，教師や保護者といった大人たちが，それぞれ相互に行動や感情のやりとりをしながら関係をもち，このシステムのダイナミックスが展開している。したがって，いじめ問題に対処するには，このフィールド，システム，ダイナミックスを明らかにすることが重要である。

　いじめを受けている子どもが，級友に何らかのSOSを伝えたとしても，それに実際に応じたら次は自分が苦しい目に合うと考えて，傍観者の立場をとっている多くの子どもたちがいる。また，いじめる側は多くの子どもたちに暗黙の圧力をかけていて，そこには「その子にちょっとでも味方したり，先生に告げ口をすると，そのときは許さないぞ」という雰囲気が生み出されている。そのために，多くの子どもたちがそのいじめに関われない，あるいは関わろうとしない状況が固定化している。

　いじめを受けている子どもは，日常生活のなかで元気がない，ぼんやりしていて表情が暗い，時々泣いていることがある，あるいは，家族との関わりを避けようとするなど，日頃の言動と違った変化が必ず認められる。保護者はこのことを的確に受けとめていくことが大切である。いま「いじめ」は深刻な問題と思っていても，自分の子どもがその当事者となることはないと楽観的に考えている保護者は多い。あるいは，子どもがいじめられていることを保護者に話

したら，「そんな弱虫でどうするか。いじめられたらいじめ返せ」と叱りとばす保護者もいる。自分で解決できないと悩んで「助けてほしい」と伝えたときに，「そんなことでどうするか。もっと強くなれ」と叱られたら，子どもはもう二度とそのことを保護者に話そうとしなくなるばかりでなく，保護者への不信感を内面で強めていくことになる。

　次に，子どもがいじめられていることを教師に話すことがある。そのとき，大多数の教師は「君がいじめられて苦しいことはわかった。事実は確かめるから」と応じる一方で，「いじめは確かに悪いが，君にもなにか問題があるのじゃないか。先生は相手が一方的と言うより，君にも原因があるからいじめられていると思うが…」といった対応をしがちである。しかし，このような教師の対応は，「先生にいじめのことを話しても本当のことはわかってもらえない」という虚しさを，その子どもの内面に増幅させる結果になりやすい。いじめの解決のために，教師が安易に双方を話し合わせたり，仲直りの握手をさせたりするという儀式を行なったことで，そのいじめをさらにエスカレートさせるという危険性もある。教師がなかに入ったことでいじめが解決するどころか，むしろエスカレートしたという事態となるならば，そのことがいじめを受けている子どもを自殺へと向かわせる誘因にもなりかねないことを，肝に銘じておく必要がある。

　もう一つの大きな問題は，いじめている側の子どもへの対応である。いじめという行動はたしかに悪いことである。しかし，心の不安定さから言えば，いじめている子どもが一番不安定であるかもしれない。そして，その自分の心の不安定さをいじめという行動で解消していることが多い。「ムカつく」とか「頭にきた」ときに，弱い者をいじめることで自分のうっ憤を晴らしているメカニズムがある。そのことを，いじめる側の子どもはほとんど気づいていない。したがって，いじめる側といじめられる側の子どもの気持ちには，大きな隔たりが存在している。いじめられている子どもにとっては死ぬぐらい深刻な問題であるのに，いじめる側は何とも思っていないことが多い。さらに，いじめる側の子どもの保護者は，まさか自分の子どもがそのようないじめをしているなどとは夢にも思っていないのである。

　そして，当事者である子どもどうし，また，保護者や教師という大人のなか

にも意識のズレがあり，さらに子どもと大人のなかでは意識のズレがいっそう強く存在している。このお互いの立場によって意識のズレが発生していることが，このいじめ問題に対処するときのむずかしさの最大の原因となっている。

5　いじめ問題への対応と対策

いじめ問題に対しては，次の3項目を基本として，具体的な対応と対策をとることが重要である。

① まず第1に，いじめられている子どもに対しては，関係者は徹底的に味方になることを伝える。その子どもの苦しんでいる「いじめ」がすぐに解決しなくても，教師や保護者は本人に心の底から味方であることを伝えて実践する。

② 次に，いじめをしている子どもに対しては，本人が「ムカつく」，「頭にくる」ようなときには，関係者はその心の不安定さをすぐに気づくように努める。そして，いじめ行動ではなくて，望ましいやり方で自分の気持ちの不安定さを解消する対処行動を身につけさせる。

③ いじめ問題など関係ないと思っている子どもに対しては，関係者は「君にも関係あることだから，一緒に真剣に取り組もう」といったような働きかけをする。

以下，この3つのことを基本方針として，学校，家庭，そして地域社会におけるいじめへの対応と対策，さらに，予防に向けた体制づくりについて解説する。

1. 学校での対応・対策

広瀬（1996）は，いじめ問題の早期発見と予防に対する学級経営と校内組織体制のあり方について，次のような提案をしている。

(1)いじめの早期発見と予防のための学級経営
① いじめ問題に対する教師の基本姿勢を確立する。
　基本1：いじめの解決は教師がする。
　基本2：日頃から子どもをよく観察し，子どもの感覚を知る。

基本3：何がいじめか，子どもたちに具体的に教えてあげる。
基本4：いじめの解決のカギは，大多数の無関心層の子どもたちである。
基本5：いじめの対応は長引かせずに，根本的な解決をはかる。
基本6：教師が子どもをいじめない。
② いじめの早期発見の年間計画を立てる。
③ いじめ調査や「孤立する生徒」調査を実施する。
④ いじめの早期発見のために，生活ノート（日記）や交換ノートを利用する。
⑤ 学級や生徒会に，いじめをなくす係や委員会を設置する。
⑥ いじめについて無記名で意見を書かせ，次に学級全体に議論を広げていく。
⑦ 「できる子・できない子」が固定化してしまうような授業を改める。
⑧ 人権教育を授業で扱うような年間計画を組む。
⑨ 勝利至上主義の部活動を是正する。
⑩ 「多すぎる校則」で縛りつける従来型の生徒指導を改める。

(2) いじめの早期発見と予防のための校内組織体制

　学校は組織体であるから，組織としての機能の強化をはかる。校長，教頭，生徒指導主事，養護教諭，学年主任，教科担任さらにスクールカウンセラーなど，さまざまな立場の教師や専門家が連携して，いじめ問題への認識を高め合い，多くの情報をもとに解決の方法を探っていくことが重要である。
① 学校の教育方針や共通理解事項のなかに文章化し，いじめの指導への意識を高める。
② 教科担任との連携により，授業での生徒のいじめに関連した行動などを把握する。
③ 校内研修で全職員が事例研究をすることにより，いじめの実態や解決の方法を学ぶ。
④ 学年部会で事例研究をすることにより，学年でのいじめの実態を考察する。
⑤ 生徒指導主任や養護教諭，スクールカウンセラーとの連携を密にして，いじめられる子，いじめる子のようすを把握する。
⑥ 小・中学校の教師が情報交換をして，孤立しがちな子やいじめる子の生徒理解を深める。
⑦ 地域懇談会や保護者会で保護者との連携を深め，いじめの事実を保護者の

声を通じて把握する。
⑧　児童相談所や警察などの関連機関と連携することで、いじめる子の家庭でのようすや心理状態を理解し、その対応や対策を検討していく。

2.　家庭での対応・対策

いじめ問題に対して、とくに、いじめを受けている子どもの保護者は、どのような対応や対策をとればよいのかについて述べてみる。

①　日頃の子どもの行動や生活ぶりの変化から、いじめを受けていることを察知する。その際、前述したような、いじめを受けているサインや行動の変化を参考にする。
②　子どもを問いつめるというのではなく、安心してよいという態度で子どもに接する。保護者の方が「いじめられているのでは？」と思って子どもにたずねても、子どもの方は自分のプライドもあるし、保護者を悲しませないように「そんなことはない」と否定することが多い。そのような場合に子どもを問いつめていく対応をすると、子どもはそのことをさらに隠そうとする態度をいっそう強めてしまう。
③　子どもの方からいじめられていることを保護者に訴えてきた場合には、気持ちを動転させることなく、じっくりと話を聴いて子どもの苦しさを受けとめてやる。
④　保護者は子どもの味方となることに徹する。そして、一緒にいじめを受けないための作戦をたてるような話し合いをする。保護者が「おまえに問題がある」などと子どもを責めると、最悪の場合では、自殺につながる危険性があるので絶対にしてはならない。
⑤　いじめを受けている事実を担任や学校側に伝え、性急な対応を求めるのではなく、両者が協力していじめ解決のためのより良い対応・対策がとれるように努める。
⑥　事態が深刻な場合には、一時的に学校を休ませたり、転校するなどの方策も考えてみる。
⑦　いじめ問題の対応がうまくいかない場合には、教育委員会や教育センターなどに相談して解決のための働きかけをしてもらう。

⑧ 児童相談所や精神保健福祉センターなどの専門機関や警察に相談して、いじめ解決のための協力を得るようにする。

3. 地域社会における対応・対策

　文部省（1994）のいじめ対策緊急会議の「緊急アピール」でも示されたように、いじめ問題は、学校、家庭、地域社会が総合的に取り組むべき問題である。以下、地域社会でいじめ問題に関係する教育相談機関や専門機関について、簡単に記述する。

①教育センター・教育研究所など
　児童生徒の不登校やいじめなどの相談・指導・援助が主である。教師や教職経験者などが相談業務を担当しているので、学校内の事情に精通しているところから、実態に即した相談ができる。機関そのものが学校や教師と連携をはかりたいと考えているので、教師も保護者も気軽に相談しやすい。

②児童相談所
　心理判定員、相談員や児童福祉司などのケースワーカー、医師（精神科医、小児科医など）の職員がいて、専門的な対応が行なわれる。最近の陰湿化したいじめ問題など学校のみでの指導や対応が困難な場合、この機関に積極的に相談し、協力・連携をはかる必要があろう。

③精神保健福祉センター
　地域精神保健の促進をはかるために「思春期相談事業」や「心の健康づくり推進事業」が行なわれているので、いじめ問題についても積極的に対応してもらえる。

④警察に開設されている「少年総合相談センター」
　最近の十代の凶行に対応するために、従来の各警察署ごとの少年課の「少年相談所」や「ヤング・テレフォン・コーナー」を拡充する目的で開設された機関である。深刻ないじめ問題について、面接や電話での相談に応じてもらえる。

⑤家庭裁判所などの司法機関
　この機関は、家庭内の紛争や家事事件の審判と調整、および少年非行の調査審判、ならびに少年の福祉を害する成人の刑事事件を専門に取り扱う裁判所である。最近では、いじめ問題についての相談に応じ、法律に基づいての適切な

援助を受けることができる。

⑥法務局

　法律に関する事務や人権の保護などを受けもつ行政機関であり、最近、もっともいじめ問題に関心をはらっている。「いじめ」事件で法的な問題が起きた場合には、学校と連帯しながら適切な処置をはかったり、学校の措置が十分でない場合があれば、学校に対して勧告することができる機関でもある。

　ところで最近では、いじめ問題に限らず不登校や引きこもりなどの青少年の心の問題に対して、小・中学校あるいは高校の保護者による合同懇談会や研修会がもたれることが多くなっている。他者に依存するのではなく、自分たちの力で解決に向けて取り組む活動である。そして、ともに地域社会のなかで生きている者どうしが連携して、学校教師、臨床心理士、精神科医や弁護士などの専門家を巻き込みながら、市民活動やボランティア活動を展開し、子どもの教育や権利保全に直接関わりをもつ組織づくりの運動へと発展している。このような取り組みこそが、いじめ問題の発生を減少させ防止する起爆剤となるものと期待できる。いま、地域社会にこのような活動を推進していくエネルギーが求められている。

CHAPTER 8 非行の理解と対応

　西暦2000年は，20世紀最終年という意味において『世紀の末年』である。しかし，『世紀末』は，この1年間を表わす言葉ではなく，辞書によれば，「頽廃的・懐疑的・冷笑的な傾向や思潮の現われる，ある社会の没落期を意味する」言葉である。西暦2000年は，天災や人災の発生を考えるとき，まさに『世紀末』を実感するような年となった。青少年による事件を取り上げてみても，主婦殺人事件（愛知県），高速バス乗っとり殺傷事件（佐賀県），下級生殴打致死事件（沖縄県），バットによる下級生殴打・実母殺人事件（岡山県）など，多数にのぼる。これらの加害者はいずれも17歳という共通点があることが指摘されているが，それは偶然なのか，あるいはその背景要因をなにかに求めることができるのかは判然としない。

　少年非行は，近年，凶悪化していると言われる。凶悪事件の代表として，「強盗」と「殺人」が犯罪白書（平成11年版）（法務省法務総合研究所編，1999）に示されている。それによると，殺人事件は，1989（平成元）年に118人が検挙されたがその後やや減少し，検挙人員は毎年，70～90人台で推移していたが，1998（平成10）年には前年と比べ56.0％増加して，117人の少年が殺人の罪で検挙されている。強盗については，1994（平成6）年頃から増加傾向がみられ，1997（平成9）年には近年の検挙人員の最高値（1,701人）を示している。これらのことは少年非行の凶悪化を示していると考えられる。

　このような発生件数や検挙人員の量的な面だけではなく，質的にも凶悪化が進んでいることを示す事件が報告されている。1997（平成9）年に神戸で発生した14歳の少年による小学生殺人・遺体損壊事件は，わが国の非行史上，類をみない凄惨な事件であると言える。

　このように非行問題を考える場合，非行の発生件数のみを問題にするだけでなく，起こされた非行の性質の検討も併せて行なうことが必要である。しかし，

少年非行については，原則的に非公開であるので，少年による事件を詳細に検討することは，通常は不可能である。

ところで，なぜ彼らは非行を行なったのか，今後非行を発生させないためにはどのような指導が必要なのかという疑問や問題意識は，非行問題の専門家のみならず，一般の人々が共通していだいていると考えられる。また，少年には，児童生徒が含まれることから，学校教育関係者においても重大な関心事である。換言すれば，非行問題は教育心理学の分野で緊急かつ真剣に検討しなければならない課題であると考えられる。

そこで，本章では，非行のとらえ方，実態，原因論などについて概観する。

1 非行とは

1. 非行の定義

（1）一般的なとらえ方

「非行」という言葉の意味は，辞書によれば「ⓐ道義にはずれた行為。不正の行為。ⓑとくに青少年の法律や社会規範に反した行為」などと記載されている。樋口（1980）は，「『非行』は英語のdelinquencyの訳語で，人に適用されるべき一定の行為基準に反する行為を意味する。成人にも適応されるものであるが，今日ではもっぱら青少年の反規範的行為に用いられている」と述べている。つまり，上記ⓑと同様，非行を青少年という年齢区分にある者の行為と考えており，そのような用い方が一般的である。

この「非行」と概念的に類似した用語に「問題行動」，「反社会的行動」があるが，通常は，他者に迷惑を及ぼす「反社会的行動」と同じ意味で用いられることが多い。

（2）法律における非行少年

非行少年は，「少年法」において後述のようにとらえられている。ちなみに，今までの少年法は，1948（昭和23）年に制定され，1949（昭和24）年に施行された法律であり，現下の社会情勢に十分に対応することができないという理由から，改正の議論がなされ，2000（平成12）年11月28日に改正「少年法」が国

会で可決・成立し，2001（平成13）年4月から施行された。

「少年法」は，非行の主体を少年と考えており，少年を「20歳に満たない者」と定義している。また，非行少年を「家庭裁判所の審判に付すべき少年」として次のように定義している：ⓐ「14歳（刑事責任年齢）以上20歳未満の罪を犯した少年」，ⓑ「14歳に満たないで刑罰法令に触れる行為をした少年（刑事責任年齢に達していないためⓐとは区別されている）」，ⓒ「①保護者の正当な監督に服さない性癖のあること，②正当の理由がなく家庭に寄りつかないこと，③犯罪性のある人もしくは不道徳な人と交際し又はいかがわしい場所に出入りすること，④自己又は他人の徳性を害する行為をする性癖のあること，の事由があって，その性格または環境に照らして，将来，罪を犯し，又は刑罰法令に触れる行為をするおそれがある20歳未満の少年」。ⓐを「犯罪少年」，ⓑを「触法少年」，ⓒを「ぐ犯少年」に区別している。ⓐとⓑの違いは基本的には年齢的な差異によっているが，ⓒは他の2つとは概念的にまったく異なっている。「ぐ犯」は，少年の健全育成を期すという少年法の基本理念に基づいた規定であると解される。いずれの「非行少年」も，矯正教育や福祉的な措置などの法的な措置を講じる場合，人権に配慮しつつ法的に適正な手続きによらなければならない。

2. 非行の状況～統計資料から～

ここでは，非行少年の検挙（犯罪少年と触法少年の検挙および補導を併せて「検挙」とよぶ）状況を，「犯罪白書」や「青少年白書」などの関連統計資料を用いて概観してみたい。

（1）非行件数の推移とその背景

戦後のわが国の少年刑法犯検挙人員の推移は，表8-1，図8-1（いずれも，平成11年版「犯罪白書」よりの引用）に示すとおりである。表8-1は，1946（昭和21）年以降における少年・成人刑法犯検挙人員，人口比および少年比を示したものである。少年の人口比は，10歳以上20歳未満の少年人口1,000人当たりの検挙人員の比率であり，成人の人口比は，20歳以上の成人人口1,000人当たりの検挙人員の比率である。図8-1は，表8-1を図として示したものである。

図8-1からわかるように，3つのピークの存在を指摘することができる。第

● 表8-1 少年・成人別刑法犯検挙人員・人口比および少年比(昭和21年~平成10年)(法務省法務総合研究所, 1999)

年次	少年 実数(A)	少年 人口比	成人 実数(B)	成人 人口比	少年比 $\frac{A}{A+B}$ (％)
昭和21年	111,790	6.7	333,694	8.4	25.1
22	104,829	6.1	354,510	8.4	22.8
23	124,836	7.3	425,704	9.8	22.7
24	131,916	7.7	453,412	10.2	22.5
25	158,426	9.2	458,297	10.1	25.7
26	166,433	9.5	452,602	9.8	26.9
27	143,247	8.0	432,605	9.1	24.9
28	126,097	7.0	421,453	8.7	23.0
29	120,413	6.6	419,376	8.4	22.3
30	121,753	6.7	437,104	8.6	21.8
31	127,421	7.1	427,192	8.2	23.0
32	144,506	7.9	430,255	8.1	25.1
33	155,373	8.1	420,893	7.8	27.0
34	176,899	8.8	417,455	7.6	29.8
35	196,682	9.7	413,565	7.4	32.2
36	216,456	10.6	422,430	7.4	33.9
37	220,749	10.8	406,925	6.9	35.2
38	229,717	11.3	432,298	7.2	34.7
39	238,830	11.9	488,080	8.0	32.9
40	234,959	11.7	515,963	8.3	31.3
41	226,203	11.2	547,866	8.7	29.2
42	215,477	11.1	617,984	9.5	25.9
43	218,950	11.8	734,819	11.0	23.0
44	218,458	12.4	812,952	11.9	21.2
45	224,943	13.3	883,254	12.6	20.3
46	214,799	13.0	845,590	11.9	20.3
47	198,441	12.1	814,394	11.2	19.6
48	202,297	12.5	767,778	10.4	20.9
49	198,763	12.3	689,787	9.2	22.4
50	196,974	12.1	668,802	8.7	22.8
51	194,024	12.1	671,229	8.6	22.4
52	197,909	12.1	659,747	8.4	23.1
53	224,095	13.5	660,361	8.3	25.3
54	233,292	13.8	648,722	8.1	26.4
55	269,769	15.7	653,958	8.1	29.2
56	303,915	17.2	668,634	8.1	31.2
57	310,828	17.2	699,149	8.4	30.8
58	317,438	17.1	710,957	8.5	30.9
59	301,252	16.0	715,986	8.4	29.6

60	304,088	16.0	722,296	8.4	29.6
61	292,290	15.1	725,510	8.4	28.7
62	289,196	15.0	735,521	8.4	28.2
63	292,902	15.3	733,886	8.3	28.5
平成元年	264,678	14.0	704,107	7.8	27.3
2	244,122	13.2	683,688	7.5	26.3
3	236,224	13.0	690,233	7.5	25.5
4	215,148	12.2	731,090	7.8	22.7
5	211,376	12.4	772,267	8.2	21.5
6	201,837	12.2	796,132	8.3	20.2
7	193,308	12.1	799,759	8.3	19.5
8	196,451	12.6	806,069	8.2	19.6
9	215,629	14.2	767,956	7.8	21.9
10	221,410	15.0	812,299	8.2	21.4

(注1) 警察庁の統計及び総務庁統計局の人口資料による。
(注2) 昭和45年以降は、触法少年の交通関係業過を除く。
(注3) 少年の「人口比」は、10歳以上20歳未満の少年人口1,000人当たりの少年刑法犯検挙人員の比率であり、成人の「人口比」は、20歳以上の成人人口1,000人当たりの成人刑法犯検挙人員の比率である。
(注4) 印紙犯罪処罰法違反及び公害犯罪処罰法違反を除き、火炎びんの使用等の処罰に関する法律違反、流通食品への毒物の混入等の防止等に関する特別措置法違反及びサリン等による人身被害の防止に関する法律違反を含む。

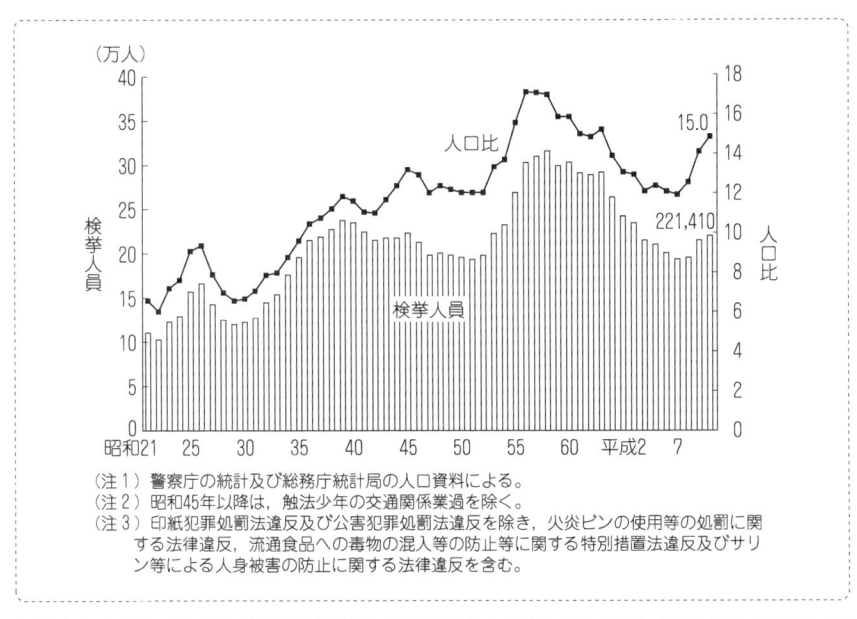

● 図8-1 少年刑法犯の検挙人員および人口比の推移（昭和21年～平成10年）（法務省法務総合研究所、1999）

1のピークは，戦後間もない1951（昭和26）年であり，16万6,433人の少年が検挙されている。1951（昭和26）年といえば，まだ戦後の混乱が続いている頃であり，生活の窮乏，すさんだ世相などを背景に，家出，浮浪，売春などの行動をとる少年の増加を，第1のピークの背景として指摘できる。第2のピークは，1964（昭和39）年に訪れている。高度経済成長のなか，少年犯罪の悪質化や都市流入少年の非行化が認められ，23万8,830人の少年が検挙されている。第3のピークは，31万7,438人の少年が検挙されている1983（昭和58）年である。この頃は，経済発展，核家族化，人口の都市集中，地域社会の連帯感の希薄化，マスメディアの発達などの社会的な諸要因の変化・発達に多大な影響を受け，窃盗犯の増加に加え，非行の低年齢化，一般化などの特徴が顕著であり，いわゆる「遊び型」非行と称される非行も，数多く報告されている。

　さらに，表8-1，図8-1から明らかなように，1984（昭和59）年以降の少年刑法犯検挙人員は，10歳代の少年人口が1986（昭和61）年をピークに減少傾向にあることも反映して減少傾向を示し，これと並行して，1981（昭和56）年から1983（昭和58）年にかけては17.0を越えていた人口比も低下する傾向にあったが，1996（平成8）年以降は，検挙人員・人口比とも再び増加・上昇に転じており，1998（平成10）年には，検挙人員が22万1,410人（前年比2.7％増），人口比が15.0（同0.8ポイント増）となっている。1998（平成10）年での検挙人員の人口比を少年・成人で比較すると，成人では8.2であるのに対して少年では15.0であり，少年が刑法犯として検挙される比率が高いことを示している。このような増加を，第4のピークの到来と受けとめる専門家もいる。この少年非行の第4のピークの特徴として，遠藤（1998）は，統計資料の分析から，犯罪種別には，覚せい剤取締法違反，強盗などの凶悪犯罪，横領の増加，さらに年齢層別には，年少少年（14・15歳）に加え中間少年（16・17歳）の増加，および女子比の再度の上昇をあげている。家庭裁判所調査官である岡本（1998）は，ⓐグループ犯罪，ⓑ結果の重大さと少年の認識とのズレ，ⓒ反省のあり方，ⓓ「いきなり型」非行を近年の特徴としてあげている。また，非行少年の収容と心身の鑑別を主な仕事とする法務省所轄の少年鑑別所の現場から，最近の非行の特徴について，小林（1998）は行動面・表現形などの特徴として，ⓐ凶悪・粗暴化，ⓑ「いきなり型」非行，ⓒ覚せい剤濫用の増加，ⓓ暴走族の凶悪

化，ⓔ学生・生徒の割合の増加，ⓕ保護者の経済状態が「中」以上の割合の増加，をあげている。さらには，資質・内面などについての特徴として，ⓐ衝動性・短絡性，ⓑ「個」の感覚の希薄さ，ⓒ価値の崩壊をあげている。

（2）非行の種類

　成人により行なわれる犯罪（同様に，非行も）は，一般に刑法犯と特別法犯に大別される。刑法犯は交通関係の業務上過失致死傷以外に，窃盗，詐欺，横領，強盗，恐喝，暴行などが少年によって行なわれている。また，特別法としての麻薬取締法，大麻取締法，覚せい剤取締法，毒物及び劇物取締法などの違反も少年によって行なわれている。なお，表8-2は，1946（昭和21）年から1998（平成10）年までの交通関係業過を除く少年刑法犯の主要罪名別検挙人員を示したものである。

● 表8-2　少年刑法犯の主要罪名別検挙人員（昭和21年～平成10年）（法務省法務総合研究所，1999）

年次	殺人	強盗	暴行	傷害	脅迫	恐喝	窃盗	詐欺	横領	強姦	強制わいせつ等	放火
21年	249	2,903	…	2,874	…	…	87,825	3,193	1,132	258	282	164
22	216	2,851	…	3,059	…	…	77,514	2,999	1,209	298	163	116
23	354	3,878	*(1,904)		**6,826		90,066	4,173	2,020	584	272	173
24	344	2,866		14,203			92,214	4,470	2,475	1,176	283	340
25	369	2,897		19,698			111,526	6,368	3,148	1,538	447	470
26	448	2,197	3,126	8,653	461	3,635	127,122	4,886	3,142	1,530	347	446
27	393	1,956	3,243	8,519	459	3,285	104,344	4,954	3,117	1,870	338	530
28	383	1,582	3,339	7,992	416	2,819	88,586	4,875	3,155	1,535	407	410
29	411	1,830	3,245	9,195	448	3,041	81,298	4,310	2,787	1,977	459	407
30	345	2,003	3,784	10,329	485	4,007	80,626	3,885	2,393	2,121	495	328
31	324	2,033		23,107			80,770	3,122	2,005	2,053	600	321
32	313	2,222		30,590			86,065	3,318	2,095	2,865	689	334
33	366	2,405	10,250	15,939	840	11,948	83,528	2,860	1,723	4,649	1,044	412
34	422	2,624	11,165	16,410	854	14,013	96,793	2,549	1,655	4,599	1,114	445
35	438	2,762	10,897	16,268	940	14,564	110,752	2,388	1,655	4,407	1,265	605
36	448	2,442	11,490	17,197	982	14,834	127,234	2,331	1,482	4,224	1,320	694
37	343	2,307	11,842	16,164	1,031	15,771	132,096	1,870	1,242	3,983	1,473	642
38	393	2,139	12,793	15,290	1,117	15,829	136,027	1,778	1,227	3,898	1,560	530
39	361	1,987	13,881	16,669	1,252	15,228	135,849	1,781	1,123	4,242	1,630	535
40	370	1,998	13,705	15,774	1,141	13,506	128,341	1,711	1,145	4,362	1,759	513
41	368	1,901	13,652	16,221	1,049	11,014	117,938	1,803	1,014	4,281	1,772	381
42	343	1,500	12,011	15,280	786	8,557	104,206	1,487	945	3,851	1,698	375
43	286	1,261	9,645	12,543	593	6,702	109,266	1,067	839	3,294	1,506	390
44	265	1,198	8,518	10,867	448	5,867	96,032	833	927	2,515	1,371	534

45	198	1,092	8,962	10,211	450	6,909	106,359	722	1,107	2,212	1,208	469
46	149	869	7,892	8,500	349	6,860	102,671	629	1,441	2,022	1,043	585
47	149	790	6,784	7,091	231	6,029	103,451	561	2,062	1,818	966	351
48	111	705	6,946	7,923	286	5,796	111,529	487	3,079	1,526	863	394
49	102	677	7,246	7,293	233	5,987	116,863	418	3,252	1,499	716	370
50	95	732	6,814	7,302	354	6,681	116,849	517	3,770	1,341	685	387
51	80	618	6,162	6,940	179	5,314	116,838	520	4,522	1,035	623	393
52	77	529	6,384	7,357	205	4,527	119,805	471	6,101	949	708	453
53	91	522	6,724	7,120	245	4,150	140,611	547	7,748	946	746	446
54	97	572	6,167	7,030	160	3,996	146,469	504	9,533	925	709	510
55	49	788	7,633	9,068	206	4,830	172,842	556	12,612	984	720	478
56	60	779	8,918	10,415	202	6,358	197,397	538	15,582	1,027	778	527
57	86	806	8,409	11,635	171	8,417	198,701	591	17,666	878	823	574
58	87	788	7,660	11,406	158	8,504	202,028	662	19,624	750	756	389
59	76	690	6,450	11,594	100	8,192	190,420	744	22,848	757	714	383
60	100	572	6,062	10,612	193	8,185	191,238	770	22,658	681	760	364
61	96	708	5,842	10,860	119	9,173	177,766	696	21,042	635	640	343
62	79	604	4,462	9,977	113	7,357	173,029	828	22,958	567	581	330
63	82	569	3,992	10,154	122	6,914	175,734	1,036	24,616	509	593	273
元	118	590	3,419	9,976	82	5,971	149,688	694	22,410	445	538	230
2	71	594	2,992	9,376	67	5,787	130,802	623	25,998	348	510	181
3	77	690	2,305	8,900	57	5,184	122,583	1,124	30,231	321	465	192
4	82	713	2,340	8,807	74	5,129	103,332	1,016	30,056	318	460	214
5	75	726	2,178	8,616	73	5,500	105,104	709	29,730	275	429	231
6	77	933	1,704	7,976	103	6,201	102,537	550	29,663	320	436	237
7	80	873	1,945	8,101	67	6,339	99,076	456	26,652	268	461	258
8	97	1,082	1,931	8,316	52	6,287	103,495	466	29,669	227	480	265
9	75	1,701	2,303	9,627	81	7,134	118,581	576	32,869	409	514	245
10	117	1,566	1,847	9,914	86	6,767	121,261	673	35,847	460	458	236

(注1) 警察庁の統計による。
(注2) ＊は上半期のみの数である。
(注3) ＊＊は23年下半期（7月〜12月）のみの数で，暴行，傷害，恐喝及び脅迫の総数である。
(注4) 「脅迫」，「暴行」及び「傷害」には，暴力行為等処罰ニ関スル法律1条，1条の2及び1条の3に規定する罪を含む。
(注5) 「強制わいせつ等」には，公然わいせつ及びわいせつ物頒布等を含む。

（3）年齢的特徴

　刑法犯により検挙された少年の年齢の特徴について，ここでも統計資料に基づいて明らかにする。

　図8-2は，任意に選択した年次の少年の世代別非行少年率が，その後の少年の成長にしたがってどのように変化していくかを示したものである。すなわち，

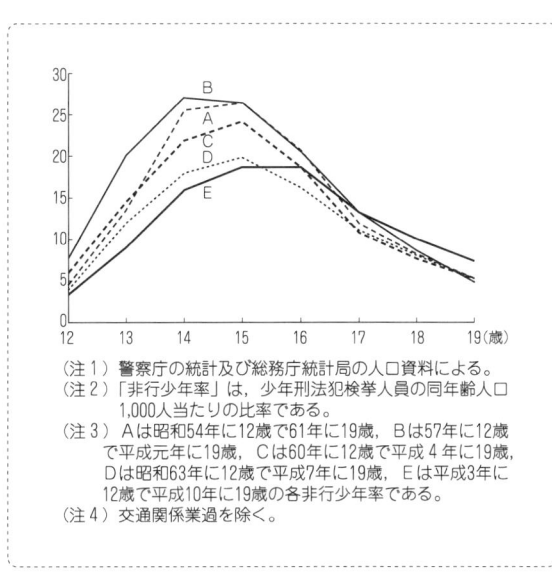

(注1) 警察庁の統計及び総務庁統計局の人口資料による。
(注2) 「非行少年率」は，少年刑法犯検挙人員の同年齢人口1,000人当たりの比率である。
(注3) Aは昭和54年に12歳で61年に19歳，Bは57年に12歳で平成元年に19歳，Cは60年に12歳で平成4年に19歳，Dは昭和63年に12歳で平成7年に19歳，Eは平成3年に12歳で平成10年に19歳の各非行少年率である。
(注4) 交通関係業過を除く。

● 図8-2　非行少年率の推移（法務省法務総合研究所，1999）

1979（昭和54）年から3年ごとの1982（昭和57）年，1985（昭和60）年，1988（昭和63）年，1991（平成3）年にそれぞれ12歳であった世代が19歳になるまでの年齢を横軸に，その非行少年率を縦軸にとって示したものである。世代別非行少年率は，どの年次をとっても類似した曲線を描いており，おおむね14〜16歳の時に高率となり，17歳，18歳，19歳と年齢が高くなるにつれて低くなっている。

　図8-3は，少年を年齢によって触法少年（14歳未満），年少少年（14・15歳），中間少年（16・17歳），年長少年（18・19歳）に区分して，1966（昭和41）年以降の交通関係業過を除く少年刑法犯の年齢層別検挙人員人口比の推移を示したものである。この図8-3からもわかるように，年少少年の人口比の変動が最も激しく，また最も高い数値を示している。非行の低年齢化が問題視されるようになって久しいが，そのことはこの資料からも明確なことであると考えられる。

　図8-2および図8-3を総合して考えると，13・14歳から17歳頃までの少年は社会的な影響を敏感に受けやすく，一過的に非行化している少年が多いのではないかと推測できる。それだけに，この年齢層の少年を取り巻く生活環境の整備

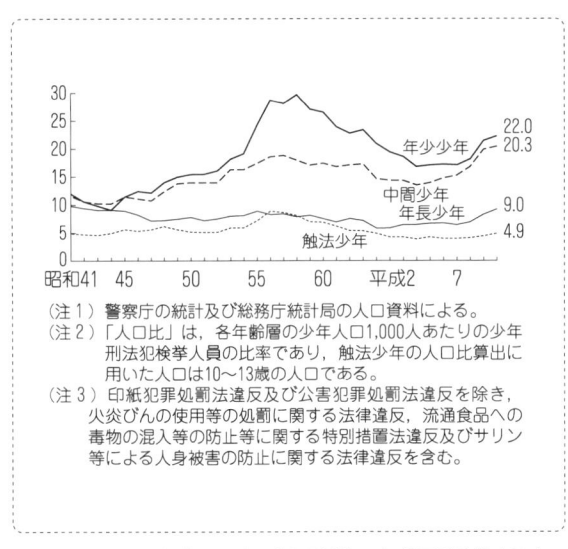

● 図8-3 交通関係業過を除く少年刑法犯の年齢層別検挙人員人口比の推移（昭和41年～平成10年）（法務省法務総合研究所，1999）

や問題傾向を示す少年の支援などは，とりわけ積極的に行なわなければならない。

（4）非行の性別特徴

　図8-4は，1950（昭和25）年以降における男女別の少年刑法犯検挙人員指数〈1950（昭和25）年を100とする〉および女子比（少年全体にしめる女子少年の比率）の推移をみたものである。

　男子の検挙人員の指数が70～150台の間で上昇，低下をくりかえしているのに対し，女子は昭和40年代後半から急激に上昇し，ピーク時の1988（昭和63）年には422に達した。その後，1993（平成5）年にかけて低下したが，1994（平成6）年以降は再び上昇傾向にあり，1998（平成10）年は前年より16上昇して392となっている。女子比は，1971（昭和46）年に10％を越え，1976（昭和51）年以降は，起伏を示しながらも20％前後で推移していたが，1997（平成9）年に急上昇し，1998（平成10）年は，前年に続いて最高値を更新して25.4％となっている。すなわち，刑法犯によって検挙される少年の4人に1人は女子である。なお，特別法の覚せい剤事犯や大麻事犯，およびシンナーなどの乱用など

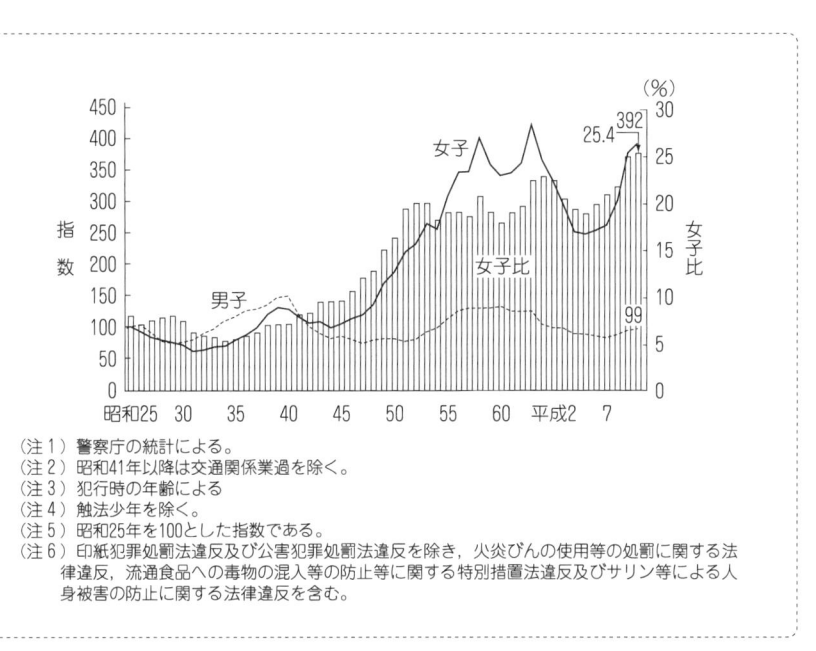

（注１）警察庁の統計による。
（注２）昭和41年以降は交通関係業過を除く。
（注３）犯行時の年齢による。
（注４）触法少年を除く。
（注５）昭和25年を100とした指数である。
（注６）印紙犯罪処罰法違反及び公害犯罪処罰法違反を除き，火炎びんの使用等の処罰に関する法律違反，流通食品への毒物の混入等の防止等に関する特別措置法違反及びサリン等による人身被害の防止に関する法律違反を含む。

● 図 8-4　男女別少年刑法犯検挙人員指数及び女子比の推移（昭和25年〜平成10年）（法務省法務総合研究所，1999）

の薬物犯の女子比も最近では，ほぼ３人に１人の割合になっており，とりわけ，覚せい剤事犯によって検挙される少年の約半数が女子である。

（５）地域差

法務省矯正局（1998）は，非行の発生については，多様な情報通信手段・交通手段の普及・高度化，それらの結果としての地域特性の希薄化など，さまざまな要因から，地域差が認められず，全国的にほぼ同様の傾向が認められると指摘している。

しかし，現代は地方の時代と言われ，地域的な特徴が重視されている。かつてほどの大きな差異は認められなくなったとはいえ，いまだに地域的な特色が残っていると思われる。たとえば，「第100矯正統計年報（平成10年）」（法務大臣官房司法法制調査部調査統計課，1998）をみてみると，そこでは，全国を８つの地域に区分し，各地域の少年鑑別所に入所した少年の年齢構成比が示されている。年齢構成を，年長（18・19歳），中間（16・17歳），および年少（14・15歳）に区分してみてみると，構成比が最も少ないのは，いずれの地域でも共

通して年少少年であることが示されている。年少少年のしめる比率は全国平均では19.21％であり，最も少ないのは札幌管区の12.60％である。逆に，最も多いのは大阪管区の26.54％である。大阪管区では札幌管区の2倍以上をしめていることになる。中間少年と年長少年についてみてみると，仙台管区，札幌管区および高松管区はほとんど同じ程度の比率であるが，名古屋管区では年長少年にしめる比率が最も高く（46.52％），大阪，広島，福岡の3管区では中間少年のしめる割合が最も高いことが示されている。

このように，非行の発生について全国的に同様な傾向を示す指標もある一方で，各地域によって異なる傾向を示す指標もある。現代社会では，少年非行に対して，いかに効果的な指導を行なうかということが急務となっている。したがって，全国的な視点での問題点と地域における独自の問題点を明確にし，その上で指導のための指針を作成することが何よりも重要であると考えられる。

(6) 非行罪種別検挙人員

より詳細に非行の発生をみるために，具体的な非行ごとに発生件数を比較することにする。青少年白書（平成11年度版）（総務庁青少年対策本部編，2000）によると，1998（平成10）年に道路交通法違反によって検挙された少年の数は，817,139人であり，以下に示すその他の非行罪種別の検挙数を大きく上回っていることがわかる。

表8-2（前出）に示されているように，刑法犯では窃盗，横領などの財産犯が多く，次に傷害，恐喝などの粗暴犯が多い。殺人および強盗などの凶暴犯は1998（平成10）年には年間に2,000人にも満たない検挙数であり，他の非行よりは検挙人員は少ない。また，強姦や強制わいせつなどのいわゆる性犯罪は，900人あまりの少年が検挙されている。

他方，犯罪白書（平成11年版）によると，1998（平成10）年における特別法犯も9,369人になっており，なかでも最近とくに問題視されている薬物関連の犯罪では，毒劇法違反（主に有機溶剤の濫用）が5,678人で最も多いが，覚せい剤取締法違反による検挙数も年間1,069人になっている。

同白書のぐ犯の態様別家庭裁判所終局処理人員をみてみると，1997（平成9）年には総計で808人になっており，女子比も55.9％を示している。ぐ犯事由で最も多いのは，家出（334人）であり，不良交友（145人）がそれに続いている。

全般的に，1969（昭和44）年以降ぐ犯の終局処理人員は減少の傾向が示されている。

（7）児童生徒の暴力行為

「我が国の文教施策（平成11年度）」（文部省編，1999）によると，1998（平成10）年度において公立小・中・高等学校の児童生徒が起こした暴力行為（「自校の児童生徒が起こした暴力行為」をいい，「対教師暴力」，「生徒間暴力」，「対人暴力」および学校の施設・設備の「器物損壊」を併せたもの）の発生状況は，学校内で発生したものが全学校の15.3％にあたる5,917校において約29,685件，学校外で発生したものが全学校の8.1％にあたる3,149校において約5,561件である。学校内で発生したものの内訳をみてみると，公立小学校では1,528件，公立中学校では23,005件，公立高等学校では5,152件発生しており，小・中・高等学校のいずれもが前年度の発生件数を上回っており，とくにその傾向は公立中学校で顕著である。調査方法の変化に伴い，1996（平成8）年度以前と1997（平成9）年度以降を直接比較することはできないが，1996（平成8）年度以前も中学校でのいわゆる「校内暴力」は毎年増加傾向であったことは明らかである。

（8）いじめ

いじめは自殺に結びついたり，不登校などの原因として近年とくに問題視されており，文部省（2000）の「平成11年度の生徒指導上の諸問題の現状について（速報）」の報告によると，1999（平成11）年度には全国の公立小・中・高・盲・聾・養護学校において31,369件のいじめが発生している。前年度にくらべて約5,000件減少しているものの，依然として憂慮すべき状況にある。いじめはその性質上，親や教師が認識しづらい特性をもっており，実際にはこれよりも多く存在している可能性が高い。いじめを受けても自分に問題があり，いじめられている現場を目撃してもいじめられている人に問題があると認識してしまうと，その状況に甘んじあるいは放置するという事態が生じやすい。児童生徒のそのような認識に対する教育的指導を徹底することが必要である。

（9）性の逸脱行為

「青少年白書（平成10年度版）（総務庁青少年対策本部編，1999）」によれば，性の逸脱行為で補導・保護された女子少年の推移をみると，1984（昭和59）年

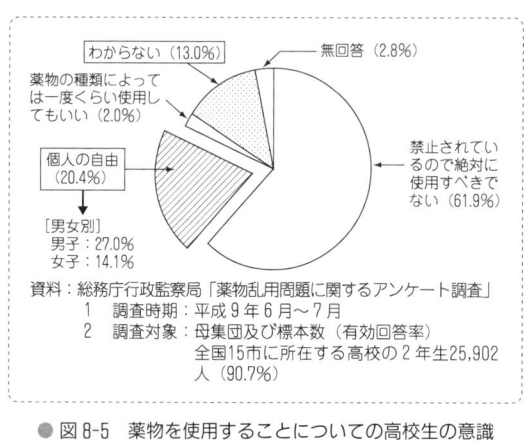

にピークになった後，減少傾向に転じ，1993（平成5）年には過去最低になっている。しかしながら，1994（平成6）年，1995（平成7）年と上昇し，1996（平成8）年，1997（平成9）年には減少しているものの，依然として憂慮すべき状況にある。1997（平成9）年には5,000人近くの女子少年が性の逸脱行為によって補導・保護されており，その人数にしめる中・高校生の割合も初めて3分の2を越えた。

● 図8-5　薬物を使用することについての高校生の意識（総務庁青少年対策本部，1999）

ところで，このような性の逸脱行為の動機をみてみると，第9章の表9-3に示されているように，最近では「遊ぶ金がほしくて」という動機が急激に増加し，「自ら進んで」の動機のなかでは最も多くなっている。性の逸脱が遊興費を捻出する手段として用いられるならば，抵抗感が麻痺してしまい，経済的に切迫するような状況下では安易に性の逸脱行動に至るという悪循環が生じる可能性が高く，それだけ危機感を高くもたなければならない。

(10) 青少年の非行や問題行動に対する認識

青少年の非行や問題行動に対する認識を調査した研究は数多くあるが，ここでは，前出の「青少年白書（平成10年度版）」によって明らかにしたい。

まず，薬物を使用することについての意識に関して高校生を対象に調査した結果（図8-5）をみてみると，61.9％の高校生は薬物の使用が「禁止されているので絶対に使用すべきではない」という規範的な回答を選択している。しかし，その一方で，薬物の使用は「個人の自由」と考える高校生が5人に1人程度（20.4％）いることも示されており，男子については27.0％（およそ4人に1人）がそのような考えをもっていることが示されている。薬物の使用については，規範的な回答が曖昧になる要素（すなわち，「薬物の使用は程度をわきまえていれば個人の問題だ」と容易に考えられる）が強い。なお，非行のなか

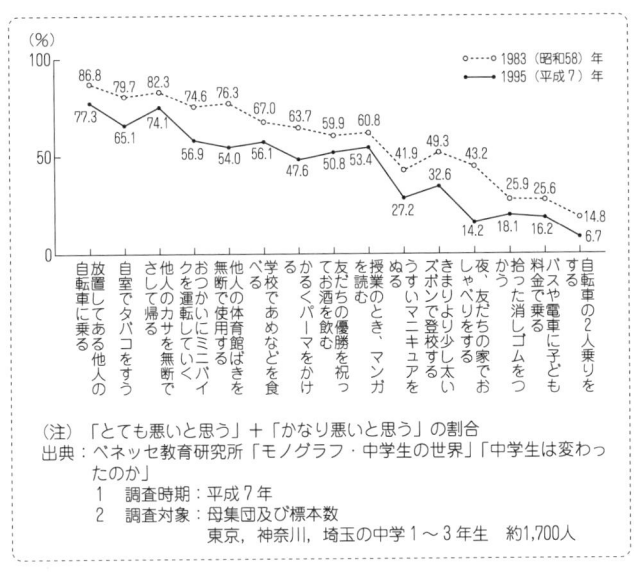

● 図8-6 中学生が悪いと思うもの（総務庁青少年対策本部，1999）

にはこのような特徴をもったものもいくつかある（喫煙，飲酒，性行為，などが好例であろう）。社会的に禁止されている理由などについて十分に認識させ，その上で，薬物の使用などについての正しい認識をもたせるような教育機会をつくることが必要である。

また，図8-6は，中学生が悪いと思うものについての意識を1983（昭和58）年と1995（平成7）年の調査結果で比較したものである。これをみてみると，設定された項目のいずれもが，1995年の方が，「とっても悪いと思う」+「かなり悪いと思う」と認識する比率が低いことを示している。このことから，青少年をとりまく近年の状況は，ますます青少年の規範意識を曖昧にしていると考えられる。したがって，健全な価値観をもたせるための効果的な教育が期待される。

3. 非行の原因～非行理論～

非行の発生の原因については，さまざまな科学的視点に立脚した理論が提唱されている。それらは，個人の特異性に焦点をおいた理論と，社会・文化に焦

点をおいた理論とに大別される（菊池，1984）。それらに加えて，社会統制理論も有用な理論として注目されている。
(1) 個人の特異性に焦点をおいた理論
　犯罪者は知的能力が劣っているとか，パーソナリティーの偏りが大きいという考え方でもって，たとえば，事例研究などによって，犯罪の背景には，劣等感の過補償，罪障感を免れる試み，母親への恨み，刑務所生活によって依存傾向が満足されること，といった無意識の機制が働いているというような主張をする立場がある。また，パーソナリティの偏りの程度と犯罪・非行との関連性について非行少年と一般の少年との比較を行ない，非行少年の特性を明らかにしようとした研究もある。個別には確かにそのようなケースもあり得よう。
　しかしながら，現代の非行の特徴の一つには，前述のように「いきなり型」非行をあげることができる。「いきなり型」非行を行なうような少年は，非行を行なうまでは人目を引くような奇矯な行動に出ることは少ない。あるいは，社会生活に支障が生じない程度の反社会的行動しか行なっていない。その程度の行動は，その後に行なわれる重大な非行の前兆と考えるよりは，だれもが行なっているささいな違反行為と同種のものであると考えられやすい。つまり，彼らの知的あるいは性格的な偏りが大きなものであると一律には考えない方が妥当のように思える。
　したがって，このような個人の特異性に焦点をおいた理論の非行全般に対する説明では不十分であるというのが，近年の主な考え方であろう。
(2) 社会・文化に焦点をおいた理論
　この立場で主に用いられるのは，以下の3つの理論である。
　分化的接触理論（differential association theory）はその代表である。「朱に交われば赤くなる」と言われるように，社会の特定の集団への接触によって，その集団のもつ特有の行動や認知様式に影響を受け，ほとんど抵抗なくその行動や認知の様式を内面化させるという考え方である。この理論の中核は，さまざまな実験を通して理論化された社会的学習理論と共通している。
　ドリフト（drift：漂流）理論も，社会・文化に焦点をおいた理論と考えられている。非行少年といえども，常に非行を行なっているわけではなく，日常は社会規範の枠組みのなかで生活している。しかし，何らかの刺激に反応して，

その際はさしたる罪悪感もいだかずに，社会規範の枠組みを逸して非行行為に至ってしまう。このように，行動が通常の社会規範の枠内と枠外（非行）との間で変動しやすい状態（ドリフト）は，いわば非行の準備段階であり，その段階のなかで，他の条件（非行行動の学習や抑制条件からの解放など）が整えば，本格的な非行が発生すると考えられている。

ラベリング（labelling）理論も，社会と文化に焦点をおいた理論と考えられる。非行少年であるという社会から個人に対するレッテル貼りが，さらなる新しい非行を生み出す要因であるという考えである。すなわち，非行化へと進ませる力は，社会からのラベリングの体験であり，その体験は社会からの公平な取り扱いを絶望的にさせることによっていると考えられている。

（3）社会統制理論

アメリカを中心にして多くの研究者たちによって実証的な研究がなされているのが，社会統制理論である。この社会統制理論には，いくつかの考え方が提唱されているが，社会的絆理論への関心がとりわけ高い。

社会的絆理論では，4種類の個人と社会とを結ぶ絆を中心とした独自の社会統制理論が提唱されている（佐藤，1984）。その4つの絆は次のようなものである：①愛着（attachment）は，両親や友人など，意味のある他者との心情的な絆である。②コミットメント（commitment）は，合法的に生活し行動することの利害得失および犯罪行動に伴うコストやリスクに対する顧慮を意味する。③インボルブメント（involvement：巻き込み）は，合法的に生活していることによって逸脱行動を行なう機会や時間がなくなってしまうことである。④信念（belief）は，合法的な価値や規範の正当性などに対する信念や信頼の度合いをさしている。

それぞれの絆は，逸脱行動に対する抑止効果をもつことが想定され，これらの絆が何らかの要因で弱まることによって非行が生じると考えられている。

2 非行への対応

1. 対応の基本姿勢

　非行への対応の基本的な姿勢は，カウンセリングの基本姿勢と同じでなければならない。カウンセリングにはさまざまな理論があり，技法も多様であるが，基本的には「受容」と「共感」の態度をもって接することが重要であることは言うまでもない。非行を行なったとはいえ，当事者は人格発達途上の未成年者である。非行事実からすれば確かに加害者であることは間違いないが，その行為に至る過程を考えると，社会からのストレスによりそのような行為に至ったと考える方が自然な場合もある。すなわち，加害者である少年は，被害者であるという側面も併せもっていることもあるのである。

　このような総合的な視点をもって非行少年への対応を行なうことが必要であることを強調したい。

　対応の方法として有効であるカウンセリングについては，さまざまな理論，技法があるが，第2，5章などにおいてふれられているので，ここでは省略する。

2. 学校・教師の対応

　学校・教師による対応としては，次の2つのアプローチが考えられる。

(1) カウンセリングやカウンセリング・マインドによる対応

　非行少年への学校・教師の対応としてカウンセリング的な対応が有効であると考えられている。小・中・高校にスクールカウンセラーが試験的に配置されるようになって数年が経過したが，その間のスクールカウンセラーへの評価は比較的に高いように思える。このようなカウンセリングの専門家を中心に，実際に個別あるいは集団におけるカウンセリングを行なうこと，あるいはカウンセリング・マインドに徹した教育活動を行なうという姿勢が重要である。

　教師がカウンセリングを行なう場合，教師が（成績をつけ内申書を作成する）評価者であるために，カウンセリングを行なう上で支障を来すことがある。養護教諭やスクールカウンセラーと連携することによって効果に対する期待が

● 表8-3 「生徒指導」的方法と「教育相談」的方法（菅野，1993）

	対象生徒と方法	指導上の重点	個か集団か	対象となる問題	指導の結実する時間	指導形態
「生徒指導」的方法の特徴	しつけ不十分な子，人の迷惑がわからない子など，いわゆる社会的行動の未学習な生徒に現実原則に基づく行動のあり方を教えていく。	教師は，生徒の校則違反や約束違反，逸脱行為，不適切なことばづかいなどを軽視せず，それらへの指導を通して，生徒の人格の函養をはかるべきだ，と考える。	個々の生徒への取り組みばかりでなく，生徒集団を対象とした指導を行なう。	緊急な問題に迅速に対処する。	速効性がある。	指導の際には，教師側のチームワークや結束力を必要とする。また，他校の担当者や地域社会との連携を重視する。
「教育相談」的方法の特徴	緊張や不安の強い子，心のエネルギーレベル低下した子などに，心の解放や心の充電をめざしたカウンセリング的はたらきかけを行なう。	子どもの表面的行動にとらわれることなく，背景にあるその子の資質や生育歴，家庭環境などを把握し，問題行動の意味（「そうならざるをえなかったのはなぜか？」など）を明らかにしていく「生徒理解」を重視する。	個別的なはたらきかけが中心である。	「人は頭でわかっても，行動に移せないことがある」ことを踏まえ，注意や説教といった働きかけよりも，自己洞察や自己成長が生徒の内側からわき起こってくるような働きかけをこころがける。	表面的行動の解決にとどまらず，その子の資質や生育歴などからくる固有の問題に取り組もうとするため，時間がかかることが多い。	生徒（保護者）と相談担当者の2者関係ですすめることが多い。

高くなる。

　教師は表8-3に示すような「生徒指導」的方法と「教育相談」的方法との違いを十分に理解して，より効果的な対応ができるように配慮し，そのための研修を行なうことが重要である。

　また，個別のカウンセリングのみに偏ることなく，集団における構成的グループ・エンカウンターの導入など，多角的な取り組みが必要であろう。

（2）社会心理学的な対応

　校内暴力などの反社会的な問題行動は個人の問題であると同時に，そのような行動を引き起こさせた学校にも何らかの問題が存在することがある。そのような問題は，学校である種の変革が行なわれることによって，軽減する可能性がある。たとえば，関（1995）は，校内暴力などの反社会的な問題行動が日常的に頻発する中学校で，学級経営においては集団力学的方法，教師の生徒に対するリーダーシップはPMリーダーシップ理論，学校の運営は組織心理学的方法を用いるなど，いわゆる社会心理学的な方法によって変革を試みている。そ

の結果，問題行動が激減したのみならず，学力，部活動の成績など，目にみえるかたちで中学校が変容したのである。このように，抜本的な組織の変革を考えるという取り組みも功を奏す場合がある。

3. 地域社会との連携

　反社会的行動に対応するための専門機関として，少年鑑別所，児童相談所などが存在する。それらの専門機関との連携を密に保つことによって，緊急事態に対応することも可能である。そのためには，日頃から学校のPTAが有機的に活動していることが有効である。

　山本（2000）が指摘するように，悩める人や反社会的な問題行動をもった人もそうでない人も，同じ社会体制の一員であり，その社会状況のなかで生活を送らざるを得ないのだから，社会のなかでそのような問題を解決するための手順を考える必要がある。このような地域を巻き込んで個人や社会が抱える問題を解決しようとする考え方を，コミュニティ心理学とよんでいる。悩める人の援助は地域社会の人々との連携のなかで行なうという考え方は，コミュニティ心理学的心理臨床を展開するにあたって基本的に備えておく必要がある発想である（山本，2000）。そのためにも，地域の専門機関との連携は必要不可欠である。

CHAPTER 9 性に関する問題の理解と対応

1 性に関する問題の理解

1. 人権としての性

　性に関する問題を理解するためには，性を人権としてとらえる潮流が日本のみならず世界規模で広がっていることを，まず十分に認識しておくことが必要である。18歳以下の子どもに関するすべての問題についての「児童の権利に関する条約（子どもの権利条約）」［1989年国連総会採択。1994（平成6）年日本批准］では，子どもは自ら権利を行使する存在であることが明記され，第19条には，「あらゆる形態の身体的または精神的暴力，侵害又は虐待，放任または怠慢な取り扱い，性的虐待を含む不当な取り扱い，または搾取から子どもを保護することが，国（大人）の責務である」と記されている。

　また，1994（平成6）年に開催された第3回国際人口開発会議（カイロ会議）で，「リプロダクティブ・ヘルス（reproductive health）／ライツ（rights）（性と生殖に関する健康・権利）の確立をめざし，近代的家族計画を普及させる」という行動計画が採択され，さらに，翌年の第4回世界女性会議（北京）の行動綱領では，リプロダクティブ・ヘルスは，女性の人権の一つとして再確認され，「……（前略）……女性と男性の平等な関係について相互の尊重と同意，および性行動とその結果に対する責任の共有が必要である」とうたわれた。これは，男性に対しても，性を含む全人格的なパートナーシップをどう築いていくかという問題提起があらためてなされたことを意味している。

　すなわち，性的人権（セクシュアル・ライツ）とは，個人が生涯を通して自分のセクシュアリティ（sexuality：性についての幅広い概念）について自由

に責任をもってコントロールし決定する権利であると言える。なかでも，思春期のリプロダクティブ・ヘルスは，青少年が責任ある行動を下すために，リプロダクティブ・ヘルスに関する情報やサービスの提供を受ける権利を有することを認め，とくに性教育やカウンセリング・サービスを通じ，青少年が自分の性について理解し，望まない妊娠，安全でない人工妊娠中絶，性感染症や不妊症になる危険から自らを守ることを提案している。

　浅井（1999）は，性的人権を構成する柱として，第1に，自らの身体・性器を自己管理する権利，第2に，性的平等が保障される権利，第3に，自らのセクシュアリティを保全し選択する権利，第4に，自己の性行動を選択し決定する権利，第5に，性に関する健康の最高水準を保障される権利，第6に，性に関する情報・教育を保障される権利を，あげている。

　このような権利意識をもつこと，あるいは権利意識を育てることは，性教育や性の相談に携わる者にとって重要である。たとえば，援助交際（売買春）や性的虐待に関しては，自らの身体・性器を守るために「ノー」と拒否する力を育む，性差別に気づいたり，ジェンダー（gender：文化的，社会的につくられた性差）に敏感な視点をもつ，他人の人権を侵害しない範囲において自分のセクシュアリティを決定する，性感染症や妊娠，人工妊娠中絶について最高水準の医療，相談，援助体制を享受する，正しい性情報を選択するなど，より具体的な目標があげられる。

　この権利意識を育成させるためには，エンパワーメント（empowerment：政治，経済，社会，法律などあらゆる分野で力をつけること）の考え方が欠かせない。これは，自分の生き方を自分で決定するために自らのうちなる力を引き出し，力をつける哲学であり，自己決定のための情報や方法を得る権利があるという思想である。もっと平易ないい方をすれば，自分の存在を大切にし，自分の人生をかけがえのないものとして慈しむ心がもたらす力の発露であると言えよう。

2. 性をめぐる今日的問題

(1) 思春期の性

　思春期は，異性への関心や性衝動が強まってくる時期である。小学校高学年

から中学生にかけて，エストロゲンやアンドロゲンなどの性ホルモンの分泌が活発になり，いわゆる第二次性徴と言われるような身体的変化が現われてくる。男女とも，脇や性器周辺の発毛がみられ，女子は月経開始のほかに，乳房，皮下脂肪，骨盤の発達などにより身体全体がふっくらと丸みを帯びてくる。男子は，射精・精通現象の始まりのほかに声変わりや肩幅の拡大，筋肉の発達などがみられる。月経と射精の年齢別経験率（図9-1）をみてみると，中学生の時期に経験者が急速に増えていることがわかる。こうした性的な成熟現象は，本人の意思に関係なく現われ，劣等意識や自己顕示欲などが伴い，当然精神的にも激しい動揺を招きやすい。その上，テレビ，ビデオ，雑誌，マンガ，インターネットなどを通して，性の商品化，享楽化を煽動するような性情報が容易に入手できる社会的状況にある。自己を確立するための試行錯誤の時期に，身体的な悩みに始まり，不登校や家庭

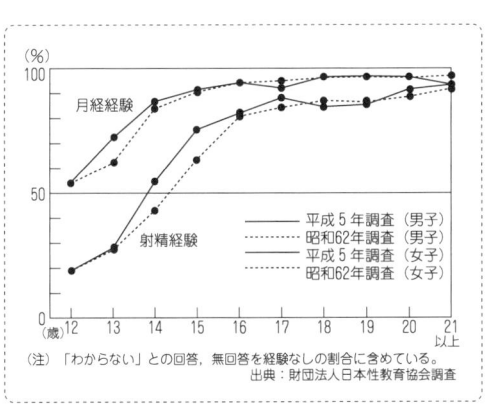

● 図9-1 月経と射精の年齢別経験率（文部省，1999より）

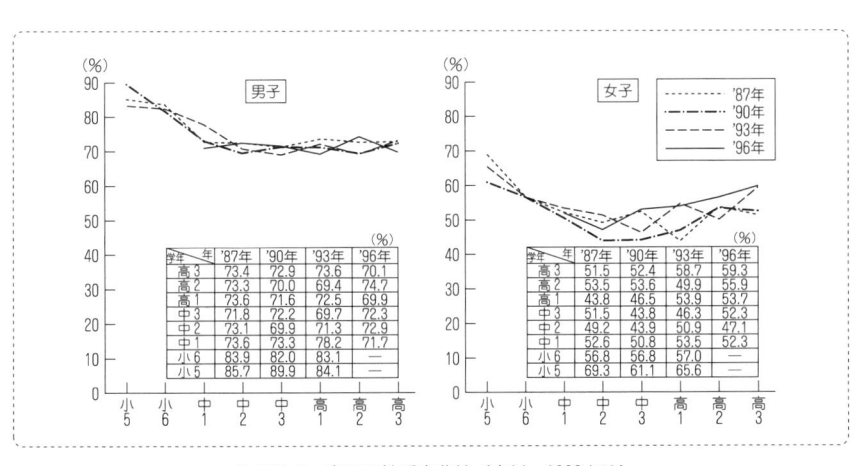

● 図9-2 自己の性受容曲線（高村，1999より）

男子

学年＼年	'87年	'90年	'93年	'96年
高3	73.4	72.9	73.6	70.1
高2	73.3	70.0	69.4	74.7
高1	73.6	71.6	72.5	69.9
中3	71.8	72.2	69.7	72.3
中2	73.1	69.9	71.3	72.9
中1	73.6	73.3	78.2	71.7
小6	83.9	82.0	83.1	—
小5	85.7	89.9	84.1	—

女子

学年＼年	'87年	'90年	'93年	'96年
高3	51.5	52.4	58.7	59.3
高2	53.5	53.6	49.9	55.9
高1	43.8	46.5	53.9	53.7
中3	51.5	43.8	46.3	52.3
中2	49.2	43.9	50.9	47.1
中1	52.6	50.8	52.3	52.3
小6	56.8	56.8	57.0	—
小5	69.3	61.1	65.6	—

内暴力，いじめ，拒食・過食障害などと並んで，売春，10代の妊娠，中絶，性感染症など性に関する問題も引き起こされやすい。また，自分の性の受容（自分の性で良かったと受けとめること）は男子よりも女子が低く，月経などの第二次性徴に対する否定的な態度が生まれ，自尊感情がそこなわれやすい危機を含んでいる（図9-2）。

（2）性行動の早熟化

今日では，性行動の早熟化（低年齢化，前傾化）も進んできている。フロイト（Freud, S.）は，児童期を性衝動の"潜伏期"と名づけたが，現実に生きる児童の姿とはもはや一致しなくなったと言わざるを得ない。

キスの経験率（図9-3）をみてみると，1993（平成5）年と1996（平成8）

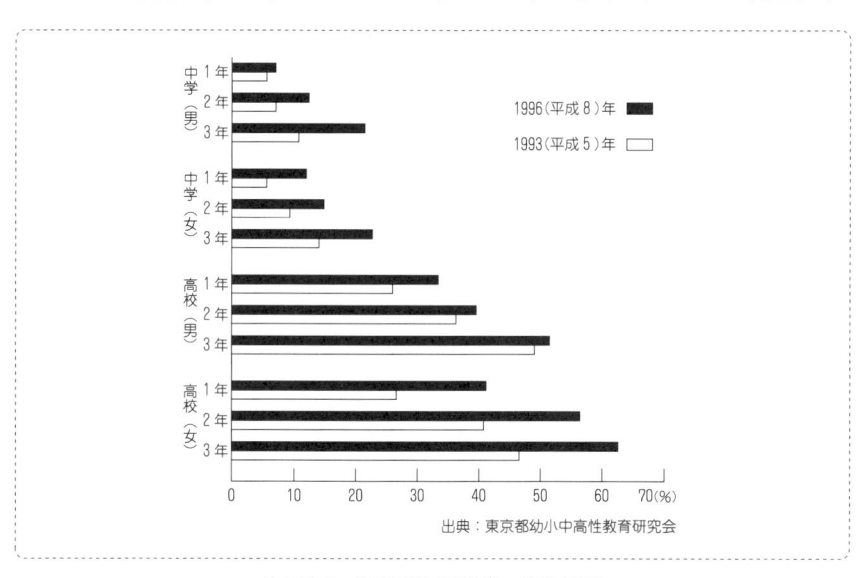

● 図9-3 キス経験（文部省，1999より）

年の3年間で経験率が増加していることがわかる。とくに，高校女子の経験率は男子を上回り，3年次では6割を越えている。また，性交の経験率（図9-4）もキスと同様，とりわけ高校女子の経験率の上昇が著しい。なお，1999（平成11）年の東京都幼小中高性教育研究会の調査では，高校生女子の性交経験率が39％となったことが報告されている。10代の人工妊娠中絶を厚生省の発表でみると，1975（昭和50）年頃から年々増加し，全人工妊娠中絶に対する10歳代の

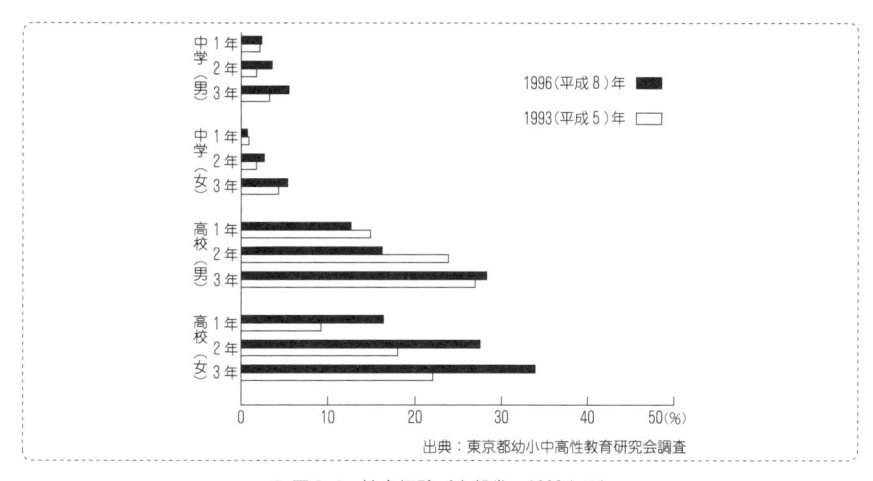

● 図9-4　性交経験（文部省，1999より）

比率も，年々増加する傾向が続いている（図9-5）。性感染症の予防を含めて，今後も避妊教育が急務であることがうかがわれる。表9-1は，財団法人日本性教育協会が行なった「第4回性行動調査」（平成6年調査実施）の結果から，性行動の平均的な経験年齢を男女別に計算して示

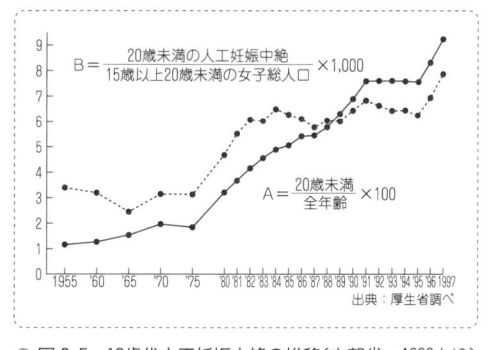

$$B = \frac{20歳未満の人工妊娠中絶}{15歳以上20歳未満の女子総人口} \times 1,000$$

$$A = \frac{20歳未満}{全年齢} \times 100$$

● 図9-5　10歳代人工妊娠中絶の推移（文部省，1999より）

したものである。これをみても，子どもの性行動の実態に基づいた家庭・学校・社会の性教育の取り組みが必要であることに気づかされる。

武田（1996）は，思春期の性行動促進因子として，「自己確認の手段」，「性ホルモン分泌による性的欲求の発現」，「勉学過競争からの逃避」，「愛情を得る手段」，「性行動に関する誤った同調化」，「親への反抗」という6つの因子をあげている。いうまでもなく，現実にはさまざまな動機がからみ合って性行動へと結びついていることが多い。相談に携わる者は，引き起こされた行動の結果や表面的な言動にのみ目を奪われるのでなく，性の問題を起こさざるを得なかった動機やプロセスへの理解にこころがけることが大切である。

● 表 9-1　性行動の平均的な経験年齢（経験率が50％を越える年齢）（文部省，1999より）

年齢	男子	女子
11歳前後		月経 異性と親しくなりたい
12歳		
13歳	性的関心 射精 異性と親しくなりたい	性的関心
14歳	異性に触れたい 性的興奮 マスターベーション キスしたい	
15歳		
16歳		デート キスしたい
17歳	デート	
18歳	異性に触った キス	キス
19歳	ペッティング 性交	異性に触れたい 性的興奮
20歳		異性に触った ペッティング 性交

出典：「第4回性行動調査」（財団法人日本性教育協会平成6年）

（3）性の逸脱行動

　性の逸脱行動とはなにかということについては，定義がむずかしい。性意識や性行動の発達には個人差があるし，時代や地域性，あるいは年齢により逸脱とみなされる行動が変わってくるからである。性の逸脱行動のなかには，刑罰，法令の規制対象や警察の補導対象としている行動が含まれる（表9-2）。性別でみると，男子の場合は，主に性犯罪の加害者，女子の場合は主に性犯罪の被害者あるいは保護の対象となることが多い。にもかかわらず，性交による妊娠の可能性が女子にあることや，一般的に男子に甘く女子に厳しいという性についての考え方などによって，女子の逸脱行動だけが問題視される傾向がみられてきた。しかし性交に対する責任は，女子の場合と同様に男子にも存在することがまず認識されなければならない。

　最近では，ポケットベル（通称ポケベル），携帯電話・PHSなどを介したコミュニケーションが広がりつつあり，テレクラ（テレフォンクラブの略。男性は会費を払って電話のある個室で待機し，電話をかけてきた女性と話をするシステム）や伝言ダイヤルを利用して知り合った異性との間での性行為に発展するケースがめだつようになっている。

　性の逸脱行為で補導・指導された女子の動機別状況をみると，「興味（好奇心）から」という動機は減少し，「遊ぶ金がほしくて」が急激に増加し，「自ら進んで」の動機のなかでは最も多くなっている（表9-3）。劣悪な性情報の氾濫とともに，性の商品化の影響が子ども社会にも広がり，罪悪感の乏しい享楽型

の性行動が増えてきたことを示す一端とも受け取られる。このような現象の一部を，マスメディアは「援助交際」とよび，そこでは，少女たちの物欲の高さ，性モラルの低下を嘆く論調もみられる。しかし，援助交際をする未成年女子は，本人の意識の有無にかかわらず，性的搾取の被害者であり，煽動する大人や性的搾取をする大人がいて初めて援助交際が成り立つということを忘れてはならない。

● 表9-2　法令で規制される性行動（文部省, 1999）

罪名等			内容
刑法犯	強姦		
	わいせつ	強制わいせつ	
		公然わいせつ	性器露出など
		わいせつ物頒布等	
	その他（窃盗など）		性的動機・目的による下着盗など
特別法犯	売春防止法		売春（注1）
	児童福祉法		淫行（注1）
	青少年保護育成条例（注2）		みだらな性交（注1）
	軽犯罪法		トイレや更衣室ののぞきなど
	迷惑防止条例		痴漢など
ぐ犯			不純な性交
不良行為等	不良行為		不健全性行為，婦女いたずらなど

（注1）被害者を保護の対象としている。
（注2）青少年保護育成条例については，長野県には条例そのものがないのでこの条例による加害も被害も存在しない。その他の都道府県については，この限りではない。

（4）性的虐待・スクールセクハラ

　大人の権利の濫用によって子どもの人権を剥奪する行為を児童虐待（child abuse）と言い，近年，社会的な関心を集めるようになった。児童虐待は，身体的虐待，心理的虐待，養育義務の怠慢・放棄ないし拒否（ネグレクト：neglect），性的虐待の4つに分類され，前者の3つは，時に複合して現われることがある。とりわけ，近親者から性的な被害を受ける性的虐待は，人格形成上深刻な影響を及ぼすと言われている。また，セクシュアル・ハラスメント（sexual-harassment：性的嫌がらせ，略してセクハラ）の問題として，とくに学校関係者から受けるスクールセクハラが注目され出した。たとえば，服装検査での不適切な身体接触や試験の合格を条件にしたキスの強要など，教師による上下の力関係を利用した性的嫌がらせが学校現場にもみられることは許されない。本来，子どもを指導し，保護する立場にある大人からの性被害は，たとえ勇気をもって子どもが告白したとしても，周囲の人の無理解から受ける二

● 表9-3 補導・保護した女子の性の逸脱行為の動機別状況（昭和61，平成2，6，10年）
（総務庁青少年対策本部，2000）

動機別		年次	61	構成比(%)	2	構成比(%)	6	構成比(%)	10	構成比(%)
総		数（人）	7,939	100.0	4,902	100.0	4,715	100.0	4,510	100.0
自ら進んで		計	4,599	57.9	2,639	53.8	2,650	56.2	2,593	57.5
	興味（好奇心）から		1,192	15.0	881	18.0	807	17.1	486	10.8
	特定の男が好きで		1,278	16.1	748	15.3	504	10.7	510	11.3
	遊ぶ金が欲しくて		1,430	18.0	530	10.8	1,033	21.9	1,279	28.4
	セックスが好きで		369	4.6	250	5.1	158	3.4	145	3.2
	その他		330	4.2	230	4.7	148	3.1	173	3.8
誘われて		計	3,114	39.2	1,993	40.7	1,769	37.5	1,743	38.6
	興味（好奇心）から		2,154	27.1	1,319	26.9	998	21.2	924	20.5
	遊ぶ金が欲しくて		509	6.4	409	8.3	467	9.9	649	14.4
	その他		451	5.7	265	5.4	304	6.4	170	3.8
だまされて			148	1.9	165	3.4	201	4.3	83	1.8
脅かされて			49	0.6	82	1.7	62	1.3	78	1.7
その他			29	0.4	23	0.5	33	0.7	13	0.3

資料：警察庁調べ

次的被害や，心的外傷後ストレス障害（PTSD：Post-Traumatic Stress Disorder）とよばれる精神疾患に陥ることも少なくない。子どもの受ける精神的苦痛を十分に理解して対応できるような教師，援助者の養成が強く望まれる。

付言するが，買春（かいしゅん）問題と取り組むNGO（Non Government Organizations：非政府機関または民間開発協力団体）の根強い働きかけにより，日本でも1999（平成11）年5月「児童買春，児童ポルノに係る行為等の処罰及び児童の保護等に関する法律」（児童ポルノ買春禁止法）が成立し，加害者としての大人を処罰し，被害者としての児童（18歳未満）を保護する姿勢が法律的にも明文化された。

2 性に関する問題への対応の現状

1. 学校での取り組み

　学校における性教育は，養護教諭にまかされていた時代から，いまや，学級担任を含め，学校全体として取り組む時代へと変わりつつある。学校教育は，児童生徒などの人格の完成と豊かな人間形成を究極の目的とし，性教育も，人間の性を人格の基本的な部分として生理的側面，心理的側面，社会的側面などから総合的にとらえ，科学的知識を与えるとともに，児童生徒らが生命の大切さ，人間尊重，男女平等の精神に基づく正しい異性観をもつことによって，自ら考え，判断し，意志決定の能力を身につけ，望ましい行動をとれるようにすることを目的として行なわれてきた（文部省，1999）。

　学校での性教育は，児童・生徒の発達段階に応じて目標や指導内容が選ばれ，学校内での集団指導や個別指導のほかに，家庭，地域，関係機関との連携が重視されている。

　学校における性教育の新しい動きとして，2つあげてみたい。

　渡辺（1999）は，性教育の自己決定能力を高めるために，ピア（peer：仲間）カウンセリングの導入を試みている。高校生に対して単に知識の伝達にとどまらず，仲間との交流のなかで自分の意見を表出でき，多くの価値観にふれて意志決定ができるように導く段階と，受講した高校生がセミ・ピアカウンセラーとして他の高校生や中学生に対して相談活動やピアカウンセリングを行なうことができるように援助する段階のプログラムを紹介している。価値観，環境，立場などを共有する仲間と相互に平等である人間関係を通したピアカウンセリングの試みは，有効性も高く，今後も広がりをみせるであろう。

　また，北沢（1996）は，立ち遅れている分野であった知的ハンディをもつ人々への性教育・エイズ教育を実践し成果を上げているが，性教育の指導者の資質として，寛容さ，ユーモア，正直，感情の安定性などを取り上げている。これらは，性の相談に携わる者全般にあてはまる資質であろう。

　学校における個別指導の取り組みとしては，第3節のところで言及したい。

2. 家庭での取り組み

　家庭での性教育の取り組みは，意図的でない場合と意図的になされる場合とがある。"家族が相手に思いやりと尊敬をもって家事や育児を共有したり，あるいは分担したりする姿をみて育った子ども"や"異性の親や同性の親と一緒に入浴し，スキンシップをはかることで身体のしくみを自然に知り，性意識や性行為への肯定観を育てていく子ども"などの例は，意図的でない性教育である。一方，意図的な性教育としては，幼児や小学生低学年からの性教育の絵本やビデオが市販され（北沢，1989），家庭での視聴もなされている。しかし，「赤ちゃんはどうして産まれるの？」という幼児の率直な質問に対する答えは，「コウノトリが運ぶのよ」に代表されるように，ファンタジー（幻想）として処理されやすい。日本での家庭における性教育は，親の側が性をタブーとする意識をもちやすく，性がフランクな話題になりにくい傾向が依然として残っている。

　高村（1999）は，スウェーデンの性教育の理念にふれ，性関係は人間関係の一種であり，それだけを切り離さないこと，性教育は健康と男女両性の権利を守るためであること，性の問題は人生全体に深い重要な意味をもつことの3点をあげ，家庭ではまず両親が幼児期から子どもの性的な質問に誠実に答えることに始まり，異性に対する過剰な警戒心や，性関係をもつことは良くないという先入観をうえつけないように配慮して，大人と子ども，男性と女性が一緒に肩を並べてともに考える教育を行なうことの重要性について述べられており，今後の方向性が示唆されている。

3. 社会での取り組み

　性の問題に取り組んでいる活動主体としては，保健所などの行政機関や民間団体がある。そのなかで比較的新しい取り組みをしているものを，3つ紹介してみたい。

　まず，CAP（Child Assault Prevention：子どもへの暴行防止）であるが，このプログラムは，エンパワーメントの思想を背景に，いじめ，誘拐，性暴力などに対して，子ども自身ができることを，ロール・プレイングを取り入れた

ワークショップ形式で行なわれている（Cooper, S. J., 1991）。だれにでも「安心して」，「自信をもって」，「自由に」生きるための3つの権利があり，権利を奪い取られそうな場面では，「嫌と言うこと」，「逃げること」，「信頼できる大人に話すこと」が具体的行動として示されている。就学前から中・高校生まで発達段階に応じたプログラムが用意され，大人のためのワークショップも開催されており，信頼できる大人としての啓蒙活動が同時に展開されている。

次に，青少年向けの電話相談がある。これは，警察，教育センター，民間ボランティアなどで実施され，相手の顔がみえない，自分のプライバシーが保ちやすいなどの点から，面接相談以上に気軽に利用されている。電話相談員は，性の問題をはじめ，青少年の抱える多様な悩みの良き聴き手となっている。しかし，無言電話，いたずら電話なども多く，電話相談の匿名性，利便性が必ずしも有効でない場合がみられる。

最後にマスメディアであるが，とりわけ，マンガが活字文化を越えて子ども社会に広く浸透している現実は否めない。一部の商業的マスメディアが流す興味本位の誤った性情報によって，子どもの未熟な性行動が誘発される場合もたしかに存在するが，一方では，子ども自身の自己決定力を育てる契機にもなるマンガも存在する。たとえば，ももち麗子（1999-a，1999-b）が問題提起作品として取り上げたテーマは援助交際，いじめ，校則，レイプ，エイズなどであるが，被害者の心の痛みや周囲の偏見をリアルに，しかも正しい性情報を取り入れて描かれており，マスメディアのもつプラスの影響力が期待できる。

❸ 性に関する教育相談の実際

1. 性に関する相談に対応する際のポイント

基本的には，性に関する教育相談においては，性の問題か否かにかかわらず，教育相談の基本であるカウンセリング・マインドが尊重されることは言うまでもない。無条件の人間尊重，受容的態度，共感的理解を通してラポート（親近感）の形成を徐々にめざしつつ，加えて，性の問題というプライバシーに直結する相談内容へのきめ細やかな配慮が必要である。また，教師の性に対する姿

勢や考え方が,当然,相談のあり方にも影響するわけであり,性を生殖だけでなく,快楽や親密さをもった全人的なプライベート・コミュニケーションとしてプラスにとらえ,性のもつ利益性(援助交際)や支配性(レイプ)の側面に対しても毅然とした態度で臨める姿勢が求められる。性的自立度として,山本(1997)は,以下の10項目をあげているが,まず,教師が自らの性的自立度をチェックしてみるとよい。

① 自分の身体のことを理解している。
② 異性の身体のことを理解している。
③ 自分の性を誇りに思う。
④ 異性を敬愛することができる。
⑤ 一人でも生きていける力(自信)がある。
⑥ 他人と生きがいに結びつく関係をつくれる。
⑦ 他人を傷つける性交をしない。
⑧ 性交の際に避妊ができる。
⑨ 自分の選択した性行動を他人のせいにしない。
⑩ 男女とも妊娠,出産,子育てに関わることができる。

2. 事例から学ぶ

ここでは,好きな高校生にふられて自暴自棄になり,複数の異性と性行為をくりかえしている中学3年生A子の事例を取り上げる。A子の生育歴や家族関係などは,通常,事例検討に必要な情報であるが,今回は簡単にふれ,面接のプロセスをできるだけ詳しくみていきたい。

A子:中学3年生(共働きの両親とA子の3人家族)
　　　色が白く小柄でやせている。学業成績は中位。部活はしていない。
　　　クラスでは特定の友人S子と2人でいることが多い。
担任教師:教職歴8年の女性。遅刻や服装など気になるA子に対しては,ふだんから声をかけてきた。A子の男女交際については知っていたが,彼との別離については知らされていない。

〈A子が相談を受けるまでの大まかな経過〉

　小学校のときは塾通いをし成績も良かった。中学2年生の頃から2歳年上の男子と交際が始まり，中学3年生になった頃には性交を体験する。その後，交際相手から別の女生徒との交際を知らされて動揺する。交際が終わった直後から，街で出会った異性との性行為をくりかえしていた。遅刻も増えていたが，3日間の無断欠席をしたことから，担任教師が養護教諭と相談した上でA子を教育相談室に呼んだ。

〈面接過程―導入〉

A子「何なの先生，私一人呼び出して〜」（ふてくされたように）

担任「ああ，急に呼び出して驚かせちゃったわね。先生，A子さんとゆっくり話がしたかったから。40分くらいいいかしら？」（椅子を引いて，座るようにうながす）

A子「えー，別に話すことなんてないよ」（と言いつつ，座る）

担任「そう？　話すことないの？」（A子の顔をそっとのぞき込むように）

A子「うん，ないよ，なあんにもない」（担任から目をそらす）

担任「そうか，最近A子さんが，学校に遅れてきたり，休んだりし始めたでしょ。以前は元気にあいさつしてくれてたのに，ちょっと心配になって」

A子「…何でもないって」（下を向き，つぶやくように）

担任「だけど，元気ないようにみえるよ。彼とはうまくいってるの？」

A子「…ああ，K君？　別れちゃった。浮気したんだもん，あいつ」

担任「まあ，別れちゃったの？」（驚いて）

A子「うん，別れてよかったよ，あんな奴。いまは，あたしも好きな人がいるんだ。片思いだけどね」（担任から視線をそらしたまま）

担任「そう，今は好きな人がいるのね。もう，つらくはないの？」

A子「ちょっとはつらいけど…。別れた頃は，めちゃくちゃだったんだよ」

担任「めちゃくちゃって？」（語尾を上げて，たずねるように）

A子「食べられないし，眠れないし，泣いて泣いて気が狂うかと思った…」

担任「そう，身体も心も随分きつかったんだねー。K君と別れた後のめちゃくちゃな状態から，A子さんはどうやって立ち直ってきたの？」…（後略）

以上が面接導入場面であるが，生徒の自発的相談ではない場合，またプライバシーに密着した性の悩みを抱えている場合，Ａ子のように「話すことはなにもない」と拒否的発言が出やすい。しかし，Ａ子と担任教師との普段の関係性が良好であるため，非言語的（動作的）なレベルに注目すると，Ａ子は担任教師の椅子を引く動作に呼応して座ったり，のぞき込む担任教師の顔を注視できない（言語と感情の矛盾を表明）など，本心から拒否的態度でないことが読み取れる。導入段階は，事情聴取に陥ることなく，Ａ子の感情に焦点をあてた共感的態度で臨みたい。また，最後のＡ子の回復の過程をたずねる質問は，事実関係の確認ばかりでなく，エンパワーメントや自己決定力への気づきを生み出しやすい。相談にあたっては，担任教師が一人で抱え込まず，関係の教師のだれと対応するのが一番良いのか，あるいは，だれがどんな対応を受けもつのか（指導的役割や受容的役割など，互いに補完し合うチームとして動く場合もある），事前に話し合っておくとよい。

〈面接過程―後半〉

担任「じゃあ，彼のことを早く忘れたくていろんな人と交際したわけね」

Ａ子「交際って言うより友だちだよ。そのときの乗りで，気が合えばつきあうっていうか。彼氏未満だよ，みんな」

担任「つきあうって，具体的に言うと？」（詰問調にならないように，優しく）

Ａ子「うん，まあ，ゲーセン（ゲームセンター）で遊んで帰る日もあるし，流れで最後まで行くときもあるし…」（言いにくそうに，口をとがらせてぼそぼそと話す）

担任「そう，セックスすることもあったんだねー。んー，彼氏未満の人とセックスした後，どんな気持ちがしてた？」（興味本位ではなく，真面目に）

Ａ子「別にどうって，この人病気とかもってないよねとか，妊娠しちゃ困るなとか…」

担任「避妊はしてなかったの？　コンドームとか」（さりげなく）

Ａ子「ほとんどしないよ，そんなもん。男って，めんどくさいらしいよ」

担任「しなくて心配じゃなかった？」

Ａ子「そりゃ，『妊娠しないようにしてよ』と言いはしてたけど…。一度，

生理が来なくて，マジ心配したこともあったんだよ」
　担任「そりゃあ，心配するよね。妊娠して困るのは，女の子の方だからね」
　Ａ子「うん。わかってるけど，『どうでもいいや』とやけっぱちになるんだ
　　　よね。あたしだって，遊んでやるって」
　担任「うーん，そうか。まだ，Ｋ君とのできごとが整理できないで苦しんで
　　　いるみたいね。本気で人を好きになるのが怖いというか…」
　Ａ子「だって，男に裏切られるより，男と割り切って遊んだ方がいい」
　担任「それって，本心かしら？　妊娠や性感染症の不安が残って，相手と幸
　　　せな気持ちになれないセックスが，Ａ子さんの本当に望むことなの？」
　Ａ子「いや，そうじゃない。…（沈黙）…わかってるよ，先生。これじゃい
　　　けないっては思うんだけど，ズルズル流されちゃって…」
　担任「そうね，これじゃいけないって思っているのね。あなたもすごくつら
　　　い体験をしたものね。今まではズルズル流されてきたけど，これからはど
　　　うしていきたいの？」
　Ａ子「うーん，どうしたらいいのかなあ。うーん，もう少し自分を大切にす
　　　るよ。好きな人からも，遊び人と思われるの嫌だしね」…（後略）

　面接では担任教師が一貫して詰問や叱責，説教もなく聴いてくれるので，Ａ
子も自分のふだんの口調やペースで話している。担任が「中学生のセックスは
問題」という考えで面接を進めると，セックス経験のあるＡ子を否定する姿勢
が生まれ，Ａ子の内面的な変化を導くことがむずかしくなる。ラポート形成後
は，担任教師も，「それって，本心かしら？」という発言にみられるように，
現実場面への直面化（Ａ子の感情と言語表出の矛盾を，高圧的でなく指摘す
る）をはかっている。また，「これから，どうしたいの？」という促進的質問
により，Ａ子の問題解決能力を引き出す動きもみられている。「○○すべき」，
「○○しなさい」といった命令的・指導的発言がみられないことにも注目した
い。

〈面接過程─終了場面〉
　担任「そろそろ，予定していた時間がきちゃったわね。この時間，Ａ子さん
　　　が立ち直りに向けて前向きに考えていることがわかって，私はうれしかっ
　　　たわ。Ａ子さんは，この時間どうだった？」

A子「…最初は責められないか心配だったけど,話して少しすっきりした。でも,先生,他の先生や友達に話さないよね？ S子にも言わないでね」

担任「秘密がもれるか心配なのね。今日相談したことが,あとでA子さんを困らせることにはならないように約束するわ。安心してね」（しっかりとした口調で目をみて）

A子「なら良かった。また,話しに来てもいい？」

担任「もちろんよ。この時間で話せなかったこともまだまだいっぱいあるし,きっと,これからも迷いや不安が出てくると思うけど,先生と一緒に少しずつ考えていこう。また,ゆっくり話そうね」

A子「うん。先生,ありがとう」（席を立つ）

担任「ほら,ハンカチが落ちているよ」（笑いながら,拾って手渡す）

　終了場面では,予定時間の到来を告げ,面接の感想をお互い伝え合うとともに,残された話題については,今後も一緒に考えていく用意があることを伝えている。また,秘密保持についてもふれられているが,「絶対,だれにも言わない」という約束の仕方は,あとあと関係をこじらすことになりやすい。親や他の教師に話して理解を得た方が良いと思えるときは,まず,生徒と話し合って本人が納得した上でことを進めるという姿勢が必要であり,あるいは,ケースによっては,関係する教師たちが秘密保持を厳守した上でチームとして対応した方が良い場合もある。最後にハンカチを拾って手渡す担任教師の動作が描かれているが,面接がいったん終了した後の教師の何気ない思いやりや配慮の言動が,生徒からのいっそうの信頼を勝ち得ることも心しておきたい。

CHAPTER 10 障害児の理解と援助

1 障害の定義

　人間は完全な存在ではなく，健康の内に不健康な部分を，正常性のなかに若干の異常性を同時的にもっている存在である。障害は人間の健常な全体性のなかに自然に包含されいるものであると解釈することができる。
　発達的にみるならば，障害状態は正常発達軌跡の変動幅の，負方向への落差を意味している。
　障害を人間の具備する「特性の一つ」と考える立場（佐藤，1997）もある。すなわち，共通する一般的傾向と個々の特性を備えているのが人間であるとしたとき，障害は個々の特性に相当することになる。
　心理学的にみれば，個人は，一般心理を基礎としつつ特異的な心理傾向を内蔵している存在である。人間の心理を一本の立木にたとえるならば，根と幹が正常一般心理にあたり，枝と葉が特異傾向（障害）に相当することになる。したがって，障害心理学は，一般心理学を基礎にして，さらに特異性の究明を意図する学問であると言えるだろう。
　現代の福祉志向社会においては，障害者個人とそれを取り巻く社会との関係で，障害という言葉の概念について定義をするような傾向が一般化している。障害を負う人々が，障害があるがゆえに生活において不利益を被らない社会の実現が理想である。ただし，現実生活からみると，その状態を抱えた個人（本人）の福祉（幸福）実現においては，「さしさわり」となったり「さまたげ」となるように作用するものを負っていることを否定できない。このように，背負わされているもの自体を障害という言葉に置き換えることができるであろう。
　個人と社会の関連性を視点にして，WHO（世界保健機構）は，1980年に障

害の内容を3つの側面から定義している。3つの側面は，疾患をもつ人が社会との相互作用のなかで経験する，下記の3つの次元（水準）に相当する。

一次的水準は，機能・形態障害（インペアメント：impairment）とよび，身体面での器質的損傷または機能的不全などを意味している。

二次的水準は，能力障害（ディスアビリティ：disability）とよび，一次的水準の障害によってもたらされるような，個人の能力を発揮する上での制約をさしている。

三次的水準は，社会的不利（ハンディキャップ：handicap）とよび，下位次元の障害の重積的帰結として，実際の社会生活の上で社会から受ける不利を意味している。

障害克服のために担う主な学問分野を段階的に見ると，以下のようになる（表10-1）。まず，インペアメントには，医学が主に役割を担当して治療的な対応をすることになる。ディスアビリティには，早期治療教育などを始めとして心理学や教育学が担当することになる。心理学や教育学は，さらに就学期初等から高等段階の教育終了まで長期に関与することになる。ハンディキャップの側面については，個人が尊重され，生活の質（QOL）の向上が重視されるような社会が実現されることを希求した，社会福祉的対応が中心となる。すでに，WHOの障害定義は，藤本（1992）や，関連書の記述により紹介されている。ただし，現在では，WHO障害概念についても，より望ましさと適切さを求めて，新たな定義内容に移行している段階である。

● 表10-1　障害の水準と対応側面

一次的水準……機能・形態障害（インペアメント：impairment）	←医学的対応
二次的水準……能力障害（ディスアビリティ：disability）	←心理・教育的対応
三次的水準……社会的不利（ハンディキャップ：handicap）	←社会福祉的対応

2　障害の分類と教育的対応

わが国の教育行政的な観点では，障害を①視覚障害，②聴覚障害，③知的障害，④肢体不自由，⑤病弱・虚弱，⑥言語障害，⑦情緒障害，の7つに分類し

ている。

　個々の障害に応じた適切な教育的対応を可能にするために，各障害児への義務教育段階における就学措置の原則が出されている。表10-2は，就学指導関係資料を参考にしてまとめたものである（文部省初等中等教育局特殊教育課，1995，1999）。なお，「2つ以上の障害を併せてもつ場合（重複障害）」についても，上記7つの障害分類に追加して示している。

　表10-2に示された就学先は，以下に示すように，4つの教育の場所に大別できる。

① 特殊教育諸学校：盲学校，聾学校，養護学校（知的障害，肢体不自由，病弱）
② 特殊学級：知的，肢体不自由，病弱・虚弱，弱視，難聴，言語，情緒の各障害
③ 通級指導教室
④ 通常（普通）の学級で留意して指導する

　以下，これらの就学先について概略的に説明する。

　盲・聾・養護学校は特殊教育諸学校とよばれている。義務教育段階（国・公・私立）における設置の現状は，918校（知的障害465校）を数え，義務教育段階で48,644人（知的障害28,087人）の児童生徒が在籍している。これをさらに，幼稚部と高等部を設置している特殊教育諸学校まで範囲を広げると，全国総計で983校（知的障害514校）を数え，総数87,445人（知的障害53,561人）の幼児・児童生徒が在籍している。在籍児童生徒数を概観すると，障害別には知的障害養護学校在籍が高率である。また，学部別には知的障害養護学校の高等部に在籍する生徒数の比率が高い。

　盲・聾・養護学校には重複障害学級が増加傾向にあり，1998（平成10）年度時点で8,409学級（小・中学部）が設置されている。

　特殊教育諸学校では，障害が重度であるため通学が困難な子どもに対して，家庭や施設・病院に教師が訪問する形態の指導も行なっている（訪問教育）。

　特殊学級（小・中学校）についてみると，23,902学級（知的障害15,513学級）が設置されており，そこに67,974人（知的障害46,265人）の児童生徒が在籍している。

表10-2 各障害児への義務教育段階における就学措置（文部省初等中等教育局特殊教育課，1995，1999を参考に作成）

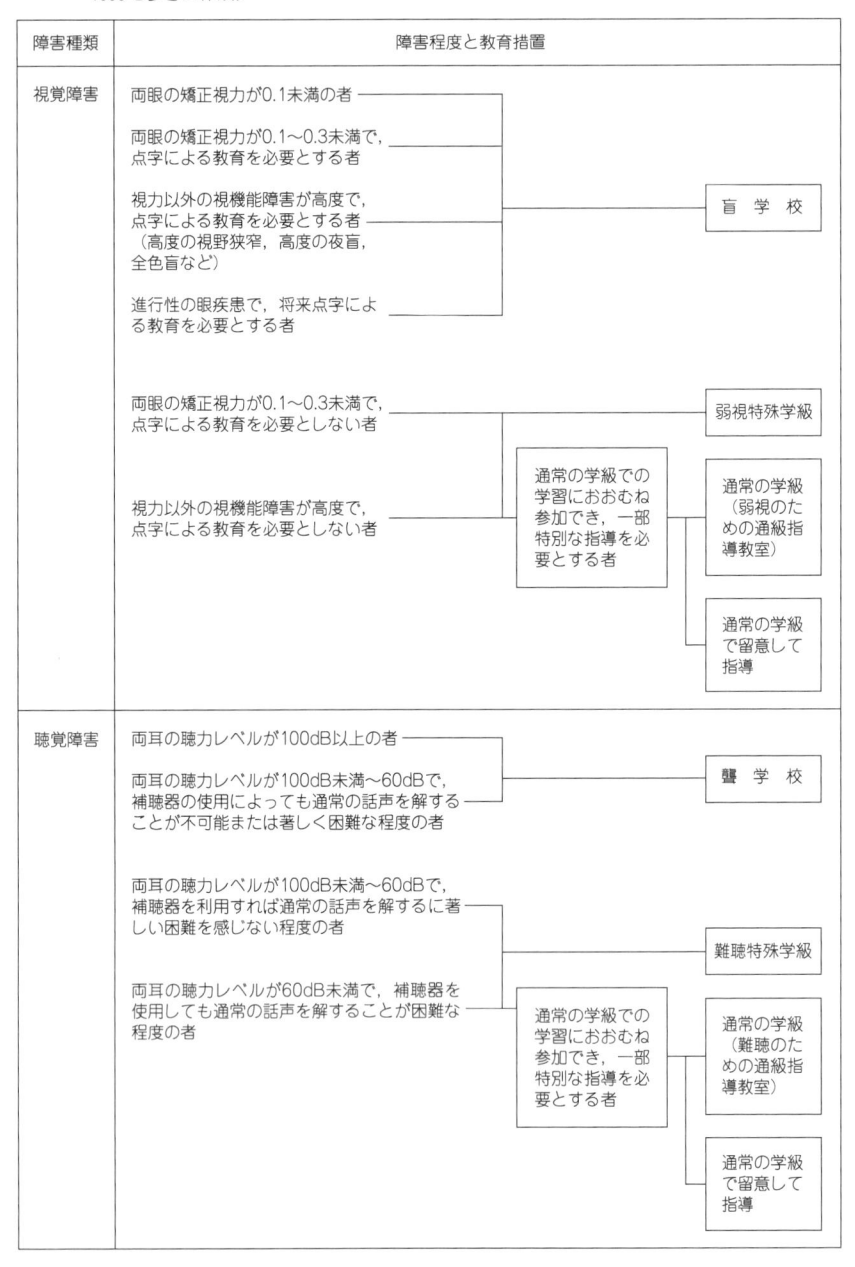

障害種類	障害程度と教育措置		
視覚障害	両眼の矯正視力が0.1未満の者		盲学校
	両眼の矯正視力が0.1〜0.3未満で，点字による教育を必要とする者		
	視力以外の視機能障害が高度で，点字による教育を必要とする者（高度の視野狭窄，高度の夜盲，全色盲など）		
	進行性の眼疾患で，将来点字による教育を必要とする者		
	両眼の矯正視力が0.1〜0.3未満で，点字による教育を必要としない者		弱視特殊学級
	視力以外の視機能障害が高度で，点字による教育を必要としない者	通常の学級での学習におおむね参加でき，一部特別な指導を必要とする者	通常の学級（弱視のための通級指導教室）
			通常の学級で留意して指導
聴覚障害	両耳の聴力レベルが100dB以上の者		聾学校
	両耳の聴力レベルが100dB未満〜60dBで，補聴器の使用によっても通常の話声を解することが不可能または著しく困難な程度の者		
	両耳の聴力レベルが100dB未満〜60dBで，補聴器を利用すれば通常の話声を解するに著しい困難を感じない程度の者		難聴特殊学級
	両耳の聴力レベルが60dB未満で，補聴器を使用しても通常の話声を解することが困難な程度の者	通常の学級での学習におおむね参加でき，一部特別な指導を必要とする者	通常の学級（難聴のための通級指導教室）
			通常の学級で留意して指導

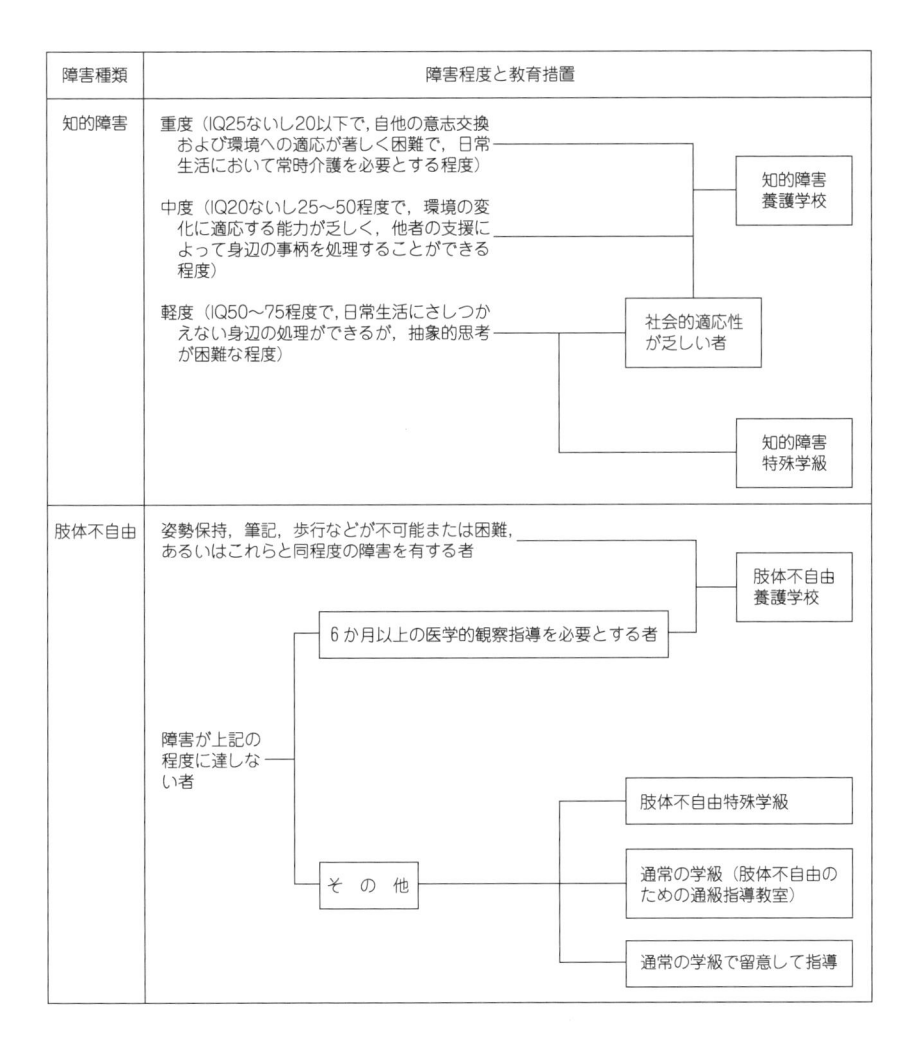

障害種類	障害程度と教育措置
知的障害	重度（IQ25ないし20以下で，自他の意志交換および環境への適応が著しく困難で，日常生活において常時介護を必要とする程度） → 知的障害養護学校 中度（IQ20ないし25～50程度で，環境の変化に適応する能力が乏しく，他者の支援によって身辺の事柄を処理することができる程度） → 知的障害養護学校 軽度（IQ50～75程度で，日常生活にさしつかえない身辺の処理ができるが，抽象的思考が困難な程度） → 社会的適応性が乏しい者 → 知的障害特殊学級
肢体不自由	姿勢保持，筆記，歩行などが不可能または困難，あるいはこれらと同程度の障害を有する者 → 肢体不自由養護学校 障害が上記の程度に達しない者 　・6か月以上の医学的観察指導を必要とする者 　・その他 → 肢体不自由特殊学級／通常の学級（肢体不自由のための通級指導教室）／通常の学級で留意して指導

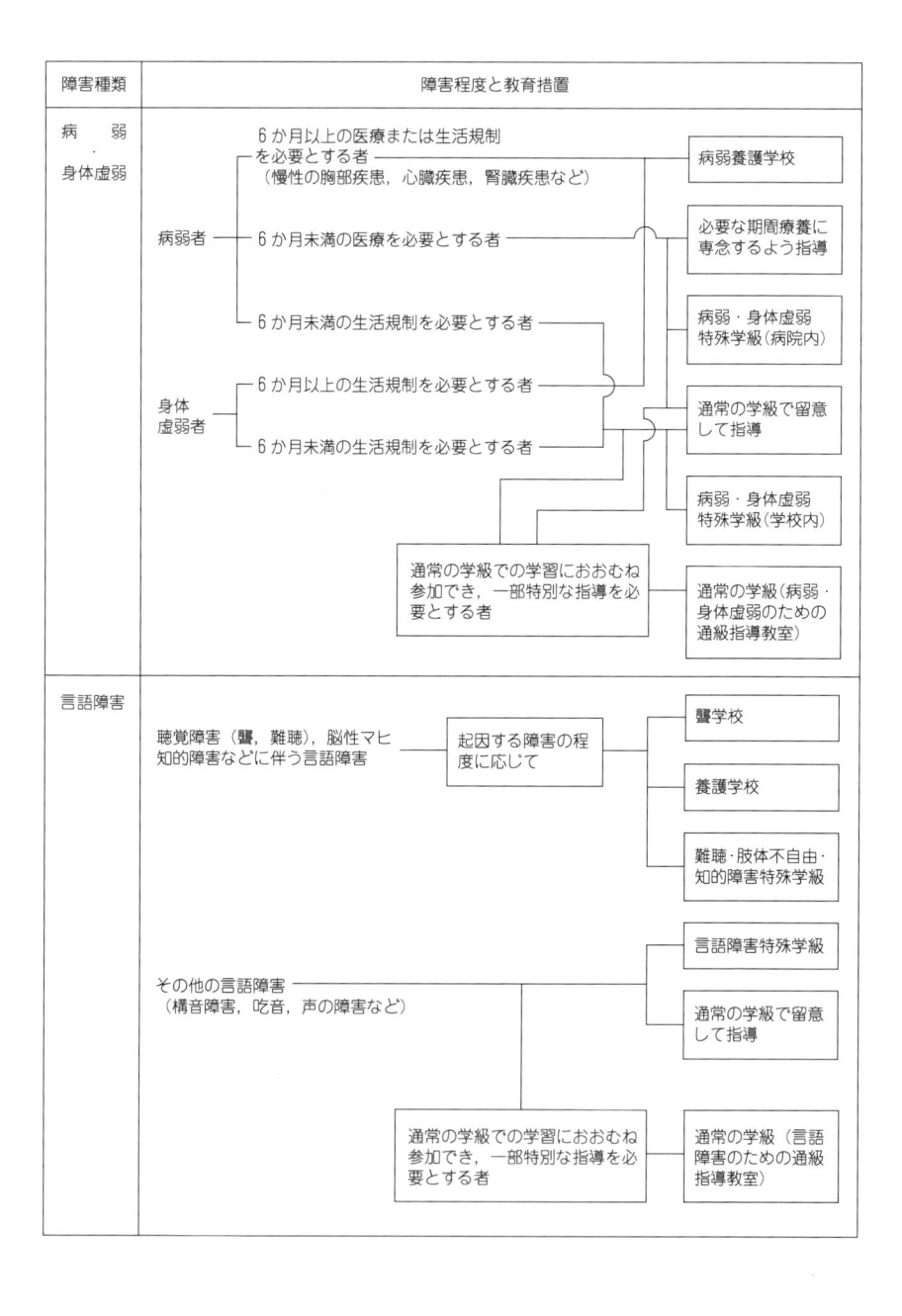

障害種類	障害程度と教育措置		
病弱・身体虚弱	病弱者	6か月以上の医療または生活規制を必要とする者（慢性の胸部疾患，心臓疾患，腎臓疾患など）	病弱養護学校
		6か月未満の医療を必要とする者	必要な期間療養に専念するよう指導
		6か月未満の生活規制を必要とする者	病弱・身体虚弱特殊学級（病院内）
	身体虚弱者	6か月以上の生活規制を必要とする者	通常の学級で留意して指導
		6か月未満の生活規制を必要とする者	病弱・身体虚弱特殊学級（学校内）
		通常の学級での学習におおむね参加でき，一部特別な指導を必要とする者	通常の学級（病弱・身体虚弱のための通級指導教室）
言語障害	聴覚障害（聾，難聴），脳性マヒ，知的障害などに伴う言語障害	起因する障害の程度に応じて	聾学校
			養護学校
			難聴・肢体不自由・知的障害特殊学級
	その他の言語障害（構音障害，吃音，声の障害など）		言語障害特殊学級
			通常の学級で留意して指導
		通常の学級での学習におおむね参加でき，一部特別な指導を必要とする者	通常の学級（言語障害のための通級指導教室）

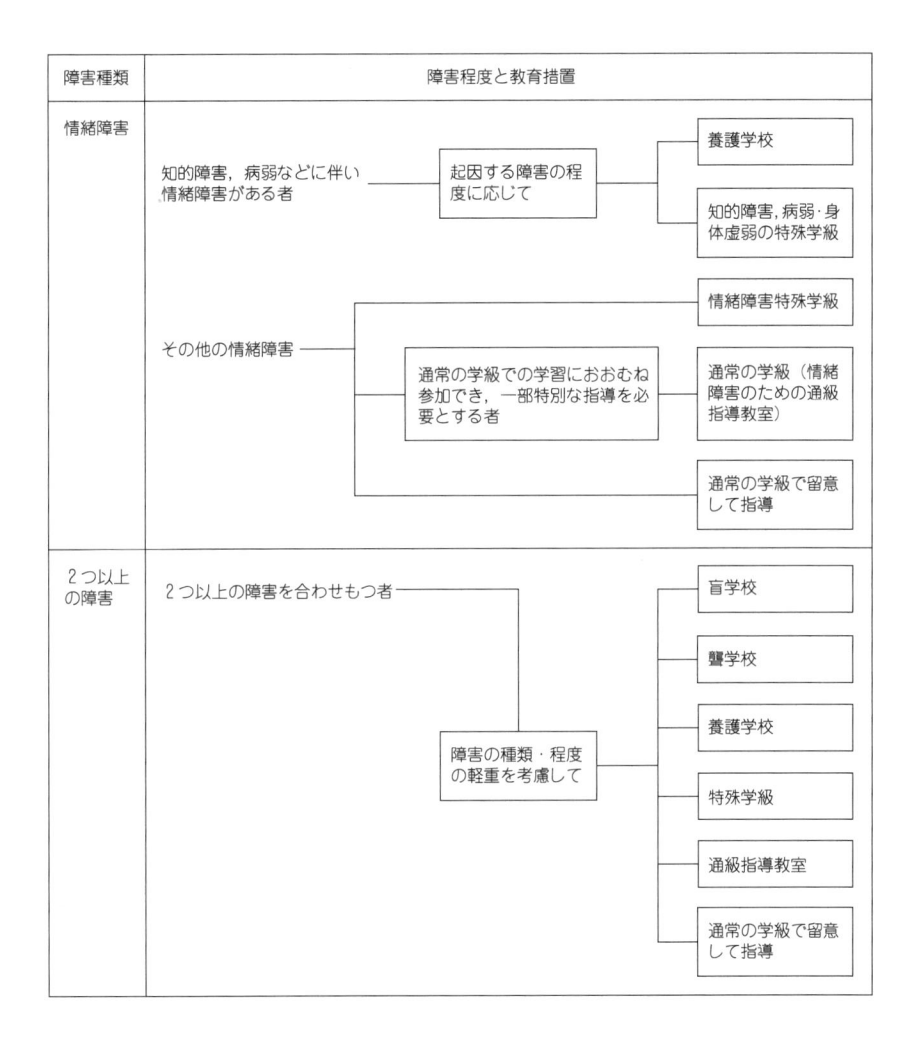

障害種類	障害程度と教育措置		
情緒障害	知的障害，病弱などに伴い情緒障害がある者 → 起因する障害の程度に応じて	→ 養護学校	
		→ 知的障害，病弱・身体虚弱の特殊学級	
	その他の情緒障害 →	→ 情緒障害特殊学級	
		通常の学級での学習におおむね参加でき，一部特別な指導を必要とする者	→ 通常の学級（情緒障害のための通級指導教室）
		→ 通常の学級で留意して指導	
2つ以上の障害	2つ以上の障害を合わせもつ者 → 障害の種類・程度の軽重を考慮して	→ 盲学校	
		→ 聾学校	
		→ 養護学校	
		→ 特殊学級	
		→ 通級指導教室	
		→ 通常の学級で留意して指導	

通級指導教室とは，1993（平成5）年度から制度化された比較的新しい制度で，通級による指導とよばれているものである。通級による指導では，通常の学級に在籍中の比較的軽度の障害を伴った児童生徒が対象になっている。こうした子どもたちは，大部分の指導時間は通常の学級で教育を受けながら，さらに障害特性に応じたきめ細かい指導を受けることを目的として，特別指導の場（通級指導教室）に通って教育を受ける形態が適用されている。このような通級指導形態への需要度は非常に高く，教室設置数は明確に増加傾向にあることがわかる。1998（平成10）年5月1日現在における文部省の現状報告（文部省，1999）では，通級による指導を受けている児童生徒数は，小学校段階で23,629人（自校通級：8,036人，他校通級：15,593人），中学校段階で713人（自校通級：278人，他校通級：435人）である。
　通級指導を受けている子どもの障害区分をみたとき，小学校段階では言語障害が圧倒的多数をしめており，中学校段階では情緒障害が多くなっている。
　以上みてきたように，障害児教育の場で指導を受けている児童生徒の人数は，現時点で155,400人余りであることがわかる。
　障害児（特殊）教育は子どもの特性（障害）に配慮した，個に応じたきめの細かい手厚い教育を主眼とするもので，障害児教育制度の果たす役割は貴重である。ただし，個別の教育的対応が必要とされる子どもたちの多くが，障害児教育の場所にではなく，普通（通常）学級に在籍中であることも現実である。

❸ 障害理解のための心理教育的診断

　障害児の将来的な自立には，長期的な視野からみた教育目標の設定が必要である。そのためには，小学校，中学校，高等学校段階へと各段階に対応した指導や実践が必要である。できるならば，就学前の早期段階から何らかの治療・指導的手立てが開始されていることが望ましい。
　指導プロセスは，個別目標の設定―個別の実態把握（診断）―指導方法立案―実践―指導結果（達成度）の再診断，という流れをくりかえす。なかでも，子どもの障害実態や能力（潜在力を含めて）をより的確に見極める作業（診断）は，指導の成否を決定づけるほどの重みをもっていると考えられる。

診断作業の具体的手段として，種々の心理検査法が開発されている。ここでは，障害の特徴や傾向を把握するために利用価が高いと思われる心理検査を，表に整理してみた（表10-3参照）。

● 表10-3 障害理解のために利用できる心理教育診断検査法

診断主領域	検査法の種類
総合的発達	遠城寺式乳幼児分析的発達検査法　　津守・稲毛（磯部）式乳幼児精神発達診断法　ポーテージ・プログラム　　長崎・小野里式CAP（コミュニケーションの発達と指導プログラム）
知　　能	ビネー式知能検査（田中式・鈴木式）　　ウェクスラー式知能検査［WPPSI/WISC-R/WISC-Ⅲ（1998年版）］　大脇式知能検査　　PBT（ピクチャー・ブロック検査）　　DAM知能検査
学　　習	PRS（LD児診断のためのスクリーニング・テスト）　　K-ABC検査
視 知 覚	フロスティッグ視知覚発達検査　　ベンダー・ゲシュタルト検査
言　　語	ITPA言語学習能力検査　　PVT絵画語彙発達検査
適応行動	適応行動尺度（ABS）　　S-M社会生活能力検査
性　　格	PIH（心身障害児童生徒性格診断検査）　　ロールシャッハ・テスト
自 閉 症	精研式　CLAC-Ⅱ（全般行動発達診断）　　精研式　CLAC-Ⅲ（行動療法対応診断）　　TEACCH・プログラム［①CARS（小児自閉症評定尺度）／②PEP-R（心理教育診断検査）／③AAPEP（青年・成人期心理教育プロフィール）］

　発達領域を総合して個人の状態を把握するものとして，遠城寺式乳幼児分析的発達検査法と津守・稲毛式乳幼児精神発達診断法が一般的にあげられる。ポーテージ・プログラムは診断と指導を統合したものであるが，指導開始前段階においては診断部門に設定されている発達チェック項目が利用できる。
　長崎・小野里式CAP（キャップ）は，幼児の伝達能力向上をめざすプログラムである（長崎・小野里，1996）。診断（ASC）部門と指導（TSC）部門から構成されている。発達吟味段階では診断部門のASCが利用できる。
　知能検査は，標準化された主なものをあげた。ビネー式知能検査では，田中・ビネー式が比較的多くの実践現場で用いられている。ウェクスラー式知能検査は，言語性知能と動作性知能を区別し，各下位検査項目の成績を構造的に把握できるという利点がある。WISC-Rは，児童・生徒期を検査対象年齢段階としていて，現在最も広くに利用されているものである。WISC-Rは，改訂されて，WISC-Ⅲとして1998（平成10）年に出版された。改訂版では，4

つの群(言語理解・知覚統合・注意記憶・処理速度)について知能指数の明示が可能となっている。ただし，改訂版においては，障害が重い子どもたちを測定する際には，知能指数値の算出上などにおいて若干の限界を含んでいる。

学習障害診断に関連してあげているのは，PRSとK-ABC検査である。

PRSは，LD児の診断を目的としたスクリーニング・テストである。5領域におよぶ合計24項目について子どもの行動を観察をし，5段階評定で総合判定をする方式をとっている。

K-ABCは，カウフマン(Kaufman, A. S.)が中心に作成した心理・教育アセスメントバッテリー(Kaufman Assessment Battery for Children)で，検査対象児の認知情報処理過程の様式を把握することを目的としたものである。テストは，認知処理尺度と習得度尺度から構成されている。認知処理尺度はさらに2つの尺度から構成されており，情報の認知処理能力に関する過程としての同時処理尺度と，問題解決処理能力に関する過程としての継次処理尺度とがある。一方，習得度尺度は，数や言葉の知識，読みなどの能力を評定するものである。

性格診断検査についてみると，PIHは知的・運動障害を有する児童・生徒を検査の対象にしており，性格傾向を他者評定で把握する形式のものである。

ロールシャッハ・テストは，多義的図版に対する被験者からの言語反応を総合的に分析して人格傾向を把握する方法である。中・重度水準の知的障害を伴う対象については施行上の限界を否定できないものの，認知障害が比較的軽微で言語的反応が可能な対象であれば，総合的な心理診断として有効である。

自閉性の診断に関しては，CLAC-Ⅱが対象児の全般的発達を把握する目的でつくられている。結果は，サイコグラム(円図形式)で表示される。さらに，行動療法的な立場からの指導にあたっては，指導開始前段階における診断として，指導技法に対応させてCLAC-Ⅲの結果が利用できる。

TEACCH(ティーチ)・プログラムとは，ショプラー(Schopler, E.)らの開発による自閉症児に対する治療・教育プログラムを総称しているものである。小児期から児童・生徒期，さらに成人・成人期までにの長期にわたって，各段階に対応した検査法が3種類開発されている。

4 障害の理解と対応

1. 知的障害

（1）用語と定義

　知的障害とともに，精神遅滞（mental retardation）という用語も専門家の間では一般的に使用されている。ただし，用語としての知的障害にはトピックス性がある。これまでに法規上で長期間使われていた精神薄弱から知的障害に，1999（平成11）年度を期して一斉に改正されたからである。今回の用語改正が，教育や福祉，関連する分野へ大きな影響を及ぼしていることも事実である。

　はじめに，知的障害の定義について言及する。概念定義において学問的に定評を得ているのは，米国精神遅滞学会（AAMRと略称）によるものである。AAMRでは1876年の創立以来，内容に修正を加えながらこれまでに9度におよぶ手引きの公刊を行なっている。最新手引きとして利用されているのは，1992年度に発行されたものである（AAMR, 1992）。この第9版は茂木俊彦によって監訳され，1999（平成11）年夏期に初版（訳本）が発行されている。

　ここでは，知的障害と精神遅滞を同義用語とみなして記述をする。

　AAMRの定義によれば，知的障害との診断を下すためには，以下に整理するように，3つの基準内容を満たすことが必要である。それを要約してみると，AAMR基準による精神遅滞とは，「現在の機能が実質的に制約されていること」であり，次の①～③の内容を含んでいる。

① 知的機能が有意に平均以下であることを特徴とする。知的機能をIQで表すと70～75程度以下である。
② 2つ以上の適応スキル（技能）における問題をもっている。　適応スキルの領域は，コミュニケーション，身辺自立，家庭生活，社会的スキル，コミュニティ資源の利用，自律性，健康と安全，実用的学業，　余暇，労働の10スキル領域である。
③ 発症年齢が18歳以前である。

　以上のなかで，適応技能を具体的に明らかにしたことは意義があると言えよ

（2）障害の程度

　従来より，知的障害の程度によって段階的区分がされている。就学指導時においては，子どもの発達状態，知能，適応性，社会性などの総合的な判断が必要とされ，障害の程度区分は適正な就学の観点から重要な判断資料になっている。とくに，IQに反映される知能水準は重要指標である。遅滞の程度に関する文部（科学）省における見解は3段階区分（文部省初等中等教育局特殊教育課，1995）をとり，AAMR最新版の前の手引きまでにおいては4段階区分を行なっている。表10-4は，両者による段階の概要を比較して示したものである。

● 表10-4　IQによる知的遅滞程度の区分

段階区分	IQの範囲
（「文部（科学）省」の区分）	
軽度	50～75程度
中度	20～25から50程度
重度	20～25以下
（AAMRの区分）	
軽度	50～55から70～75以下
中度	35～40から50～55
重度	20～25から35～40
最重度	20～25以下

　なお，表10-4中の「IQ70～75以下」とか「IQ20～25」のように明示幅が認められるのは，実施される知能検査結果における測定誤差（差異）や測定値に対する臨床的見地からの判断における変動の余地を考慮しているからである。

　AAMRでの精神遅滞の定義においては，知的水準が平均水準以下という条件のみでなく，適応行動における障害を伴うことが第6版（AAMD，1973）に明示されている。第6版は，村上氏廣による訳本で出版されている。

　わが国における文部（科学）省は，AAMR定義概念の影響を受け，適応行動面からみた遅滞程度区分に関して，以下のような見解を出している（文部省初等中等教育局特殊教育課，1995）。

① 　重度遅滞：環境への適応が著しく困難であって，日常生活において常時介護を必要とする程度
② 　中度遅滞：環境の変化に適応する能力が乏しく，他人の助けによりようやく身辺の事柄を処理することができる程度
③ 　軽度遅滞：日常生活に差し支えない程度に身辺の事柄を処理することができるが，抽象的思考は困難な程度

　以上のように，適応行動の発達水準とIQで示される知的水準の両面から障

害の程度をとらえる考え方は，日常での教育実践現場において定着している。ところが，AAMR第9版の概念内容においては大きな進展がみられる。適応行動スキルの具体化に加えて，IQ水準を手掛かりとして障害程度を段階区分するといった，これまで採用してきたような考え方を廃止しているのである。新しい概念では，社会側が障害者に対して当人が必要とされるサポート（支援）を行なう際に，その支援の質と量の程度を段階化することを重要視している。サポートの4区分水準と内容についての概要を，以下にまとめる。

①一時的（intermittent）：必要なときだけ提供されるサポート。
②限定的（limited）：期間限定であるが，継続的な性格をもつサポート。
③長期的（extensive）：長期間にわたる定期的なサポート。
④全面的（pervasive）：いろいろな環境で，長期的に，強力に行なう必要のあるような全面的サポート。

第9版においては，以上のサポート・レベルを個人のニードと対応させるために，多次元的に吟味した上で分類と記述を試みる方法を提唱している。診断・分類・サポートシステム決定で焦点化される次元は，以下の4つである。

次元Ⅰ：知的機能と適応スキル
次元Ⅱ：心理・情緒
次元Ⅲ：身体・健康・病因
次元Ⅳ：環境

このように，個人の制約の内容や性質を多面的に検討し，サポート程度を環境（社会）側が適切に準備して提供する，といった新しい概念における視点は，個人福祉の充実と実現においていっそう尊重されるべきものである。

（3）知的障害における発達傾向と理解

知的障害児の発達傾向を考えたとき，発達の遅滞は発達の単独領域に限定しないで，むしろ全領域に関係して現われてくると考えられる。

ここであらためて発達の各領域をあげてみると，以下のようである。

まず，外的刺激の入力系である①感覚・知覚・認知領域，統合系として②情緒（情動）領域，そして，刺激の出力系である③運動領域や④言語領域があげられる。さらには，⑤身辺自立（基本的習慣能力）領域，⑥対人・社会性領域，⑦人格領域，などである。

各領域に関係して推定される発達問題について，概略的に記述してみたい。
　感覚・知覚・認知領域についてみると，知的障害児は刺激受容器関係に障害の影響を受けている可能性が比較的高い。たとえば，視覚では斜視，眼球振盪，弱視などの問題があったり，聴覚では難聴を伴うこともある。障害随伴率は知的障害の原因によって左右される。とりわけ脳障害を疑われる子どもや染色体異常によるダウン症（ダウン症候群）の子どもは，感覚障害を随伴する率が高くなる。
　情緒（情動）領域についてみる。情緒に関連する脳組織部位からみて，認知や言語領域ほども，知的障害の影響を直接受ける可能性は少ないと思われる。ただし，情緒の分化と統合の進行において，相対的な健常発達時間を仮定するならば，知的障害児はさらに長い時間を必要とするであろう。
　情緒の発達にとって，養育者（とくに，母親）との関係は重要な意味がある。母親のわが子に対する心理的な受容状態や養育態度，母親自身の性格などは子どもの情緒発達に強い影響を及ぼすことになる。
　運動領域では，障害の水準にほぼ相応した発達傾向を示す。軽度知的障害の子どもにおいては，運動面における遅滞が明確に認められないケースもある。ダウン症候群は，比較的早期の段階から運動発達に遅滞傾向を示す典型障害である。これは，染色体異常による身体条件（内臓・筋肉・関節・骨・中枢神経）が発達阻害に大きく関与しているからである。そのため，ダウン症幼児に対しては早期療育的手立てが必要とされ，対応が適切であれば効果が期待できる。
　言語領域についてみる。発達の経過は知的障害の程度と正の相関関係にあると言える。言語能力を理解言語，表出言語，内的言語と区別した場合，知的障害児は理解言語よりも表出言語と内的言語においてより困難な発達像を示すことになる。
　身辺自立領域についてみる。基本的生活行動能力として以下の5能力をあげる。食事，排泄（排便・排尿），衣服の着脱（着脱衣），清潔の習慣，睡眠，などである。知的障害においては，5つの能力全般について遅滞傾向を示す。また，障害程度が重くなるにしたがって，遅滞傾向に加えて行動的なゆがみを二次的に発生させ，問題行動を強めてしまうような可能性が否定できない。

対人・社会性領域についてみると，社会性能力は情緒要素とも密接に関係しながら育ってゆくものである。養育時期において，子ども側には言葉をはじめとした伝達手段全般における発達遅滞があり，母親側には障害をもつ子どもに対する心理的な受容が困難である，といった悪条件が重複する可能性がある。望ましい母子関係を形成するためには，健常児の養育よりも長い時間と外的支援を必要としている。このことは，母子分離時期の遅れや集団参加機会の乏しさにも関係するであろう。

　人格領域についてみる。まず，刺激反応結合理論の立場からすると，知的障害は性格行動傾向における固定化が生じる可能性があると推測される。力動論的立場からみれば，知的面と密接に関連して自我の形成に遅れが予想される。

　知的障害児（者）の人格を考えるとき，健常児の発達期間よりも長い期間をかけて本人の発達状態を見守り，理解していくよう努めることが大切である。

（4）知的障害への心理教育的支援

　早期対応（早期療育）　障害に対して早期からの発達支援が効果的であることは，多くの臨床的実践（とくにダウン症に関係する療育報告）において裏づけられている。早期の対応は，子ども自身の発達に対する期待と養育担当者のニーズを満たすものである。早期における対応として，心理教育的支援のポイントを以下に述べたい。

　はじめに，感覚・知覚面において豊富な刺激経験を与えることが重要である。視覚・聴覚・触覚の基礎感覚を通じて，物事についての弁別力を養うこと，トレーシングやカッテングなど目と手の協応能力を高める活動が大切である。次に，運動面においては，姿勢変換（はう，ねがえる，ころがる）の刺激，ハンモックやバランス板などを使って平衡感覚を養うこと，遊びのなかで身体各部分に関わる身体像（ボディ・イメージ）の向上をねらう。ダウン症幼児では，弱い身体部位に負担が偏らないように配慮してやるような身体操作への支援が必要である。言語面では，はじめに基礎固めとして，子どもの行動の安定化をはかり，対人対応態度の形成をするようにこころがけたい。日常生活において，子どもに適切な言葉かけをすることや，個々の事物に対するポインティング，ネーミングを適切に行なうことが大切である。

　基本的生活能力面では，スモールステップ化した各段階を着実に踏みながら

自助（自立）行動が定着するように支援をする。望ましい行動の生起に対しては称賛を十分与えること（強化）や，子どもの自立状態に対応して支援量を調節する手続きが必須となる（段階的に支援量を減少させる：フェイディング）。

情緒・社会性面での発達の基礎は，人生早期における愛情豊かな母子関係の確立によってつくられるということは事実である。それを基盤として母子分離が無理なく進行することが必要である。母子で集団場面に参加する機会を増やすことを通して，障害幼児は集団場面に対する不安を徐々に減少させていくのである。こうした経験のなかで他児との遊びの力が育ち，欲求不満への耐性を培うことができる。

学校教育　知的障害児に対する学校教育での具体的な場としては，知的障害養護学校と，普通学校に設置されている知的障害特殊学級がある。

はじめに，知的障害養護学校における教育課程と特徴などに言及してみたい。

小学部・中学部・高等部から学校が組織され（幼稚部設置の学校もある），学校の教育課程は4つの領域によって構成されている。4つの領域とは，各教科，道徳，特別活動，自立活動［1999（平成11）年に養護・訓練，が改称された］である。

自立活動は，養護学校に特徴的な領域である。①健康の保持，②心理的な安定，③環境の把握，④身体の動き，⑤コミュニケーション，などの内容を含んでいる。

知的障害の能力特性に応じる特徴的な指導形態として，領域と教科を統合した指導（領域・教科を併せた指導）が行なわれている。この併せた指導には，さらに3つの形態（日常生活の指導・生活単元学習・作業学習）がある。

小学部では，日常生活の流れにそった活動のなかで，身辺自立技能や習慣を確立することが重視されるので，日常生活の指導と生活単元学習が中心になる。中学部では，実際場面での具体的活動によって基礎教科要素の消化と基礎的作業能力の形成がめざされるため，生活単元学習と作業学習の時間が多くなる。高等部では，将来的自立を目標に職業能力を高めることに重点が置かれるため，作業学習が中心となる。種目は木工，窯業，紙工，農耕，縫工，などである。

中学部，高等部へと段階が移行するにつれて，卒業後の社会的自立を目標にした教育的支援がはかられる。実際の職業場面に直面した実習経験（現場実習，

就業体験）も重要な学習内容の時間である。こうした職業教育の実践，生徒の進路指導と並行して，生徒の進路を開拓する学校の努力も重要な課題である。

次に，知的障害特殊学級について言及する。入級の対象は，障害程度からみると原則的には軽度遅滞水準の子どもたちである。特殊学級は，養護学校と普通学校の中間的な位置で障害児教育の役割を果たしていると言えよう。

特殊学級で重視されるのは，学級在籍児が登校から下校まで全授業時間を特殊学級内に固定された形態で指導を受けるのではなく，より多くの機会に通常学級と関わりを保ちながら授業が展開されるような形態である（校内交流）。ただし，教科によっては，通常学級での一斉集団指導では障害児の教育ニーズが満たされない可能性があることも事実である。そのためには，数・文字などに関する抽象的な課題であるとか，基本的生活能力向上や職業生活に期待される基礎的技能の培養をめざす具体的課題については，学級内で個に応じた指導を行なうことが適当である。

今日の特殊学級には，通常学級場面で教育機会を求める保護者の願いや，個々の子どもの教育ニーズに対応できるための柔軟な支援提供が期待されている。

2. 自閉症

(1) 用　語

自閉性障害（autistic disorder）ともいわれる。

自閉症（autism）という言葉は，レオ・カナー（Kanner, L.）が命名したものである。1943年に発表されたカナー論文において，情動的な接触が困難な，類似の症状を示す子どもたち11人に対して"early infantile autism"という表現を使用したのが最初である。以来，児童精神医学と近接領域分野において，自閉症について多くの議論が交わされながら現在に至っている。

自閉症の子どもたちは，理解困難な多種多様，個々独自な行動傾向を示している。自閉症児に対する教育的支援を意図したとき，ほとんどの実践者は，一説の知見に基づく理解のみでは限界があることを痛感する。そのためには，多様な観点からアプローチを試みることによって実態把握を行ない，望ましい支援の方策を練る努力が必要である。

(2) 診 断

　現在，定評を得ている診断基準の一つは，米国精神医学会から公表されているDSM-Ⅳ「精神疾患の分類と診断の手引き―第Ⅳ版（APA，1994）」である。この手引きでは，自閉性という言葉が用いられている。

　手引きの診断基準に明示されている自閉性障害の基準について，以下，紹介する。

　下記の基本項目A，Bの条件を満たして，自閉性障害と診断される。

基本項目A
　①対人相互反応の質的障害
　②意志伝達の質的障害
　③行動，興味および活動の制限，反復的で常同的な様式

　これらの基本項目について，さらに，4つの下位項目が設けられている（合計12項目）。診断条件として，①から2項目，②と③から各1項目を必ず含み，12下位項目のうち6項目以上が症状に該当していることが必要である。基本項目①（対人反応の質的障害）が重視されていることがわかる。②③の下位項目についてはここでの紹介を割愛するが，基本項目①の対人相互反応に関する4つの下位項目（a）（b）（c）（d）について，以下にあげてみたい。

　（a）目と目でみつめ合う，顔の表情，身体の姿勢，身ぶりなど，対人的相互
　　　反応を調節する多彩な非言語的な対人行動をとることの著明な障害
　（b）発達の水準に相応した仲間関係をつくることの失敗
　（c）楽しみ，興味，成し遂げたものを他人と共有することを自発的に求める
　　　ことの欠如
　（d）対人的または情緒的相互性の欠如

基本項目B：3歳以前に始まる，以下①～③の3つの領域の少なくとも一つの領域における機能の遅れまたは異常に該当していること。

　①対人的な相互交流
　②対人的な意志伝達に用いられる言語
　③象徴的または想像的な遊び

　ところで，自閉症の知的能力面に関して，カナー基準では「潜在的に良好な認知能力がある」とされていた。カナー基準の大枠は現在においても受け入れ

られるものであるが，知的障害を伴うケースが大半である現実に照らしてみると，この良好な認知力所有の見解についてのみは疑問視されたと言える。以上みてきた問題を抱える自閉症が，発達経過とともに知的遅滞傾向となる可能性を避けられないであろう。ただし，最近になって，知的障害を伴わない高い知能を示す事例（高機能自閉症）の報告が出されている。

（3）自閉症の理解と対応

　自閉症状の背景（原因）について，さまざまな知見が提出されている。初期においては，親の養育態度や心理的外傷体験など，環境側から本人に与えられた何らかの心理的問題に起因すると考えられていた（心因説）。しかし，現在においては，こうした心因説は説得力を失っている。近年では，脳を中心とした場所（中枢神経系）での生得的問題に原因を求める考え方（非心因説）が優勢になっている。非心因説に関してみた場合，さらに原因をめぐる論議は多岐に及んでいる。それら所説を大別すると，個人気質，脳の器質，脳の機能などに関するものとして区分できるようである。

　ここでは，起因（推定）所説の区分を行ない，自閉症に対する支援的接近のあり方を私案的に表10-5に明示してみた。

　心因説から自閉症を理解する場合に，子どもへの支援的接近は，心理内面の改善をめざした力動論（精神分析学）的な立場が中心になる。対象児に対して，全面的に受容することから治療を開始し，子どもの心的改善の進展に応じて支援側は部分的受容態度に移行していくような改善支援方法である。技法としては，遊戯療法，音楽療法，絵画療法，箱庭療法などが適用される。

　非心因説で自閉症が理解される場合に，表10-5のなかにあげた①気質に起因すると推定されるケースのような場合に対しては，治療初期段階においては受容的な接近態度が必要になる。その他の事例に関しては，支援者の接近態度は積極（直接）性を段階的に強めていく。その場合には，問題行動の改善（抑制・修正）や未確立行動の形成を目的とした接近が中心になる。具体的手続きとしては，条件づけ（古典的・オペラント）技法や模倣学習など，行動療法の考え方による多様な技法が適用されることになる。これまで適応された行動療法的支援方法は，自閉児の行動改善において有効性を実証してきたと言えるであろう。

● 表10-5 自閉症に関する説と対応する支援的アプローチ

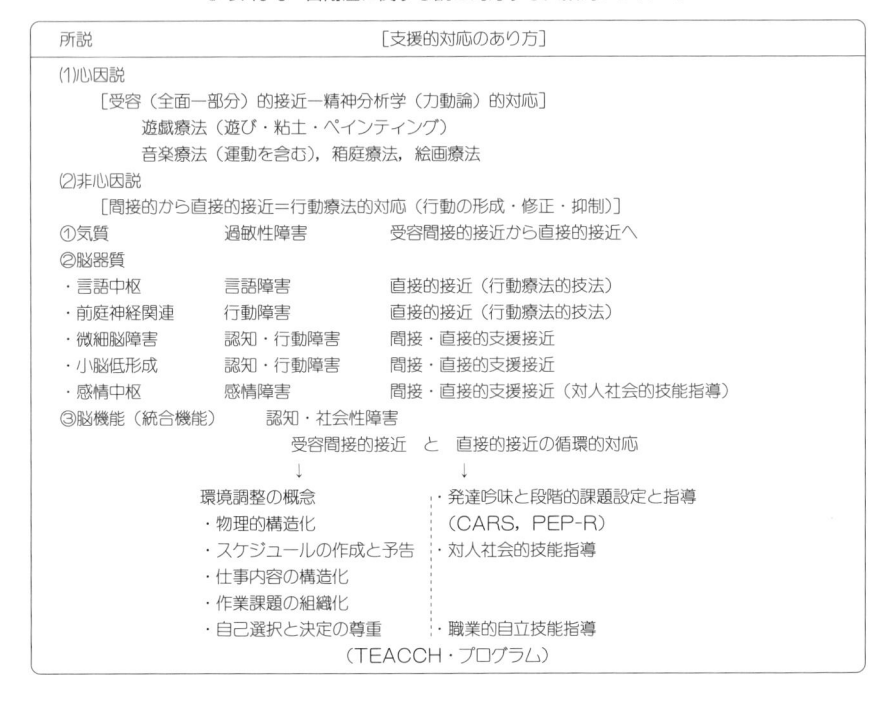

```
所説                        [支援的対応のあり方]
(1)心因説
   [受容（全面―部分）的接近―精神分析学（力動論）的対応]
      遊戯療法（遊び・粘土・ペインティング）
      音楽療法（運動を含む），箱庭療法，絵画療法
(2)非心因説
   [間接的から直接的接近＝行動療法的対応（行動の形成・修正・抑制）]
①気質          過敏性障害      受容間接的接近から直接的接近へ
②脳器質
 ・言語中枢      言語障害        直接的接近（行動療法的技法）
 ・前庭神経関連    行動障害        直接的接近（行動療法的技法）
 ・微細脳障害     認知・行動障害    間接・直接的支援接近
 ・小脳低形成     認知・行動障害    間接・直接的支援接近
 ・感情中枢      感情障害        間接・直接的支援接近（対人社会的技能指導）
③脳機能（統合機能）  認知・社会性障害
                 受容間接的接近 と 直接的接近の循環的対応
                         ↓           ↓
                   環境調整の概念    ・発達吟味と段階的課題設定と指導
                   ・物理的構造化     （CARS, PEP-R）
                   ・スケジュールの作成と予告 ・対人社会的技能指導
                   ・仕事内容の構造化
                   ・作業課題の組織化
                   ・自己選択と決定の尊重  ・職業的自立技能指導
                        （TEACCH・プログラム）
```

　行動療法優勢に対して，力動論的接近方法は力を失ってしまったような印象をもつ。しかしながら，心因説に立脚した治療的立場でとっているような，対象存在をそのまま受容する態度は，支援（治療教育）側が備えておくべき基本的姿勢であると考える。このようにみてくると，自閉症の指導においては，行動療法的立場と力動論的立場を統合した支援態度が大切であると思われる。

　両者の立場を統合するような支援は，中枢神経（脳）機能不全による認知・社会性障害（表10-5の③）が推定される子どもへの接近手続きにおいて，一部は実現できる。自閉における認知障害による行動の混乱を可能な限り最小に抑えるために，環境調整を最大限に試みることを優先した方法が最近注目されている。提唱者であるショプラーは，環境調整の具体的な概念として，①物理的構造化，②スケジュールの作成と予告，③仕事内容の構造化，④作業課題の組織化，などの考え方を明示した。さらにまた，⑤本人の自己選択と決定の尊重，の考え方は意味深い。これらの概念を基礎にして，診断から個別指導を経て社

会自立に至る支援方法が体系化され，TEACCH（ティーチ）・プログラムと略称されるものとなった。プログラムは米国ノースカロライナを発祥地として，米国全州規模の広範な発展を遂げ，わが国にも影響を及ぼすに至っており，プログラムを個別の指導に応用した教育実践が実を結びつつある。

3. 学習障害

(1) 用 語

学習障害という言葉は，Learning Disabilities の訳語で，略して LD と通称している。LD 児とは，通常の学級において，学習上のつまずきがあるため，特別に個別な教育的支援が必要とされる子どもたちを意味している。

これまで，通常（普通）教育の場で，「学業不振児」，「落ちこぼれ」などとよばれていた子どもたちが存在する。こうした子どもたちの中核的存在が LD 児に該当している可能性が推定できる。かつて，教育行政当局に対する LD 児の保護者や教育現場からの要請を受け，文部（科学）省は1992（平成4）年に専門家チームによる「学習障害等の指導方法に関する調査研究協力者会議」を発足させるとともに，都道府県に研究指定校を設けて研究を開始した。現在，文部（科学）省は同協力者会議の答申を受けて，実践現場における LD 児などの指導に関わる啓発的事業を鋭意行なっている段階であり，対応進展がより期待されるところである。

(2) 定 義

学習障害の定義について，文部省（1997）の見解や上野（1998）の記述を主な拠り処として，定義の概念要旨を以下に紹介してみたい。

① 明らかな知的障害を伴っていない。
② 学習面において，聞く，話す，読む，書く，計算する，推論するなど特定の能力の習得と使用に特異な困難がある。
③ 原因として，中枢神経系の機能障害（微細脳機能障害）を推定している。
④ 視覚障害・聴覚障害・知的障害・情緒障害などの状態や環境要因が直接的な原因とはならない。ただし，学習障害の状態がこのような障害の状態や要因と重複して生じる可能性については否定しない。
⑤ 学習上の困難は，主として学齢期に顕在化するが，学齢期に限定しない。

⑥ 行動上の問題（多動や注意欠陥など）や対人関係（社会性）の問題が，学習障害に伴って現われる可能性を認める。

調査研究協力者会議の中間答申段階では①〜⑥を総合することによって，LDの定義を行なう意図が認められていた。ただし，1999（平成11）年になって調査研究協力者会議は最終答申を行ない，さらに定義の明確化をはかっている。

最終答申における定義を以下に引用する（調査研究協力者会議，1999）。

「学習障害とは，基本的には全般的な知的発達に遅れはないが，聞く，話す，読む，書く，計算する又は推論する能力のうち特定のものの習得と使用に著しい困難を示すさまざまな状態を指すものである。

学習障害は，その原因として，中枢神経系に何らかの機能障害があると推定されるが，視覚障害，聴覚障害，知的障害，情緒障害などの障害や，環境的な要因が直接の原因となるものではない。」

（3）学習障害の理解と支援

学習障害児の支援は学習につまずきや困難を経験している子ども本人に対して提供されるのみならず，子どもを取り巻く環境（教師，友だち，学級環境，家庭など）の改善に対する支援と尽力が重要な意味をもつ。子どもをめぐって，地域の専門の関係機関と連携した機能的な体制づくりも強調されるところである。

子ども本人に対する配慮としては，やる気をなくさない，成就感がもてる，自信を失わない，自尊感情をもち続けられる，などの心理的支援が大切である。

LD児の指導にあたっては，家庭の協力が必須条件である。日常的に保護者と指導者の関係を大切にして，十分な情報交換を行なっておくべきである。

LD児への具体的支援について，調査研究協力者会議の中間報告の内容を参考に，若干の追加修正を加えてまとめたのが，表10-6である。1999（平成11）年の最終報告においては，対応の見解について中間報告内容を踏襲していると思われる。

LD児指導方法の策定にあたって推奨したいのは，障害児教育（特殊教育）における所産（知識・技術・人材）を十分に活用することである。特殊教育には，標的行動の細分化による段階的指導手続，教材の具体化，基本的技能定着

● 表10-6　LD児の学習上の困難に応する支援（文部省設置：調査研究協力者会議中間報告1995年を参考にして作成）

ア　聞くことの困難への対応：話し言葉を受容することの困難（音の受けとめ，文脈の理解）
　①聞く場面での注意を喚起し，集中させる
　②音声に動作や文字情報を同時に提示する
　③聴覚的な言葉の聞き取り，書字の結びつけ，単語の意味や用い方への焦点化
イ　話すことの困難への対応
　①本人が話すことができる学習環境の設定（他児が話を聞く態度尊重，身近な話題を準備する）
　②視覚的てがかり（文字，図形）で話の内容の順序や構成を示す
　③視聴覚的補助手段（録音機器，ビデオなど）の利用
ウ　読むことの困難への対応：視覚的受容困難（文字，文章の読み，行とばし）
　①文字の形の違いを認知する練習
　②一行のみ見える型紙作成による利用
　③音読化（興味ある文章など）
エ　書くことの困難への対応
　①音声による文字，文章の言語化
　②目と手の協応，描画課題の遂行
　③視写課題と聴写課題の遂行差を吟味検討した指導
　④ワープロなどの使用
　⑤具体物でのゲシュタルト形成
オ　計算することの困難への対応
　①具体物の操作を重視する（タイル，おはじき，マッチ棒，点など）
　②図の構成や位取りの練習をわかりやすく視覚的にする
カ　運動・動作の困難への対応：協応運動の困難（全身的粗大運動，手指の巧緻運動，目と手の協応）
　①それぞれの運動調整力向上のための段階的な指導（模倣など重視）
　②自己の身体部位や動きを意識化させる工夫（鏡，VTR利用）
キ　行動上の問題への対応：自己調整の困難，対人関係の問題，集団不適応，落ち着きのなさなど
　①一方的な注意や本人の努力不足への叱責や親のしつけ問題転嫁を控える
　②本人に対して，失敗感，挫折感などをいだかせないことへの配慮や，LDの行動特徴や傾向についての知見を深めて対応する

支援手続，生活指導などに関する豊かな先行資料が存在している。

　ただし，現時点においては，上記最終報告でも指摘されているように，LD児は通常の学級に在籍しているために，特殊教育の指導視点とは異なるものである。つまり，LD児指導の場は通常学級での指導を基本としながら，「教科学習の遅れを補うような指導」が重視されていることになる。

　ある場合には，通常学級以外の指導の場として「通級による指導に類似した指導の場」を設けることも考えられるものの，この適否についても未解決な課題が存在しているのが現状である。いずれにしても，学習障害に対する指導のあり方については，今後もさらに探索・試行的研究が必要である。

CHAPTER 11 生徒の進路についての指導と援助

1 進路指導の意義

1. 進路指導について

　一人の自律した人間として社会に参加するとき，個々人には，一定の役割を果たすことが期待されている。家族の一員としてあるいは良き市民として，いろいろな役割があるなかで，職業人としての役割は，社会的役割の中心となる。職業に就き，働くことは，単に経済的に自立するというだけでなく，自律した人間として自己実現をはかり，社会的責任を果たしていく過程でもある。幼児・児童・青年たちが，将来における自分自身の生き方について思いをめぐらす時期に，どのような進路指導がなされるかは，その後の進路選択，個人の生き方に大きく影響することになる。

　進路指導について，文部省（1983）は，「生徒の個人資料，進路情報，啓発的経験および相談を通じて，生徒みずから，将来の進路の選択，計画をし，就職または進学して，さらにその後の生活によりよく適応し，進歩する能力を伸長するように，教師が組織的，継続的に指導・援助する過程である」と定義している。また，文部省（1977）は進路指導について，総合的定義と，その一環としての学校教育における定義を示し，「学校における進路指導は，在学青少年がみずから，学校教育の各段階における自己と進路に関する探索的・体験的諸活動を通じて，自己の生き方と職業の世界への知見を広め，進路に関する発達課題に主体的に取り組む能力，態度などを養い，それによって，自己の人生設計のもと，進路を選択・決定し，さらに卒業後のキャリアにおいて自己実現を図ることができるよう，教師が学校の教育活動全体を通じて，体系的・計画

的,継続的に指導援助する過程である」と定義している。このように,進路指導は,生徒自らが将来の生活,生き方を考え,自分の生活をどのように切り開いていくかを設計するのを支援する活動である。

　進路指導の特徴は,次のようにまとめることができる。
① 進路指導は,生徒自らの「生き方」についての指導・援助である。一人ひとりの生徒が,将来の生活についての夢や希望をいだき,自己の個性や適性を理解した上で,自分自身の生き方を,自主的に選択,決定できる能力を育むよう指導・援助する過程である。
② 進路指導は,個々の生徒の進路(職業的)発達を促進する教育活動である。職業観や職業的自我同一性の形成を援助し,結果として,自己実現能力を高める指導・援助である。
③ 進路指導は,社会性を育て,社会的適応能力を高める教育活動である。職業や職業社会に対する知的・体験的学習の深化に伴い,多種多様な職業に従事している人々,地域共同社会のなかで相互に助け合って生きている仲間などに対して共感的に理解することができるようになり,他者に対する愛情と尊敬に基づく態度や対人関係能力の形成につながる指導・援助である。
④ 進路指導は,一人ひとりの生徒の個性を伸長し,その可能性を最大限に開花させるよう指導・援助する過程である。個々の生徒は,かけがえのない価値的存在であり,興味,資質能力,進路希望などを異にしている。個人差に配慮し,個性の伸長を促進する支援が必要である。
⑤ 進路指導は,入学当初から,組織的,計画的,系統的に行なわれる教育活動である。各教科の指導,道徳教育,特別活動の指導,さらには,日常の学校生活のなかのあらゆる教育の機会や場面を用いて,教職員の協力によってなされる指導・援助である。

　現実には,進路指導は,学校だけで行なえるものではない。家庭や地域社会,地域の事業所,公共団体などとの連携,協力が大切である。しかし,一人ひとりの生徒の進路決定において,学校における進路指導の果たす役割が重要であるということはいうまでもない。

2. 職業指導と進路指導

　職業指導の起源は，人間の才能には個人差があり，仕事への適・不適があるとして，適性にしたがって職業を選ぶことが必要であると主張したプラトンにさかのぼるといわれる。

　20世紀初頭，急激な工業化と都市化の進展のなかで，政治的，経済的，社会的に大きな転換期を迎えたアメリカでは，職業指導（vocational guidance）の社会的，教育的必要性が認識されるようになり，組織的かつ実践的な職業指導をめざす運動（vocational guidance movement）が展開され始めた。職業指導のパイオニアの一人，パーソンズ（Parsons, F.）が，アメリカ，ボストン市の市民相談所で相談事務を担当し，さまざまな他の相談事とともに，就職相談を取り扱ったのが端緒である。彼は，1908年に職業相談所を開設し，青少年や成人求職者への職業指導や就職相談に力を注いだ。

　パーソンズ（1909）は，賢明な職業選択には，①自分自身と自分の適性，能力，興味，志望などを知る（自己理解），②職業の世界を知る（職業情報），③両者の正しい結合をはかる（職業相談）の3つの一般的な要素があり，それを基本に職業選択をすることで，個人は職業に適応でき，満足と成功をおさめることができると考えた。この考え方は，個人と職業の一致や適合性を第一に考えるマッチング理論の原型であり，また，その基本的な指導理念・方法は，「特性＝因子説（パーソンズモデル）」として集大成され，職業指導の普及・発展に大きな影響を与えた。

　1950年代に入ると，職業指導の理論の主流はマッチング理論から職業的発達理論へと大きく転回しはじめる。スーパーら（Super, D. E. et al., 1957）は，職業選択の過程を発達的にとらえる職業的発達理論を提唱したギンズバーグ（Ginzberg, E.）の考え方を受け継ぎ，職業選択を生涯にわたる過程であり，それは，自己概念の発展と受容，探索と現実吟味，自己概念の実現（職業的自己実現）へと順次進展する過程であると唱えている。彼の理論の特徴は，表11-1の「職業的発達の12の命題」によく示されている。

　わが国において，学校教育のなかに職業指導が正式に位置づけられたのは，1927（昭和2）年に出された文部省訓令20号「児童生徒ノ個性尊重及職業指導

● 表11-1　職業的発達の12の命題（Super, D. E. et al., 1957., 仙崎，1991）

1．職業的発達は，常に前進する継続的な，一般にあともどりのできない過程である。
　職業的好み，コンピテンス，さらには個人の生活や仕事の状態は，時間とともに，経験を積むとともに変化する。それゆえ，個人は選択や適応を常に継続して行なっていくことになる。この過程は生活段階のシリーズとして記述されよう。それらは成長，探索，確立，維持，下降の各段階であり，われわれの文化では，正常に職業的発達が進む場合には，この順序を踏むことになる。
2．職業的発達は，順序性があり，類型化でき，したがって予測することができる一つの過程である。
　比較的等質性のある文化内では，個人は，多くの同じような発達課題を達成することを期待される。その課題のいくつかは職業に関係するものである。職業的発達のねらいは，その結果としてみることのできる職業適応であり，それを評価する指標は，基本的にはすべての個人に共通なものである。
3．職業的発達はダイナミックな過程である。
　この過程は，個人に固有な行動系と達成されるべき発達課題の相互作用，あるいは，現在の行動特性と新奇な刺激との相互作用として理解される。それは，個人的要因と社会的要因，自己概念と現実吟味，現在の反応様式と新たに獲得した反応様式，の間の妥協，またはその統合の過程である。したがって，職業的発達は，多くの心理的要因と社会的要因の相互作用の過程，それらの統合の過程を含むダイナミックな過程であるといえる。
4．自己概念は，青年期以前に形成され始め，青年期にさらに明確となり，青年期に職業的用語に置きかえられる。
　この命題は次のような考え方に立つ。自己概念の基礎は児童期から発達し始める。青年期は，その自己概念をさらに洗練・明確にするために探索的経験を行なう時期である。この自己概念の発達と現実吟味の過程で，個人の興味，価値，能力が一つのまとまりのあるものに統合され，それが職業的に意味をもち始める。
5．現実的要因（個人的特性という現実と，社会という現実）は，青年期前期から成人へと年齢が増すにつれて職業選択上ますます重要な役割を果たすようになる。
　個人は成熟して学校から仕事の世界へと移行する入り口にさしかかると，以前とは違った義務・価値・動機に直面して，いろいろな職業上の責任を果たしていかなければならない。
6．親，またはそれに代わる人との同一視は，適切な役割の発達，相互に一貫性と調和のある役割取得に影響を与え，また，職業計画やその結果という点から行なう個人の役割の意味づけの仕方とも関連性がある。
　適切な性差をかなり強調する社会では，同性の役割モデルとの同一視は，満足すべき職業適応に影響を与える。職業で，社会的に承認された適切な役割を演じたという要求や，好きな役割を演じながら職業上の確立をはかるということは，職務満足の本質的な側面である。
　個人の職業行動を適切に説明するうえで，個人は，生活段階を通して，さまざまな要因の相互作用のなかで発達する，という命題が基本的なものである。生物学的，心理学的，経済的，社会的要因が結びつかって個人のキャリアパターンに影響する。互いに連続し合う生活段階において，個人は順次，新しく，また，社会的要請が一段と複雑となる段階に立ち向かっていかなければならない。将来の職業的発達を予測するには，ある選ばれた時点での個人を分析し，一定期間にわたる個人のキャリアパターンの特徴を吟味すればよい。
7．個人の，一つの職業水準から他の水準への垂直移動の方向と率は，知能，親の社会経済的水準，地位要求，価値，興味，対人関係の技術，経済界における需要と供給の状態，と関係がある。
8．個人が入る職業の分野は，彼の興味，価値，要求，親またはそれに代わる人の役割モデルとの同一視，彼が利用する地域社会の資源，彼の教育的背景の水準と質，地域社会の職業構造，職業動向，職業に対する態度，と関係がある。
9．各職業は，能力，興味，性格特性についての特徴的な型を要求するが，一つの職業にさまざまなタイプの人が従事できるし，一人の人が異なる職業に従事することができるなどの許容性がある。
　職業的発達理論の基本的要素の一つは，特徴のある個人の多元的可能性の概念である。個人差と職業上の差異は，個人にとっての職業の意味の大きさを規定する上で重要な役割を果たす。
10．職業満足や生活上の満足は，個人がその能力，興味，価値，性格特性に対するはけ口を，仕事のなかで見いだすことができる程度に依存する。
　個人が，職場で自分の心理学的特性を表出することができるなら，それは，自己実現の感情，所属意識，地位感情を高める機会をもつことを意味する。彼が理想とする役割を演ずることができるということである。
11．個人が仕事から得る満足度は，その自己概念を実現できた程度に比例する。
　職業的発達は，自己概念の発達でもある。そして，職業適応の過程は，自己概念を実現する過程であると仮定できる。
12．仕事と職業は，多くの男女にとって人格形成上の一つの焦点となる。一部の人にとっては，この焦点が一時的，偶然的，または全く存在しなかったりする。また，社会活動や家庭が焦点となることもある。
　知的，社会的に高い水準の職業に入る人にとっては，職業自体が焦点となる傾向がある。中程度と低い水準の職業に入る人にとっては，仕事の環境や人間関係の方がより重要となる傾向がある。また，男性は，キャリア志向，女性は対人志向の傾向が強いといった性差も認められる。

＝関スル件」以降である。1947（昭和22）年に制定された学校教育法では，中学校教育の目標の一つに「社会に必要な職業についての基礎的な知識と技能，勤労を重んずる態度及び個性に応じて将来の進路を選択する能力を養うこと」（学校教育法第36条第2項）を掲げ，さらに，高等学校教育の教育目標の一つに「社会において果たさなければならない使命の自覚に基づき，個性に応じて将来の進路を決定させ，一般的な教養を高め，専門的技能に習熟させること」（学校教育法第42条第2項）を掲げ，中学校及び高等学校の教育目標の一つに進路と職業の指導を位置づけた。なお，1957（昭和32）年の中央教育審議会答申以降，「職業指導」に替わって「進路指導」という用語が使われている。

進路や職業の指導に関連して，「職業上の地位や役割の系列」，「職業経歴」を表わす言葉としてキャリア（career）が用いられ，進路指導の英語訳にはcareer guidance があてられている。今日では，単に，職業生活だけでなく，共同体の一員として，良き市民，良き余暇人，良き学習者として主体的・積極的に生きる自己実現の過程をキャリアとよぶ場合もある。

2 進路指導の内容と方法

学校における進路指導の目標は，①生徒の自主的な将来の進路の選択と計画に必要な能力の育成と，②その後の生活によりよく適応し進歩するのに必要な能力の伸長とを，③教師が組織的，継続的に指導・援助することである。この目標を達成するための活動内容は，「生徒理解・自己理解への努力」，「進路情報の提供」，「啓発的経験の促進」，「進路相談の促進」，「進路先の選択・決定への指導・援助」，「追指導の実施」の6つに分けることができる。

1. 生徒理解・自己理解への努力

一人ひとりの生徒が，自分に最もふさわしい進路を自主的に選択・決定していくための前提条件は，生徒自身が自らを正しく理解し，適切な自己概念を形成することである。また，教師が，適切な進路指導を行なうためには，一人ひとりの生徒の個性，興味，関心，能力，適性，価値観など個人に関する資料を，種々の方法を用いて継続的，組織的に収集し，その個人を正しく理解する必要

がある(生徒理解)。また,個々の生徒が,自分自身を見つめ,自分がどんな特徴をもった人間なのかを考え,自己を一つの客観的対象として理解していく過程が自己理解である。この過程において,自己の個性を知り,自己概念を形成し,将来の生活のなかで自己実現をはかる進路に方向づけが行なわれることになる。生徒の自己理解を進化・拡大するために,教師の収集した個人資料は,生徒自身にフィードバックし,指導・援助に生かしていくことになる。

(1)個人資料の内容

教師の生徒理解と生徒の自己理解を併せて個人理解という。個人理解に必要な生徒の個人資料の内容としては,①生徒の心理・身体的事実,②社会的事実の2つの側面があげられる(表11-2)。①のなかに,「能力・適性・特性などに関する資料」が含まれているが,これは,スーパーの職業的適合性と同義と考えることができる(図11-1)。

● 表11-2　個人理解に必要な個人資料の内容

①　心理・身体的事実に関する個人資料
　(a)進路発達レベルの診断項目例
　ア　進路への関心と自覚,職業観　　イ　進路の探究と吟味,現実性
　ウ　自己の能力,適性・特性の理解　エ　進路情報についての知識と理解
　オ　主体的な進路選択の意欲
　(b)能力・適性・特性などの診断項目例
　ア　知能・学力　　イ　体力・身体的特徴　　ウ　適性・特性
　エ　関心・興味　　オ　性格・健康
②　社会的事実に関する個人資料

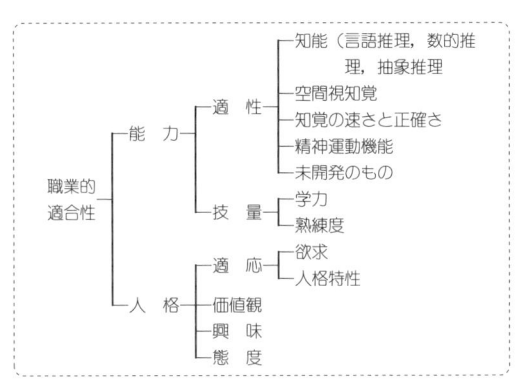

```
                          ┌ 知能(言語推理,数的推
                          │   理,抽象推理)
              ┌ 適 性 ─┼ 空間視知覚
              │          ├ 知覚の速さと正確さ
      ┌ 能 力┤          ├ 精神運動機能
      │       │          └ 未開発のもの
      │       │          ┌ 学力
職業的│       └ 技 量 ─┤
適合性┤                   └ 熟練度
      │       ┌ 適 応 ─┬ 欲求
      │       │          └ 人格特性
      └ 人 格┼ 価値観
              ├ 興 味
              └ 態 度
```

● 図11-1　スーパーの職業的適合性(広井・中西,1978)

（２）個人資料収集の方法

　個人理解の主な方法としては，行動観察法，調査・検査法，面接法，生徒の作品，累加記録などを活用する方法があげられる。

　行動観察法　生徒の教室内での学習活動，休み時間や放課後における遊びやクラブ活動など学校生活のなかで生じる生徒の行動の仕方や態度を観察し，個人理解をはかる方法である。あるがままの自然な姿を観察する自然観察法と，特定の場面を設定して観察する統制観察法に分けることができる。また，目的に応じて，特定の行動だけを観察する行動標本抽出法や，特定の時間だけ観察する時間標本抽出法などもある。

　生徒の行動を観察する場合，教師の主観性が強く働き，観察が一面的，一方的なものとなったり，誤りやゆがみが生じる場合がある。具体的には，次のような点に留意する必要がある。

① 　生徒のもつ一部の特徴に基づいて，その生徒全体を評価してしまってはいないか（ハロー効果）。
② 　特定場面だけの行動や態度から，ただちにそれがその生徒の性格の現われだと判断していないか。
③ 　先入観やステレオタイプ的な固定観念をもって接していないか。

　調査・検査法　標準化された検査，あるいは教師自身が作成した調査を利用して，生徒の能力，適性，興味，性格，価値観などを検査する方法である。進路希望調査，生徒の進路に関する保護者の意見調査などにも使用される。

　標準化された検査については，その手引きにしたがい，正確に実施すること，拡大解釈しないこと，他の方法で収集した情報と総合して理解することなどに留意する必要がある。また，自分自身で検査や調査票を作成して使用する場合，妥当性や信頼性を十分に検討し，生徒の年齢にふさわしい内容と形式を備えた調査をこころがける必要がある。

　面接法　教師が生徒と個別にまたは数名の生徒と集団で相対し，理解したい事柄について質問したり，生徒に自由に話をさせ，あるいは集団で討議させることを通して個人理解をはかる方法である。保護者を含めて実施する場合もある。

　その他，生徒の作品や日記，種々の累加記録を利用することもある。それぞ

れの方法には一長一短があるので，目的と対象者を考慮して，適切な方法を選択する必要がある。

(3)個人資料の整理と保存

一人ひとりの生徒に関する資料は，いま，すぐに活用するだけでなく，継続的・総合的に利用するものであるので，適切に整理・保管されなければならない。リスト方式，ファイリング方式，カード方式などの方法があるが，今日では，データ・ベースとして個人の情報をコンピュータに記憶させて保管することもできる。個人資料は生徒の自己理解を援助するものであり，生徒にフィードバックしていくことが必要である。それを行なうタイミングに配慮するとともに，個人のプライバシーを尊重し，個人情報が外部に漏れることのないよう気をつけなければならない。

2. 進路情報の提供

中学生や高校生の進路発達（career development）は，進学や職業選択を中心においた「生き方」の探求が中心となる。進路や職業に対する生徒の意識や関心を高め，個々の生徒が，将来の進路を探索・計画・準備し，適切に意志決定（career decision making）するのを援助し，進路発達を促進するために

● 表11-3　進路計画のプロセス（佃，1991より作成）

① 気づく（awareness）
　　人の選ぶ職業は，さまざまであり，それらの進路は，それぞれ必要とする要件が異なっていることを知り始める段階である。
② 探索する（exploration）
　　人や職業の差異や共通性について，さらに知識を獲得して理解を深める段階。自分に適切な進路を探し，適合性を吟味するのもこの段階である。
③ 計画の立案と現実吟味（career planning and reality testing）
　　蓄積されてきた自己についての情報と進路の世界（学校や職業）についての情報を用いて，将来について暫定的な"夢"を形成する段階である。
④ 準備（preparation）
　　立案された暫定的な計画にそって，教科の選択やその他の教育プログラムへの参加へと実際の行動が移される。
⑤ 意志決定（decision-making）
　　自分が求めているものが明確であることや進路先がその要求をどれほど満足させてくれるかを理解し，進路を特定化し，具体化する。
⑥ 雇用や配置（employment and placement）
　　自分の選んだ職場に雇用され，または，学校に入学する段階である。新しい世界について理解を深めることで，適応と満足はより高いものになる。

提供する教育的素材を進路情報という（表11-3）。

佃（1991）は，進路の選択を，いくつかの進路の可能性のなかから，自己の特性，希望するライフ・スタイル，価値，その他の現実的制約などを考慮に入れて「絞り込む」ことであるとし，その前の段階として進路の可能性を「拡げる」ことが重要であると指摘している。この「拡大」と「絞り込み」の両過程において，進路情報は重要な役割を果たすことになる。

高度情報化社会とよばれる今日，進路に関する情報は，書籍や雑誌，テレビ，ラジオ，インターネットなどを通して容易に入手することができるし，有用な情報も多い。しかし，生徒を募集する学校，大学，企業などが制作した情報，出版社やマスコミの発信する情報とともに，生徒が現在所属している学校において生徒の側に立って親身になって作成されている信頼のおける進路や就職の手引きが重要な情報源であることは言うまでもない。

進路情報は，何を（内容別），だれに（対象別），どのようにして伝えるか（方法別）によって多種多様である。たとえば，対象別では，生徒向け情報，教師向け情報，保護者向け情報の３つに区分できるが，中心的に扱われるのは，やはり生徒向け情報である。その主要な内容は，①進路への関心を高める情報資料，②産業・職業に関する情報資料，③上級学校に関する情報資料，④職業観形成の援助に関する情報資料，⑤進路先の選択・決定に関する情報資料，⑥新しい環境への適応と自己実現に関する情報資料，などである。また，情報の収集にあたっては，問題意識をはっきりともって情報資料を主体的に探すこと，情報の収集を反復して行なって資料の累積をはかること，専門領域を越えたところからも情報資料を集めることなどをこころがける必要がある。

学校における進路指導は，あらゆる学校活動を利用して実施することが可能であり，指導の場が異なれば，用いられる方法も違ってくる。学校が作成した手引きやワークブック，各種図書，統計資料，進路関係雑誌や新聞，学校案内や職場案内などは最もポピュラーな進路情報である。近年は，VTR，CD-ROMなどの視聴覚教材，インターネットを介しての情報資料の収集や提供も盛んである。先輩の成功談，適切な講師の講話，見学や調査なども貴重な情報源となる。

3. 啓発的経験の促進

　啓発的経験（exploratory experience）の指導について，文部省（1984）は，「学校内外における主体的・探索的活動を通して，個々の生徒に職業生活の実際や人間としての望ましい生き方を体験的に理解させることによって，将来の職業生活の中で，十分な自己実現をするのに必要な知識・技術・価値観などを身につけさせることを直接的なねらいとする意図的，計画的な活動である」と説明している。

　2002（平成14）年から実施の新学習指導要領では，完全学校週5日制のもとで，「生きる力」を育むための基本的視点の一つとして多くの知識を一方的に教え込む教育を転換し，子どもたちが自ら学び自ら考える力を育成することをあげている。また，「総合的な学習の時間」を創設し，特別活動の「学校行事」においてはボランティア活動など社会奉仕の精神を養う体験を充実することを求めている。学校教育や生涯学習の場で，子どもたちが，生活体験や自然体験の機会を多くもち，そのなかで人間としての生き方，望ましい勤労観や職業観，職業生活や社会生活に必要な知識・技術を習得するなど，具体的，現実的に学習できるように工夫することが必要であるというのである。生徒理解・自己理解への努力，進路情報の提供は，進路指導において重要な位置をしめているが，ややもすると観念的・抽象的になったり，実際の生きた体験から切り離されてしまいがちである。そこに具体性や現実性を加味するのが啓発的経験ということになる。上級学校への体験入学，職場の見学会，地域社会におけるボランティア活動や社会奉仕活動，家庭での役割分担や手伝いなど，児童・生徒の啓発的経験による体験学習は多様な場面で行なうことが可能である。また，学校教育のなかでも，教科の学習指導，総合的学習の時間，道徳教育，特別活動，教育課程以外の部活動などを活用して行なうことができる。

4. 進路相談の促進

　進路相談は，「生徒一人ひとりを対象として，個別相談やグループ相談を通して進路への関心を高め，自己および現実理解の深化や自己および現実受容をうながし，人生設計やそれにともなう進路選択の能力を伸長して，将来の生活

における適応や自己実現がより確実に達成できるように，問題解決能力ならびに自己指導能力の発達をうながすための援助活動である」（文部省，1977）と定義されている。

　進路相談の第1の特徴は，生徒一人ひとりを対象として，教師が直接関与していく援助活動であるということである。進路指導の課題は，すべての生徒に共通するものであり，中学校での学級活動，高等学校でのホームルーム活動など，集団活動場面における学習や活動を通して行なわれるが，進路指導は，生徒自らが自分の生き方を考えて主体的に進路を選択することができるように援助する活動であるから，個性豊かで，独自な存在，またそれゆえに抱えている悩みや問題も異なる個々の生徒一人ひとりへの指導・援助が，究極的には大切になるし，進路相談はその中心に位置するといってよい。

　第2の特徴は，相談という方法そのものにある。生徒と教師が，一対一の対面した状態で，言葉を中心にして，その他の非言語的な手段を用いながらコミュニケーション関係をつくり，問題解決に向けて相互作用を行なっていくわけである。相談の中心は，生徒と教師の人間関係であるから，両者の間に親和と信頼に満ちた関係（ラポート：rapport）を形成するように教師はこころがける必要がある。

　進路相談にはいろいろな方法がある。相談の機会別に分類すると，定期相談，チャンス相談，呼び出し相談，自主相談に大別できる。また，相談対象者数によっては，個別相談，三者相談，グループ相談に分類できる。個々の生徒の状況にふさわしい相談の方法を選択していくことが必要である。

　渡辺（1995）は，「カウンセリングとは専門的援助活動であって，それは大部分が言語を通して行なわれる過程であり，その過程のなかで，カウンセリングの専門家であるカウンセラーと，何らかの問題を解決すべく援助を求めているクライエントとがダイナミックに相互作用し，カウンセラーはさまざまな援助行動を通して，自分の行動に責任をもつクライエントが自己理解を深め，『良い（積極的・建設的)』意志決定という形で行動がとれるようになるのを援助することである。そして，この援助過程を通して，クライエントが自分のなりうる人間に向かって成長し，なりうる人になること，つまり，社会のなかでその人なりに最高に機能できる自発的で独立した人として自分の人生を歩む

ようになることを究極的目標とする」というハーとクレマー（Herr, E. L. & Cramer, S., 1988）のカウンセリングの定義を引用し，進路指導におけるカウンセリングの重要性を強調している。それは，カウンセラー（教師）とクライエント（生徒）が，ダイナミックな相互作用（両側通行のコミュニケーション）をすることによって，生徒が「良い意志決定」をする能力を育てる過程である。そして，一人ひとりの生徒に目を向けて尊重する姿勢（カウンセリング・マインド）や客観的な情報・知識などを備えた教師が，判断力と計画性に基づく見通しをもって，個々の生徒と対話することが重要である。

5. 進路先の選択・決定への指導・援助

　1993（平成5）年，文部（科学）省は，中学校における進路指導の改善・充実をはかるために，①学校選択の指導から生き方の指導への転換，②進学可能な学校の選択から進学したい学校の指導への転換，③100％の合格可能性に基づく指導から生徒の意欲や努力を重視する指導への転換，④教師の選択決定から生徒の選択決定への転換，という基本的視点を打ち出した。そこでは，高等学校への不本意入学と中途退学者の増加，偏差値を過度に重視した教師主体の進学高校の決定が社会問題となったのである。この問題は，高等学校から大学などへの進学指導においても同様の趣旨に基づいて改善がはかられた。就職についても，離職や転職の増加という卒業者の進路先での不適応が問題となり，その原因の一つとして，卒業時における進路決定のあり方が問われたのである。

　進路先決定への援助とは，「進路指導の成果をふまえて，個々の生徒が，主体的に進路を選択・決定し，みずから選んだ進路に対して希望をもって第一歩を踏みだせるようにする具体的，実際的な指導・援助」（文部省，1977）である。生きる力を育むなかで，意志決定のための基礎的能力を育てることである。

　宮沢（1998）は，高校生や大学生が就職先を選ぶ基準として「仕事志向（労働を通しての自己実現志向）」，「生活安定志向」，「生活エンジョイ志向」などをあげている。自己の特性と職業の適合性を考慮するのか，それとも安定性か，「自分の趣味に合った暮らし方」を求めるのか，最近の青年の希望はどのようなものであろうか。

　また，職業生活（職業観）については，スーパーとボーン（1970）は表11-4

● 表11-4　職業生活の諸段階（Super, D. E. & Bohn, M. J., 1970, 橋本, 1979）

段階	内容
成　長　段　階 （誕生〜14歳）	自己概念は，学校と家庭における主要人物との同一視を通して発達する。欲求と空想はこの段階の初期において支配的である。興味と能力は社会参加と現実吟味の増大に伴い，この段階でいっそう重要になる。この段階の副次段階は， 　空想期（4〜10歳）欲求中心・空想のなかでの役割遂行が重要な意義をもつ。 　興味期（11〜12歳）好みが志望と活動の主たる決定因子となる。 　能力期（13〜14歳）能力にいっそう重点が置かれる。職務要件（訓練を含む）が考慮される。
探　索　段　階 （15〜24歳）	学校，余暇活動，パートタイム労働において，自己吟味，役割遂行，職務上の探求が行なわれる。探索期の副次段階は， 　暫定期（15〜17歳）：欲求，興味，能力，価値観，雇用機会のすべてが考慮される。暫定的な選択がなされ，それが空想や討論，教育課程，仕事などのなかで試みられる。 　移行期（18〜21歳）：青年が労働市場または専門的訓練に入り，そこで自己概念を充足しようと試みる過程で，現実への配慮が重視されるようになる。 　試行期（22〜24歳）：表面上適切な分野に位置づけられると，その分野での初歩的な職務が与えられる。そしてそれが生涯の職業として試みられる。
確　立　段　階 （25〜44歳）	適切な分野がみつけられ，その分野で永続的な地歩を築くための努力がなされる。この段階のはじめにおいて若干の試行がみられる場合がある。その結果，分野を変える場合があるし，試行なしに確立が始まるものもある。とくに，専門職の場合がこれである。この段階の副次段階は， 　試行期（25〜30歳）：自分に適していると考えた分野が不満足なものだとわかり，その結果，生涯の仕事を見いださないうちに，あるいは生涯の仕事が関連のない職務のつながりだということがはっきりしないうちに，分野を1〜2回変更することになる。 　安定期（31〜44歳）：キャリア・パターンが明瞭になるにつれて，職業生活における安定と保全のための努力がなされる。多くの人にとって，この年代は創造的な時代である。
維　持　段　階 （45〜64歳）	職業の世界である地歩をすでに築いたので，この段階での関心はその地歩を保持することにある。新しい地盤が開拓されることはほとんどなく，すでに確立されたラインの継続がみられる。
下　降　段　階 （65歳以降）	身体的，精神的な力量が下降するにつれて，職業生活は変化し，そのうち休止する。新しい役割が開発されねばならない。いわば最初は気が向いたときだけの参加者という役割，ついで参加者でなしに，傍観者としての役割をとるようになる。この段階の副次段階は， 　減速期（65〜70歳）：場合によっては公式の引退（定年）のときであり，時には維持段階の後期にあたる。そして，仕事のペースは緩み，職責は変化し，時には下降した能力に合わせて仕事の性質が変化する。多くの人は，常用的な職業の代わりにパートタイムの職務を見いだす。 　引退期（71歳以降）：各々の年齢的制限については，人によって大きな違いがある。しかし，職業上の完全な休止はだれにもいずれやってくる。ある人にとっては気楽に楽しく，別の人にとっては気が重く落胆を伴い，あるいは死とともにやって来る。

のように5段階の発達があるとしている。進路指導の際もこれらの段階の特徴を視野に入れての指導がのぞましい。

　自己の進路を自主的・自立的に選択していく過程は，進路計画のプロセスである。勝手な思いつきや漠然とした希望による進路選択ではなく，十分に吟味し，練られた選択・決定がなされる必要があるし，教師の側の指導・助言が，より適切に行なわれる必要がある。

6. 追指導の実施

　追指導は，「個々の生徒が，中学校や高等学校を卒業後に新しく迎えた生活によりよく適応し，自己実現を図っていくことができるように，卒業後も引き続いて指導・援助を行う活動」（文部省，1977）である。卒業後のフォローアップとかアフターケアとよばれる。

　追指導の方法としては，①卒業後の生徒の進路先を訪問して，本人や関係者と面談する，②卒業生を自校あるいは特定の場所に召集する，③手紙やアンケート，電話などの通信手段を用いて適切な援助・助言を行なう，などがある。卒業後に母校や恩師からなされるフォローアップは，卒業生にとっては大きな励ましになる。

　また，この活動は，学校における進路指導の総合的評価活動の一つでもあり，そこで得られた成果や問題点の確認は，在学生の進路指導にとって貴重な資料となる。

CHAPTER 12 保健室の養護教諭の役割

　厚生省研究班による「心身症，神経症等の実態把握及び対策に関する研究」では，とくに病気でもないのに頭痛や腹痛，微熱，けん怠感などの不定愁訴を訴える子どもが，小学校で2.5%，中学校で4.0%に及んでおり，加えて，睡眠障害，多動や学習障害，不登校などの諸問題を合併している事例が多くあることが報告されている（「日本教育新聞」1999年7月23日）。

　また，文部省（2000）の「平成11年度の生徒指導上の諸問題の現状について（速報）」の報告では，次のようになっている。

① いじめの発生件数は，31,369件（前年度36,396件）で13.8%の減少である。
② 不登校児童生徒数発生件数は，130,208人（前年度127,692人）で2.0%の増加である。
③ 高等学校中途退学者数は，106,578人（前年度111,372人）で4.3%の減少である。

　一応「いじめ」と高校中退に関しては，歯止めの兆しがみえ始めたものの，子どもたちの内面にたまったマグマはそれ以外の問題行動へ向かうかもしれない危険性がうかがえる。その一つが暴力行為であり，他の一つが無気力を理由とする不登校である。

　現在，子どもたちは学校や家庭や地域社会において多くのストレスにさらされ，それにうまく対処できないために情緒不安定となり，心と身体の不調感や症状あるいは問題行動を示しやすくなっている。ところで，そのような児童生徒が学校で最初に訪れる場所が，養護教諭のいる保健室である。したがって，教育相談の立場からすると，そのような児童生徒に保健室で関わりをもつ養護教諭の役割と対応のあり方がきわめて重要なこととなる。

1 保健室を訪れる児童生徒への理解

　学校の保健室は"からだ"だけではなく，"こころ"の避難所にもなっている。児童生徒の症状や問題行動は，その子どもの生活状況における環境との相互作用のなかで発生していることが多い。すなわち，その子どもが持続的な緊張や不安，あるいは，強い欲求不満や葛藤などに直面して，それまで保っていた内的ホメオスタシスが崩れて不安定な状態となっているものと仮定できるのである。人間はこの内的ホメオスタシスが崩れると，次に何とかしてそれを安定した状態へもどそうとして，意識的あるいは無意識的な反応を引き出そうとする。そこでストレス状態を適切に対処できた場合には，すみやかに内的ホメオスタシスの回復がはかられ，症状や問題行動は出現しない。しかし，その対処が不適切な場合には，心身の不安定さがさらに増幅されて悪循環に陥り，症状や問題行動の持続と悪化が発生してくる結果になりやすい。

　そこで，ストレスへの反応，すなわち，情緒障害における症状や問題行動の表出型を整理すると，図12-1のように，身体症状化，行動症状化，精神症状化，性格症状化の4つの形態に分類することができる（古賀，1990）。

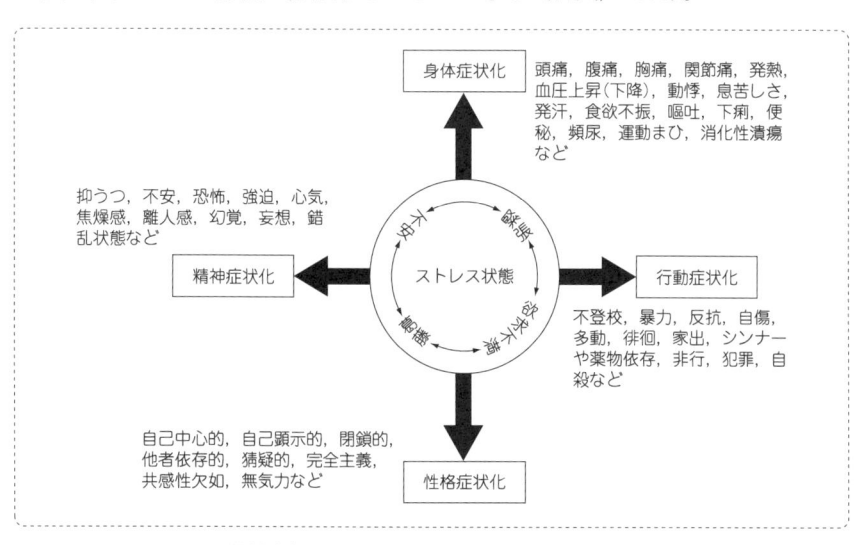

● 図12-1　情緒障害における症状および問題行動の表出型（古賀，1990）

ところで，山中（1990）は，「"からだ"の症状を示すものの相当部分が，実は医学的な治療対象よりも心理臨床の対象として考えた方がよいものが多い」と指摘している。また，福島（1992）は，「思春期の入り口では，危機に出会っても，それらを心理的に加工したり，精神的に処理したりできるほど，まだ自我が成熟していないのである。そこで彼らは，それを心理的葛藤や精神症状として意識化するよりも，問題行動として行動化して表現するほかないのである」と説明している。児童生徒に現われている症状や問題行動をストレスへの反応として検討する場合には，このような指摘は大いに参考となる。

　したがって，以下，養護教諭として，保健室を訪れてくる児童生徒の訴えや悩みなどの特徴をどのように理解していけばよいかについて述べてみる。

1. 警告信号としての意味

　われわれは心に不安やストレスが生じると，まず身体に変調が現われてくることがある。それは一種の生体防御反応であり，危険状態を示す警告信号を意味している。保健室を訪れてくる児童生徒の多くは，身体症状や問題行動を通して，自分の危機的状態を知らせようとしているのであり，養護教諭は，まずそのことを確実に受けとめてやることが必要である。

2. 発達過程のなかでの一過性

　ここではまず，一つの事例を紹介してみたい。

■事例 I　一過性とみられる不登校を示した小学6年女子

　5月の連休後から，食欲がなく身体がだるくて元気が出ない。毎朝，目がさめても起きづらく，そのまま寝ていたいので，遅刻することもある。授業を受けても集中できず，おっくうである。学校では，机にうつぶせになっていることが多い。さらに，早退や欠席をすることもみられるようになってきた。この女児は，不登校なのではないかという相談を受けた。しかし，種々の医学的検査や医師による診察でも異常は認められず，筆者の方（病院の臨床心理室）へ訪ねてきたので，母親と本人を別々に面接して話を聴いた。しかし問題となるところは感じられなかったので，とりあえず次の6つの指示を行なった。①しばらく経過を見守るようにする。②食事や睡眠など生活のリズムをきちんとさせる。③しばらく，塾や習い事をひかえさせる。④遅刻や欠席をしても，無理じいや叱ることはしない。⑤学校では，担任と養護教諭の協力を得る。⑥学校の協力を得られるように，病院側も援助する。

> 結論からいうと，この女児は，それから4か月後に初潮があり，身体的な不調感は急速に軽減し，不登校もみられなくなった。

　この事例の場合は，生理が始まる前の体調の一時的な変調によるものと考えられる。
　ほぼ10歳を過ぎると，子どもたちは大人になるための生理的な変化をし始める。その頃に腹痛や関節痛，身体のだるさなど身体の不調を訴えるケースが多くみられる。また，思春期にも，反抗やふてくされのような，大人の側からみた問題行動がめだつことがあるが，それは子どもたちが成長と発達の過程でのり越えていかねばならないものでもある。症状や問題行動と思われるもののなかには，一過的に出現し，それが児童生徒の成長・発達の糧となるものも多いことを熟知する必要がある。

3. 環境の変化に伴う不安やとまどい

　身体的な不調感や症状を訴えたり，精神的な混乱をきたすことは，新学年や新学期，転校後などのように，新しい環境への適応が十分にできていない状況で発生してくることが多い。児童生徒は，環境変化に対して不安や緊張やとまどいを感じながらも，初めは何とかしてがんばっていこうとするが，うまく環境になじめないと，不安やとまどいをさらに強めてしまう場合もある。また，うまくしようとがんばりすぎて，2〜3週間経過する間に，疲れが出てきたりすることもある。そのようなときのちょっとした失敗や友だちとのトラブルで生活への満足感がなかったりすると，そのことが引き金となって，より重大な問題に発展することが少なくない。養護教諭や保護者はこのことを十分に考慮し，児童生徒に速やかな援助を与えられるように準備することが大切である。

4. 対人関係のなかでの不信感

　児童生徒が対人関係のなかでどのようにして不信感を強めているのかを確認することは，非常に重要である。
　上級生のいじめで不登校になり，治療経過中で衝動的に手首を切って自殺企図をはかった女子中学生のケースでは，次のようであった。

■事例2　自殺を図った中学2年女子の人間関係

　［母親について］　いつもイライラしていて，すぐヒステリーを起こす。お母さんがヒステリーを起こすと，私は何も言えなくなるし，何も聴きたくない，逃げてしまいたくなる。それで，すぐに自分の部屋に逃げこんで，物を投げたりなどして，やつ当たりをしてしまう。
　［父親について］　とてもやさしい。いつもは船に乗っていて家にいない。
　［祖母について］　小6のときから一緒にくらすようになったけど，細かいことに口うるさい。
　［姉について］　ちょっとしたことでもすぐに怒鳴り散らす。だから，絶対に文句は言えない。何があっても平気で，堂々としている姉がうらやましい。
　［弟について］　時々弟はいいなあと思うことがある。だれからも文句を言われないし，いつもかわいがってもらえるし……。
　［上級生について］　2年生のとき，何人かに取り囲まれ，「あんた少し生意気じゃない」といわれて脅された。それからは，人間がとても怖くなった。
　［同級生について］　本当の友人と思う人もいないし，自分から話しかけれない。それに話しかけても相手も応じてくれない。
　［先生について］　姉が問題児だったから，私もあんまりいい目で見てくれない。いつも私をなにか冷たい目で見ている。

　保健室へ訪れてくる児童生徒のなかには，この例のように対人関係のなかでの不信感を強めていることも多いので，教育相談の際には，児童生徒の対人関係の現状をきちんと把握することが必須となる。

5. 自己否定感

■事例3　過剰適応的な高校2年女子の不登校

　（家では）わがままだが外では自分を抑える。
　（家のくらし）部屋にこもっているとき以外は快適でない。
　（私の父は）神経質で口うるさく，はっきりいって私の一番嫌いなタイプだ。
　（私の母は）良い人で，父とは正反対の性格だ。
　（夫）と妻が一生仲が良いのは，ドラマの世界の話だけだと思う。
　（家の人は私を）いいかげんな奴だと思っている。
　（私が努力しているのは）今のところ，これといってない。
　（私が得意になるのは）テストで良い点が取れたときである。
　（もし私が）大人になったら，うーんと遊ぼう。
　（将来）良い夫と結婚できなかったら，とっとと離婚しようと思う。だから子どもはつくりたくない。

（もう一度やり直せるなら）私をおなかにもどして流産してほしい。

　これらの文章は，不登校で治療にきた17歳の女子高校生が書いたSCT（文章完成法）の一部である。それにしても，「もう一度やり直せるなら，私をおなかにもどして流産してほしい」とは，すさまじい。現在の自分のすべてを否定し，思いは，未来への希望よりも過去の悔やみの方へ向いていることが確認できる。

　それまで過剰適応で，模範解答を求めて良い子を通してきた児童生徒のなかには，思春期になって強い挫折感に直面し，混乱をきたす場合が少なくない。これらの子どもたちは，受身的で依存的になりやすく，その一方で，他者からの評価に過敏である。すべてに失敗をおそれ，自分での決断ができず，新しいことへの挑戦を避けるきらいがある。そして，もしも失敗や挫折をしたときには，自己否定感をさらに強めると同時に，他者へ責任を転嫁してしまい，激しい攻撃性を向ける危険性がある。このような児童生徒は，表面的にはうまくいっているようにみえても，心の成長の点では多くの未解決の問題をもち合わせているものである。過剰適応の児童生徒ほど，ちょっとした失敗や挫折に対する反動が強いように思われる。

6. 回避的反応

　「自分の思い通りにならない」，「とても嫌だけど実行しないといけない」，「心理的にとてもきつくて耐えられない」，「いまの状態に満足できない，おもしろくなくて頭にくる」，「自分が"だめ人間"のような気がする」などのようなストレス状況に直面したとき，われわれはどのような反応や行動をとりやすいのだろうか。最も適切で望ましい対処行動は，自分を厳しくみつめ直し，その直面している課題や事態と対決し，悪戦苦闘しながらも，それを克服していくことである。

　しかし多くの場合，その方向には向かわず，その時点で心理的に楽な状況を生み出そうとして回避的な反応や行動をとりやすい。われわれは，それを意識的にする場合もあるが，必ずしもすべてを意識的にするというわけではない。そのことは，本質的な解決ではないながらも，一時的な心理的安定をはかれるた

めに，本人にとっていごこちのよいものとなる。そして，その状態に埋没し，克服すべき課題やストレス事態への挑戦と対決を常に先のばしにしてしまうことになる。

保健室を訪れてくる児童生徒の多くも，このような回避的反応や行動をとりやすい状態にある。

7. 自分を助けてくれる人

何となく頻繁に保健室へ顔を出す児童生徒がいる。ある一人が保健室に来ると，連れだって数名が一緒にくるようになることもある。彼らは，間違いなく援助を求めている。

筆者は以前に学校でのつっぱり行為とシンナー嗜癖の男子中学生A君の治療を担当したことがある。数回のカウンセリング面接を実施した次のセッションの日，驚いたことに，「先生，こいつらの話も聴いてやってください」と，本人が12人の仲間を引き連れてきたことがあった。そのときは皆で車座になって一緒に2時間以上話し合ったものである。A君にとってみると，筆者は少しは話のわかる相手だと思えたのであろう。その後，A君は立ち直ってシンナーもやめることができ，社会人としてきちんと仕事に取り組めるようになった。

どのような児童生徒でも，自分のことを本当に理解し，本気で受けとめてくれる人を求めている。問題行動や症状が深刻であればあるほど，児童生徒の援助を求める思いは激しいものと予想できる。少なくとも，保健室を訪れてくる児童生徒に対しては，養護教諭も他の教師も多くの援助をさしのべることが可能である。そして，さまざまな問題をもつ児童生徒に対して，現実的で具体的な援助をどのように提供していくか，それが最も重要なことである。

2 教育相談における養護教諭の役割

1. 保健室と養護教諭に対するイメージ

児童生徒が保健室と養護教諭に関して，どのようなイメージをいだいているのかについて，高田（1991）は，表12-1のようにまとめている。

● 表12-1 子どもがいだく保健室と養護教諭のイメージ（高田，1991）

> ［保健室について］
> ＊保健室は，職員室や校長室よりも入りやすい。
> ＊保健室は，人の出入りが少なくて，静かでゆったりとした雰囲気がある。
> ＊保健室は，ぐあいが悪い人が行くところとなっているから，友だちや先生から承認されやすい。
> ＊保健室は，強制的に行くところでなく，自分から行きたくて行くところである。
> ＊保健室は，勉強ぎらいな人でも気軽に行って，悩みを相談できるところである。
> ＊保健室には冷房や暖房があり，快適にすごせるところである。
> ［養護教諭について］
> ＊養護の先生は女性で，保健室に1人でいる。
> ＊教科を教える先生ではなく，成績や評価に関わっていないから，安心して話せる。
> ＊脈を測ってくれたり，ベッドに寝かせてくれるなど，お母さんのようなやさしい先生である。
> ＊担任の先生は，受け持ちが変わると関係なくなるが，養護の生は，その学校にいる限り，変わらずに面倒をみてくれる。
> ＊養護の先生は，自分のぐあいの悪いところを治してくれる先生である。
> ＊養護の先生は，授業をもっていないから，ひまそうな先生である。

　このように，多くの児童生徒は，保健室は親しみやすく和める場所であり，養護教諭はやさしく親しみやすく，"先生らしくない先生"であるというイメージを，いだいていることがわかる。

2. 教育相談における養護教諭の特性

　保健室を"学校のなかでのオアシス"と感じている児童生徒は多い。この裏側には，多くの児童生徒が教室や家庭や社会のなかで索漠とした空虚感をいだきながら，追いつめられ，助けを求めている状況が浮かんでくる。
　では，教育相談における養護教諭の特性とは何であろうか。要約すると，次の4点に整理できよう。
① 健康に関する知識や情報をもち，それについて学校で実際の仕事をしている。
② 教科の指導を行なわず，成績や評価に関係しないので，児童生徒からすれば安心して気を許すことができる。
③ 児童生徒の求めに応じて，すぐに，いつでも，継続的に対応してくれるので，児童生徒からすれば，"自分の味方"であるという気持ちをもちやすい。
④ 児童生徒が心身の健康を維持・増進するために，自分たちの役割と責任があるという認識を養護教諭がもっている。
　以上のことは，学校という場において，保健室が教育相談室としての機能を

果たし，養護教諭がカウンセラーとしての役割を遂行する状況が定着してきたことを示している。

今後，学校現場での教育相談において，養護教諭の果たす役割と責任はますます重要になる。

❸ 養護教諭による教育相談の実際

1. 心身の症状や問題行動の形成・持続メカニズムの解明

児童生徒が，どのような行動（心身の症状や問題行動）を，いつ，どこで，どれくらい，どのように行なっているか，そして，その行動に対して周囲の者（教師や友だちや親など）がどう対処しているのか，その結果として何が生じてくるのか，また，児童生徒が現在の状況や自分自身について，どのように考え，どのような認識をしているのか，さらに，今後どうしようと思っているのか，などについて，きちんと把握することが大切である。もちろん，ストレスの原因を把握することも必要である。

心身の症状や問題行動が発生し，持続している状況には，それに関連する要因とメカニズムが存在する（古賀・野添，1992）。まず，事実に基づいて，それらの要因を準備因子，誘発因子，持続因子に整理し，次に，先行要因，結果要因，認知要因さらに本人と環境との相互作用のあり方を分析し，症状や問題行動の形成・持続のメカニズムを解明する必要がある。

2. カウンセリング的対応

養護教諭として，症状や問題行動あるいは悩みをもって保健室へ来室してくる児童生徒に対して，どのような関わりや援助をしていけばよいのであろうか。養護教諭がその対応を間違えると，児童生徒の症状や問題行動を増悪させたり，対人不信や回避反応を強めてしまい，事態をいっそうこじらせてしまうことにもなりかねない。

"カウンセリング的対応"とは，困難に直面している児童生徒が，自分やその事態を厳しく見つめ直し，そこでの課題や困難と対決し，悪戦苦闘しながら

も，本人自身がそれを克服していくように関わり，援助していくことである。それは，けっして援助者が高圧的に一方通行的に押しつけることではなく，また，児童生徒のいいなりに調子を合わせ，迎合することでもない。カウンセリング的対応では，援助者はできる限りの配慮や援助をしながらも，常に児童生徒が自分の問題を自分で克服するように投げかえすことを基本とすべきである。以下，その留意点をおさえておきたい。

(1) 児童生徒の話をよく聴く

　カウンセリング的対応のスタートは"話を聴く"ことから始まる。聴くことは，簡単のように思えるが，かなり神経を使う作業である。まず，相手に関心を向けねばならない。次に，何を訴えてきているかについて，真剣に耳を傾けねばならない。また，こちらの価値観を入れずに，まず受けとめねばならない。そして，その子の世界への理解を深めていかねばならない。保健室に来室する児童生徒は，真剣に受けとめてくれる人を求めている。

　児童生徒は自分の話を真剣にじっくりと聴いてもらうだけで，気持ちの整理がつき，再び安心感を回復できることがある。"話を聴く"ことのなかには，そのようなカタルシス（心の浄化作用）の効果を引き出す作用がある。

(2) 感情をしっかりと受けとめる

　「悔しい」，「みじめだ」，「さみしい」，「逃げ出したい」，「自分はだめな人間だ」，「めちゃくちゃになりたい」，「一生恨んでやる」など，さまざまな感情がその児童生徒の心のなかで動いている。そして，その感情を自分でどう処理してよいかがわからないでいることが多い。また，本人がそのような自分の感情に気づいていないことさえある。カウンセリング的対応では，子どもの内面で動いている感情を明確にすることが必要である。教育相談を担当する養護教諭は，その子の激しく動いている感情を，しっかりと受けとめてやるように心がけねばならない。

(3) 共感的理解を深める

　カウンセリング的対応では，共感的理解ということが強調される。

　河合（1970）は，「共感的理解というのは，その人のされたことと，私のしたことがよく似ていて共感できるのではなくて，その人のしたことと私の体験とは相当違うのだが，あるいは，違うがゆえに，その違う体験を共通に感じ合

おうとしてこそ、2人は深い理解にいたるといってよいのかもしれない。だから、家出をしたい子どもの、家出をしたい気持ちがそのままわかるのではなく、もっと自分の体験の底の方へ深めていこうとすると、共通の因子として『自立』というものが出てくる。自立の意志は誰にもある。そのところで子どもと接することができる。そういうのがむしろ共感的理解といってよいのかもしれない」と説明している。

（4）援助者自身が自分の心の動きを知る

問題をもつ児童生徒と接していて、援助者の予測や期待通りに物事が展開することはまれである。むしろ思いもよらず、次々と難題が生じてくることの方が多い。そのような場合、養護教諭の方でその子がにくらしくなったり、その子との関わりが負担に思えたり、自分自身がみじめに感じたりすることがある。また、実際のつきあいのなかで、この子がうそをついているとか、本当の気持ちを言おうとしていないなどと感じることもある。あるいは、養護教諭の方がその場を何とかおさめようとしたり、うまく言い含めたりしていることもある。カウンセリング的対応のなかでは、養護教諭自身がそのような自分の心の動きを知ることも、重要な作業の一つである。

（5）問題点を整理し、解決へのヒントを提供する

それまでの子どもへの面接、行動観察、心理検査などに基づいて、また、担任や友だちや親からの情報や意見を参考にしながら、その子に生じているさまざまな問題点を、本人が整理できるように働きかけることが必要である。これまでの行動のつながりや反応のあり方をふりかえり、なぜそのような事態に陥ったのか、本人の気づきをはかることは重要な意味がある。本人の気づきが高まれば、現在行なっている不適切な行動や反応を修正することが容易になる。さらに、将来に向けての問題解決のための適切な行動や反応を引き出す可能性も高まる。そのために、養護教諭は、解決のためのヒントを児童生徒に提供することも、重要な任務である。

（6）自己決断をうながす

新しい取り組みを始めるには、かなりの心のエネルギーを必要とする。それが望ましくない行動や反応であっても、本人にとってみれば、いままで心のバランスを保つようにあみ出してきた方策である。それを捨てて、きつい思いを

して，新しい課題に取り組むことは，何ともいたたまれない心の状態になる。いまが不安定ながらも楽であり，自分を変えるために新しい課題に取り組むことは苦しいことであるという心の問いかけが常に生じてくる。そのために，本人は，しようかするまいか，するとしてもできるだけ先に延ばすことができないか，という内的葛藤状態に陥りやすい。しかし，本人としては，決断を迫られることになる。そこで，援助者とその子どもとの真剣勝負のやりとりが生じてくる。それは妥協が許されない，食うか食われるかという対決であるといってもよい。援助者が生半可な対応をすると，結果的には不適切な行動や反応のとり方を強化し，さらに取りかえしのつかない事態となるおそれもある。

（7）実行したことを肯定する

　自分に満足でき，自信をもてるようになるためには，"思っていること"と"行なっていること"とが一致していなければならない。問題行動や症状や悩みをいだいて保健室に来室する児童生徒は，この"思っていること"と"行なっていること"が一致していないことが多い。不登校児の例では「学校に行きたい，しかし，朝になると登校できない」という状況がある。それが保健室に行けるようになると，次にまた新しい動きが出てくる。しかし，そこで，養護教諭がその後の取り組みを焦らないようにすることが大切である。

　児童生徒が自分でいろいろと考え，悩むようになることは，自分の"思っていること"と"行なっていること"のくい違いに気づき始めたわけであり，心の成長にとって大きな意味をもっている。しかしそれにもまして，自分の考えたことに基づいて実行できるようになることは，さらに重要な価値をもつ。それゆえに，養護教諭は，児童生徒が本当に実行できたことを賞賛し，強く肯定するように留意すべきである。

3. 養護教諭による支援モデル（保健室登校）

　ここでは国分・門田（1996）の実践に基づいて，養護教諭による不登校児に対する支援モデルについて述べてみる。この支援モデルは，次のような4段階から構成されている。

①第Ⅰ段階—リレーションづくり：「養護教諭と児童間に望ましい交流が成立するまでの期間」
　手紙や訪問から心の扉を開いてもらうように工夫してみる。長い間休んでいるときには，はじめは登校刺激を避ける。
（★手紙を届ける—返事は来ないのが普通である）
- 養護教諭が書く。内容はあたり障りがないことを書く。たとえば，自己紹介，好きな食べ物，料理，動物，音楽，本など，さりげなく子どもの心を引きつけるようなものがよい。病気ということになっている場合には，最後に「おだいじに」と結ぶ。かわいい封筒などを使い，切手を貼ってポストから出す。
- 仲のよい友だち，やさしい心の友だち，登下校が一緒だった友だちなどに書いてもらって届ける。
- 間隔は1週間に1回程度で，2回ほど出す。2度目は「ハロー」と親しみを込めて出す。
- 関係のある委員会やクラブのお知らせやお便りなどを届ける。

（★訪問する—最初から児童に無理に会おうとしない）
- はじめは，児童に会わなくてもよい。声は聴いているので，保護者と会話をするときにも大きめの声で，そして明るい話題をこころがける。はじめは，5～10分程度の短い時間が良い。
- 退行現象があるときには，幼児の人見知りを避けるときと同様に，アイコンタクトを避ける（児童のうしろ側に位置するか，動物や花や昆虫などを介してふれ合う）。
- 養護教諭の専門性を生かし，精神疾患の疑いがないかを診る。
- いろいろ欲張らずに，毎日訪問したりせず，児童が訪問を待っているように工夫する。

（★電話をかける—電話に出てくれないことも多い）
- 電話がかかってきたときには，よく話を聴いて，児童の意思に少しでもかなうようにする。留守番電話になっているときには，言葉を必ず入れる。

（★快楽原則の充実）
- 「具合が悪いときには，いつでも保健室に来ていいよ」と話す。

- 「友だちと一緒に，時々保健室に遊びにおいで」と話す。
- 「給食が食べられない」というときには，嫌いな給食はしばらくは食べなくてもよいことを話して，安心させる。
- 「学校をやめるので荷物を取りに行きたい」と電話があったときには，「どうしてもやめるの？　では待ってるね」とだけ答え，説教したりしない。
- 「早退するとお母さんが怒る」というときには，「話してあげるから，大丈夫」と答える。

②第Ⅱ段階―保健室登校への導入：「リレーションができてから，保健室登校へ導くまでの期間」

(★保健室へ来ることをスモールステップに行なう―強制的にはしない)

- いきなり学校に入らず，児童の希望を聴きながら，少しずつ近づけていくようにする。嫌がるときには強制しない（玄関→庭→前の道路→広場→学校の裏庭→裏門→保健室）。
- 学校に入るのは，はじめは夕方から始めてみる。そして，本人の希望を聴きながら，登校時間を15分ずつ早めたりしていけば，1週間ぐらいから友達と保健室登校ができることが多い。
- 児童に「毎日，家に迎えにきて」と言われたときには，「忙しくて午前中しか空いてない」と答え，本人の登校したい気持を高める。
- 本人が「保健室でもう少し遊びたい」と言っても，時間が来たら「先生も，お仕事があるよ」と言って帰す。
- できるだけ，本人にお手伝いをしてもらう内容や課題を設定する。
- 「宿泊訓練に行きたい」などと言ったときには，「無理しないでいいのよ」と応じる。

(★前の段階からの内容をグレイドアップする)

- 仲が良かった友だちや意地悪をしていたらしい子どもに，温かい心が伝わる手紙を書いてもらって届ける。そして，本人に「ラブレターよ。読んでね」などの温かい言葉をかける。
- 風邪を理由に休んでいるときには，「おだいじに。無理をしたらだめよ」と書いて，友だちに届けさせる。
- 関係がついたら週2回に訪問を増やす。そして，「近所の家を探している

から教えて」と本人に案内してもらう。

（★ヒューマンネットワークづくり）
- 友だちの温かい心が伝わるようにする。たとえば，席替えがあって，仲良しの友だちと並んだことをその友だちに伝えさせる。
- 一緒に登校していた近所の友だちと遊ぶようにする。
- 担任より，近所の友だちが児童の家に遊びに行くように働きかけをしてもらう。

③第Ⅲ段階—保健室登校：「保健室へ登校させ，それを継続させていく期間」

（★スキル訓練）
- 保健室で勉強をさせる：プリントを友だちに持って来てもらったり，担任に来てもらったりしながら，ヒューマンネットワークづくりも一緒に進める。
- 友達づくりのコツを教える：いつも友だちにやってもらうだけではなく，なにか相手に喜ばれることをしてあげる。自分がされて嫌なことは他人にはしない。
- いじめに合わないコツを教える：嫌なことをされたときには，思いきって「どうして私にばかり，そんなことするの」と言ってみる。だれにも負けないこと（勉強や運動や工作など）ができそうならがんばる。馬鹿にされないようにする。いじめられたときは，必ず大人の人に話す。

（★グループへのレディネス）
- 暗幕使用の部屋でクラスの児童と一緒にスライドや映画をみる場面を設ける。
- 保健室で友だちと一緒に給食を食べたり，ゲームなどで遊んだりするように指導する。
- 「いじめ」など友だち関係のこじれがある場合には，仲裁に入り少しずつ関係の修復をはかる。

（★ヒューマンネットワークづくり）
- 保健室で給食を食べるときには，はじめは仲の良い友だちと食べるようにし，しだいに友人を替えるようにする。
- 教科の指導は，時々担任や友だちにも来てもらい，一緒に学習させる。

- 下校時間になったら，友だちに迎えにきてもらい，一緒に帰らせる。
- 欠席のときには，友だちにお手紙を届けてもらう。
- 同じクラスの保健委員などと一緒に作業をしながら，仲良しになってもらうようにする。

（現実原則）
- 「給食を保健室で食べたい」と言うときには，「担任の先生が許可を得てからね」と応じる。食器は自分で教室までかえしに行かせ，「歯磨き後に保健室へまた来てよい」と伝える。
- 友だちのやりとりをそれとなく見守り，わがままがあるときにはきちんと注意をする。

④第Ⅳ段階―教室への再登校：「教室へ再登校をはかり，継続させていく期間」

（快楽原則）
- 「給食は食べられるだけでよいし，残してもよい」と伝える。
- 「教室で我慢できなくなったときには，いつでも保健室においで」と伝える。
- 「休み時間は，いつでも保健室へ来て遊んでいい」と応じる。
- 「疲れてどうしようもなかったら，週に1日ぐらいは休んでいい」と伝える。

（現実原則・支持・助言）
- 教室へ登校を始めるときには，「最初は5分でも，少しづつ長くしていけばいいからね」と，毎日登校しなさいという意味で話す。
- 「教室に行けない」と言うときには，「とにかく行ってみて，つらくなったら，いつでももどっておいで」と伝える。
- 「母親が来てくれないと教室へ行けない」と言ったときには，母親には，来てもらってもあまり世話のやき過ぎにならないように気をつけてもらう。
- 不登校を治したいと転校してきた場合には，「前の学校のことは，だれも知らないよ」と伝え，励まして勇気づけるようにする。
- 体育の授業では，できるだけ体操服に着替えるようにうながす。

（シェーピング）

- 給食は，好きなメニューから少しずつ食べさせるようにする。
- 教室へ入るのは，はじめは夕方にだれもいない教室へ養護教諭と一緒に入り，しだいにいる時間を長くし，一人で過ごさせるようにする。次に，仲良しの友だちに迎えにきてもらい，体育など気楽な授業に参加させてみる。また，担任の出張などをとらえて，養護教諭と一緒に教室に行き，そのまま過ごさせるようにする。
- 教室へは，好きな教科から，友だちと一緒に教室以外の場所（図書館，体育館，校庭の芝生など）から始めさせる。本人の希望にできるだけ添いながら，無理のないようにする。
- 養護教諭や友だちと一緒に教室の掃除をさせながら，少しづつ慣れさせる。

4. 学校内の協力体制をはかるための養護教諭の役割

ここで，再度不登校となってしまった一つの事例を紹介する。

■事例4　不登校の高校2年女子生徒への心ない教師の対応

　高校2年の新学期，彼女は勇気をふるって10か月ぶりに登校し始めた。彼女はもともと対人的緊張が強く，物事を深刻に受けとめる傾向があった。その上に両親別居という家庭の問題が生じ，彼女は悩み，自分を保つことができず，不登校状態となった。
　しかし，彼女は休んではいても家で勉強はしており，新学期すぐの実力テストでは，かなりの成績をとった。そのことで担任教師は他の生徒に活を入れるつもりだったのか，「おまえらは不登校をしていた者に負けて悔しくないか。本気になって頑張らんと，どこも合格せんぞ」と本人を前にして言ったとのことである。
　その翌日から，彼女は再び不登校をするようになった。

このような教師側の心ない対応によって，子どもの心が傷ついている事実が，現実としてある。

また，教育現場では，『一教室一王国』的状況があり，その担任の子どもについての意見を言うと，担任の側は，自分がなにか非難されたと思って感情的になってしまう傾向がある。

それに加えて「一人の子ばかりに関われない」，「もっとやらないといけないことがある」，「そんなに子どものいいなりでは，指導にならない」，「そんなに甘やかしていては，他の子どもに示しがつかない」などと，教育相談に関して

批判的な意見をもっている教師も多い。したがって，どのようにその学校で教育相談を考え，実施しようとするのか，という点について養護教諭を含めた教師間の意見交換を行ない，学校全体の統一した認識をはかる必要がある。

ここでは，教育相談における望ましい校内協力体制を組織化するために必要な，養護教諭としての留意点をあげてみたい（鳴澤，1991）。

① 保健室をオープンな雰囲気にする：保健室をいごごちの良いところとするようにできるだけ心がけていく。子どもや他の教師にとっても心理的に和める雰囲気にして，保健室への出入りを自由で，オープンなものにする。

② 日頃の人間関係を大事にする：養護教諭は，保健室だけに閉じこもらないようにし，子どもの来室がなく手が空いているときには，自分から職員室や校内の先生方のところへ出かけ，交流をはかるようにする。もちろん，そのときは，自分の居場所がわかるようにしておくことは当然である。日頃から，学校内での人間関係を密にし，お互いに気ごころを知り合っていることが大切である。

③ 本来の職務を的確に遂行する：養護教諭の本務は，健康に関する知識や情報をもち，それについて学校で実際の仕事をしていくことである。養護教諭には，まず，応急的な医療処置や保健業務への手際よさや適切さが求められる。いくら児童生徒の心の相談にのってやれても，本務が下手では，本末転倒とまではいかなくても，他の教師からの信頼を得ることはできない。

④ 自分一人で子どもを抱え込まない：他の教師から養護教諭が信頼されるようになることは言うまでもないが，実際の教育相談においては，養護教諭が子どもとの約束を守り，他の教師や親に秘密にするような事柄も出てくる。しかし，そのような場合であっても自分一人で子どもの対応を抱え込むことは，危険である。基本的には，担任教師および生徒指導や教育相談主任との円滑な連携をはかるように配慮すべきである。

⑤ 自分を高めていく姿勢をもつ：養護教諭は，新しい知識や情報を身につけ，自分が向上していく姿勢が必要である。そのためには，単なる研修会への受身的な参加だけではなく，校内での事例研究会などを時々開いて，「子どもに学ぶ」「他の教師から学ぶ」姿勢をもつことが大切である。

5. 保護者や家庭との関わり方

　学校と家庭は，子どもの成長・発達のための，車の両輪の役割を果たしている。そのことは教育相談においても同様である。そこで，最も重要なことは，養護教諭と保護者との間に円滑な協力体制がはかられていることである。ここでは，そのための留意点についてまとめておきたい（加藤ら，1991）。

（1）"呼び出し"に対する警戒心をとく

　子どものことについての相談が，保護者から自主的になされてくる方が望ましい。しかし，それはきわめてまれである。実際は学校から働きかけて，保護者に来てもらうことが多い。学校からの呼び出しを受けたとき，保護者はおそらく注意や叱責を受けるのではないかと考え，不安感や警戒心を強めやすい。まず，その保護者の不安感や警戒心をとくようにこころがけることである。

（2）お互いの気持ちや人柄を知り合う

　はじめから，問題の核心をきり出すのではなく，最近の社会状況や学校や家庭でのできごとなどを話題にし，お互いが相手の気持ちや考え方，あるいは人柄を知り合い，気ごころが通じ合うようにする。

（3）正確な情報を確認し合う

　まず，家庭での子どもの状態を，保護者にできるだけ詳しく話してもらう。たとえば，身体の具合，生活の過ごし方，悩みの程度，保護者の側からみて理解できない行動や反応，親や家族あるいは友だちとのつきあい方など，以前と比べて変わったことがないか，あるとすればいつ頃からか，などについて正確な情報を得る。そして，学校と家庭での子どもの行動や状態のくい違いを，お互いに確認し合うことである。

（4）保護者と一緒に子どもの症状や行動の意味を読み取る

　今の子どもの症状や行動がどのような意味をもち，また周囲に何を伝えようとしているかを十分に検討し，子どもがとっているそれらの反応の真の意味を読み取るべきである。そして，子どもの症状や行動の発生に予想される原因が何であり，どのようなメカニズムで持続しているのかについて確認し合うことである。

（5）これまでの保護者の関わり方を見直す

　子育てについて，保護者がこれまでどのように関わってきたのか，子どもの生い立ちやエピソードなどをいろいろと聴き出しながら，保護者の関わり方を具体的に見直してみる必要がある。その際に，保護者の誤った対応や一方的な押しつけなどについて，保護者自身の気づきが高まるように留意すべきである。養護教諭は保護者の気持ちをよくくみ取るようにしながら，ともに協力者であるという思いを確かめ合うことが大切である。

（6）これからの対応の仕方を組み立てる

　保護者と養護教諭が協力して，これから家庭ではどのように関わるか，学校ではどのように対処するかなどについて，現実に実行できる方法や役割を確認し，組み立てる。そこでは，実際に実行できる内容でなければ意味をもたない。保護者と学校との対応が変われば，必ずと言ってよいほど，その子どもの症状や行動，あるいは反応のあり方に変化が生じてくる。

（7）情報交換を密にする

　子どもへの新しい対応によって，どのような反応や変化が生じてきたか，また，実行後の保護者や養護教諭の気持ちはどうであるかなどについて，情報交換を密にし，確認していくことが大切である。予測したような望ましい変化が生じてくれば，実施した方法や内容は適切である。しかし，そうでないときには，必ず問題とすべき点があるので，それを早急に検討する必要がある。また，うまくいかないからといって，保護者や養護教諭が対応の一貫性を欠いたり，安易に変更したりすると，子どもの症状や問題行動をいっそうこじらせることになりかねないので注意を要する。

　そのためにも，お互いが情報交換と協力体制を密にはかるようにすべきである。保護者や家庭との関わりは，養護教諭が一人でできるものでもない。保護者や家庭との望ましい関わりは，学校全体の方針や体制が整って，初めてできるものである。養護教諭は，学級担任や生徒指導・教育相談教諭などとの信頼関係と協力体制をはかりながら，自分の役割と責任を明確にして取り組むことが重要である。

CHAPTER 13 スクールカウンセラーの役割

1 スクールカウンセラーが登場するまで

1. 学校場面でのカウンセリングの歴史

　1995（平成7）年4月から文部（科学）省の「スクールカウンセラー活用調査研究委託事業」が全国的に展開され，公立の小学校・中学校・高等学校に外部からカウンセリングの専門家が派遣されるようになってきた。2000（平成12）年度までは「活用調査研究」の段階であるが，児童生徒の問題が増加するなかで，今後教育改革の一部として，教育に関わる専門的スタッフの一員としての新しいスクールカウンセラーのあり方が検討されており，その行方が注目されている。このように外部から臨床心理士などの専門家が派遣されるようになるまでは，学校場面でのカウンセリングは，ほとんどの小学校・中学校・高等学校において，生徒指導（生活指導）の一環として，教育相談というかたちで，教師によって行なわれてきていた。以下，その歴史の一端をみてみたい。

　1965（昭和40）年に，文部（科学）省が「生徒指導の手引」を作成した。続いて1970（昭和45）年に，文部（科学）省は「中学校カウンセラー養成講座」（5か年）を開始した。1970年代頃から，登校拒否（不登校）の漸増傾向，自殺，校内暴力，非行，いじめなどの多発が問題となってきていた。そして，1980年頃から，公立小中高教師を対象にして，教育研究所や教育センターでのスクールカウンセラー研修が始められた。またこの頃から，カウンセリング・マインドを身につけるための研修会も実施されるようになった。さらには公立の教育相談機関が，各都道府県に設置されるようにもなったが，その規模や組織のあり様はさまざまであった。また相談に携わる人の多くが，現職教師や退

職教師などの教職関係者であった。

　1985（昭和60）年に，東京で「鹿川裕史君いじめによる自殺」事件が起こり，文部（科学）省の対策会議が「外部カウンセラーの導入」を緊急提案するが，文部（科学）省の予算査定で削られ，実現しなかった。1988（昭和63）年には，教育職員免許法一部改正により，「生徒指導，教育相談（及び進路指導）」が大学における教員養成課程のカリキュラムとして必修化された。登校拒否（不登校）の著しい増加に対応して，1992（平成4）年に文部（科学）省は「登校拒否はどの子どもにも起こりうる」という見解のもとで，「児童・生徒の『心の居場所』づくりを目指して」を公表するに至った。

　1993（平成5）年には，山形県で「いじめによるマット死事件」が発生し，翌1994（平成6）年には愛知県で「大河内清輝君いじめによる自殺」が発生するなど，いじめられたことに起因されると考えられる事件や自殺が相次ぎ，文部（科学）省は「いじめ対策緊急会議」を召集するに至った。その会議過程で，外部からの専門的カウンセラーの派遣が検討され，1995（平成7）年4月からは「スクールカウンセラー活用調査研究委託事業」が全国的に開始された。

2. これまでの教育相談のあり方の問題点

　以上みてきたように，教育行政の流れとしては，現職教師の研修を充実させることによって，専門的力量をもった教師の育成に努める必要があるという考え方によって，教育相談やカウンセリングの研修が行なわれてきた。また，著しく増加し，質の変わってきた児童生徒の心理的問題や問題行動に対して，大学における教員養成の段階から問題の理解と実践的解決力をもった教師を養成していこうとの考え方であったとみることができる。

　しかしながら，これまでの教育相談のあり方にはさまざまな問題があったように思われる。第1に，教員養成の段階での教育相談に関する教育の不足ないしは軽視という問題があげられる。教員養成は，教科指導中心にカリキュラムが組まれており，教育実習のなかにも教育相談やカウンセリングは含まれていない。1998（平成10）年の教育職員免許法一部改正により，教員養成のカリキュラムのなかで，ようやく生徒指導・教育相談などに関する授業が4単位になったが，問題を呈する児童生徒への理解と実践的解決力を身につけるには，授

業担当者の力量のアップと内容の検討も今後重要である。

　第2に，教師になってからの教育相談やカウンセリング研修の問題があげられる。これまでの教師の研修では個人の希望で，あるいは個人の希望とは関係なく，教育相談やカウンセリングの研修を受けてきていた。個人的に興味のある人は研修を独自のかたちで続けることもあったが，積極的でない人はその場限りのものとなりやすく，研修が本当に意味のある，教師としての力量を高めるものになっていなかった側面があるように考えられる。また，研修の内容も，カウンセリングの技法に偏りすぎており，見立てやアセスメント（assessment：査定）が多くの場合不十分であり，予防的教育相談には役立つかもしれないが，実際の問題に対しては役立たないことが多かったのではないかと考えられる。さらには，研修が体系的・継続的に組まれておらず，とくに講義形式の研修が終了した後の，事例実践を行ないながら，コンサルテーション（consultation：相談）を受けたり，スーパービジョンを受けて実践力を高めていくといったシステムに不備があるように思われる。その原因の一つとしては，教育センターなどで研修プログラムを企画する担当者が，カウンセリングや教育相談の専門家ではないことが多かったということが考えられる。もう一つの原因としては，これまでの臨床心理学の研究・教育が，学校現場における独自の学校臨床心理学について，あまり行なわれてこなかったということが反省される。また，教師という評価者が，心の問題に関わるというむずかしさゆえに，教師のなかに教育相談・カウンセリングの専門家が育ちにくかったという問題もあるであろう。さらには，教師の指導が「効率よくみんなを同じように発達させないといけない」という視点で動いているために，どうしても児童生徒を集団でとらえてしまいやすく，個人の発達に寄与しにくいという点があるのではないかと考えられる。

　第3に，教育相談体制の問題があげられる。中学校や高等学校でも，教育相談の担当者が固定しにくく（固定化することへの反対がある），生徒指導や教育相談の担当者になることは管理職になるための一つのルートのように位置づけられていることさえある。つまり，教育相談の担当者の適性や発達が考慮されることは少なかったのではないかと考えられる。小学校においては，いまだに校務分掌のなかでの教育相談の位置づけがまちまちであり，不明瞭であるこ

とが多い。したがって，地域による差もあるとは考えられるが，学校内で教育相談が機能するような体制が十分ではなかったと言えよう。また，現実に教師は忙しすぎて，一人の児童生徒にゆっくり向き合っていられないという教育体制の問題，つまり学校教育の構造的な問題が根本的にはあると考えられる。一部には，「趣味でカウンセリングをやっている人」のスタンドプレイであるととらえられたり，「カウンセリングは甘い」と言われることもあったかもしれない。そのようにとらえられれば，一部の教師が努力をしても，学校内に児童生徒を援助するためのネットワークは形成されにくい。さらには，児童生徒の問題は学校のなかで教師によって問題解決されなければならないという考え方によって，学校外の専門機関との連携に積極的でなかったという問題もあるであろう。そのようになった原因としては，学校の閉鎖性と情報不足があげられよう。

　第4として，学校文化の特殊性としての，時代性への閉鎖性という問題があげられよう。学校はどちらかというと閉鎖的な土壌をもち，外部との間に閉ざされた特殊な文化・風土を育みやすいと考えられる。したがって，時代の波から取り残され，時代の感覚に鈍く，児童生徒や保護者の変化についていけない，「ダサイ教師」と「遅れた学校」になってしまいやすい面をもちやすいと考えられる。もちろん時代による変化を受けない，変わらない大切なことや物もあるし，それらを次世代につないでいかなければならないことは言うまでもない。しかしながら，変化する時代・文化という波の影響を受けつつある児童生徒と保護者に，時代の波をかぶっている教師・学校がどのように対応していくかというダイナミックな発想と，柔軟な対応の取れる体制が，これまでの学校には不足していたのではないだろうか。そのために急速に変化していくものへの対応が遅れ，そのつけが現在のさまざまな問題として象徴的に現われているように思われる。文明が進むほど増えると言われる子どもの問題，とくにわが国で急速に増加・変質してきている児童生徒の問題に対して，部分的な教師への研修だけでは追いつかなかった結果が現われているとも言えるであろう。

3. これからの教育相談のあり方

　現在，文部（科学）省は教育の構造・あり方そのものを変化させるべく，大

がかりな教育改革を検討・実施している最中である。政府もわが国の21世紀の重要課題として，教育問題，つまり人づくりを掲げており，教育改革は21世紀を展望した教育のあり方として模索されている。学校というこれまで閉ざされてきていた場を，開かれた場としてつくり替え，学校・地域・家庭が連携して，さまざまな人が多面的・多角的に教育に関わり，その時代を生きる子どもに関われるように変革しているところである。つまり，これからは，教師が中心になって教育をしていくけれども，教師だけが児童生徒の教育に携わるわけではないという方向に進むべきであると考えられる。教員養成の段階からの教育相談・カウンセリングの教育の充実，そして教師への教育相談やカウンセリングの研修の充実と教師の資質の向上，教育相談が機能するような学校体制などが，今後の重要な課題であろう。また，子どもの教育に関わる専門的スタッフの一員として，スクールカウンセラーが位置づき，教職員と連携しながら活躍することによって，これまでの教育相談の問題点の改善が進むのではないかと期待される。

2　スクールカウンセラーとは

1. スクールカウンセラーについての定義

「スクールカウンセラー活用調査研究委託事業」の実施要項（表13-1）においては，スクールカウンセラー（学校臨床心理士）の職務は，①児童生徒へのカウンセリング，②カウンセリングなどに関する教職員および保護者に対する助言・援助，③児童生徒のカウンセリングなどに関する情報収集・提供，④その他の児童生徒のカウンセリングなどに関し，各学校において適当と認められるもの，とされている。また，スクールカウンセラー活用に際して，文部（科学）省から組織的依頼を受けた財団法人である日本臨床心理士会は，表13-2のようなガイドラインをつくり，学校臨床心理士（スクールカウンセラー）の行なう業務と，派遣校に入っていくときと業務遂行に際しての注意点を設定した。一方，鵜養・鵜養（1997）は，活用調査に限定しないで，スクールカウンセラーについて「学校内で子ども（青少年）の発達を援助・促進する役割をもつ立

場にある特定のスタッフであり，各学校でその位置づけは多少異なるが，校内の一校務分掌，あるいは，独立のポスト，あるいは特別の人材としての役割をもち，学級担任とは別に，学校全体に関わる位置にある。かつ，ある程度自由に活動できることを保証されている存在」と定義している。

本章では，スクールカウンセラーを現在行なわれている「スクールカウンセラー活用調査研究委託事業」にそって，「児童生徒を家庭・学校・地域といった環境との関係性のなかで理解し，学校において，児童生徒の発達援助・発達促進を目的として，問題を呈した児童生徒のアセスメント（査定）を行なったり，児童生徒や教職員，保護者への相談（コンサルテーション）・援助やカウンセリングなどを行なったり，その他学校における教育相談やカウンセリングの機能の充実をはかるための諸活動を行なう，教育スタッフの一員としての専門的カウンセラー」と定義することにする。

2. スクールカウンセラーの現状

わが国で，「スクールカウンセラー」という用語が用いられるようになったのは，1995（平成7）年度から文部（科学）省が「スクールカウンセラー活用調査研究委託事業」を開始してからである。1999（平成11）年度末現在においては，まだ「スクールカウンセラー」に関しては，学校現場で活用するとどのような効果が得られ，どのような問題や課題が生じるのか，またどのように活用すれば効果的であるのか，継続して調査研究中であり，恒常的な制度としてはいまだ模索の段階である。したがって，学校教育や教育相談のなかでのスクールカウンセラーの呼称や概念，位置づけ，役割などはいまだ未整理で，不明瞭な点を残している。

しかしながら，大塚・滝口（1998）が編集した『臨床心理士のスクールカウンセリング1　その沿革とコーディネーター』からもわかるように，文部（科学）省が「スクールカウンセラー活用調査研究委託事業」を開始してから，都道府県や市町村など自治体の教育委員会による単独事業としての「スクールカウンセラー制度」や「スクールアドバイザー活用」などの発足も相次いでいる。文部省の事業以外にもスクールカウンセラーが学校に派遣されるという状況が，全国的に広がってきていることは事実である。派遣形態としては，単独校方式，

● 表 13-1　スクールカウンセラーの意義と課題（村山，1998）

文部省スクールカウンセラー事業について

・事業正式名称：文部省スクールカウンセラー活用調査研究委託事業
・担当部局：文部省初等中等教育局・中学校課
・事業規模と年度経過

	平成7年度	平成8年度	平成9年度案	平成10年度案
予算規模	3億7千万円	11億円	22億円	35億円
配置校数	154校	553校	1,056校	1,500校

・委託期間：原則2ヶ年
・スクールカウンセラーの選考
　(1) スクールカウンセラーの選考など
　　① 都道府県教育委員会は，財団法人日本臨床心理士資格認定協会の認定に関わる臨床心理士など，児童生徒の臨床心理に関して高度に専門的な知識・経験を有するものをスクールカウンセラーとして選考する。
　　② 委託を受けた市町村又は都道府県教育委員会は，勤務日時などを考慮して，①により選考されたものからスクールカウンセラーを任用し調査研究に従事させる。
　　③ スクールカウンセラーは，原則として，調査研究校に1名配置するものとする。
・職務内容と勤務条件
　(1) スクールカウンセラーの職務内容
　　スクールカウンセラーは，校長などの指揮監督のもとに，おおむね以下の職務を行なう。
　　① 児童生徒へのカウンセリング
　　② カウンセリングなどに関する教職員および保護者に対する助言・援助
　　③ 児童生徒のカウンセリングなどに関する情報収集・提供
　　④ その他の児童生徒のカウンセリングなどに関し，各学校において適当と認められるもの
　(2) スクールカウンセラーの勤務条件
　　スクールカウンセラーの勤務条件は，年35週，週2回，1回あたり4時間を原則とする。
・調査研究の内容・位置づけ
　(1) 調査研究の内容
　　調査研究校においては，各学校の実状などに応じて，以下の点について，スクールカウンセラーの活用，効果などに関わる実践的な調査研究を行なう。
　　① 児童生徒のいじめや校内暴力などの問題行動，不登校や高等学校中途退学などの学校不適応，その他生徒指導上の諸課題に対する取り組みのあり方
　　② 児童生徒の問題行動などを未然に防止し，その健全な育成をはかるための活動のあり方
　(2) 調査研究校における適切な位置づけ
　　調査研究校においては，スクールカウンセラーを生徒指導に関する校内組織などに適切に意図づけるよう工夫し，その効果的な活用をはかるものとする。
・調査研究体制
　各都道府県教育委員会は，都道府県および市町村教育委員会，調査研究校，スクールカウンセラー，関係専門機関などの代表者から構成する本調査に関わる連絡会議を設け，適宜，研究協議・情報交換などを行なうように努めるものとする。
・委託先の推薦
　1　各都道府県における調査研究の対象校は，原則として各都道府県3校とし，小・中・高校いずれかから選定するものとする。
　2　文部省としては昨年末からの中学生のいじめに関する事件が相次いでいることに鑑み，調査研究対象の学校種の比率については，おおむね小：中：高＝1：2：1程度とすることを予定していること。したがって，各都道府県からの推薦にあたっては，この点に留意していただきたいこと。また，この観点から全体的な調整をさせていただくことがある。

センター校（拠点校）方式，巡回方式などがとられている。また，学校に派遣されるのではないが，教育事務所や教育センターなどに専門家として臨床心理士を配置するなどの動きも出てきている。

● 表 13-2　学校臨床心理士のためのガイドライン（学校臨床心理士ワーキンググループ，1997）

学校臨床心理士のためのガイドライン

学校臨床心理士の役割
【役割を考える上での前提事項】
＊学校教育の全国状況の把握の必要性
・大都市とそれ以外の地域の状況の違い（東京および関東，近畿，北九州とそれ以外）
　　学校教育に心理職が関わった経験をほとんどもたない県の実情
・地方自治体の教育予算と教育委員会の仕組み
　　学校を設置している自治体の状況の違い。指導主事のいない自治体
・教員の現任訓練の浸透の仕方の違い
　　心理職が教員研修にどの程度関わっているかの実績
＊学校教育の目的，視点，教育法規，制度，組織についての理解の必要性
・学校教育の器としての法律，制度
・教育委員会組織および学校内の組織（命令・責任系統，生徒指導上の分掌）
・教育の原理および学校教育独自の方法
・心理臨床の視点との異同
【学校臨床心理士の役割】
＊学校現場が求めている援助と人材についての理解
・根強い「現場経験者」への期待
　　教師の立場や教育の方法を理解している人への期待
・教師にとって困難な状況を打開する「方法」を求める現場
・教師のジレンマ
　　自分のクラスのことは自分で解決したい
　　（学級経営がうまくいかないのは自分の力量のせい？）
　　一方ですぐ役立つ特効薬がほしい
　　（効果がすぐ上がらないといけないような気がする）
・心理に対する根強い偏見　　　　　　　　これまでの心理臨床家
　　自分たちにはできない無理難題を言う人　の関わりの問題も大き
　　教師の関わり方を責める人　　　　　　い
　　　　　　　心理臨床家はどのような態度で臨めばいいか
＊心理臨床家の行なうべき業務（1週間2回8時間程度で）
・その学校の自分に対する期待，潜在的ニーズを把握すること（調査も必要）
・その学校のキーパースンをつかむこと
・管理職，生徒指導主任，相談担当教諭，養護教諭，学校医などが自分に対してどのような目でみているかを把握すること
・その学校に来ている子どもの状況（家庭の階層，学区の住環境，起こりやすい問題，各学年クラスの状況）をすみやかに把握すること
・最初から安易にセラピーに手を出さず，学校のなかでブラブラしていて教師との接触をはかること
・先生との雑談のなかから，コンサルテーションの機会をつかむこと
　　昼食を一緒にする，一緒に帰るといったプライベートな機会が大切
・子どもたちと接触する機会をつくってみること（給食，休み時間，特活など）
・ケースを委ねられても，一人で抱え込まないで，担任の援助をするというスタンスを大切にすること。役割分担をし，コ・ワークをすると同時に，担任へのコンサルテーションを同時に行なうこと。
・教師には，決して心理臨床家のやり方を押しつけず，教師の立場や教育方法を尊重しながら教師のできることを一緒に検討すること。
・校内事例研究会を相談担当教諭とともに企画し，学校全体で一人の子どもを育てていくシフトをつくること。
・「守秘義務があるから相談については話せない」とは言わずに，むしろ学校全体で，守秘義務の大切

> さを考えていく方向を考えること。同時に，カウンセリング（心理療法）の契約の大切さをきちん
> と説明すること（そのためにも，カウンセラーがケースを抱え込むのは危険である。同じ学校にい
> るチームメートとして教師に関わること）
> ・心理療法の技術を磨くのみならず，子どもと接触する技術，集団に関わるスキル，コンサルテーシ
> ョンの基本的な技術をあらかじめ身につけておくこと。とくに，健康な子どもの発達について，理
> 解するチャンスをつくること。
>
> ＊有効な報告書を書くために
> ・何を学校教育のなかでやろうとしていくのか，目標をまず明確にすること
> ・むずかしい，成功しそうもないことには手を出さないこと
> ・先生方に，「心理の人にいてもらってよかった」という体験をしてもらえるように，努力すること
> ・成功基準を数値に頼らないこと（不登校の再登校へこぎつけた数などにこだわらないこと）
>
> 【臨床心理士会の役割】
> ＊上記のことを実現するために
> ・各県の臨床心理士会は，所属の臨床心理士の資質や経験（とくに教育領域における）をしっかり把
> 握すること
> ・地域資源の確認を行ない，学校内で解決のできないケースについてのリファー先を確保しておくこと
> ・派遣する前に，少なくとも学校教育についての基本的な理解をするための講習を行なうこと
> ・派遣先のニーズにあった臨床心理士を選ぶこと
> 　（セラピーがうまいことよりも，社会性があることの方が大切な場合もある）
> ・学会，全国臨床心理士会などによる，派遣心理士の研修，各県臨床心理士会による支援体制の確立。
> 個人スーパーヴィジョンを行なうこと（ケーススーパーヴィジョンより，組織参入のためのスーパ
> ーヴィジョンの方が重要な場合もある）

　大学や短大などでは，学生相談室やカウンセリングルーム，保健管理センターなどに相談担当のカウンセラーが，常勤・非常勤・兼任・嘱託など勤務形態はさまざまであるが，配置されているところが多い。日本の大学における学生相談やカウンセリングの歴史は比較的古く，大学紛争後から始まっており，担当者はほとんどの場合，臨床心理学の専門家や精神科医である。それにくらべると，公立の小学校・中学校・高等学校の児童生徒を対象とした相談活動への取り組みや体制づくりは，遅れてきたと言っても過言ではないように思われる。一方，私立の中学校や高等学校では，それぞれの教育方針にしたがって，独自に生徒へのカウンセリングや教育相談に専門家であるカウンセラーを導入し，充実させてきた実績をもつ学校もある。

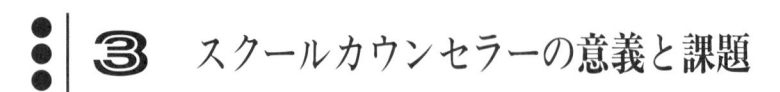

❸　スクールカウンセラーの意義と課題

1. スクールカウンセラー派遣による学校側のメリット

　「活用調査研究」が始まり，スクールカウンセラーが学校に派遣されるよう

になって，学校現場にどのようなメリットがあったのかについて，村山（1998）は，研修会，学会発表，報告書などから以下のようにまとめている。
① 児童生徒・保護者への直接的援助：たとえば，不登校の子どもが登校するようになっている。
② コンサルテーション（相談）の有効性：児童生徒・保護者に対する関わり方について，教職員の相談にのることができる。
③ 専門家としての優秀なスキル：たとえば，箱庭療法，家族療法，動作法，自律訓練法，危機介入，グループアプローチなど，カウンセラーが得意のスキルを発揮して問題解決に貢献したり，教師を協同セラピストとして面接にあたることができる。
④ 校内研修を通じて，教職員のカウンセリングに対する理解が深まっている。
⑤ 事例研究会で教師のもたない視点の提供：派遣された学校のニーズに応じて，校内研修の講師や事例研究会のスーパーバイザーなどとして多面的な役割を果たしている。

2. 教師のスクールカウンセラーへの期待と懸念

武内ら（1998，1999），東ら（1999），山本ら（1999）は，スクールカウンセラーが派遣された中学校・高等学校の教師を対象に，スクールカウンセラーに対する期待と懸念について，継続的に調査研究を行なっている。その結果，派遣直後における教師の期待の因子構造は，表13-3のとおりである。期待項目（各項目は，5ポイントスケールである）のベスト10は，1位：いじめや不登校などの問題をもつ生徒への助言・カウンセリング（項目15，平均＝4.39），2位：悩みを抱えた生徒へのカウンセリングや相談（項目1，平均＝4.33），3位：子どものことで悩んでいる保護者への助言・カウンセリング（項目18，平均＝4.25），4位：非行や問題行動の多い生徒への助言・カウンセリング（項目17，平均＝4.14），5位：教師を対象にカウンセリング・マインドやカウンセリングの技術を勉強するための学習会を開催（項目9，平均＝4.13），6位：生徒の気軽な雑談や話し相手になる（項目10，平均＝4.02），7位：教師を対象に従来とは異なる視点から生徒理解するための校内研修で講師をする（項目32，平均＝3.98），8位：心に重い病気をもつと思われる生徒の診断お

● 表 13-3　派遣直後のスクールカウンセラーに対する教師の期待の因子構造（武内ら，1998）

	項目	項目内容	負荷量	固有値	寄与率	累積寄与率
〈第1因子〉 人間関係学・教育心理学的援助	27	教師間の人間関係の仲介・調整	.664			
	45	教師に対して教科指導における教授法や教育評価などのアドバイス	.656			
	34	生徒同士のトラブルの仲介・調整	.640			
	22	保護者と教師の人間関係の調整	.613	10.862	31.859	31.859
	30	服装や生活の乱れがめだつ生徒への生徒指導や生活指導	.609			
	46	管理職の職務上の悩みごとの相談相手	.606			
	44	進路のことで迷っている生徒への進路指導	.585			
	11	教師や学校についての不満や疑問，意見をもつ保護者への対応	.490			
〈第2因子〉 生徒・保護者への臨床心理学的援助	15	いじめや不登校などの問題をもつ生徒への助言・カウンセリング	.739			
	17	非行や問題行動の多い生徒への助言・カウンセリング	.677			
	18	子どものことで悩んでいる保護者への助言・カウンセリング	.670	2.621	7.707	39.566
	1	悩みを抱えた生徒へのカウンセリングや相談	.579			
	25	心に重い病気をもつと思われる生徒の診断および治療を行なう	.531			
	28	気になる生徒の情報収集および教師への情報提供	.510			
	10	生徒の気軽な雑談や話し相手になる	.470			
〈第3因子〉 教師への教育的援助	8	教師向けに生徒理解，人間理解に関する図書の選択・紹介	.652			
	47	生徒向けに心や発達を援助する図書の選択・紹介	.609			
	9	教師を対象にカウンセリング・マインドやカウンセリングの技術を勉強するための学習会を開催	.600			
	32	教師を対象に従来とは異なる視点から生徒理解するための校内研修で講師をする	.543	1.448	4.259	43.825
	39	対応がむずかしい生徒の適切な対処法を教師にアドバイス	.517			
	23	利用できる社会的援助資源（各専門機関など）の把握と情報提供	.496			
	49	教師に対して生徒指導についてのアドバイス	.496			
〈第4因子〉 学校の教育活動への参加	26	職員会議，学年会議に参加	.627			
	19	課外活動，クラブ活動に参加	.609			
	7	校務分掌，委員会に参加	.593	1.007	2.963	46.788
	43	教職員の行事に参加	.559			
	3	学校行事に参加	.557			
	48	組合活動に参加	.452			
〈第5因子〉 生徒・保護者への啓発的活動	36	全校生徒を対象に心理学に関する話題の講演	.671			
	4	心理学に関する授業をクラス単位で実施	.640			
	37	生徒の状態を把握するためのアンケート調査	.547			
	40	心理学に関する記事・ポスターを掲示あるいは通信誌を発行	.525	.860	2.528	49.317
	29	生徒の自己理解を深めるための心理検査を実施	.510			
	42	保護者やPTA役員，地域住民を対象とした研修会で講師をする	.460			

● 表13-4 派遣直後のスクールカウンセラーに対する教師の懸念の因子構造（武内ら，1998）

SC：スクールカウンセラー

	項目	項目内容	負荷量	固有値	寄与率	累積寄与率
〈第1因子〉不透明感から生じる懸念	40	SCが自分の仕事に意欲的に取り組んでくれない	.824			
	38	SCが教師に無理難題を言う	.816			
	46	SCが生徒の実態を理解不足	.797			
	43	教師個人の知られたくない情報や秘密がもれる	.794			
	37	学校内の情報が外部にもれる	.765			
	44	SCが学校現場の教師の実態をよく理解していない	.754			
	52	SCに教師が生徒の問題をまかせきりにする	.741			
	33	SCが教師の教育観をよく理解していない	.737			
	15	SCが一人で対処しようとする	.734	13.347	41.710	41.710
	12	SCが教師とうちとけようとしない	.732			
	42	SCが生徒と面接外でうちとけようとしない	.723			
	45	SCから教師が評価されたり，力量を試される	.714			
	30	学校全体の相談しにくい雰囲気	.696			
	17	SCの専門性のレベルが高くない	.660			
	51	SCが教育学的理論を理解不足	.660			
	47	SCが教師的見方や学校的価値観に同一化する	.653			
	35	SCが処遇しきれない仕事量を抱え込む	.595			
	10	SCが具体的な目的や目標を示さない	.592			
	16	生徒や保護者が秘密がもれることをおそれて活用できない	.567			
〈第2因子〉導入に対する抵抗感	2	外部の人が入ってくることに抵抗感	.674			
	5	SCが教職の資格をもっていない	.642	2.408	7.525	49.235
	1	SCが導入されることで教師側の業務が増す	.576			
	20	SCの対処法では問題解決に時間がかかる	.572			
〈第3因子〉時間的問題	29	教師が多忙なためSCと話し合う時間がない	.639			
	13	SCの勤務時間が限られており，活動が不十分	.626			
	21	生徒側が授業や課外活動などで，相談に行く時間がない	.622	1.491	4.661	53.896
	49	SCは非常勤のため相談にタイミングよく応じられない	.607			
	18	任期制のため最後まで責任をとってもらえない	.490			
〈第4因子〉SC活動による存在不安	32	教師が相談すると弱みをさらすような感じが生じる	.774			
	31	教師が相談するとまわりから責任放棄と思われる	.704	.797	2.492	53.388
	34	生徒を奪われるような感じが教師に生じる	.593			
	24	SCに仕事を奪われる	.535			

よび治療を行なう（項目25，平均＝3.97），9位：利用できる社会的援助資源（各専門機関など）の把握と情報提供（項目23，平均＝3.94），10位：教師向けに生徒理解，人間理解に関する図書の選択・紹介（項目8，平均＝3.88）であった。すべての項目が，第2因子と第3因子に含まれている。このように，教師はスクールカウンセラーに多様な活動を期待しているが，そのなかでもとくに，生徒・保護者への臨床心理学的援助と，教師への教育的援助に対する期待が高いことが示されている。

　一方，派遣直後における懸念の因子構造は，表13-4のとおりである。また，懸念項目（各項目は，5ポイントスケールである）のベスト10は，1位：教師が多忙なため，スクールカウンセラーと話し合う時間がない（項目29，平均＝3.88），2位：スクールカウンセラーは非常勤のため，相談にタイミングよく応じられない（項目49，平均＝3.60），3位：スクールカウンセラーの勤務時間が限られており，活動が不十分である（項目13，平均＝3.48），4位：生徒側が授業や課外活動などで，相談に行く時間がない（項目21，平均＝3.40），5位：スクールカウンセリング制度そのものを，教師がよく理解できていない（項目4，平均＝3.39），6位：任期の期間が短いため，学校内に浸透しないで終わってしまう（項目41，平均＝3.38），7位：役割分担が明確でないため，スクールカウンセラーとどのように連携すればよいのかわからない（項目39，平均＝3.37），8位：スクールカウンセラーが一人で対処しようとする（項目15，平均＝3.28），9位：教師が心理学的な子どもの発達の見方をよく理解していない（項目25，平均＝3.27），10位：スクールカウンセラーが処理しきれない仕事量を抱え込む（項目35，平均＝3.23）であった。なお，項目4，25，39，41が表13-4にないのは，因子負荷量が低いか，いくつかの因子にまたがって負荷量が高いためである。このように，懸念については，時間的問題や，「活用調査研究」そのものの特性（週に2回，1回4時間，2年の期限つき）から生じる問題や，スクールカウンセラー自身の動きについての懸念が高いといえよう。

　なお，このようなスクールカウンセラーへの期待や懸念は，中学校と高等学校の教師によっても異なり，また，各学校や，個々の教師によっても異なる。さらに，実際にスクールカウンセラーが派遣されてどのような活動を展開する

かによっても，異なってくることはいうまでもない。

4 スクールカウンセラーの活動内容

1. 児童生徒の問題への理解と対応

　児童生徒は，それぞれの発達段階において，各自がその発達課題に取り組んでおり，その過程においてさまざまな心理的問題や問題行動を呈することがある。それは，一過性のものであることもあるし，深刻なものであったりもする。そのような問題を呈した児童生徒は，いままでにどのような人生行路を歩んできたのか，なぜそのような問題を呈しなければならなかったのか，その子どもの発達してきている点と未発達な点やゆがんでいる点は何なのかなどについて，親子関係やきょうだい関係，教師や友人との関係から多面的・立体的に分析し，発達的な文脈のなかで児童生徒理解と問題理解をすることが，専門家としてのスクールカウンセラーの第1の中心的な仕事である。そのような見立て・アセスメントに基づいて，どのような援助・介入が効果的であり，どのような援助・介入を現実的に行なうことができるかについて考え，自ら実践し，教師や保護者にも実践してもらうべく助言していくことが，第2の仕事である。学校の教育相談では，アセスメントがおろそかになりがちで，問題に対して「どうしたらいいか」，「どうしたらその問題がなくなるか」と短絡的に考えやすく，すぐにハウツーを求めたがる傾向がある。しかしながら，臨床心理学的には，子どもについての問題は，「子どもからのメッセージ・SOS」であり，その意味するところの理解や背景の理解なくしては，対応・援助はありえない。一人ひとりの児童生徒が発するSOSとしての問題にていねいに関わり，児童生徒への発達援助として助言・カウンセリングなどを行なったり，見守ったりしながら，必要に応じて環境調整やネットワーキングを積極的に展開することが有効である。

2. 保護者への対応

　子どもの問題で悩んでいる保護者は，スクールカウンセラーのところに自発

的に相談に来たり，あるいは，担任と相談してやって来たり，場合によっては，担任にすすめられて気乗りがしないまま相談にやって来たりする。そのような保護者への助言・相談・カウンセリングも，子どもの環境調整の上で重要である。とくに，子どもが発達段階的に幼なく，親からの影響を強く受けているほど，保護者への対応は重視される。反対に，思春期・青年期になると，保護者への対応がなされないまま，生徒本人への援助だけですむこともある。

学校現場で出会う保護者の発達水準や病理水準，あるいは，親として果たしている機能水準については，当然のことながら千差万別である。保護者との関わりにおいては，保護者の発達水準や病理水準，家庭の機能状態などのアセスメントも重要である。文明化して豊かになっているわが国においては，家庭の守りが弱い子どもの問題がいっそう深刻化している。その一方で，子どもに対して熱心すぎるあまりに，過保護・過剰期待・過剰支配などを起こし，結果的に子どもを傷つけてしまったり，子どもの発達を阻害している保護者もいる。

保護者によっては，子どもの問題に対して問題意識をもっているタイプの人や，話し合うことによって問題意識をもってもらえるタイプの人がいる。そのような保護者は，人と関わる能力のある人である場合が多い。そのような場合には，いわゆるカウンセリング的な関わりによって信頼関係が形成でき，子どもの問題に協力して取り組むことが可能である。しかしながら，保護者によっては，子どもの問題よりも自分自身の問題を多く抱えており，自分が癒されたいと思って，スクールカウンセラーに頼ってしまい，問題解決になかなか向かえない人もいる。あるいは，他人への不信感・警戒感が強く，他人とつながることがむずかしい人や，他人との関わりを壊してばかりいるような病理的な人もいる。学校側の対応によっては，そのような保護者の不信感や攻撃性を強めてしまうこともあるので，十分な注意が必要であり，まずは，関係をつないでいくことが大切である。

3. 教職員へのコンサルテーション

児童生徒の問題や保護者との関係で悩み，相談にやって来た担任や養護教諭，生徒指導担当者，教育相談担当者などに対しては，よく話を聴き，必要に応じて，子ども理解や問題理解を伝えたり，助言をしたり，あるいは対応の仕方に

ついてコンサルテーションを行なう。ベテランの生徒指導担当者や教育相談担当者の場合には，スーパーヴィジョンを要請されることもあろう。相談にやって来た教職員の期待を明確にしながら，教育活動の援助を行なうことが望ましい。とくに，教職員が子どもの行動や問題を理解できずに，どう対応したらよいのかわからないような場合には，まず，理解や見立てを一緒につくることが重要である。教職員は，児童生徒に関する情報をさまざまな視点からもっている。そのような情報を提供してもらいながら，スクールカウンセラーと教職員が共通理解をすることができれば，「あー，そうだったんですね。それならば，こうした方がいいですね」という反応がかえってくることがある。教職員によっては，保護者への対応をスクールカウンセラーに要請したいと考えている場合もあるが，そのような場合には，役割分担を行ないながら協力していくことが大切である。

　しかし，共通理解をすることができても，現実的にはどこからどのように対応・援助していったらよいのか迷ったり，具体的に動いても効果が現れないように思われて焦ったり，無力感に陥ったりすることがある。そのようなときには，一緒に悩んだり，落ち込んだり，あるいは，絡まった糸を解きほぐしたりしながら教職員をサポートするのも，スクールカウンセラーの重要な役割である。反対に，スクールカウンセラーの落ち込みを教職員がサポートしてくれたり，励ましてくれるときもあり得る。そのような，児童生徒に関わり・援助していく立場のスタッフ同士としての協力・連携が不可欠であるが，場合によっては，守秘義務の見地から，どうしても共有できない内容もある。しかしながら，教職員との関係においては，守秘義務についての認識を高め合えるような関係や，互いに支え合っている，つながっているという連帯意識がなくては，児童生徒の発達援助・発達促進のためのネットワークを形成することはできない。

4. 学校内の教育相談体制の整備

　児童生徒の具体的な問題に携わっていく際には，一人の教職員で児童生徒の発達促進を行なうことの限界を理解してもらったり，一人ひとりの子どものスペシャルニーズに応えていく教育相談の意義や必要性，あるいは，チームプレ

イやネットワークによって児童生徒を教育・援助することの必要性などを理解してもらうことも，スクールカウンセラーの重要な活動である。そのような具体的実践を通じて，これまでの教育や教育相談に欠けていた視点や，体制などについて考えてもらうと同時に，教育環境・教育相談環境の整備に取り組んでいく具体的手がかりを提供することができる。また，教職員の資質向上のために，児童生徒の発達や適応などについての心理的問題や，保護者の心理や保護者との関わり方，カウンセリングの理論や技術などについての研修会を実施し，講師を務めることも大切である。あるいは，事例研究会でスーパーバイザーを務めたり，学年部会や生徒指導協議会などに積極的に参加することも必要である。さらには，保護者への講演会で講師を務めるなどの啓発活動を行なうことも考えられる。教職員や保護者，また児童生徒が読むとよいと思われる図書の選定や購入，相談室の整備・必要な備品の準備なども仕事の範囲に含まれる。場合によっては，不登校の保護者の会の企画・運営に携わることもあるかもしれない。一方で，予防的教育相談として，クラスでメンタルヘルス（精神保健）の授業を行なったり，ストレス・マネジメント（ストレスへの対処法）を教えたりすることもあるかもしれない。とくに，高等学校などでは，生徒の自己理解をうながすための授業や心理検査の実施などを求められることもある。児童生徒にとってショッキングな事件などが発生したような場合には，学校全体あるいは特定学年や，教職員・保護者を対象とした，PTSD（心的外傷後ストレス障害）に関する講演やその後のフォローなどが求められることもある。

5. 外部の関係機関との連携

　スクールカウンセラーは，児童生徒の問題に応じて，必要であるならば，地域の専門の関係機関との連携をとらなければならない。したがって，スクールカウンセラーは，その地域の関係機関や社会的資源についての情報をもち，その地域に根づき，つながっていることが望ましい。

　学校によっては，関係機関との連携に抵抗感があったり，積極的でない場合がある。そのような場合には，スクールカウンセラーは，関係機関と連携・協力することによって児童生徒の発達援助をスムーズに行なうことができるということを，実例によって示すような努力が必要である。そのような努力が教職

員に理解されれば，外部との連携も行ないやすくなる。

　保護者に関係機関に行くことを勧めると，子どもの問題がそんなにひどいのかとか，子どもが学校から見放されるのかというかたちで受けとめてしまったり，落ち込んだり，あるいは，防衛的になってしまうこともある。一方，子どもの問題を心配していて，どこかに相談に行きたいと考えていたような保護者の場合は，勧められることで気持ちが吹っ切れることもある。なお，保護者が関係機関に行くことに抵抗を感じているときには，その気持ちをよく聴いて，少しづつ抵抗感や不安を軽減させ，関係をつないでいくことが望まれる。問題をもったわが子が，学校の先生に迷惑をかけ，面倒に感じられ，見棄てられようとしていると感じることは，保護者にとっては大変つらいことである。そうではなく，関係機関との連携によって，子どもを援助しようとしているのであるということを示すためにも，最初は教職員が関係機関に保護者と一緒に相談に行くことを勧めたい。また，スクールカウンセラーとしては，「関係機関に行ってください」と単に言うだけでは，なかなか具体的にはつながりにくいので，関係機関の担当者に前もって連絡を入れておいてあげるとか，紹介状を書いて保護者にもたせてあげるなどの，具体的な手だてが必要である。

　スクールカウンセラーには，以上のようなさまざまな活動内容と役割が考えられるが，学校の抱えている問題や置かれている状況，あるいは，教職員の求めていることによっても，どの点に比重がかかるかは異なる。また，スクールカウンセラーが活動のなかで何をなそうと考えているか，どのようなビジョンをもって取り組むかによっても異なってくる。ただし，児童生徒の発達にとって良い環境・生き生きと生活できる舞台をつくるスタッフの一員としての意識だけは，明確にもっておく必要がある。

CHAPTER 14 教育相談関係機関とその利用

1 主な教育相談関係機関の概要

　最近の児童生徒の状況を考えると，学校側と教育相談関係機関との間での連携が必要であり，そのためには，教師は教育相談関係機関の業務内容などについて十分に把握しておくことが大切である。

　ここでは，学校側と連携をはかることができる校外の主な教育相談関係機関について，その機能や役割などを具体的に解説してみたい。

1. 適応指導教室

　適応指導教室は，都道府県または市町村の教育委員会が教育センターなどの施設や学校の余裕教室などにおいて，心理的・情緒的な理由により登校できない児童生徒の学校への復帰を支援するために，在籍校と連絡をとりつつ，個別カウンセリング，集団生活への適応指導，教科指導などを組織的，計画的に行なう組織として設置されたものである。

　このような適応指導教室は，教育相談機関の1部門として設置されているところと，適応指導教室として独立して運営されているところとがある。また，小学生と中学生を分けたところもある。教育委員会が設置する適応指導教室は，1989（平成元）年度に42か所であったが，1997（平成9）年度には714（都道府県32，市町村682）か所に増えており，年々増加の傾向にある。

　なお，適応指導教室に通っている児童生徒の場合には，校長の判断で出席扱いにすることができる。その際には，1992（平成4）年9月24日付で文部省初等中等教育局長通知として出された《文初中第330号》『登校拒否問題への対応について』のなかの別記「登校拒否児童生徒が学校外の公的機関や民間施設に

おいて相談・指導を受けている場合の指導要録上の出欠の取扱いについて」を踏まえることが必要である。

　適応指導教室では，児童生徒への援助だけではなく，通級生の在籍校の担任教師を一緒に集めた「担任の会」を開いたり，保護者に対しても「保護者会」を開いたり，個別にカウンセリングを行なうような援助もしている。

　適応指導教室の運営に関しては，機関によって考え方が必ずしも同じではなく，たとえば，援助目標として，学校復帰を中心にしているところと，不登校児童生徒の社会的自立に重点を置いているところに分かれており，援助方針についても，学習適応を重視しているところと，人間関係の適応に焦点をあてているところに分かれている。

　適応指導教室の意義としては，次のような機能をあげることができる（中川ら，1997）。

① 居場所機能：不登校児童生徒が元気を回復し，安心できるような心の居場所になっている。筆者が関わっている適応指導教室では，通級していた生徒が中学校を卒業した後にも適応指導教室に顔を出したり，途中で学校に復帰した生徒が，定期試験のための勉強をスタッフに教えてもらうために訪れたりすることもある。

② 人間関係学習機能：スタッフとしては，児童生徒が一人でいることを認めて対応しながらも，スポーツや作業などを通して他の児童生徒との関わりの機会を増やしたり，あるいは，自分勝手にふるまって相手のことを考えないような者には，周囲の状況に注意を向けるような働きかけをする。

③ 補習機能：中学生によっては小学校時代から不登校になった者もおり，全体として，基本的な学力が不足している。そのために学校に行きにくくなっている者が多いので，それを補うための学習が必要になる。スタッフは個別学習などを通して，児童生徒に自信と意欲を与えるように努めている。

④ 進路相談援助機能：いままでの適応指導教室の卒業生の進路をみてみると，定時制や通信制の高校が過半数をしめており，全日制の高校よりも不登校生徒の受け皿になっている（本間ら，1997）。一般に，同世代への対人緊張は強いが学力がある生徒については，定時制よりも通信制の方が向いているようである。そのような事情もあって，在籍校の中学校教師よりも適応指導教

室のスタッフの方が定時制や通信制についての情報を多くもっている可能性がある。あるいは，適応指導教室の卒業生が適応指導教室を訪れて，後輩に具体的な情報を提供してくれることもある。

さらに，下山ら（1999）は，ある公立の適応指導教室に1989～1997年度の9年間に通級した不登校の中学生93名について調査した結果をもとにして，適応指導教室がもっている可能性として，次の3点を指摘している：①生徒の状態を考慮して，学習の進度，行事の時期や内容を決めることができる。つまり，生徒一人ひとりの成長を尊重した対応がしやすい。②来る生徒たちは，学校に行かないという「危機」を体験している。そのため，生徒どうし，あるいは生徒とスタッフが深く関わり，自己への洞察をもつ機会を得やすい。③複数のスタッフが関わり，「励ます」役割，「安心させる」役割をとり，生徒への「自立」というメッセージを多方面から送ることができる。そのため，生徒がそれを受け取りやすく，自由に活動できる。

なお，筆者が関わっている適応指導教室の児童生徒たちに，適応指導教室が気に入っている理由をたずねてみると，「ドッヂボールができて，楽しい」と答える者が多い。このことは，いままで家庭に閉じ込もっていたり，保健室登校や相談室登校の児童生徒の場合は，体育で心身を発散する機会がなくて，かなりのストレスになっていたことを示している。このような意味からも，適応指導教室には，利用できる体育施設があることが望ましい。

ところで，適応指導教室に通ってくる児童生徒は，最初から学習に取り組むことがむずかしいので，興味があるファミコンゲームやマンガを読むことから始めたり，ドッヂボールやバドミントンなどのスポーツや料理をつくるような活動を通して，しだいに小集団や人間関係に慣れていくことが多い。仲間たちとの人間関係がスムーズにできるようになったりすると，「チャレンジ登校」と称して，在籍校に半日ないし1日登校してみるような試みもなされる。

適応指導教室にとって，今後の大きな課題は，児童生徒の耐性をどう育てるかという点にある（中川ら，1997）。適応指導教室は，在籍校とは違って，厳しい叱責を受けることもなく，気分しだいで休んでも非難されないようなところである。しかし，耐性を育てるために，ただ「受け入れる」，「話を聴く」だけでなく，自分の生活をふりかえらせたり，将来の進路などについて避けずに

考えるような機会を与えながら，自分の課題に直面させていくことも大切である。

2. 教育センター・教育研究所など

　1997（平成9）年度において，都道府県・政令指定都市の教育委員会が所管する教育相談機関は253か所であり，このうち教育センター・教育研究所は82か所，教育相談所・相談室は171か所であり，市町村（政令指定都市を除く）の教育委員会が所管する教育相談機関の数は1,845か所である（文部省初等中等教育局中学校課，1998b）。

　ここで言う「教育センター・教育研究所」とは，教師研修，専門的研究，教育相談などの活動を行なう総合的機関である。「教育相談所・相談室」とは，主として教育相談を行なう機関のことであり，教育委員会や地方教育事務所の建物のなかに設置されている相談室や相談コーナーを含むものである。

　教育センター・教育研究所では5～9人の常勤相談員を置くところが多く，心理学や関連学科を専攻して教育相談を専門にしている者や，教育相談の経験がある現職の教師などが担当している。

　都道府県・政令指定都市の教育委員会が所管する253か所の教育相談機関における1997（平成9）年度の教育相談件数は179,097件であり，その機関別の内訳は，教育センター・教育研究所が101,313件（56.6％），教育相談所・相談室が77,784件（43.4％）となっており，小・中・高校生の不登校に関する教育相談が一番多い（文部省初等中等教育局中学校課，1998b）。教育相談機関を相談形態別にみると，「来所相談と電話相談の2形態をとる機関」が最も多い。最近は不登校に関する相談が非常に多いので，教育相談室とは別に，不登校児童生徒を対象にした適応指導教室を併設しているところが増えている。

　教育センター・教育研究所には，学校が解決しにくいような事例が紹介されてくることが多く，心理検査を実施したり，遊戯療法やカウンセリングなどの心理療法が行なわれ，必要に応じて，保護者へのカウンセリング（並行面接）や担任教師への指導・助言も行なわれる。教育相談に関する費用は無料である。

　なお，教育センター・教育研究所は教育相談を行なう以外に，不登校，いじめ，非行などの問題行動や障害児などについての研修や実習も，地域の現職の

教師を対象に行なっている。たとえば，基礎講座のような初級研修をはじめとして，中級研修を終えた者が半年とか1年の長期研修生として教育センターに内地留学して，教育相談の事例を担当するなどの実践的研修を受けるような上級研修まである。さらに，年に何回かは，大学の教員や治療機関のスタッフが指導・助言者として招かれ，教育相談室や併設されている適応指導教室での児童生徒や保護者などについての事例研究会も開かれている。

とくに，教育センター・教育研究所の教育相談室は，学校と連絡がとりやすいし，学校現場のこともよく理解しているので，学校と有機的な連携を密にしやすい立場にあるなどの特色をもっており，他の教育相談関係機関とは異なった存在である。

このように，教育センター・教育研究所は，地域に貢献する公的な教育相談機関であり，地域における教育相談のセンターとしての中心的役割を担っており，学校関係者の期待も大きい。

3. 大学付設心理教育相談室

大学には，教育学部などに「心理教育相談室」，「教育相談研究センター」，「障害児治療教育センター」などの名称でよばれている施設があり，教育相談やカウンセリングなどの心理相談・治療が行なわれている。

対象者は幼児，小・中・高校生とその保護者が中心であるが，時には青年や成人も来談することがある。大学教員をはじめとして，大学院生や内地留学に来ている現職の教師などのスタッフが相談や治療にあたっている。相談内容としては，不登校，非行，神経症，発達障害，学習障害など，多種多様である。

ところで，文部（科学）省は1980（昭和55）年に京都大学教育学部心理教育相談室に対して，教育相談やカウンセリングを有料制にすることを認可した。このことは，国立大学としては全国で初めてのことであり，その後，それを契機にして，九州大，広島大，東京大，名古屋大なども有料制になった。有料制にした理由は，少額であっても，料金を徴収して治療契約を結んだ方が治療効果が上がるからである。すなわち，クライエント（来談者）にとっては治療を受ける動機づけや意欲になるし，スタッフの側も治療者としての責任を覚えて，治療に対してより真剣になるからである。

大学の心理教育相談室のような場合には，医学部精神科とのパイプがあり得るので，医学的な診断・治療を必要とする場合には，そこに紹介できるという利点がある。あるいは，教師になった卒業生が，児童生徒の問題行動などについて母校の大学の心理教育相談室に気軽に相談しやすいこともある。

　なお，周知のとおり，最近は日本臨床心理士資格認定協会による臨床心理士養成のための「大学院指定制度」ができ，第1種大学院指定要件の一つとして，臨床心理実習を体系的に実施することができるような付設心理教育相談室をもつことが必要である。そのため，全国の国・公・私立の大学の付設心理教育相談室の数が増加し，大学院生が指導教員のスーパーヴィジョンを受けながら，相談事例に対して治療者として関与することが多くなっている。そのような現況のなかで，大学の付設心理教育相談室は名実ともにその役割を果たす真価が問われている。

4. 児童相談所

　厚生（労働）省の児童福祉行政機関である児童相談所は，児童福祉法と地方自治法に基づき，都道府県と政令指定都市に1か所以上の設置が義務づけられており，1999（平成11）年4月現在，全国に174か所設置されている。

　18歳未満の児童（児童福祉法にいう「児童」）に関するあらゆる問題について，家庭や学校などからの相談に応じている。子どもや家族のもつ悩みについて面接や調査・判定を行ない，必要に応じて家族や学校と連絡をとりながら，最も適切な処遇指針を立て，助言と指導を行なっている。

　児童相談所は，家庭裁判所から送致された少年に関する調査や指導なども行なっている。学校にとっては，児童生徒の問題行動への対応のあり方について具体的に相談することができる専門機関である。相談や一時保護の費用は無料であり，相談内容については守秘義務があり，相談者が不利益を被ることがないように保障されている。

　児童相談所の基本的な機能としては，①相談機能（面接，調査，心理的医学的診断，指導など），②一時的保護機能（保護者の入院，離婚，虐待などにより，保護が必要な子どもを短期間，児童相談所内に預かり，生活指導を行ないながら，今後どのような処遇が適切であるかを判断する），③措置機能（児童

自立支援施設《児童福祉法改正により，1998（平成10）年4月1日から「教護院」が改称された》や児童養護施設などの児童福祉施設に入所させ，子どもの処遇を委ねる）の3つがあげられる。このうちで，とくに②と③は児童相談所独自の機能である。

　専門職員として，児童福祉司，心理判定員，医師（精神科医，小児科医など），保母・指導員などがいる。

　児童福祉司は相談を受けて，家庭や学校などの社会環境を調査し，家庭訪問などの指導を行なう。心理判定員は全国の児童相談所に約780人ほどいるが，その仕事は，心理診断と心理治療に大別でき，主な業務としては，①療育手帳を含めた手当の判定（特別児童扶養手当などの診断のために，知能検査や発達検査を行なう），②施設入所のための判定，③3歳児健診などの判定指導，④通所指導・治療（不登校児や被虐待児およびその家族などに対して，個人心理療法や集団心理療法，家族療法などを行なう），などがあげられる。

　児童相談所では，養護相談，心身障害児相談，非行相談，育成相談などを行なっているわけであるが，最近は子どもへの虐待の相談が多くなっている。とくに，親に問題意識がない処遇困難な暴力による虐待のような場合には，児童相談所だけでなく，他の関連機関とも連携しながら，その家族への社会的介入をはからねばならないこともある。

5.　福祉事務所（家庭児童相談室）・福祉部など

　地域により密着した身近な相談機関として，福祉事務所内には家庭児童相談室が設置されており，家庭児童相談員がケースワーカーなどと連携しながら，生活保護家庭，母子家庭などの生活上の問題をはじめとして，子どもの生活習慣などに関する問題について，相談，助言，指導を行なっている。

　児童相談所が専門的な医学的，心理的，教育的相談をする福祉の第一線機関としての役割を果たしているのに対して，家庭児童相談室は，「問題が一過性の比較的軽症事例」を扱う機能をもっており，どちらかというと，開業医や家庭医のような地域の人々にとっての身近な相談室をめざしている（栗田，1991）。

　また，都道府県や市町村の福祉部などには民生委員，民生児童委員，主任児童委員がおり，経済的な事情や子どもの問題で悩んでいる人に対しての相談を

受け，きめ細かな対応をしているので，それぞれの家庭状況についての情報は学校側のそれよりも詳しいことが多い。

このように，福祉事務所（家庭児童相談室）や福祉部などは家庭状況についての情報を多くもっているので，児童生徒が不登校や非行などの問題行動をもっているような場合には，連絡して相談することも問題行動への理解と対応を深める。

なお，児童相談所や家庭児童相談室のように厚生（労働）省の管轄である場合には，児童福祉法に基づいて，18歳未満の者を「児童」と表現しているために，文部（科学）省（教育現場）で用いられているような区分，すなわち，小学生を児童とし，中学生と高校生を生徒とするような区分とはなじまないという問題がある。そのこともあって，児童相談所や家庭児童相談室では中学生までの相談はあるが，高校生の相談事例はきわめて少ないのが現状である。

6. 少年鑑別所

少年鑑別所は，非行少年の調査や診断，資質鑑別を行なう法務省の専門施設で，全国に53か所あり，各都道府県にほぼ1か所ずつ設置されている。

家庭裁判所の決定によって収容された非行少年を，最高8週間収容し，少年たちが非行を犯した原因や，今後どうすれば立ち直ることができるかについて，専門的知識や技術によって明らかにする（「資質鑑別」）。このような資質鑑別を担当するのは，鑑別技官（鑑別を担当する法務技官）とよばれている心理の専門家である。鑑別技官は面接，心理検査，行動観察などを通して，担当した少年の非行の意味づけをし，今後の処遇についての意見を提示する。そのような分析は，家庭裁判所での審判の重要な資料となり，少年院や保護観察の際の指導にも役立つことになる。

短期間に資質鑑別をするためには，心理検査が果たす役割は大きいのであるが，その他にも，鑑別に役立つ情報を得たり，少年の更生意欲を高めるための治療的教育的処遇などの技法として，課題作文，日誌，ロール・プレイング，サイコドラマ（心理劇），内観法なども取り入れている。

少年鑑別所では，鑑別技官と保安，生活指導，行動観察などをする法務教官とが一体となって協力し，相互に扱っている資料や情報を検討して，一人ひと

りの収容少年についての鑑別判定を行なっている。

　入所してきた少年は，少年鑑別所が説教をしたり罰を与えるところではなく，生活を立て直すために自分を見つめるところであるということがわかると，徐々に落ち着いてくることが多い（井村，1999）。

　このように，少年鑑別所の業務は非行少年に対する資質鑑別が中心であるが，支障をきたさない範囲で，非行問題に限らず，青少年の適応に関する問題や適性などの相談にも無料で応じている（「一般鑑別」）。ただし，心理検査などを実施した場合には，用紙代の実費は徴収される。電話相談も受け付けている。

　しかし，世間では，少年鑑別所は非行少年を収容して調べる施設で，未決拘禁的色彩が強いというイメージでとらえられやすいために，一般の人にとっては相談することに対して抵抗がある。これからは，地域社会へのサービスとして行なわれている一般鑑別についての理解を深める広報活動が必要であると同時に，国としても設備やスタッフを充実させることが責務である。

7.　家庭裁判所

　最高裁判所事務局所管である家庭裁判所は，司法的機能と教育・福祉的機能を備えており，全国の都道府県所在地などに設置され，主要都市には支部が置かれている。

　非行少年の調査・審判を行なう少年事件と，夫婦関係，親子関係，親族関係の問題に関する調停・審判を行なう家事事件を取り扱っている。たとえば，後者では両親の離婚，子どもの親権争い，養子縁組，両親がいない場合の後見人の選任などの問題を解決する。

　裁判官のほかに，家庭裁判所調査官（大学で心理学，教育学，社会学，社会福祉学などの領域を専攻した者）が配置されている。裁判官の命令を受けた調査官は，家事事件では，事実の調査と調整活動を行なって問題を解決するように導き，少年事件では，少年のパーソナリティや生育歴，家庭環境などについて調査する。裁判官は，その結果に基づいて，少年の最終的な処分を決定する。実際の少年事件における調査の活動は面接，心理検査，照会および観察などの方法を用いて行なわれ，保護者，教師，雇用主などの関係者とも面接する。

　家庭裁判所が決定す保護処分としては，児童自立支援施設または児童養護施

設への送致，保護観察，少年院への送致の3種がある。なお，家庭裁判所には，少年についての保護処分を適切に決定するために，最終決定を保留して，しばらくの期間（おおむね3～6か月程度の期間）調査官が少年を観察できる「試験観察」という制度がある。調査官は，試験観察中に少年に対して個人面接を定期的に継続したり，立ち直らせるために教育的，援助的な働きかけを行なう。それとは別に，適当な施設や団体または個人に補導を委託するような試験観察の方法もある。

なお，学校で少年の非行に関する問題などについての対応に困っているような場合には，家庭裁判所と連絡をとり，相談することも可能である。

8. 少年院

少年院は，家庭裁判所から保護処分として送致された非行少年を収容し，矯正教育を行う国立の施設である。法務省矯正局の管轄下にあり，1999（平成11）年現在，全国に53施設あり，そのうち女子少年院が9施設，男女とも収容している医療少年院が2施設で，残りは男子少年院である。初等少年院（14歳以上～16歳未満），中等少年院（16歳以上～20歳未満），特別少年院（16歳以上～23歳未満），医療少年院（14歳以上～26歳未満）の4種類に区分されている。

少年院における処遇には，短期処遇と長期処遇がある。矯正教育として，生活指導，職業指導，教科指導，保健体育，特別活動が行なわれている。少年院で直接に処遇を担当して教育部門に所属している職員は，「法務教官」として採用された者である。

学校としては，少年院に収容された少年に対して，面会や手紙などを通して連携を密にとることが必要であり，そのことが少年に立ち直るきっかけや更生意欲をわかせる。院内での卒業式に家族が出席しないことがわかると表情を暗くしていた初等少年院の男子少年が，在籍中学校の校長から直接卒業証書を手渡してもらえたことで，涙を流して校長と握手し，日誌に「あれだけめちゃくちゃしてきた学校の卒業証書を校長先生がもって来てくれた感激は，決して忘れない。これからどんな生活が始まるのか予想はできないが，こつこつやってみたい」と，その日の感激を記しているような事例がある（原島，1991）。

9. 警察の少年課

　警察の少年課では，少年問題に詳しい警察官や臨床心理の専門家が，非行などの問題について地域の保護者や学校関係者などからの相談に応じている。最近は，いじめや虐待などの問題に関しても相談を引き受けており，学校側としても有効な協力が得られる。「ヤング・テレフォン・コーナー」などの電話相談もある。

　なお，警察庁によって1996（平成8）年に被害者支援に関する基本方針をまとめた「被害者対策要綱」が制定されたことに伴って，それまで不明確であった少年相談業務とそれを取り扱う者の位置づけが明確にされ，さらには，被害少年の精神的打撃を軽減するための方法として「カウンセリング」という文言が初めて登場し，長期にわたるカウンセリングも職務として心おきなく行なえるようになった（宮本，1997）。

10. 少年補導センター

　地方公共団体に設けられている少年補導センターには，少年の非行防止（補導）に関係がある行政機関，団体，ボランティアが参加している。1996（平成8）年11月現在，全国には696か所に設置されており，そこに所属するボランティアとしての少年補導員の数は約73,000人である。

　具体的な活動としては，街頭での補導，非行に関する相談，有害環境の浄化などを行なっている。最近では，非行以外の教育相談や福祉関係についての相談も受け付けている。

　この頃は，ゲームセンターやカラオケボックスが中学生や高校生のたまり場になっており，喫煙や飲酒が行なわれていることもあるので，とくに学校の生徒指導主任などは，少年補導センターと連携しながら，地域ぐるみで対応することが必要である。

11. 精神保健福祉センター

　1950（昭和25）年に制定された精神衛生法が1965（昭和40）年に改正された際に，「精神衛生センター」が新設されたが，1988（昭和63）年に精神衛生法

が精神保健法になったことによって「精神保健センター」と改称された。さらに，1995（平成7）年に精神保健福祉法が制定されたことによって，「精神保健福祉センター」という名称になった。

精神保健福祉センターは精神医療領域の行政機関の施設で，都道府県・政令都市に各1か所設置されており，精神科医，臨床心理士，保健婦などで構成されている。

具体的な業務内容としては，次のような3つに大別される。

① 「知識の普及・啓発」：住民の心の健康を促進するとともに，精神障害者などへの偏見を取り除くために，精神保健福祉に関する知識を正しく普及させながら，啓発活動をしている。たとえば，保健婦が高校などに出向いてシンナー，エイズなどに関する講演やビデオ上映などを行なっている。

② 「精神保健相談および指導」：大人のアルコール依存の問題をはじめとして，不登校，家庭内暴力，いじめ，非行などに関する相談を行なっている。医師による個人カウンセリングや精神障害者の社会復帰を援助するためのデイ・ケア（day care：昼間通所）などが行なわれている。

③ 「調査研究」：児童・青少年の問題行動や精神障害者に関する問題などについての実態を調査したり，研究する。

このように，不登校や精神疾患の疑いがある児童生徒を抱えた学校現場の教師にとっては，精神保健福祉センターは精神科病院よりも気軽に相談しやすい機関である。

12. 精神科病院・クリニック

精神科のクリニック（診療所）は，総合病院（100床以上）の精神科や単科の精神科病院（20床以上）とは異なり，入院患者をもたない外来通院のみの診療施設である。

精神科病院には，保護室，閉鎖病棟，準開放病棟，開放病棟があり，デイ・ケア・センターを併設しているところもある。以前よりも，開放病棟中心の病院やデイ・ケアを取り入れた外来治療が増えている。

全国の精神科病院の患者の内訳をみると，統合失調症（精神分裂病）の患者が一番多く，入院患者の約60%，通院患者の約30%をしめている。

治療の方法としては，薬物療法を主体として，医師や臨床心理士による個人心理療法のほかに，臨床心理士や作業療法士，精神保健福祉士（以前は，"精神医学ソーシャ・ワーカー"とよばれていた）などによる集団心理療法や作業療法，SST（生活技能訓練）などが行なわれている。昼間に外来患者を対象にしたデイ・ケアも実施され，レクリエーション，スポーツ，料理，SST，集団心理療法などが行なわれている。

1963（昭和38）年に九州大学医学部附属病院に「心療内科」が設置されたが，最近では「思春期外来」や「思春期病棟」をもつ病院やクリニックもできている。

中学生や高校生なども，親からの自立に失敗したり，対人関係のもつれなどによって，初期の統合失調症（精神分裂病）やうつ状態をはじめとして，強迫神経症，対人恐怖症，摂食障害などの疾患が出現することがある。そのような場合には，精神科病院や精神科クリニックで治療を受けることに抵抗があっても，医学的診療を受けて，早期発見・治療をすることが大切である。

初めて精神科病院や精神科クリニックを受診した際に，待合室で長い間待たされたりすると，その間に自分よりも症状が重い患者を見たりして暗い気持ちになり，自分が影響されて悪くなってしまうのではないかという不安をいだき，精神科の病気であることを過剰に意識してしまう心配もあるので，前もって電話で予約してから受診することが望ましい。

精神科病院や精神科クリニックに本人を連れて行きにくい場合には，とりあえず電話で相談して，どのようにしたらよいかについて指示を仰ぐことが必要である。

一般教諭よりも養護教諭の方が精神科医とのルートをもっていることが多いので，養護教諭にパイプになってもらい，良い精神科医や精神科病院・クリニックを紹介してもらうことも必要である。

なお，精神科医から不登校の高校生について「アルバイト体験が治療上必要である」という診断書をもらうことができ，そのことで校長が決断しやすくなり，アルバイト体験をして再登校に結びついた事例もある。

2 学校と教育相談関係機関との連携のあり方

　児童生徒の問題行動について，学校側が校外の教育相談関係機関と連携して取り組むことが必要であるが，現状としては必ずしも十分な連携がなされていない。

　総務庁行政監察局（1999）は，1997（平成9）年10～11月に，18都道府県の公立の小学校および中学校の児童生徒（17,638人），保護者（17,638人），教師（825人）の計36,101人を対象に，いじめ・不登校・校内暴力問題に関するアンケート調査を実施した結果についてまとめている。ここでは，そのうちから，教育相談関係機関のあり方に関連している調査結果についてみてみたい。

　図14-1は，「いじめ・不登校・校内暴力の問題への対応で，いままでどのようなことで苦慮したか」との問いに対しての教師の回答を示したものである。

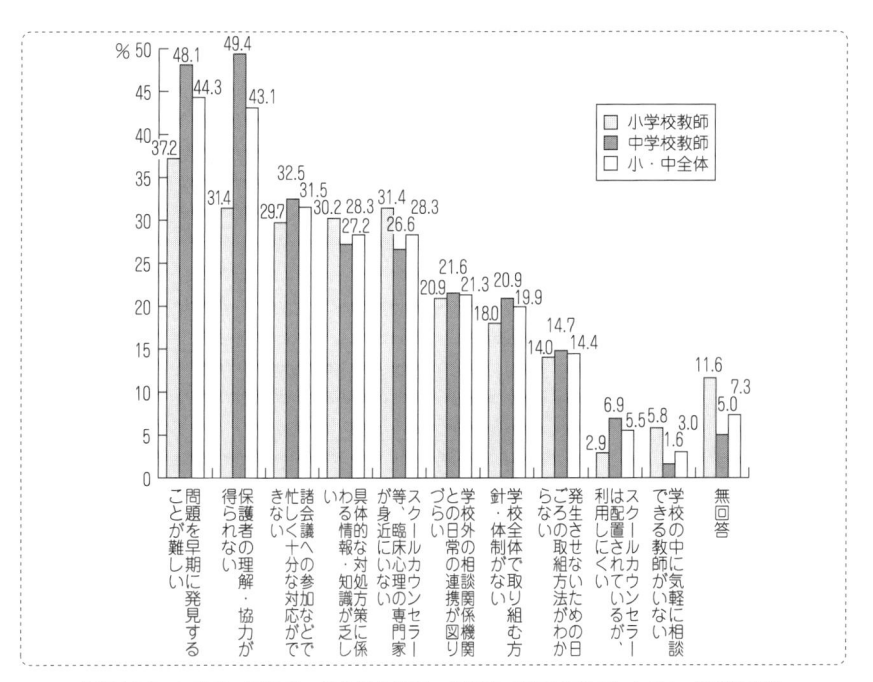

● 図14-1　いじめ・不登校・校内暴力問題への対応で教師が苦慮したこと（複数回答）
（総務庁行政監察局，1999）

第14章 教育相談関係機関とその利用

そのうち,「学校外の相談機関との日常の連携がはかりづらい」ことをあげた教師は,小・中学校全体で21.3%になっている。

さらに,表14-1は,教育相談関係機関の相談窓口や活動内容について,学校などからの意見・要望を示したものである。これをみると,各機関の役割や特色などが明確に把握できるような情報提供が十分になされていない点や,総合的相談窓口が必要であることなどがわかる。

文部省の「児童生徒の問題行動等に関する調査研究協力者会議」が1998(平成10)年3月に出した〈学校の「抱え込み」から開かれた「連携」へ――問題行動への新たな対応――〉と題する報告書のなかでも,現在の学校と教育相談

● 表14-1 関係機関の相談活動に関する学校などの意見・要望(総務庁行政監察局,1999)

学校等名	意見・要望の内容
A_6中学校	生徒の問題行動は,事例ごとに内容や事情が異なり,それぞれの事例にふさわしい対応ができるような総合的相談窓口が必要である。また,類型別に整理された豊富な実例をいつでも閲覧できるようなセンターが設置されれば,現場教職員にとって大きな助力となる。
B_1小学校	本来,各教員が各関係機関でどのような相談を受け付けているかを把握し,生徒や保護者に情報提供すべきであるが,時間的にもそのようなことは難しく,個々の現場教員レベルではほとんどの者が,各機関の相談窓口を把握していない状況となっている。各機関の窓口がすべて把握できる一覧表,マニュアル等が欲しい。
D_4小学校 D_9中学校	児童相談所と教育相談所との間で情報交換が行われていないため,相談者はその都度最初から相談しなければならない。関係機関間で相談記録の相互利用などを図るなどの連携の強化が必要である。
H_5小学校	様々な関係機関があるが,各々の機関の特色等がよく分からないので,総合的相談窓口が必要である。
K_5中学校	いじめ,不登校,校内暴力は,各々複合しており,これらを総合的に扱ってもらえるような総合的相談窓口が必要である。
L_2小学校 L_4小学校 L_3中学校	電話相談窓口の周知は行われているものの,各関係機関の受付相談内容・特色等については周知されていないため保護者の理解も十分ではなく,学校も十分な説明ができないので各機関の相談対象分野・特色等の情報が欲しい。
N_1中学校	いじめ・不登校・校内暴力の問題に関し,学校が関係機関と連携を図ろうとするとき,総合的な相談窓口を通じ,それぞれの問題に応じた機関の紹介を含めたアドバイスを受けられるようなシステムを整備してほしい。 特に,不登校については,生徒の状態から医学的な機関を紹介したらよいか等についてアドバイスが受けられるような窓口が欲しい。
P_a市PTA協議会	関係機関の相談窓口は縦割りであり,総合的相談窓口を早期に開設すべきである。
P_b市PTA連合会	関係機関の相談窓口は一般に知られておらず,もっと広報を充実すべきである。

(注) 当庁の調査結果による。

関係機関との連携のあり方における問題点が，次のように指摘されている（文部省初等中等教育局中学校課，1998a）。

「学校側の要因」：①学校内での児童生徒の問題行動や教職員の指導状況などを外部に知られたくない，あるいは学校のみで問題を解決できると思っているなど，学校の意識が閉鎖的になっている。②関係機関の連絡先や担当者を日頃から知っていない。③関係機関の業務内容などについての情報把握が十分とは言えず，個々の問題行動の程度や状況に応じてどの関係機関に連絡すべきであるかを理解していない。④関係機関に対して不信感をいだいており，連携しても問題の解決につながらないと考えている。⑤学校が関係機関などに指導を求めると，保護者などから，「学校が指導を放棄した」などの非難の声があがることを恐れすぎている。⑥関係機関や保護者に対し，学校の指導指針，個々の問題行動への対応などについて十分な説明を行なっていない。

「保護者側の要因」：①本来家庭が担うべき部分までも学校に期待したり，他の専門機関で指導を受けた方がより効果がある場合であっても学校の指導に頼ったりするなど，過度の依存をしている。②学校外で起こした非行などの事実について，評価などの問題もあり，学校に知らせない，あるいは知られたくないといった意識が働くなど，学校に対する不信感がある。③他の専門機関の役割についての認識が不十分であるため，学校が他機関を紹介することに対し，学校の責任放棄ととらえがちである。

「関係機関側の要因」：①学校が関係機関と連携をはかろうとした場合であっても，その機関が必ずしも学校に協力的ではなく，学校におけるこれまでの指導を踏まえずに独自の対応を行なうことがある。②関係機関側が行なった対応などについて，学校との信頼関係の確立が不十分なこともあり，学校への連絡が適切になされていない。

今後は，以上のような連携をむずかしくしているさまざまな要因について，学校，保護者，教育相談関係機関が理解を深め，現状の問題点を改善するように相互で努力していくことが必要である。

付録

トピックス

Topics 1 ——学級崩壊

　学級崩壊は1997（平成9）年頃より全国で問題化されるようになったわけであるが，この「学級崩壊」という言葉はいつから，だれが用いだしたのかということについて，朝日新聞社会部編の『なぜ学校は崩壊するのか』（教育史料出版会，1999）によると，1994（平成6）年までさかのぼることができ，大阪と北海道の教師がそれぞれほぼ同じ時期に日誌に綴っており，一人の教師が自分の担任していた学級経営がうまくいかず，「家庭崩壊」という言葉から「学級崩壊」という言葉を思いつき，もう一人は何となくメモしていたことがわかっている。

　学級崩壊は，小学校で，たとえば，授業中に，教師の言うことに耳を貸さなかったり，大声で歌を歌ったり，教室内をうろうろ歩きまわったり，机の上を走りまわったり，他の子どもの邪魔をしたり，紙飛行機を飛ばしたり，勝手に教室を飛び出したりするような子どもがいるために，担任教師の指導が届かなくなり，授業ができないような状態である。このような現象は，授業だけでなく，朝の会，給食，掃除の時間，行事の練習などでもみられ，その結果，学級経営が成り立たないような，いわば学級という集団の崩壊を示している。したがって，「学級崩壊」は，「授業崩壊」や「学校崩壊」と区別してよぶことが必要である。

　『現代用語の基礎知識』（2001年版）（自由国民社，2001年）では，「学級崩壊」については，「特定の困難な児童の問題というより，複数の児童の暴れや教室内外の立ち歩きなどで授業が中断される，授業が成立しない，学級経営が困難になる，などの状況をさしており，小学校を中心として広がりをみている」と記されている。

　教育評論家の尾木直樹（山梨日日新聞，2000年2月22日朝刊）も，山梨県教育研究所（望月忠男所長）での教師を対象にした講演で，「学級崩壊」を「小学校において，授業中に立ち歩きや私語，自己中心的な行動をとる児童によって，学級全体の授業が一定期間成立しない現象である」と定義づけ，小学校に限った問題として位置づけている。さらに，「教科担任制や学年責任制で，1クラスに複数の教師がかかわる中学校以降は，各教科の『授業崩壊』はあっても，それが学級全体に影響することはない。ところが，担任1人に学級経営が任される小学校では，児童と教師の密着度が高いために両者の関係の良し悪しが直接，学級経営に影響するほか，担任1人が悩みを抱えてしまい，あるクラスで起こった『荒れ』の現状が表面化しないまま深刻化するケースが多い。これは『小学校における1人担任制の崩壊』であり，自立未完了の小学生と自我が確立しつつある中学生とでは問題の質自体が違い，小学校の方が解決までに時間も手間もかかるので，対処法も分けて考えるべきである」という指摘をしている。さらに，「同じ小学生でも低学年と高学年では問題の背景も対処法も異なる。低学年は『基本的生活習慣の欠如』や保護者や教師の期待にこたえようとして起こる『良い子ストレス』が原因であるのに対し，高学年は自立への不安から生じるストレスや，担任教師への不満や反抗などが引き金となって発生する。結果として，さぼりや授業妨害，教師へのいじめ行為につながる。この場合，一度いじめの構造に追い込まれると，標的である教師本人がいくら努力しても逆効果であり，脱出するためには他の教師のサポートが不可欠である」という助言をしている。また，「入学したての1年生段階で授業が成立しない状況を『小1プロブレム』（problem：問題）」とよぶことができ，この段階は就学前に行なわれてきた教育と小学校教育との間に大きな違い＝段差が生じ，それが引き金の要因になって

いる。学級崩壊が全国で問題化されるようになったのは1997（平成9）年である。これは，1989（昭和64，平成元）年の『幼稚園教育要領』の改訂と，1990（平成2）年の『保育所指針』の制定にともない，それまでの『計画保育』から『自由保育』に大きく転換したころの子どもたちの就学時期に重なる。『自由保育』は幼児が主体的に行なう遊びをふくらませて総合力を身につけようというもので，決められたカリキュラムに従って行動してきた『計画保育』とは180度変わっている。しかし，小学校に入学すれば授業中心の集団生活が待っているわけで，このギャップがストレスを生み，崩壊現象に発展する危険性がある。それを解決するためには，幼保育園と小学校が互いの指導方針を理解し合うために交流を図るなど，両者の段差を低くする努力が緊急課題である」という点を強調している。最後に，「時どき隣の学級担任と授業を交換したり，チームティーチング方式を導入して，1クラスの経営に多くの教師がかかわる努力をしたり，授業ボランティアとして保護者の協力を求めてみる，などの具体的な風通しのよい教育環境づくりが必要である」ことをよびかけている。

　学級崩壊は，不登校やいじめなどと違って，文部（科学）省などによる全国調査がないために，詳細な統計が報告されていない。しかし，全日本教職員連盟（全日教連）が組合員500人にアンケートをとったところ，366人（小学校203人，中学校109人，高校54人）から回答があり，その結果，授業や学級経営がうまくいかない「学級崩壊」や「授業崩壊」を体験した者の割合は25.1％であったことが報告されている（東京新聞，1999年10月20日朝刊）。

　ところで，文部（科学）省からの研究の委嘱を受けて，「学級がうまく機能しない状況」と判断された全国各地の小学校150の崩壊学級について聴き取り調査を行なった「学級経営研究会（代表＝吉田茂・国立教育研究所前所長）は，2000（平成12）年4月に最終報告案をまとめて分析している（朝日新聞〈福岡〉，2000年4月19日朝刊）。たとえば，学級崩壊の150学級を1学級あたりの人数別に分けたところ，最も多かったのは36人以上の規模で41学級（全体の27.4％），次に多かったのは31人以上35人以下の規模で40学級（26.7％）であった。このような各規模の割合を，公立小学校の全学級中の構成比とくらべると，36人以上の規模の場合が構成比より7.6ポイントも高く，崩壊の率がとくに高くなっている。その理由として，最終報告案は学級人数の急増に注目している。たとえば，21人ずつの2学級であった学年で，翌年，児童数の合計が40人以下に減って1学級になり，学級の規模が前年度のほぼ倍にふくれあがった例をあげ，そうした環境の変化が崩壊の契機になったとみられる例が8学級（いずれも36人以上）あったことを指摘している。これらの事例がなければ，36人以上の学級の崩壊率は，他の学級規模の場合と同程度になると分析し，人数の急増が崩壊の引き金になっていることに注意をうながしている。また，150事例を検討したところ，指導力のある教師でも困難な学級は約30％あったことも報告されている。

　そして，最終報告書が2000（平成12）年5月18日に発表されたのであるが，聴き取り調査をした学級崩壊150学級について崩壊の要因を分析した結果，次のような類型が示されている（朝日新聞〈福岡〉，2000年5月19日朝刊）：①就学前教育との連携・協力が不足（20学級），②特別な教育的配慮や支援を必要とする子がいる（37学級），③必要な養育を家庭で受けていない子がいる（30学級），④授業の内容と方法に不満をもつ子がいる（96学級），⑤いじめなどの問題行動への適切な対応が遅れた（51学級），⑥校長のリーダーシップや校内の連携・協力が未確立（51学級），⑦学級経営が柔軟性を欠いている（104学級），⑧家庭などとの対話が不十分で信頼関係が築けず対応が遅れた（47学級），⑨校内の研究や実践の成果

が学校全体で生かされなかった（24学級），⑩家庭のしつけや学校の対応に問題があった（26学級）。さらに，最終報告書では，回復に向かった5事例を取り上げ，学級崩壊の責任をだれかに押しつけることや，安易に特効薬を求めることを批判しており，学校全体で崩壊を生かす道を探ることが重要であり，そのためには，いままでの秩序を重んじる学校観を大きく転換する試みが必要であることを示唆している。

Topics 2 ──「キレる」子どもたち

ささいなことをきっかけにして感情をコントロールできなくなり，安易に暴力などに走ってしまうような「キレる」という現象がある。この「キレる」という用語は，非行のような反社会的な問題行動だけでなく，最近の子どもや若者たちの心の動きを表わす言葉として定着している。『現代用語の基礎知識』（2001年版）（自由国民社，2001年）では，『キレる』は「頭にくること」，「怒ること」，『逆ギレ』は「冷静なほうの人が急に怒りだすこと」，「怒られる立場の人が怒りだすこと」，『ぶちギレ』と『がんギレ』は「本当に頭にくること」，『まじギレ』は「本当にキレること」，『めたギレ』は「めちゃくちゃにキレること」と記されている。

大阪信愛女学院短大の馬場桂一郎教授（体育社会学）は，大阪府内の3つの中学校の生徒588人（男子279人，女子309人）に対して，「『キレそうになる』という言葉がよく使われるが，『これ以上我慢できない』と思うのはどんな時か」を，学校生活，教師，友人，母親，父親，兄弟姉妹の6つの対象別に，それぞれ2つまで書かせるアンケートを実施したところ，次のような結果になったことが報告されている（読売新聞〈大阪〉，1999年11月5日朝刊）。どの対象に対しても「ない」または無回答だったのは全体の14％で，残りの生徒は「キレそうになる」と感じたことがあると答えている。「キレそうになる」対象は，教師が最も多く（60％），男女別では，女子が教師をあげた割合が70％あり，男子の48％を大きく上まわっている。具体的には，「しつこい」など，怒られたときに分類されるものがトップで，女子の10％以上が「ひいきする」などの差別をあげている。そのほか，「生徒のことを一番知っているという態度が気にくわない」，「『友人を選べ』と言われた時」などの回答もあり，教師の指導や指示に反発しがちなようすをうかがわせる。母親をあげた生徒は半数あり，教師に次いで多く，これも女子が61％と男子を20％以上上まわっている。3分の1近くの者が「ガミガミ言う」など注意されたケースをあげており，「勉強・進路」がこれに次いでいる。たとえば，教師や母親をあげたケースに，「やろうと思っているときに言われる」という回答がめだっており，自立心が芽ばえる時期に，うるさく言われることに対していらだってしまうようすがよくうかがえる。

なお，及川智洋（朝日新聞社会部記者）は，『コラム〈私の見方〉』という欄で，「ムカつく奥にあるものは」というテーマで，次のような指摘をしている（朝日新聞〈福岡〉，1998年3月13日朝刊）：「子どもたちはなぜ，ナイフを持つのか。それが知りたくて，何人かに話を聴いた。……中学生による殺傷事件が相次ぎ，ナイフ規制や学校での持ち物検査を求める声が，大人の側で盛んだ。しかし，少年，少女たちや学校を取材して，ナイフを持つ理由は一様ではないことを知らされた。好奇心や格好つけもあれば，心の傷が原因の場合もある。ナイフを持つことで何かの不満を解消しようとする子どももいる。『ナイフ少年』をひとくくりに規制して安心していては，本当に危険なところに立つ子どもを見極めることがむずかし

くなる，と思った。また，学校での持ち物検査が，飛行機に乗る前の身体検査のように考えられ，行なわれるとしたら，学校は『信頼できない子が集まる密室』ということになってしまうのではないか。……言葉が豊かではない子どもとの対話には，時間がかかる。彼らが連発する『ムカつく』，『キレる』。暴力的で，不快な言葉だ。しかし，そうした短い言葉だけを頼りに彼らの心を推し量っていいものだろうか。26歳の女性は，高校2年の時の体験を語ってくれた。担任の教師が，ある女子の同級生の反抗的な態度に怒ってみんなの前で暴力をふるった。思わず『やめて』と叫んだら，担任は彼女の服装や髪形の校則違反をあげて，『お前にやめろと言う資格はない』と言った。帰宅してから『ムカつく』，『イラつく』ととくり返していると，母親が『気持ちを整理して先生に伝えなければ』と，さとした。その夜，眠らずに長い手紙を書いた。その中で，自分の校則違反を認め，反省したうえで，暴力を使う担任のやり方の間違いを指摘した。翌日，手紙を受け取った担任は黙って読んで『書くの，大変だったな』と，ひとこと言ったという。『"ムカつく"の4文字の中には，便せん5枚分の思いがこめられていました』。彼女はそう表現している。先生や親に聴いてほしいことがあるのに，うまく伝えられずに苦しむ子どもたちがいる。言葉にできない思いを，何とか言葉にするのを助けるために，どんな手だてがあるのか。教師だけでなく，大人が問われているのは，そこではないか。身近にナイフを持つ子どもがいたら，まずたずねてみることから始めたい。『なぜ，ナイフを手にするのか。それが君の心にある不安やさみしさを，本当に埋めているのですか』と」。

　さらに，精神科医の水島広子は，朝日新聞の『論壇』で「キレやすいのは大人の方だ」という見出しで，次のような指摘をしている（朝日新聞〈福岡〉，1998年4月8日朝刊）：「中学生のナイフ事件などに関連して，学校や家庭はもっと厳しくあるべきだ，と強硬な対応を主張する人たちがいる。……こうした大人たちの簡単な決めつけや議論の打ち切り（つまりキレること）が，キレやすい子どもたちを生んでいる大きな原因ではないのか。……ナイフの事件は，日常生活から脱落することなく過ごせていた生徒が，何かをきっかけに突発的な問題行動を起こす，という性質のものである。これは，常に問題行動を通して周囲にメッセージを送り続けてきた，いわゆる非行ともまた違う精神生活の破たんの表現型である。『外に向かう形』と『内に向かう形』の中間に位置した，より爆発的要素の強い，予想困難なものという印象がある。……摂食障害であれ，ナイフ事件であれ，そこに共通するものはコミュニケーション不全である。自分のストレスを言語的に表現できず，病気や問題行動を通してしか訴えることができないのである。感情を適切な方法で表現し，他者と共有したり交渉したりしていくことがスムーズにできない場合，感情は消えてしまわずに蓄積され，不自然な形で爆発する。感情をいかに自然な形（通常は言語によって）で表現できるかというコミュニケーション能力が，その人の人生の質を決めると言っても過言ではなかろう。人生の初期に触れる基本的なコミュニケーションのモデルは，一般的には家族である。親が自分の感情をどのように表現して処理しているか，そのやり方で親は幸せそうか，といったことを子どもは無意識のうちに観察しているのである。たとえば，『教育のことはお前にまかせたはずだ』と母親の相談に応じない父親。『仕事に出たい』という母親に『女は家庭にいるものだ』と決めつける父親。共働きなのにすべての家事を母親にやらせて平然としている父親。父親への不満を議論で解決しようとせず，ただ我慢したりイライラしたりするだけの母親。そんな両親の姿を見てコミュニケーションの価値など見いだせるものだろうか。また，子

もが何か悩みや疑問を打ち明けると，『子どもはそんなことを考えなくていい』，『心配しないで勉強しなさい』と議論を打ち切ったり，『世間はそんなに甘くない』，『そんな子に育てた覚えはない』，『わがままだ』などと一方的な価値観を押しつけてはいないか。そんな大人たちに囲まれて，子どもは自分の心をどこへもっていけばよいのか。親子の間であれ，教師と生徒の間であれ，コミュニケーションの原則は，自分の考えや気持ちをきちんと表現し，相手の考えや気持ちにしっかりと向き合ったうえで，その一致点や相違点を考えていくというもののはずである。それを教える側にいるはずの大人たちが，自分にとって都合の悪いことに対しては『話す必要もない』と話し合いを打ち切り，『わがままを許すとどんどんつけあがる』などと言って突然，所持品検査をしたり，締めつけを厳しくしたりする。そんなキレやすい大人の態度がキレやすい子どもを生んでいると言っても過言ではない。」

　1998（平成10）年1月に，栃木県黒磯市の中学1年男子（当時13歳）が校内で注意されたのに腹をたて，女性教師（当時26歳）をナイフで刺し殺した事件は，いわゆる，マナー違反やミスを犯した人間がそれを指摘した人間に怒りをぶちまける「逆ギレ」の現象である。しかし，このような「逆ギレ」も，注意の仕方しだいでは防げる可能性があることを，話し方研究所（東京・文京区）の福田健は，「たとえば，電車内で大きな音量で音楽を聴いている人に対しては『うるさい』といきなり注意するよりは，『君，元気がいいね。でも，ちょっとうるさいよ』と言ったほうが波風が立たない」といった，上手に注意するコツをあげている（日本経済新聞　1999年5月18日夕刊）。このようなユーモアを織りまぜる言い方は，学校現場の教師にとっても参考になる示唆である。

Topics 3 ────────────────── 17歳の少年による凶悪事件

　近年，少年犯罪の凶悪化が大きく取り上げられており，とくに2000（平成12）年には，愛知県豊川市の主婦殺害事件や佐賀市の高速バス乗っ取り事件の犯人がどちらも同じ17歳という年齢の少年によるものであったために，マスコミは「17歳」を犯罪のキーワードとして書き立てた。そのため，17歳という年齢が世間で注目されるようになり，最近の保護者の間では，自分の子どもが17歳になったらそのような凶悪事件を引き起こすのではないかといった不安や心配が強まっている。

　教育評論家の尾木直樹は，いまの17歳の少年の凶悪事件について，次のように分析している（山陽新聞〈共同通信〉，2000年5月20日朝刊）：「今の17歳は，先生と生徒の関係性が壊れた中学時代を送った世代である。現場を歩いた経験から言えば，1997（平成9）年ごろから高校の先生たちが『1年生がおかしい』と言い始めた。これは1993（平成5）年に高校入試が偏差値重視路線から内申書重視路線に大きく変換したことが背景にある。内申書重視路線というのは，学習に対する『関心・意欲・態度』，部活動やボランティアの状況，人柄までが全部評価の対象になったということである。それまでは，中学生が先生に『今日，ムカついているんですよ』と言ったり，親が『実は，うちの子が万引して……』などと報告に来たりしたもので，先生はそんなネガティブな現象をきっかけに子どもに深くかかわり，反抗期を脱出した彫りの深い人間に育てて高校に送り出していた。しかし，日ごろの生活や人柄までが評価対象になったことで，子どもたちは『いい子』を演じなければならないと思い込み，親から子どものマイナス情報が入る機会も激減した。高校の先生たちが言う『1年生がおかしい』の中身は，『あまりにガキっぽい』とか『友だちのいじめ方が幼稚』といった内

容である。愛知県豊川市の少年の『人を殺す経験をしたかった』という供述にしても，まるで中学生の言葉のように稚拙である。中学生は『後輩をいじめてみたかった』とか『あの塀を越えてみたかった』というようなことを言いながら悪いことをして，周囲の大人とかかわりながら成長していくが，そういう経過を経ないで一足飛びに『人を殺す』という究極にジャンプしている気がする。1990年代初めにバブルが崩壊し，『いい子』にとっては厳しい時代になった。成績が良いことが何の将来も約束されないということに，子どもたちは気づいている。だが，親たちは競争主義，効率主義の真っただ中を育ち，学歴が急上昇する中を進学していった世代で，今はもう『学歴がなんぼのものか』という状況になっていることに気づいていない人が多い。『いい子』は展望のない現状と，親の的外れな期待との落差に苦しむことになる。1995（平成7）年のオウムの事件，つまり背景や理由がはっきり見えない大量殺人を見た影響もあるだろう。今の17歳が14歳の時には，同じ年の少年が神戸で連続児童殺傷事件を起こし，その時多くの子どもが『自分はやらないが，気持ちはわかる』と言った。子どもたちの心が豊かに育つような，人間の関係性を取り戻す教育に変えることが急務であると思う」。

Topics 4 ──────「少年法」改正

「少年法」は10代までの子どものための法律であり，未成年者が間違いを犯したら，大人とは違う手続きで守りながら正して，再出発させるのが目的である。

1997（平成9）年の神戸市の連続児童殺傷事件や，1998（平成10）年の栃木県黒磯市の教師殺害事件など，少年による凶悪で重大な犯罪事件が続発したために，「少年法」を改正する問題が活発に論議されるようになった。1999（平成11）年3月に国会提出された改正案は廃案になったが，2000（平成12）年に入ってからも愛知県豊川市主婦殺害事件，高速バス乗っ取り事件，岡山県バット殴打事件，大分県一家殺傷事件などの凶悪な少年犯罪が相次いだことが契機となり，再び，保護主義を原則とする「少年法」を見直す論議が盛んになり，2000（平成12）年11月に，改正「少年法」が国会で可決され，成立した。今回の「少年法」改正は，1949（昭和24）年以降，初の抜本的な改正であり，少年犯罪に対する厳罰化に重点が置かれている。改正法は2001（平成13）年4月から施行されたが，「施行から5年後に必要な措置を講じる」という付則が加えられている。

成立した改正「少年法」の主なポイントは，①刑事罰を受けさせる年齢を，「16歳以上」から「14歳以上」に引き下げる，②16歳以上20歳未満の少年が故意の犯行で被害者を死亡させた場合，原則として家庭裁判所から検察官に送致（逆送）して刑事処分手続きにかける，③14,15歳の少年についても，家庭裁判所の判断で検察官に送致（逆送）して，刑事処分ができる，④殺人や強姦など2年以上の懲役・禁錮にあたる罪や，故意の犯行で被害者を死亡させた事件では，家庭裁判所の判断で少年審判への検察官の立ち合いを認め，3人の裁判官による合議制の導入も可能とする，⑤少年鑑別所での観護措置期間の最大を4週間から8週間に延長する，などである。

従来の「少年法」では，家庭裁判所の調査官が少年の生活環境を調べ，裁判官が立ち直りのために何が必要かを決めていた。たとえば，保護観察で社会生活を送りながら指導を受けさせる道が良いのか，少年院で教育を受けさせるのが良いのか，などといった決定をしていたのであるが，改正「少年法」が実施されると，少年が検察官へ逆送され，地方裁判所など

で裁判を受けるケースが多くなるために，そのような決定が出しにくくなる。また，家庭裁判所の審判は原則として非公開であるが，地方裁判所の法廷は公開が原則である。したがって，「少年法」は本人を特定する情報の出版物への掲載を禁じているが，逆送されればこうした社会復帰への保護は薄くなる。さらに，これまで家庭裁判所にタッチしなかった検察官が審判に加わることによって，裁判官と少年が信頼関係を築く場であった審判が，少年を責め立てるような場に変わってしまう恐れも出てくる（朝日新聞〈福岡〉，2000年11月25日朝刊）。

「少年法」改正の論議では，「年齢の引き下げも仕方がない」，「改正論議が遅すぎるくらいである」などといったように，肯定的に受けとめる世論があった一方で，日本弁護士連合会が「検察官の出席を認めるのは，心を入れ替えるように教育する少年法の考えと違う」などと反対していた。改正「少年法」は厳罰化を内容とするものが多いため，今後の運用しだいでは，少年の健全育成をめざす従来の「少年法」の理念を骨抜きにするという方向に進むことを懸念する専門家もいる。いずれにしても，少年にとって教育して更正させることが良いのか，厳しく処罰することが必要なのか，少年の保護・育成を重視する法律の理念そのものが問われることになる。

Topics 5 ──────────── 児童虐待

児童虐待は，親または親に代わる保護者など（保護者以外の年長の同居親族など）による子どもの健やかな成長・発達をそこなう行為で，一般には，身体的虐待，性的虐待，心理的虐待，養育義務の怠慢ないし拒否（いわゆるネグレクト），の4つに分類される。ここで留意すべきことは，虐待であるかどうかは親の意図とは関わりなく，あくまでも，子ども自身が苦痛を感じているかどうかといった視点から判断すべき点にある。

身体的虐待は，殴る，ける，食事を与えない，戸外に締め出す，熱湯をかける，布団蒸しにする，一室に拘束するなど，子どもに身体的な暴力を加えることである。

性的虐待は，子どもに対して性的行為を行なうことであり，父親が娘を対象にすることが多いのであるが，場合によっては，兄が妹に対して行なうような，きょうだい関係でも起きることがある。子どもに性器や性交をみせたり，ポルノグラフィーの被写体などに子どもを強要することも含まれる。

心理的虐待は，「殺す」とか「お前なんか産むんじゃなかった」などの言葉による脅かしや，子どもを極端に無視したり，拒否的な態度を示したり，自尊心を傷つけるような言動や他のきょうだいとは著しく差別的な扱いをするなど，子どもの心を傷つけることである。

ネグレクト（養育義務の怠慢・放棄ないし拒否）は，家に閉じこめて監禁する，学校に登校させない，重い病気になっても病院に連れていかない，乳幼児を家に残したままたびたび外出する，乳幼児を自動車に放置する，適切な食事を与えない，下着などを長期間不潔なままにするなど，子どもの健康状態をそこなうほどの不適切な養育，あるいは，子どもの危険について重大な不注意を犯すことである。

児童相談所に寄せられる相談は，これまでは子どもの非行に関するものが多かったのであるが，ここ数年で虐待の相談が急増しており，児童相談所だけでは対応しきれなくなっているのが実情である。ちなみに，全国児童相談所長会（事務局・東京都）の平成11年度集計（速報）によると，1999（平成11）年度の1年間に全国174か所の児童相談所が受け付けた

18歳未満の子どもへの虐待に関する相談数は12,411件である（産経新聞〈東京〉，2000年7月23日朝刊）。これは前年度（6,932件）よりも約1.8倍に増えており，1990（平成2）年度（1,101件）とくらべると約11.3倍になっている。虐待の内容をみてみると，身体的虐待が半数以上をしめており，虐待の加害者としては母親が半数以上をしめている。

　父親から子育ての責任を負わされている母親が，核家族で身近に子育ての援助が得られなかったりして，育児に自信がもてなくなり，ストレスを一人で抱え込んで孤立していることが，このように虐待の加害者に母親が多い原因になっていると思われる。

　社会福祉法人「子どもの虐待防止センター」（東京都世田谷区）が，小学校入学前の子どもをもつ都内の母親500人を対象に調査を実施したところ，約10％の母親に「虐待あり」，ほぼ30％に「虐待傾向」が認められている（毎日新聞〈東京〉，1999年5月5日朝刊）。さらにそこで注目されるのは，家事・育児の面で夫に不満を感じている母親群と，不満のない母親群との間に，虐待の有無に関して顕著な差が出ており，前者の虐待は後者のほぼ3倍にもなっている点である。

　なお，警察庁が初めてまとめた「児童虐待事件実態調査」によると，1999（平成11）年1月から10月末までの10か月間に，親などから虐待を受けて死亡した子ども（18歳未満）は全国で40人に達している（産経新聞〈東京〉，1999年12月16日夕刊）。その内訳をみてみると，6歳以下の子どもは38人（うち1歳未満の子どもは14人）で，全体の90％以上をしめている。

　「児童虐待防止法」は，2000（平成12）年5月17日に議員立法で参議院本会議で可決・成立し，同年11月20日より施行された。それによって，児童虐待（18歳未満）が行なわれているおそれがあると認めるときは，都道府県知事の許可があれば，児童相談所の職員などが児童の住所または居所に立ち入り，必要な調査または質問をすることができるようになったのである。さらに，立ち入り調査などに際して必要があると認めるときは，警察官の援助を求めることができる。いままでは，親の側が「親権」を盾にして「親権者として自分が育てる」ことを主張したり，子どもへの体罰はしつけであると正当化しようとすることが多かったのであるが，このように児童相談所による立ち入り調査権が強化されたことによって，急増する子どもへの虐待対策が一歩前進したと言える。

　児童虐待の問題は，新しく法律が成立したからといって，すべて解決するわけではない。「児童虐待防止法」は，3年後の見直しが定められている。親権の扱いや，親や子どもへの長期的なケアなど，虐待に関する今後の課題は山積している。たとえば，2000年5月24日（朝刊）の朝日新聞（福岡）には，次のような指摘がなされている：「北米などでは，裁判所が一定期間の親権停止を決め，その間に親が仕事を見つけたり，カウンセリングに通ったりするなど『まっとうな親』になる努力をする。そして，それなりの成果が認められれば，親権停止が解除される仕組みになっている。日本の場合，親権停止は民法と深くかかわり，実現するのは簡単ではないが，親へのケアを確実に進めるにはこうした仕組みが必要だろう。日本では，親をケアできる機関や組織がほとんどなく，児童相談所が担わなければならない。今はどの児童相談所も新たな虐待の対応に追われ，とてもすでに親子分離した事案のケアまで手がまわらない。また，親から離された子どもが暮らす児童養護施設も十分にケアをできているとはいえない。児童相談所や児童養護施設の職員配置，職員の専門性の向上など質の向上が求められる」。

Topics 6 ───────────────── 高校中途退学者

　文部（科学）省の「学校基本調査」によると，高校等（高校の本科・別科および高等専門学校）への進学率を，各年3月の中学卒業者についてみてみると，1985（昭和60）年は94.1％，1996（平成8）年～1998（平成10）年までは毎年96.8％で，1999（平成12）年には96.9％になっている。

　ところで，文部（科学）省が2000（平成12）年8月に発表した「平成11年度の生徒指導上の諸問題の現状について（速報）」によると，1999（平成11）年度の公・私立高校における中途退学者については，次のような結果が出ている：

① 中途退学者数（中退者数）は合計106,578人で，中途退学者数が年度当初の在籍者数（平成11年4月1日現在在籍者数＝4,194,747人）にしめる割合（中退率）は2.5％である。

② 中退事由については，「学校生活・学業不適応」が37.1％（平成10年度：35.8％）で最も多く，次いで「進路変更」が36.8％（平成10年度：38.5％），「学業不振」が6.7％の順となっている。

③ 「学校生活・学業不適応」の内訳は，「もともと高校生活に熱意がない」が43.7％をしめ，「授業に興味がわかない」が18.0％，「人間関係がうまく保てない」が14.9％，「学校の雰囲気が合わない」が11.4％，「その他」が12.1％となっている。

④ 「進路変更」の内訳は，「就職を希望」が53.6％をしめ，「別の高校への入学を希望」が21.5％，「専修・各種学校への入学を希望」が8.4％，「大検を受検希望」が6.1％，その他が10.4％となっている。

⑤ 中退者数を公・私立別にみると，公立では70,554人（中退率2.4％），私立では36,024人（中退率2.9％）である。

⑥ 中退率を学年別にみると，第1学年での中退率が4.1％で最も高く，以下，第2学年2.6％，第3学年0.8％と続いている。また，中退者数全体のうち，1年生がしめる割合は55.7％であり，以下，2年生33.3％，3年生10.2％である。

　現在の高校では，点数による序列化や激しい「校則」による管理体制のなかで，学校に不満をもちながら過ごしている生徒も多いので，上述の数字は氷山の一角であり，このほかにも，やめたくてもやめられないという心情的中退者や予備軍も大勢いることが予想される。高校中退者や全日制についていけなくなって転校した生徒の受け皿となっている定時制や通信制の教師たちからは，「基準に合わない者は切り捨てるいまの学校システムが変わらない限り，中退者はなくならない」という意見が強く出されている。

　以前から，高校中退者については，高校への不本意入学の問題が指摘されている。中学校での進路指導の際に，本人の適性や希望よりも，合格できる可能性によって別の高校にふり分けられてしまったり，高校で学ぶつもりがないのに，「これからの社会は，せめて高校だけは出ていないと恥ずかしいし，将来，苦労するから……」という保護者の判断のもとで，半ば強制的なかたちで高校に進学する生徒がいることは問題である。不本意入学者の例としては，都市部からの農業系の高校や課程に進学した者などがあげられる。

　最近の傾向としては，東京都立高校全日制の中途退学者をみてもわかるように，普通科にくらべて，職業科（工業科，商業科，農業科）の中途退学者が増加傾向にある。高校中退者をできるだけ少なくするためには，中学校側も，本人の資質や意欲にあった進路選択ができ

るような，幅広い進路指導を行なうことが必要である。高校側としても，入学してきた生徒の悩みに対応するような教育相談のシステムを充実させたり，生徒にとって魅力のある授業になるように，カリキュラムの内容を多様化し，自由に選択できるように改善していく努力も必要である。

　現在ではまだ多くの高校が「学年制」を採用しているために，学年毎に取得すべき科目が規定され，その学年で取得すべき科目の単位を取得できなかった生徒は進級できないようになっている。しかし，文部（科学）省は画一的な高校教育を改革し，1988（昭和63）年4月には「単位制高等学校教育規定」をつくり，通信制と定時制の高校を母体に「単位制高校」の制度を発足させ，さらに1993（平成5）年度からは，全日制高校にも「単位制」を導入してもよいという方針を打ち出した。「単位制」では，生徒の希望に応じた科目の選択幅が広がるとともに，その学年の遅れを次年次でばん回することができるので，中途退学者の数を減少させたり，不登校を起こした生徒を救済することが期待される。

　なお，生徒が就職や他の学校への転学や編入学を積極的に希望している場合には，高校の教師として，そのような生徒を支援してやることも大切である。

Topics 7 ─────────────── 大学入学資格検定（「大検」）

　大学入学資格検定（「大検」）制度は，高等学校教育を受けられなかった人々に対して，能力に応じて広く大学教育の機会を提供するための制度であり，この資格検定を受けて一定の科目に合格した場合には，大学入学資格が与えられる（高校卒業の学歴にはならない）。高等学校の全日制および高等専門学校の在学者（休学を含む）には，受検資格がない。

　1951（昭和26）年に始まった「大検」は，近年，高校中途退学者の増加に伴って受検者が急増し，受験者の70％近くが高校中途退学者で占められている。1998（平成10）年度は約17,000人の受検者のうち，新たに大学入学資格を得た者は約8,600人あり，1998（平成10）年9月末現在で，この制度による有資格者は約97,000人になっている。

　なお，最近，個人の学習成果が適切に評価される生涯学習体系への移行をはかる観点などから，大検の受検資格の拡大がなされ，中学校などの卒業資格を有しない場合でも，満16歳以上の者については「大検」の受検を認めることになった。このことによって，2000（平成12）年度の「大検」から，インターナショナルスクールや外国人学校の卒業者，不登校などのさまざまな理由により就学義務猶予免除を受けずに義務教育を修了しておらず，これまで受検が認められていなかった者についても，広く門戸が開放されるようになった。そのため，2000（平成12）年8月1～4日に実施された「大検」には，21,288人（前年度比5.8％増）の出願があり，過去最多になった。最近では「大検」のための受験予備校まで出現するようになった。

　「大検」は，一度に全部の科目に合格しなくても，次年度以降に残りの科目に挑戦すればよいしくみになっている。しかし，年1回の制度では，1科目でも失敗すれば翌年まで待つことになるので，文部（科学）省は，大学進学をめざす高校中退者らの機会を広げるため，年1回，8月にだけ実施していた制度を改め，2001（平成13）年度からは年2回に増やして，夏（8月）と秋（10月末～11月中旬）に実施している。実施回数が増えて試験問題の作成手順が複雑になったために，受検料は従来（3,000～4,000円）よりも引き上げられ，4,000～8,000円になった。

付録1

　なお，合格しなければならない科目数も，従来の必修科目と選択科目を合わせた11〜12科目から9〜10科目（必修8〜9科目，選択1科目）に減らされた。高等学校や高等専門学校などで単位（科目）を修得した者や，知識および技能に関する審査（技能審査）に合格した者は，検定の一部の単位（科目）が免除される。
　「大検」の試験会場は，県庁所在地を中心に各都道府県に1か所ずつ置いているが，遠隔地から来る受検者のなかには，「連泊して受検しなければいけないので，負担が大きい」といった声があった。このため，文部（科学）省は1科目あたりの試験時間を10〜20分程度短縮した上で，1回の実施日数を従来の4日間から2日間に圧縮した。

Topics 8 ―――――――――――――――――――― 学校週5日制

　1992（平成4）年秋から実施された国家公務員の完全週休2日制に歩調を合わせるようなかたちで，同年9月から全国の国・公立の幼稚園，小・中・高校，特殊教育諸学校に，第2土曜日を休日とする「学校週5日制」が試験的に導入され，さらに1995（平成7）年4月からは第2・4土曜日が休日になった。さらに，当初の予定より1年早く，「新学習指導要領」のもとで授業時間数が大幅に削減されるのに合わせるようなかたちで，2002（平成14）年度から完全「学校週5日制」が導入された。
　「学校週5日制」の趣旨は，学校，家庭，地域社会が一体となってそれぞれの教育機能を発揮するなかで，子どもたちが自然体験や社会体験などを行なう場や機会を増やし，豊かな心やたくましさを育てようとするものである（文部省編「我が国の文教政策〈平成11年度〉」，1999年12月7日発行）。
　このような「学校週5日制」については，「時代のすう勢であるから」，「子どもの生活にゆとりと自由が与えられる」，「親子のふれあいの時間が増える」，「教師にもゆとりが必要である」，「子どもの自主性が育つ」といった賛成意見が出されている。しかし，その一方で，「土曜日の午前に授業をする塾が出てきて，塾通いが増える」，「子どもがだらだら過ごす」，「授業の内容に無理が生じたり，学校行事にしわ寄せがくる」，「学力が低下する」，「5日制を実施していない私立学校との学力差が生じる」，「だれかの家にたむろしたりして，非行が増える」，「部活動や補習が過熱化するおそれがある」，「家庭や地域の文化的環境によって格差が拡大する」といった懸念や，「幼稚園などの子どもをもちながら共働きをする母親にとっては，スーパーなどは土曜日が忙しいので，休みをとりにくい」とか，「養護学校などに通う障害児をもつ保護者にとっては，土曜日が休日になると負担が増える」といった問題点も出されている。
　『マンデー日経』の読者312人から得られた，小・中学校などへの完全「学校週5日制」の導入に関する調査では，賛成54.8%，反対45.2%で，賛成が反対をやや上まわったことが報告されている（日本経済新聞，1999年1月18日朝刊）。そこでの反対の最大の理由としては，「塾に行くだけで，休む意味がない」との答えが49.3%とほぼ半数をしめている。その他，反対する理由としては，「子どもの非行が心配である」（17.1%），「親が働いている」（14.3%），「子どもの面倒をみるのが大変である」（5.0%），「その他」（14.3%）となっている。このように，「土曜日を休みにしてもゆとりが増えるのではなく，結局，塾に通う日が1日増えるだけである」といったような考えをもっている人が多いことを示している。
　このような賛否両論がある完全「学校週5日制」を実施するにあたっては，受け皿として

の行政措置をできるだけ施すことが必要である。たとえば，文部（科学）省では，1999（平成11）年6月に取りまとめられた生涯学習審議会答申『生活体験・自然体験が日本の子どもの心をはぐくむ』も踏まえつつ，2002（平成14）年度からの完全「学校週5日制」の実施に合わせて，地域で子どもを育てる環境を整備し，親と子どもたちの活動を振興する体制を整備するために，『全国子どもプラン（緊急3ヶ年戦略）』を策定し，関係省庁とも連携した子どもの多彩な体験活動機会の充実などをはじめとする施策を推進している。なお，休業日となる土曜日において，保護者が家庭にいない子どもたちや盲・聾・養護学校の子どもたちなどに対して，学校などにおいて必要に応じ，遊び，スポーツ，文化活動などを実施するための経費が地方交付税において措置されている（文部省編「我が国の文教施策〈平成11年度〉」）。

「学校週5日制」の問題は，保護者にとっても，自分たちの価値観や家庭のあり方を問われているわけである。そして，「これからの人生の仮の体験ができるような土曜日であってほしい」とか，「映画，読書，音楽など，何であってもよいから，子ども時代に感動した体験をもてるようなことに役立つ土曜日であってほしい」といった期待にこたえることができるような「学校週5日制」になってほしいものである。

Topics 9 ──────────────────「やさしさ」世代の若者たち

現代の若者たちに共通する「やさしさ（優しさ）」を，どうとらえ，新しい人間関係をつくり出す道筋をどうすれば描き出せるのか。こうした問題について，身近に若者に接してきた3人の専門家が，インタビューに答えている新聞記事がある（朝日新聞〈福岡〉，1996年4月19日朝刊）。

『やさしさの精神病理』（岩波新書）などの著書がある聖路加国際病院精神科医長の大平健は，次のような指摘をしている：「私の診察室を訪れた女子高生が，親に恥をかかせたくないから小遣いを『もらってあげる』と言う。別の女子高生は，相手を老人扱いしないように電車でお年寄りに席を譲らず，寝たふりをする。若者と接していると，いかに人と滑らかな関係を築くのに苦労しているかを痛感する。相手の気持ちを察し一体感を得る，従来のやさしさとは違う。『新しいやさしさ』は内面に踏み込まず，傷つけあわない。一種の社交術である。だが，この新しい関係はほころびやすい。自分で決断ができない。友だちに話せばすむ程度の悩みで精神科を受診するのは，合理的ではあるが，責任をだれかにゆだねたいからである。傷つけ合うのを恐れる半面，いじめられている友だちなど，目の前で他人が傷つくのに鈍感だったりもする。『やさしさ』がまん延し束縛を嫌う社会では，結婚しない男女や子どもをもたない夫婦が増えても不思議ではない。見方を変えれば洗練されてはいる。『野蛮』なぶつかり合いをしてきた上の世代への反発もあるかもしれない」。

次に，メディア環境論で，若者の消費行動にも詳しい武庫川女子大専任講師の藤本憲一は，次のような指摘をしている：「今の若者の行動様式や人間関係は，メディアの発達がうながしたとみるべきである。家庭に始まって，学校，職場，地域，大都市まで，相手との距離が近いほど親しさも増すとされてきた。その『親密性』が変わりつつある。パソコン通信ではID番号1つで数万人に出会える。当然，親や気の合わない隣人と話す価値は薄れる。留守番電話やファックス，とくにポケットベルの普及で，人との直接対話も遮断できる。こうした環境で，若者は『好き』か『嫌い』かで人間関係を結ぶ。息苦しい家庭では，午後9時か

ら午前7時までだけ『いい子』を演じる。連絡は親に知られて心配させることのないポケベルですます。決まった相手と距離を置いてつき合う『エレガント』な関係と，気に入った趣味や嗜好を軸に結ばれている不特定多数との関係。2つを使い分けることを，『人間関係のコンビニ化』とよんでいる。セックスレスや個人情報誌もこれに当てはまる現象である。『家族や隣人と仲良くしなければならない』と社会が押しつける価値観との間で，悩む若者もいる。でもそれは過渡期の混乱である。幼いころから情報機器を使いこなす次の世代は，自己責任を含め，人との距離を測る学習をしていくはずである」。

さらに，『マサツ回避の世代』や『「まじめ」の崩壊』などの著書がある財団法人日本青少年研究所所長の千石 保は，次のような指摘をしている：「ホンネを語り，切実なことを言う奴はウザッタイ。冗談を言い，楽しければいいと言うノリの良さが，今や若者の価値観である。未来志向でなく『いま』に，他者のためでなくすべて自分のためにこそ意味があるとする。背景には，高度消費社会を迎え，『力を合わせて忍耐強く』という産業社会の道徳観が崩れたことがある。だが，自分の好みを追求すればするほど，葛藤を避けるため，他人と一線を引いて衝突しない知恵が必要になった。その結果，友だちは友だちのふり，親は親のふりをしている。人間関係の訓練ができず，友だちは多くても孤独，不安，寂しさがつきまとう。若者に『純粋な恋愛をしたいか，遊びの恋愛をしたいか』を調査した。答えは『両方』。まさに規範の喪失である。彼らの考え方が未来を先取りするものだとは思えない。温かい友だち関係は相手が間違っていると思えば指摘することで，嫌なことに触れないのは冷たい関係である。だが，『今どきの若者』と片づけるのは間違っている。世代的価値観として続くものである。だからこそ，個人生活に軸足を置いて，そのうえでなおかつ，互いに助け合う人間関係，つまり新しい秩序をつくることが求められている」。

Topics 10 ─────────────────────── 臨床心理士

わが国では，臨床心理学（clinical psychology）に関する専門的な職能人としては，「こころの専門家」と言われる「臨床心理士（certified clinical psychologist : CCP）」がある。

財団法人「日本臨床心理士資格認定協会」が1988（昭和63）年3月に設立され，1990（平成2）年には文部省が認可した財団法人になり，「こころの専門家」としての臨床心理士が，初めて公的な場において認められることになった。しかし，厚生（労働）省が臨床心理士の職務について，"医師の指導のもとで"という条件をつけることを強く要求していることなどもあって，2002（平成14）年末現在，臨床心理士はまだ国家資格にはなっていない。

認定協会が発足して以来，資格の認定を受けた臨床心理士の数はしだいに増加しており，2001（平成13）年3月31日現在の資格認定者人数（累計）は，医師免許を有する292人を含めて7,912人になっている。資格審査の内容については，初年度（1988）から1995（平成7）年度までの8年間は，本則とは別途の経過措置規約による書類のみの審査が行なわれていたが，1991（平成3）年度からは本則による筆記・面接試験が実施されるようになり，1996（平成8）年度からは完全に本則のみによる本格的な審査になっている。現行の資格審査は書類審査，筆記試験および口述試験により，原則として年1回行なわれている。1999（平成11）年度の受験者は965人で，一次試験の合格者は788人，二次試験を経た最終合格者の数は701人であった。

現在は，臨床心理士の専門性を高めるために，資格試験の受験資格を大学院の修士課程ま

たは博士課程前期を修了した者に限っている。また，1996（平成8）年4月に「臨床心理士受験資格に関する大学院研究科専攻課程（修士）の指定運用内規」が制定され，同年第1回の大学院指定校として第1種10校，第2種4校が誕生し，1998（平成10）年には指定制による院生を迎えた。第1種と第2種の指定大学院（専攻コース）には，それぞれに次のような指定の要件（平成13年5月に改訂され，平成15年4月に指定大学院に入る院生に適用される）が定められている。

第1種大学院は，①大学院研究科専攻・課程（コース・領域）の名称は，原則として「臨床心理学」であること，②担当教員は「臨床心理士」の資格を有する者5名以上で，そのうち専任教員（専任講師以上）は4名以上で教授1名を含むこと，③「臨床心理基礎実習」，「臨床心理実習」を体系的に実施することが可能で，かつ指定の申請までに1年以上の活動実績を有する附属臨床心理相談室などを有すること，という3つの条件を満たすことが定められている。

第2種大学院は，①大学院研究科専攻・課程（コース・領域）の名称は，原則として「臨床心理学」であること，②担当教員は「臨床心理士」の資格を有する者4名以上で，そのうち専任教員（専任講師以上）は3名以上であること，③「臨床心理基礎実習」，「臨床心理実習」を体系的に実施することが可能で，かつ指定の申請までに原則として1年以上の活動実績を有する附属臨床心理相談室，またはこれに準ずる施設（大学から委嘱され定期的な実習を行なう学外の施設を含む）を有すること，という3つの条件を満たすことが定められている。

2001（平成13）年7月現在で開校されている国・公・私立の指定大学院の数は，第1種で40校，第2種で24校である。なお，1999（平成11）年4月の運用内規の改定により，それまでの臨床経験の条件が変更され，2000（平成12）年度入院生からは第1種では修了と同時に，第2種では1年の臨床経験があれば，受験資格を取得できるようになった。

臨床心理士の業務内容としては，「臨床心理士資格審査規定」第11条で，「臨床心理士は，学校教育法に基づいた大学，大学院教育で得られる高度な心理学的知識と技能を用いて臨床心理査定，臨床心理面接，臨床心理的地域援助およびそれらの研究調査などの業務を行なう」と規定されている。すなわち，種々の心理テストなどを用いて心理査定（診断）技法や，個人面接や集団療法の技法などに精通していることや，地域の心の健康活動に関わる人的援助システムのコーディネーティングやコンサルテーションに関わる能力を保持していること，加えて，自らの援助技法や査定技法を含めた多様な心理臨床能力に関する研究・調査とその発表などについての資質が要請されている。

これら臨床心理士に要請されている業務内容をより充実させるために，臨床心理士の資格取得者には「研修義務」が課せられている。すなわち，制度的に，資格取得後5年毎に，免許を更新するための要件として，一定の規準に基づく教育研修機会のうち，15ポイント以上を取得することが義務づけられている。

臨床心理士が働く場としては，精神科病院をはじめとして，大学の精神科や心療内科，児童相談所，少年鑑別所，家庭裁判所，精神保健福祉センターなどがある。1988（昭和63）年度から認定協会による臨床心理士の資格認定が行なわれて以来，その実力を試され，真価を問われているが，大きな事柄としては，1995（平成7）年4月から文部（科学）省によって企画された「スクールカウンセラー活用調査研究委託事業」があげられる。その事業で，全

国の臨床心理士が小・中・高校でのスクールカウンセラー（非常勤）として採用され，大きな成果を収めており，臨床心理士が社会的に認知される契機を与えたことは，まぎれもない事実である。今後は，臨床心理士として得られている社会的な評価を下げることなく，いままで以上に社会に貢献するためには，専門家としての力量を深め，向上させることが必要である。

児童生徒の心と体の疾患

1. 摂食障害

　摂食障害には，拒食症（神経性無食欲症）と過食症（神経性大食症）の2つがある。現在のストレス社会を強く反映して，この摂食障害の人がますます増加している。

　拒食症の診断基準は，①標準体重から25％以上のやせ，②肥満への極端なおそれ，③身体イメージの障害と低体重の重大さの否認，④無月経，⑤身体疾患がない，の5項目である。身体症状はやせのほかに，栄養障害，歯の脱落や骨の異常，浮腫，不整脈，低血圧，貧血，低体温などが認められる。精神症状としては，抑うつ，「すべてか無か」という強迫傾向，攻撃的・衝撃的傾向が著しく，自分の異常を認めず治療を拒否することが多い。また食物への執着，嘔吐や大量の下剤使用，盗み，ひきこもりなどの行動異常も伴いやすい。

　過食症はむちゃ食いのエピソードをくりかえし，それを自分で制御できない感覚が著しい。そのために下剤・利尿剤・浣腸などの自己誘発性嘔吐，絶食や過剰な運動などの不適切な代償行動のくりかえしが認められる。精神症状としては，抑うつ気分，倦怠感，無気力，思考力減退，悲哀感，焦燥感に加えて，過食後の自責感や挫折感などである。患者の多くは自助努力の虚しさを自覚していて，専門的治療を求めてくるが，その場しのぎとなりやすく，薬物乱用，家庭内暴力，ひきこもりや自殺企図などの問題行動が認められることが多い。

●指導と治療

　前思春期や思春期に発症が多く，学校場面での初期的対応が重要である。担任や養護教諭は，その子の給食時の行動に目を配り，悩みごとを聴いていく必要がある。そのときの適切な情報や援助によって重症に至らない場合も少なくない。しかし困難なケースでは，学校医の協力を得て専門病院に委ねる方が適切である。治療法としては，行動療法，精神療法，家族療法，薬物療法などがある。

2. 肥満症

　学童期の肥満症が急増している。この20年間に肥満傾向児は2～3倍に増加し，学齢期の5～10％の子どもが肥満傾向にあると報告されている。通常，肥満児とは，幼児期では標準体重の15％以上，学童期以降では標準体重の20％以上にあることをいっている。

　肥満症の問題は，単に太っていることばかりが問題ということではなく，小児成人病の危険性が高くなるということである。肥満の悪影響は，①心肺機能の低下，②高血圧症，③高脂血症，④糖尿病の誘発，⑤肝機能異常（脂肪肝），⑥内分泌異常（高インスリン血症，耐糖機能低下など），⑦整形外科的異常（大腿骨骨頭すべり症など），⑧皮膚科的異常（黒色表皮症，股ずれなど），⑨運動能力の低下，⑩心理的影響（消極的傾向，集中力と忍耐力の欠如，うつ気分と無気力，そしてその結果として学力低下と自信喪失など）をあげることができる。

●指導と対応

　肥満症に対する指導は，ペンシルバニア大学のスタンカード教授らによって作成された"LEARN program"に基づいて実施すると効果的である。この名称は，L：Life style（生活習慣），E：Excersise（運動），A：Attitude（心構え），R：Relationship（人間関係），N：Nutrition（栄養）という重要な5つの指導内容の頭文字に由来している。

　それは，そのプログラムを通して，その人に栄養と運動に関する基本的知識を習得させ，正しい心構えと周囲の人との良好な人間関係を維持させることで，ストレスへの適切な対処と望ましい生活習慣の再形成をはかることを目的としている。すなわち，セルフ・モニタリングの手続きによって，自分の行動や生活スタイルを自己観察し，記録・分析し，自己統制していく具体的な内容が呈示されている。そして，肥満児への指導においては，親に対する適切な指導と援助が必須である。

✣ 3．胃・十二指腸潰瘍（消化性潰瘍）

　潰瘍は胃酸により胃や十二指腸が自己消化をきたし，粘膜の破損を生じた状態である。さらに悪化して消化管の内壁に穴があくこともある。症状は年齢によって差が認められるが，乳幼児期では，前駆症状として腹痛・嘔吐症状が1週間程度続き，その後に吐血や下血することが多い。学童期では，反覆的で周期性の臍周辺や上腹部の痛みが出現し，吐き気・嘔吐，食欲不振，頭痛を伴いやすい。中学生以上になると症状はほぼ成人と同じであり，夜間や空腹時に上腹部痛みや胸やけが出現し，悪化すれば吐血，下血を認める。

　消化性潰瘍の発症には，潰瘍になりやすい身体的生理的要因（血中ペプシノーゲンの高値），神経過敏で神経質で緊張しやすい性格傾向（心理的要因）および環境から生じたストレス状況（社会的要因）が相互に影響し合っていることが一般的である。

　これまで10歳以下の年齢での潰瘍はまれであると思われてきたが，最近ではそうとばかりは言えなくなってきている。さらに，中学生や高校生の発症も急増しているが，受験にまつわる不安・緊張，塾通いの強制，担任との心の葛藤，いじめをはじめ子どもどうしの対人関係のトラブル，両親の不和や離婚，慢性的にゆとりのない生活状況などがその原因であると考えられる。

●指導と治療

　薬物療法によって一般的には2〜3か月で治癒する。しかし，一部の症例では完治せずに長期に遷延化・難治化したり，いったん治癒してもすぐに再発するものもある。このような潰瘍の難治化や再発には，身体的要因に加えて心理・社会的要因が強く作用していることが多い。したがって，そのような場合には専門的な心理治療や援助を受ける方が適切である。そして，患者自身にストレスへの望ましい対処の仕方を身につけさせることが必要である。

✣ 4．過敏性腸症候群

　消化器疾患のなかで最もポピュラーな疾患である。腸管の過敏性に基づく腸運動および分泌機能の異常により，便通異常やさまざまな腹部症状を呈するのが一般的である。

　便通異常の型によって，①下痢型，②便秘型，③不安定型（下痢と便秘が交替するもの），④分泌型（腹痛とともに大量の粘液を排泄するもの），⑤ガス型（ガスに関する症状を主に訴えるタイプ）に分類される。便通異常の他に，頭痛，めまい，動悸，肩こりなど全身的な自律神経症状を有する者が多い。

　この疾患の発症頻度は，幼稚園児で2.8%，小学生5.6%，中学生13.3%，高校生19.2%となっているが，中学・高校生では3年生3学期の受験期になると，さらに頻度が高くなる傾向にある（並木，1985）。また，身体症状を呈する思春期の学校不適応者にとってはかなり頻度の高い疾患である。

　発病の誘因や症状悪化の原因としては，身体的因子（食事内容，不規則な食生活，不規則な排便習慣，過労，体の冷えなど），心理・社会的因子（対人緊張と不安，家庭内のトラブル，入学・転居などの生活環境の変化，学校への不適応，緊張状態など），性格的因子（神経質，緊張過敏傾向，身体症状への過度のとらわれ，ストレス回避傾向，自我の未熟性など）などがあげられるが，それらの要因が複合的に影響していることが多い。

●指導と治療

　治療には，心身医学的対応が必須である。専門医による薬物療法や心理療法に加えて，学校や家庭で子どもの規則的な食生活，睡眠，運動さらに排便習慣などの指導が必要である。次に，学校や家庭での緊張や不安などの心理的ストレス事態に対する対処行動を身につけさせることが重要である。そして，過度な身体症状へのとらわれ，誤った認知のあり方，偏った性格傾向を修正するための取り組みなどをうながしていくことも必要である。

5. 気管支喘息

　近年，アレルギー性の疾患が急増している。気管支喘息はその代表的疾患である。この疾患は発作性の喘鳴と呼吸困難を伴うため，自分が死ぬのではないかという強い恐怖におそわれるが，発作を生じやすい身体的体質と自律神経異常，内分泌異常，感染，心理・環境的要因などが複雑に関与している。

　一般に気管支喘息は3歳までの発症頻度が高く，15歳までにはその70％がよくなるといわれているが，思春期の喘息のなかには，小児期からの喘息が成人の喘息に移行する症例もあり，小児期に十分に治療していくことが望ましい。発症率はやや男性が高いが，家族にアレルギー歴（喘息，じんましん，アトピー性皮膚炎）のある場合が多い。

　発作は季節の変わりめである春・秋に起こりやすいが，心理的因子の関与の強いものでは季節を問わない。症状の持続・悪化には心理・社会的因子が強く作用している。患者の性格傾向として，消極的，未熟で依存的，不安傾向が強く神経質，自己中心的，欲求不満に陥りやすい，情緒不安定で社会的不適応反応をとりやすいことなどが指摘されている。さらに，感情表現に乏しく不満や怒りを抑えて"良い子"を演じたり，自分での問題解決を放棄して"親に頼りっきりの子"となっている場合が多い。そして，そのような患者の性格や行動特性の形成には，幼児期からの親の養育のあり方が強く影響している。

●指導と治療

　訓練としては，水泳や乾布摩擦などを通しての体質改善，発作を軽いうちに抑えるための腹式呼吸や自律訓練法の練習が必須である。何をおいても患者が喘息を自分で克服する取り組みが重要である。また，親は子どもへの過保護で過干渉な対応をやめる必要がある。もちろん継続的な専門医の治療と指導を受けながら，指示のもとに薬物の服用を必要とするケースもあろう。

6. アトピー性皮膚炎

　アトピーとは，「不思議な病気」の意味である。これは，人間に限って出現し，遺伝的体質素因が明白で，花粉，家塵，ダニ，食物など日常生活のありふれた環境抗原によって，特徴的な即時型過敏反応を示す先天性過敏症である。症状は，激しいかゆみとただれを伴う慢性的な湿疹である。

　アトピー性皮膚炎は，①枯草熱，喘息，アトピー性鼻炎などを合併しやすい，②種々の吸入，食事抗原での皮内反応で陽性を示しやすい，③血清中に特有のレアギン抗体を有する，④血中好酸球が多い，⑤種々のストレスに対する異常反応，⑥ある種の薬剤に対して異常反応を示しやすい，などの特徴をもつ。

　現在，アトピー性皮膚炎は，とくに，食物アレルギーとの関連性が注目されている。これまで牛乳，卵，大豆が主要な抗原と考えられたが，最近では米，小麦，ソバなどの穀物にアレルギーを示す子どもも増えている。また，砂糖の過剰摂取や食品添加物がアトピー性皮膚炎の増悪を引き起こすという説もある。

　アトピー性皮膚炎の増悪には，心理的ストレスが強く関与するという指摘がある。乳幼児期からの疾患ゆえに，本人と家族にアンビバレンツな感情（依存と反発，溺愛と拒絶など）が生じ，問題をさらに複雑にする。

●指導と対応

　食物アレルギーについては，学級担任が子どもの症状や主治医の指示などを保護者に確認し，校内の栄養士や養護教諭にも情報を伝えること，学校給食の献立を事前に保護者に知らせ，原因となる食物をあらかじめ除去したり，代替食や弁当持参を認めるなど，柔軟できめ細やかな対応が必要である。

　大切なことは，本人が問題解決のために自分で取り組むことである。そのために，教師は本人の気持とプライバシーを尊重し，次に，級友の理解と協力が得られるように配慮すべきであろう。

✚ 7．過呼吸症候群（過喚起症候群）

思春期の女子によくみられる症状であるが，最近では男子にもみられる。症状の出現は発作的に突然起こり，30～60分間程度続くことが多い。一度発症すると習慣的に頻発しやすくなり，集団で発症することもある。

発症は不安・緊張感の持続に伴って，発作的に空気が薄い，酸素が足りない，胸の奥まで空気が入ってこないなどの感じに襲われ，深く早い呼吸をくりかえすことで生じる。息苦しさ，胸部の圧迫感，激しい動悸，頭痛，嘔気，気分の悪さを軽減しようとして過呼吸するために，体内は酸素浸しとなって血中の炭酸ガス濃度が減少し，血液がアルカリ性となる。その結果，呼吸はますます苦しくなり，心臓は早鐘のように打ち，手足はしびれ，全身が硬直して，意識がボーッとなり失神することさえも生じてくる。

健康な人に過呼吸を負荷しても，こうした発作は起きない。本症の児童・生徒では，過呼吸に対する感受性が異常に上昇している。

発作の症状は，熱射（夏期の運動中），疲労，脱水，激しい運動，注射，歯科治療中，手術などの身体的誘因によって出現することもある。しかし多くの場合，心理・社会的要因が強く関与し，不安，緊張，恐怖，怒り，敵意，嫌悪といった情動の解消ができなかったり，葛藤や回避的反応を強めていることが考えられる。

●対応と援助

発作時の対応は，まず患児を安静にして安心感を与え，ビニール袋を口にあてさせ，袋内の空気呼吸をさせる。これは，それによって血中 CO_2 濃度を高め，正常化しようとするものである。また，発作が生じたからといって，周囲の者が過度の世話をやいたり，関心を示したり，安易に早退や保健室行きをうながすことは禁忌である。本人が自分の心と体の関係に気づき，ストレスへの対処行動を習得できるように援助することが重要である。

✚ 8．自律神経失調症

自律神経系は呼吸，循環，消化吸収，排泄など，生命維持に欠くことのできない諸機能を支配している。自律神経系のうち交感神経は，一般に体内に貯蔵されたエネルギーを動員して，生体を活動しやすい状態にする。一方，副交感神経系は交感神経の興奮によって引き起こされた諸器官の変化をもとにもどし，消耗されたエネルギーを補充する方向に作用する。そして，この2つの神経系は相補いながら自律的に機能している。本症は，この2つの神経系のバランスが崩れた状態をいい，長期に及べば心身症や神経症へと移行する。

症状は，全身倦怠感，動悸，胸部圧迫感，めまい，しびれ，不眠，頭痛，耳鳴り，発汗，肩こり，食欲不振，嘔気・嘔吐，腹部不快感，腹痛，下痢，便秘など多種多様で，不定愁訴症候群ともよばれる。ほてり，のぼせ，熱感あるいは冷感など，血管運動神経の症状を伴うときは，まず本症とみてさしつかえない。

原因は，オーバーワーク（勉強づけや過剰な体育クラブ）による疲労，持続的な緊張や不安，対人関係でのトラブル，その他の心理・社会的ストレスなどである。

●指導と治療

本症からの回復には，その人に心と体の関係を気づかせるための心身医学的治療が必要である。そして，誤った考え方と生活の仕方の修正をはかることである。その要点としては，食事，睡眠，休息，運動，感情の表出と発散，心身のリラックスとレクリエーションなどがあげられる。また，リラクセーション法や自律訓練法も有効である。

なお，自律神経失調症と混同される疾患として，心気症がある。心気症は，神経症の一型であり，愁訴があちこちと定まらず，しかも自律神経の症状だけに限らない。すなわち，心気症は，自分の心身の状態に絶えず過度な不安をいだき，自分が重い病気になっているのではないかと憂慮する状態である。

9. 神経性習癖

幼児期から学童期にわたる子どもが不安を体験し、その不安が高度になると、それを発散するために多くの行動を示すことになる。不安と関係していると考えられる反復性・習慣性の異常行動を神経性習癖とよんでいるが、これには、遺尿症（夜尿症）、遺糞症、チック、吃音、抜毛症、爪かみ、指しゃぶり、歯ぎしり、反芻・嘔吐、異食症、かんしゃく発作などがあげられる。

神経性習癖のうち軽度のものは、多くの子どもが一過性に示すものである。また、重度の神経性習癖であっても、成長とともに軽減し、成人になると大部分のものは消失していく。多くの場合、周囲のものが子どもの神経性習癖に対して過剰に反応している。それゆえに症状が持続・強化されている面がある。神経性習癖を治療するか否かは、子どもの年齢、症状の程度や頻度、日常生活への障害の程度、親子関係などを調べて、総合的に判断することが大切である。以下、いくつかの神経性習癖の特徴と対応について説明する。

●夜尿症● 3歳以上になって起こる夜中の遺尿症で、通常、就学年齢になると激減し、12～16歳ではほとんど消失するが、ケースによっては成人期に及ぶこともある。

原因は、①過敏な膀胱－交感神経と副交感神経の働きの不均衡、②不適切な排尿訓練、③強い心理的ストレスの関与、④物理的生活環境条件の影響、⑤尿路の器質的障害、などさまざまな要因が重複する場合が多い。

●指導と治療（夜尿症）●

まず第1に生活リズムをきちんとし、清潔の習慣を身につけやすいように家庭環境を調整することが必須である。次に、心理的・情緒的問題による夜尿症である場合は、子どもの心理的安定をはかる手立てが検討され、望ましい親の接し方が指導されねばならない。また、適切な排尿行動の形成のためには行動療法が効果的である。なお、不安・緊張の軽減や睡眠パターンの調整には薬物や漢方がうまく作用するケースもある。

●チック● 症状は顔面と頭部に出現することが多く、まばたき、首・頭振り、顔面をしかめる、口をピクピクさせるなどの動作が不随意に反覆してみられる。激しい場合には、手足の動作や無意味な発声を伴うこともある。発症年齢は幼児期・学童期で、とくに、10歳前後に多い。発症の男女比は男児に多い。

発症機序については、まだ十分に解明されていないが、不安や緊張などの心理的ストレスが強く関与することは否定できない。

●指導と治療（チック）●

まず症状に対する周囲の者（とくに親）の過剰な反応（注意や叱責など）をやめさせ、子どもがリラックスして生活できるようにすることが大切である。次に、子ども自身に自分で不安や緊張を軽減する対処方法を身につけさせる必要がある。症状が出現するときに、本人が頸動脈のところを強く圧迫してその行動の発声を妨害する方法（反応妨害法）を実施することも有効である。また、専門医に相談して薬物療法を検討する余地もある。

●吃音● 発語の際に、初頭語の発声の困難、詰まり、反復などのために、他者とのコミュニケーションに障害を感じ、対人的不適応や情緒的障害（不安、おそれ、劣等感、欲求不満など）を強めている状態を言う。

発症率は人口の0.7～1.0％である。男女比は、6：1～10：1と圧倒的に男子に高率である。発症の時期は3～4歳頃と7～10歳頃と2つのピークがある。症状は1次的な不安軽減効果をもつために、発吃→不安除去→2次的な行動異常→防衛的反応→発吃という悪循環が成立し、持続されていく。

●指導と治療（吃音）●

多くの点でチックの場合と同じである。なお、歌唱の際には吃音がなくなる事実や、初頭語を引き伸ばして発声することが有効であることなどを伝える必要もある。

10. 場面緘黙症

家庭では何でもよく話すのに，いったん学校の門をくぐると一言も話さなくなってしまう子どもがいる。担任に対してはもちろん，級友にも一言も口をきかない。一般的に，こういう子どもを場面緘黙症あるいは心因性緘黙症とよんでいる。

しかも，一言も話さないということだけでなく，集団への参加ができにくい，自主的行動がとりにくい，行動がにぶい，指示してもすぐに応じない，何事にも消極的でひきこもりがちであるなど，指導上に障害となるさまざまな問題行動をもち合わせているので，担任はその対応に苦慮することが多い。

統計的にみれば，およそ1000人に2人の比率で出現し，男児よりも女児に多い。

原因は，対人緊張や対人不安である。もともと内向的で神経質な性格傾向があり，心理的にリラックスできない状況に直面するときに，自分を守る方法として話さない（話せない）行動をとっていることが考えられる。

●指導と援助

学校での指導・援助としては，①その子が心理的にリラックスできるように周囲の者がまずゆっくり構える，②その子に対して「話しなさい」というような強要はいっさいしない。③無言のままでよいから，その子が学校生活場面へ自分から加わっていくことを増やす，④その子が興味や関心を示すものを媒介として，本人が活躍し楽しめる場を準備する，⑤担任は本人が学級内における役割を十分に果たせるように配慮する，などのことに留意する必要がある。

要するに，最初から何とか話させようとして，周囲があれこれ迫ることは効果がないばかりか，その子を心理的な窮地に追い込み，問題をこじらせることになりかねない。最も重要なことは，あたたかい人間関係をその子と担任，級友との間ではかり，学級において安心して過ごせる雰囲気をつくることである。

11. 対人恐怖症

対人恐怖症は，日本人に特有な神経症である。「他者に対しての恐怖」というより「自分の状態に対して不安をもち，それが他者にどう映るかをおそれる」ということに特徴がある。笠原（1972）は，①青年期という発達段階に一時的にみられるもの，②純粋に恐怖症段階に留まるもの，③関係妄想性を初めからもつもの，④前分裂症状あるいは分裂病の回復期における後症状として見られるもの，の4段階に，この対人恐怖を区分している。

また，本症は，赤面恐怖（人前に出ると顔が赤くなる，あるいはそうなるのでないかとおそれ苦悩する），表情恐怖（自分の顔のこわばりが相手に不快を与えるのではないかとおそれ苦悩する），視線恐怖（自分の視線が鋭く目つきが悪いので，相手に不快な感じを与えているとおそれ苦悩する），醜貌恐怖（自分の顔は醜くあるいは冷たいので，人から嫌われていると思い込み苦悩する），自己臭恐怖（自分の身体から不快な臭いが発散し，このために周囲の人が自分を避けていると思い込み苦悩する）などの症状に分類できる。

すなわち，①対人不安と羞恥を中核とする病理現象である，②症状は羞恥に関連する現象形態を示し，それをめぐって患者は対人関係の葛藤に苦悩する，③症状をめぐる葛藤に伴って，人見知り→赤面恐怖・対人緊張→表情恐怖→視線恐怖・関係妄想的観念，という症状変遷が認められるということにまとめられる。

●援助と指導

患者自身が不安を和らげ，よい対人関係を経験し，行動範囲を広げるように，周囲の者が関わることが重要である。次に，感情や意見を明確に主張するなかで本人が自分の偏った見方に気づくようにうながすこと。そのためには周囲が本人の訴えと悩みを傾聴する必要がある。また，専門医による心理療法や薬物療法の実施が当然検討されるべきである。

12. 強迫神経症

　主症状は，強迫観念と強迫行為である。強迫観念とは，たとえば，自分が人を傷つけるのではないかとか，とんでもない行動をしてしまうのではないかという考えが本人の意志に関係なく浮かんできて，それにとらわれることである。一方，強迫行為としては，不潔な思いにとらわれ手洗いや入浴行為を頻発する（洗浄強迫），ある種の強迫観念が浮かぶとそれをふりはらうために同一行動を一定回数くりかえす（反覆強迫），家の鍵をかけたかなどをくりかえし確認する（確認強迫），机の上や部屋がいつもきちんと同じ状態にあるようにする（整頓強迫），などがある。

　発症率は人口の1.3～2.0%（Myers, 1984）という報告があり，とくに最近は増加傾向にある。発症は思春期や青年期に多いが，それ以外の年代でも出現する。男女差は顕著でないが，15歳未満では男性，26～35歳では女性に多いという報告がある。

　発症には性格特性との関連性が強く，几帳面，完璧さを求める，執着性，頑固で柔軟性の欠如，情緒的抑制傾向などが一般にあげられている。強迫型パーソナリティをもつ人が，日常生活のなかで何らかの心理的ストレスに直面し，そこでの強い不安や葛藤を解消するために強迫症状を引き起こしたものと考えられる。すなわち，本人が強迫症状にとらわれればとらわれるほど，現実の不安や葛藤を一時的に軽減できるという機序がある。

●治療

　行動療法，森田療法，精神分析療法，薬物療法などがある。なかでも，行動療法が最も有効である。多くの場合，強迫行為に対しては曝露反応妨害法〈①不安を引き起こす刺激場面に直面させる，②その不安を解消する強迫行為をさせず（反応妨害），慣れの効果をはかる〉が，強迫観念に対しては思考停止法（強迫観念を意識的に浮かばせ，次に途中で停止する）が用いられる。

13. 転換ヒステリー

　一定の激しい身体症状を示すことで欲求不満や葛藤を解消し，不安の除去をはかる神経症の一型をいう。一定の激しい身体症状は本人が意識的にということではないが，結果的には，そのことで危機的状況を回避し，破綻から自己を守るという利益を得ている。

　発症は児童期，思春期，青年期に多いが，成人にもしばしばみられる。その性格傾向としては，自我形成が未熟で，主観的・直情的で，支配性が強く，自己顕示的・自己中心的という共通性がある。

　症状は運動系障害，感覚系障害，自律神経系障害に分類されるが，すべて身体医学的・解剖学的根拠とは無関係に機能が侵されているところに特徴がある。運動系障害としては，四肢麻痺，失立，失歩（歩行障害），チック，ふるえ，ひきつけ発作，失声（ヒステリー性無言症）などの症状がある。感覚系障害としては，感覚のなさや偏り，目が見えない，耳が聴こえない，痛みなどの症状がある。自律神経系障害としては，過呼吸発作，呼吸困難，嘔気・嘔吐，めまい，チアノーゼ，頻脈，心拍数増加，腹痛，下痢，発熱など，症状が多彩である。これらの症状は，不安神経症あるいは心身症の症状としても起こり得るので，その鑑別が問題となる。疾病利得や逃避傾向が顕著であり，患者は症状の苦痛を訴えても，その病的状態について悩んでいるようにはみえないところに特徴がある。

●指導と治療

　必ず症状の出現と持続に作用する心理要因がある。指導や治療の実施に際して，そのことがまず最初に解明されねばならない。次に，その症状に対する周囲の者の対応を変える必要がある。周囲が心配や世話をしすぎることが最も悪い。基本的には症状が出現しても無視することである。そして，本人に，症状に訴えている自分の問題を直視させ，問題解決に取り組むようにさせることが大切である。

✚ 14. 統合失調症（精神分裂病）

初期症状としては，現実からのひきこもり，感情的不調和，思考過程の特異な障害，退行的行動などを示す。長期にわたり荒廃状態へ陥っていくケースもある。発症は思春期・青年期が非常に多い。発症頻度は，日本では0.7～0.8％と推定されている。病因に関しては種々の学説があるが，心因が大きな役割を果たしていることは確かである。そして，分裂性気質の人は，もともと閉鎖的で情感に乏しく，自分の内界に閉じこもりがちであり，非社交的，無口，敏感，内気，きまじめなどの傾向が強いことが指摘されている。

基本症状は，①連合障害（考えと考えの結びつきがばらばらになり，その結果として思考内容が奇妙で，非論理的で無秩序である），②自閉（現実の人との接触を避け，自分自身のなかに閉じ込もってしまう），③感情的不調和（思考内容と感情とのズレが生じ，感情の平坦化，鈍さ，稀薄さが顕著になる），④アンビバレンツ（依存と反発，溺愛と拒絶など，一定の対象，人，状況に対して相反する感情，思考，態度をもつ）である。

副症状には，幻覚（幻聴，幻視，幻触，幻味，幻臭など），妄想（現実と異なる誤った信念），関係念慮（他者の話や身ぶりが自分に関係しているという考え），離人状態（本来の人格と違って自分が分離・消失したという感じ），拒絶症（他者からの指示の反対を行なう），反響言語，反響行動，自動症（自分の行為をしているのは自分でないと感じる），衒奇症（奇妙な身ぶりや様式），常同症（無意味な行動の反覆）などがある。

●対応と指導

早期発見・早期治療が基本である。専門医による適切な診断と薬物療法と精神療法が必須である。そして，本人の安定と現実生活の立て直しには，学校や家庭での日常の関わり方が重要となる。また，不登校のなかには統合失調症の初発型もあるので注意を要する。

✚ 15. 躁・うつ状態（感情障害・気分障害）

近年，躁・うつ状態は感情障害，気分障害とよばれるが，躁うつ病という場合，厳密には内因性（遺伝的・生物学的要因が優位）の障害をさす。分類は，単極性（躁・うつ病相の片方のみ）か双極性（両病相が交互），身体因性・内因性・心因性（キールホイルのうつ状態の疾病分類）などがあるが，一般的にはDSM-IV（アメリカ精神医学界の精神疾患の分類と診断基準）が多く用いられている。

躁状態は，気分は爽快，陽気，高揚，不安定，刺激的，易怒的，自信過剰的で，思考や態度は尊大，誇大妄想的，観念滅裂，無分別，軽率的で，行動は多弁，多動，興奮，不穏，計画倒れ，濫費，社会的脱線が強まる。また，身体症状は短時間睡眠，食欲亢進，多飲，性欲亢進が顕著となる。

一方，うつ状態では，気分は抑うつ，悲哀，孤独感，楽しみや興味の喪失，不調，気力喪失，焦燥感，悲観的，自信喪失，劣等感，自己嫌悪で，思考や態度は自責感，過小評価，思考貧困，決断困難となり自殺念慮をいだきやすく，行動は表情減少，寡黙，寡動，孤立，内閉となり，社会的機能が低下して，自殺企図のおそれがある。身体症状は睡眠障害，食欲と性欲の低下，急激な体重減少，その他の自律神経症状が顕著となる。

●指導と治療

現代のストレス社会を反映し，心因性うつ病が急増している。生来，きまじめで神経質で柔軟性に欠ける人がうつ病になりやすい。学童期・思春期のうつ病や仮面うつ病（身体症状にうつ病が隠されている）では，食欲不振，嘔吐，遺尿，不眠，痛みなどの身体症状や反抗，自閉，家出，不登校などの行動異常が前景に出る。また，内因性うつ病の場合は，周期性があったり，季節の変わりめに出現してくることがあるので注意を要する。専門医の治療を受けることが必須である。親や教師の叱責と過剰な激励は禁忌である。

16. 思春期危機症

　思春期危機症とは，一般的に12〜13歳から21〜22歳までの青少年が，思春期という身体的・精神的発達過程における変動期に相応して，内面的不安とそれに基づく人間関係および社会的意識の激動により派生する異常反応を意味している。思春期危機にみられる異常性は第二次反抗期と深く関連しており，同一性の危機が中心テーマである。

　思春期危機における悲劇の多くは，単に身体的もしくは性的な急激な成熟や，それに伴う本人の内的不安という個人的要因に起因するだけのものではなく，親や教師や友人との不幸な人間関係によって，問題が生じているといってよい。青少年はその時期に"理想とする自己"の形成，すなわち，自己のなかに"自分らしい自己"を確立していく必要がある。その同一性の概念として，①身体的自己の感覚，②連続する自己同一性の感覚，③自尊心（プライド）の形成，④自己拡大の感覚，⑤自己像の確立，⑥理性的に対処するものとしての自己，⑦自己固有の目標追求，などがその課題である。しかし，現実の家庭生活では，仕事に追われて疲れ果てている父親と，ひたすら子どもに希望を託す過干渉な母親がおり，その一方で，受験競争のなかでランクづけされている状況がある。思春期危機症は現在の自己を保てず，しかも未来に希望がもてなくなった若者の混乱状態と言えよう。

●診断と対応

　思春期危機症の診断の上で最も注意を要することは，精神病との鑑別である。うつ状態のときには，自殺の危険性もある。また，摂食障害などの心身症や神経症へと移行するケースも少なくない。さらに，性非行やシンナー嗜癖などへ陥るケースもある。

　思春期危機症への対応を考えるとき，その若者と本当の意味での人間関係を深め，何らかの望ましい影響をはかるためには，まず，親や教師の生き方が問われることになる。

17. 自殺

　平成11年度から連続して自殺者数が年間3万人を越えている。また，文部省の調査によると平成10年度の公立小・中・高校生の自殺者数は192人と，前年度の1.4倍に急増している。自殺の理由は，家庭不和など「家庭の事情」が28人，進路問題など「学校問題」が10人であるが，「その他」が6割をしめており，詳しく把握できない状況にあると言える。一方，警視庁のまとめでは，平成10年度の小・中・高校生の自殺者数は339人（小学生17人，中学生102人，高校生220人）となっており，文部省の集計より150人近く多い。

　児童・生徒の自殺は，成人の場合とくらべて次のような特徴がある。①2割以上の児童生徒が「死にたい」と思ったことがあり，人格形成の発達途上の問題として発生する。②人生に絶望した「諦めの自殺」というよりも，自分の苦しさを周囲に訴える「求めの自殺」の意味合いが強い。③一般には，自殺決行に至る場合，その人特有の自殺への準備態勢が形成され，そこに何らかの直接的動機が加わって決行される。しかし子どもの場合は，それまで何の問題もなかったようにみえても，ある日突然に自殺に至ることがある。そのために，何が原因なのか，周囲にはとらえがたい。④子どもの場合は，外界からの刺激に左右されやすく，仲の良い友だちに同情したり，マスコミの報道に強く影響されることがある。本人に慢性的な不安や不満が続いていれば，ささいな事柄でも動揺を来し，感情的・衝動的に決行する危険性がある。

●予測と防止

　親と教師は，子どもの日頃の生活における行動・表情・情緒的変化を敏感に察知することが重要である。子どもが家族や教師との接触を避け，沈んだ表情や無気力さを強めていったり，「生きる意味がわからない」とか「死にたい」などとつぶやき始めたときは危険信号である。

18. てんかん

ひきつけ発作のくりかえしを主症状とし，脳の律動異常に対応する慢性疾患である発作は，脳内神経細胞の病的興奮によって引き起こされると推定されるが，その興奮がいかにして生じるかはまだ解明されていない。おそらく①ニューロンの過剰放電，②脳の器質的変化，③生物学的要因，④環境的・心理的要因，などが影響し合って，脳内の病的興奮が生じるのではないかと推測される。

診断は，臨床症状と脳波所見から行なわれる。てんかん発作は，ふつうは数秒から30秒程度であり，長くても1分前後でおさまる。ひきつけ発作の臨床症状は多様であるが，発作時は一時的に呼吸が停止し，意識も消失する。発作がおさまり意識が回復する際に，筋肉の弛緩が生じ失禁することが多い。

●指導と治療

てんかんの治療は基本的には薬物療法である。専門医による適切な診断と治療が必須であり，病院・家庭・学校の連携を密にした協力態勢をつくることが重要である。

学校での指導・援助に際しては，まず，教師がてんかんに対する正しい知識と認識をもつ必要がある。ひきつけの発作が起きてもあわてず，寝させて楽な姿勢にすること，そして，発作がおさまった後，呼吸しやすいようにこころがけることが必要である。発作に伴う事故（脳挫傷，骨折，水死など）がないように万全の注意を怠ってはならない。しかし，子どもの指導における特別扱いは望ましくない。

てんかん児が脳機能障害のために，情緒・行動問題（多動，集中力欠如，衝動的・攻撃的傾向，易興奮性，固執・粘着性，被害妄想的など）を生じやすいことを，教師は知っておく必要がある。学習活動や友だち関係でトラブルの生じたときこそが，社会適応スキルを指導する絶好の機会であると言える。

また，思春期においては，転換ヒステリー発作との鑑別を慎重に行なう必要がある。

19. 行為障害

平成9年に神戸で発生した"酒鬼薔薇聖斗"事件で，犯人の少年が行為障害と報道されたことで強く関心が向けられるようになった。

DSM-Ⅳ（アメリカ精神医学会の精神疾患の分類と診断基準）によれば，発症年齢として10歳を重要な基準とみなしていて，次のような行動様式が過去12か月以内で3つ，6か月以内では1つ以上存在するとしている。

【人や動物に対する攻撃性】
①しばしば他人をいじめ，脅迫し，威嚇する。②しばしば取っ組み合いのけんかを始める。③他人に重大な身体的危害を与えるような武器を使用したことがある（たとえば，バット，レンガ，割れたビン，小刀，銃）。④人に対して身体的に残虐であったことがある。⑤動物に対して身体的に残虐であったことがある。⑥被害者に面と向かって行なう盗みをしたことがある（たとえば，背後から襲う強盗，ひったくり，強奪，武器を使っての強盗）。⑦性行為を強いたことがある。

【所有物の破壊】
⑧重大な損害を与えるために故意に放火をしたことがある。⑨（放火による以外で）故意に他人の所有物を破壊したことがある。

【嘘をつくことや窃盗】
⑩他人の住居，建造物または車に侵入したことがある。⑪物や好意を得たり，または義務を逃れるためにしばしば嘘をつく（他人をだます）。⑫被害者と面と向かうことなく，多少価値のある物品を盗んだことがある（例：万引き，ただし破壊や侵入のないもの，偽造）

【重大な規則違反】
⑬13歳未満で始まり，親の禁止にも関わらず，しばしば夜遅く外出する。⑭親または親代わりの人の家に住み，一晩中，家を空けたことが少なくとも2回あった。⑮13歳未満から始まり，しばしば学校を怠ける。

子どもの生活年表・資料

付録 3

● わが国の人口ピラミッド（総務庁，厚生省人口問題研究所資料）

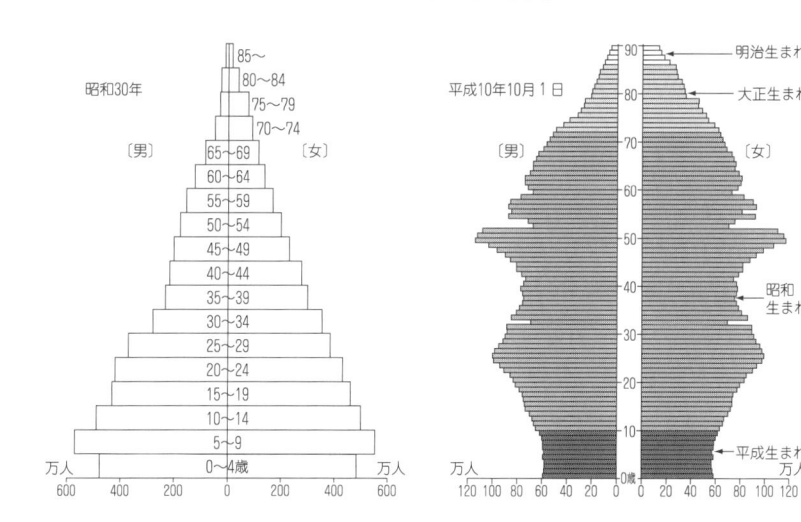

昭和30年

平成10年10月1日
明治生まれ
大正生まれ
昭和生まれ
平成生まれ

変貌する家族構成

● 平均初婚年齢の推移（厚生省，「人口動態統計」）

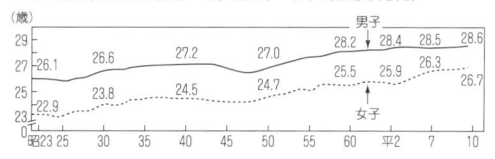

● 平均世帯人員の推移（自治省，「住民基本台帳調査」）

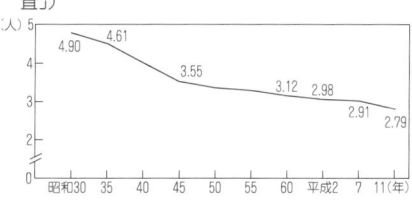

● 出生児数の推移（合計特殊出生率）（厚生省，「人口動態統計」）

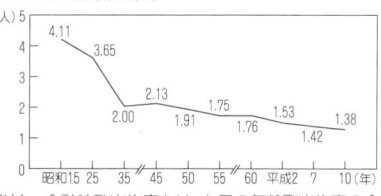

（注）合計特殊出生率とは，女子の年齢別出生率の合計で1人の女子がその年次の年齢別出生率で一生の間に産む平均子ども数をあらわす。

● 構造別世帯数・構成比（厚生省「国民生活基礎調査」）

年次	総数	単独世帯	核家族家庭				三世代世帯	その他の世帯
			総数	夫婦のみの世帯	夫婦と未婚の子のみの世帯	片親と未婚の子のみの世帯		
	推計数（単位：千世帯）							
1970	29,887	5,542	17,028	3,196	12,301	1,531	5,739	1,577
1980	35,338	6,402	21,318	4,619	15,220	1,480	5,714	1,904
1990	40,273	8,446	24,154	6,695	15,398	2,060	5,428	2,245
1995	40,770	9,213	23,997	7,488	14,398	2,112	5,082	2,478
1996	43,807	10,287	25,855	8,258	15,155	2,442	5,100	2,565
1997	44,669	11,156	25,911	8,551	14,903	2,347	4,999	2,603
1998	44,496	10,627	26,096	8,781	14,951	2,364	5,125	2,648

年次	総数	単独世帯	核家族家庭				三世代世帯	その他の世帯
			総数	夫婦のみの世帯	夫婦と未婚の子のみの世帯	片親と未婚の子のみの世帯		
	構成比（％）							
1970	100.0	18.5	57.0	10.7	41.2	5.1	19.2	5.3
1980	100.0	18.1	60.3	13.1	43.1	4.2	16.2	5.4
1990	100.0	21.0	60.0	16.6	38.2	5.1	13.5	5.6
1995	100.0	22.6	58.9	18.4	35.3	5.2	12.5	6.1
1996	100.0	23.5	59.0	18.9	34.6	5.6	11.6	5.9
1997	100.0	25.0	58.0	19.4	33.4	5.3	11.2	5.8
1998	100.0	23.9	58.6	19.7	33.6	5.3	11.5	6.0

付　録　3

教育環境の変化

● 幼稚園4歳から高等学校第3学年までの14年間の学習費総額（文部省，「平成10年度子どもの学習費調査」）

（単位：円）

区分		ケース1（すべて公立）	ケース2（幼稚園だけ私立）	ケース3（高等学校だけ私立）	ケース4（幼稚園及び高等学校が私立）
学習費総額	幼稚園	480,897（公立）			992,585（私立）
	小学校	1,807,138（公立）			
	中学校	1,318,932（公立）			
	高等学校	1,544,833（公立）		3,015,074（私立）	
合計		5,151,800	5,663,488	6,622,041	7,133,729

● 子どもの学習費の総額（学校種別）（文部省，「平成10年度子どもの学習費調査」）

凡例：学校外活動費／学校給食費／学校教育費

- 幼稚園：公立 243,893／私立 496,451
- 小学校：公立 302,019
- 中学校：公立 439,522／私立 1,228,145
- 高等学校：公立 515,605／私立 1,010,125

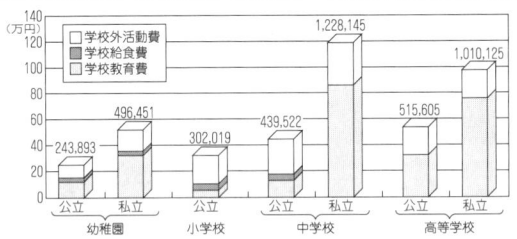

● 家庭教師等利用状況（文部省，「平成10年度子どもの学習費調査」）（％）

凡例：6年度／8年度／10年度

- 幼稚園　公立：17.1／14.7／14.3　私立：18.1／16.8／12.6
- 小学校　公立：24.5／26.5／26.9
- 中学校　公立：39.0／39.6／40.9　私立：39.4／42.5／38.9
- 高等学校　公立：26.4／27.8／26.8　私立：34.7／27.7／27.3

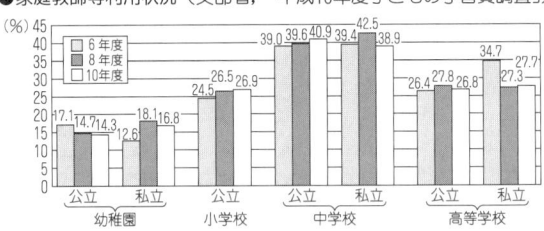

● 学習塾利用状況（文部省，「平成10年度子どもの学習費調査」）（％）

凡例：6年度／8年度／10年度

- 幼稚園　公立：18.6／14.7／12.9　私立：25.4／20.1／17.4
- 小学校　公立：40.6／41.3／36.9
- 中学校　公立：77.4／75.0／71.8　私立：60.7／57.5／54.9
- 高等学校　公立：43.7／39.6／35.1　私立：52.2／42.5／40.9

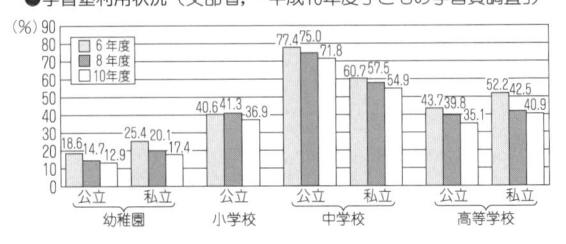

教育施設の現況

●幼稚園，小・中・高校，大学・短大生数の推移（毎日新聞，1999年8月14日）

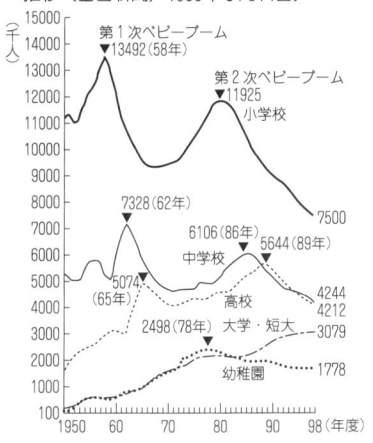

第1次ベビーブーム ▼13492（58年）
第2次ベビーブーム ▼11925 小学校 7500
▼7328（62年）
6106（86年）5644（89年）中学校 4244
▼5074（65年）高校 4212
▼2498（78年）大学・短大 3079
幼稚園 1778

●盲学校・聾学校・養護学校の学校数（文部省，「平成12年度学校基本調査（速報）」）

	盲 学 校		聾 学 校		養 護 学 校	
	学校数（校）	在学者数（人）	学校数（校）	在学者数（人）	学校数（校）	在学者数（人）
平成2年度	70	5,599	108	8,169	769	79,729
7	70	4,611	107	7,257	790	74,966
8	71	4,442	107	6,999	797	74,852
9	71	4,323	107	6,841	800	75,280
10	71	4,199	107	6,826	805	76,420
11	71	4,172	107	6,824	810	77,818
12	71	4,089	107	6,818	814	79,197

●専修学校の分野別生徒数（文部省，「平成12年度学校基本調査（速報）」）

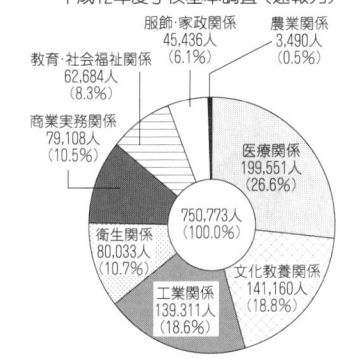

- 服飾・家政関係 45,436人（6.1%）
- 農業関係 3,490人（0.5%）
- 教育・社会福祉関係 62,684人（8.3%）
- 商業実務関係 79,108人（10.5%）
- 衛生関係 80,033人（10.7%）
- 工業関係 139,311人（18.6%）
- 文化教養関係 141,160人（18.8%）
- 医療関係 199,551人（26.6%）
- 計 750,773人（100.0%）

●学習人口の現状（文部省，「我が国の文教施策〈平成11年度〉」）

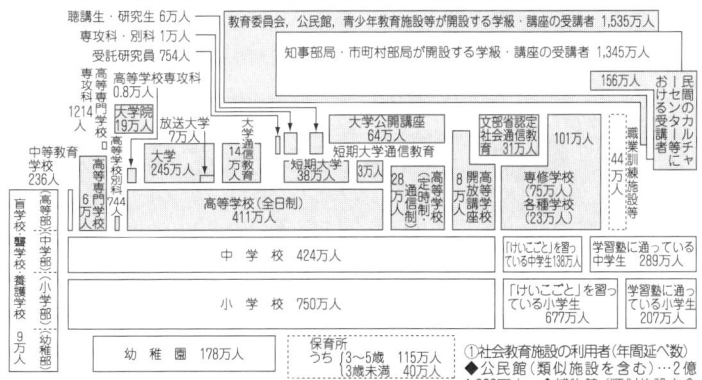

- 聴講生・研究生 6万人
- 専攻科・別科 1万人
- 受託研究員 754人
- 高等学校専攻科 0.8万人
- 専攻科 高等専門学校別科 1214人
- 大学院 19万人
- 放送大学 7万人
- 大学通信教育 14万人
- 大学 245万人
- 短期大学 38万人
- 短大通信教育 3万人
- 高等学校専門学校 6万人
- 高等学校（定時制）
- 大学公開講座 64万人
- 開放講座 8万人
- 文部省認定社会通信教育 31万人
- 専修学校 75万人
- 各種学校 23万人
- 準拠施設等 44万人
- 中等教育学校 236人
- 盲学校・聾学校・養護学校 9万人
- 高等学校（全日制）411万人
- 中学校 424万人
- 小学校 750万人
- 幼稚園 178万人
- 保育所 うち 3〜5歳 115万人 3歳未満 40万人
- 教育委員会，公民館，青少年教育施設等が開設する学級・講座の受講者 1,535万人
- 知事部局・市町村部局が開設する学級・講座の受講者 1,345万人
- 民間のカルチャーセンター等における受講者 156万人
- おーけいこごとを習っている中学生 138万人
- 学習塾に通っている中学生 289万人
- 「けいこごと」を習っている小学生 677万人
- 学習塾に通っている小学生 207万人

① 社会教育施設の利用者（年間延べ数）
◆公民館（類似施設を含む）…2億1,996万人 ◆博物館（類似施設を含む）…2億8,600万人 ◆図書館…1億2,001万人 ◆青少年教育施設…1,954万人 ◆婦人教育施設…386万人 ◆社会体育施設…4億6,461万人 ◆民間体育施設…1億6,673万人

② ボランティア活動参加者（年間延べ数）
◆公民館（類似施設を含む）…146万人 ◆博物館（類似施設を含む）…19万人 ◆図書館…26万人 ◆青少年教育施設…14万人 ◆婦人教育施設…6万人 ◆社会体育施設…89万人 ◆民間体育施設…39万人 ◆文化会館…4万人

付　録　3

体格・健康

● 年齢別の全国平均値（文部省,「平成11年度学校保健統計調査」）

区　分		身長 (cm) 男	女	体重 (kg) 男	女	座高 (cm) 男	女
幼稚園	5歳	110.8	109.9	19.2	18.8	62.2	61.6
小学校	6歳	116.8	115.8	21.7	21.3	65.0	64.7
	7歳	122.4	121.6	24.4	23.8	67.7	67.4
	8歳	128.0	127.4	27.7	27.0	70.4	70.1
	9歳	133.5	133.5	31.2	30.7	72.8	72.9
	10歳	139.1	140.3	35.1	34.9	75.2	76.1
	11歳	145.3	147.1	39.3	40.0	78.0	79.5
中学校	12歳	152.7	152.2	45.1	45.1	81.5	82.3
	13歳	160.0	155.1	40.2	48.2	85.0	83.8
	14歳	165.5	156.7	55.3	50.7	88.0	84.7
高等学校	15歳	168.5	157.3	59.3	55.2	89.8	85.1
	16歳	170.2	157.8	61.1	53.1	90.8	85.3
	17歳	170.9	158.1	62.4	53.1	91.3	85.3

● 中学3年生（14歳）の体格比べ（文部省,「平成11年度学校保健統計調査」）

	現在（男）	30年前（男）	現在（女）	30年前（女）
身長	165.5cm	160.0cm	156.7cm	153.7cm
体重	55.3kg	49.1kg	50.7kg	47.8kg
座高	88.0cm	85.7cm	84.7cm	84.1cm

●「子どものからだの調査」比較（日本経済新聞, 2000年4月7日夕刊）

1978年	(%)	2000年	(%)
（小学校）			
①背中ぐにゃ	44	①アレルギー	82
②朝からあくび	31	②すぐ「疲れた」という	79
③アレルギー	26	③授業中, じっとしてない	77
④背筋がおかしい	23	④背中ぐにゃ	74
⑤朝礼でバタン	22	⑤歯並びが悪い	73
（中学校）			
①朝礼でバタン	43	①すぐ「疲れた」という	82
②背中ぐにゃ	37	②アレルギー	82
③朝からあくび	30	③首, 肩のこり	77
④アレルギー	30	④不登校	77
⑤肩こり	27	⑤腰痛	76
（高校）			
①腰痛	40	①アレルギー	89
②背中ぐにゃ	31	②すぐ「疲れた」という	82
②朝礼でバタン	31	③腹痛・頭痛を訴える	80
④肩こり	28	④腰痛	79
⑤貧血	28	⑤不登校	75

子どもの生活と意識

● 子どもの生活（文部省，「子供の体験活動に関するアンケート調査」，1998年12月3日）

◆ 自分だけの部屋

	ある	ない
小学2年生	33%	67%
小学4年生	35%	65%
小学6年生	47%	53%
中学2年生	64%	36%

◆ 自分だけのテレビ

	持っている	持っていない
小学2年生	8%	92%
小学4年生	11%	89%
小学6年生	16%	84%
中学2年生	25%	75%

◆ テレビ・ビデオの視聴時間（1日当たり）

3時間以上	2～3時間未満	1～2時間未満	1時間未満	ほとんど見ない
29%	33%	29%	7%	2%

◆ テレビゲームをする時間（男子，1日当たり）

3時間以上	2～3時間未満	1～2時間未満	1時間未満	ほとんどしない
6%	11%	32%	29%	22%

● 青少年の持ち物（総務庁青少年対策本部，「青少年の生活と意識に関する基本調査」） （%）

	1	2	3	4	5	6	7	8	9	10
小学4～6年生	自転車 94.6	机 94.0	腕時計 75.9	テレビゲーム 71.5	電卓 52.7	きょうだいで使う部屋 47.3	ラジカセ・ステレオ 42.0	自分の一人部屋 38.6	ピアノ・エレクトーン 36.8	カメラ 20.2
中学生	机 93.8	自転車 93.7	腕時計 84.1	ラジカセ・ステレオ 75.6	テレビゲーム 66.3	自分の一人部屋 63.6	電卓 55.7	きょうだいで使う部屋 32.0	ピアノ・エレクトーン 31.8	カメラ 20.5
15～17歳	腕時計 92.3	自転車 90.8	机 90.1	ラジカセ・ステレオ 87.0	自分の一人部屋 78.6	電卓 58.6	テレビゲーム 56.2	ピアノ・エレクトーン 27.9	カメラ 24.4	きょうだいで使う部屋 20.0
18～21歳	腕時計 92.1	ラジカセ・ステレオ 89.6	自分の一人部屋 82.5	机 73.7	自転車 70.9	電卓 63.8	テレビゲーム 46.5	カメラ 31.7	ピアノ・エレクトーン 23.5	きょうだいで使う部屋 13.5
22～24歳	腕時計 91.6	ラジカセ・ステレオ 85.0	自分の一人部屋 76.8	机 69.3	電卓 55.1	自転車 47.7	カメラ 43.0	テレビゲーム 39.6	ピアノ・エレクトーン 21.7	きょうだいで使う部屋 7.8

（注）調査時期：平成7年11月～12月，調査対象：平成7年4月1日現在9～23歳の男子及び女子6,000人

● 小学3年生の食の好み（生駒市内12小学校のアンケート，奈良新聞，1999年7月6日）

好きな給食の献立ベスト5
①カレーシチュー
②ハンバーグ
③サバのみそに
④エビフライ
⑤トリのからあげ

好きな食品ベスト5
①肉
②ジャガイモ
③エビ
④魚
⑤ウインナー

嫌いな給食の献立ワースト3
①八宝菜
②野菜炒め
③繊キャベツ

嫌いな食品ワースト5
①ピーマン
②ニンジン/ナスビ
④タマネギ/トマト

● 子どもが日常生活の中で感じること，よくしていること（東京都，『東京都社会福祉基礎調査平成9年度（子ども編）』より）

	小5	中2
誰かのために何かをしてあげたいと思うこと	72.3	68.7
夢中になること	91.9	87.2
楽しくて充実していること	82.6	78.6
疲れたと感じること	78.3	89.0
何をやっても嫌になること	57.2	38.7
お金さえあればよいと思うこと	24.7	44.2
何もかも壊してやろうと思うこと	27.1	26.9
自宅でテレビゲームをすること	71.0	62.1
友達と電話で話すこと	50.7	62.4
レンタルビデオを借りること	50.3	63.4
カラオケに行くこと	7.8	33.0
コンビニで友達と話すこと	7.3	30.2
プリクラを交換すること	37.0	41.6

付録3

●学校の授業の理解度（文部省，「学校教育に関する意識調査」）（平成10年2月調査）

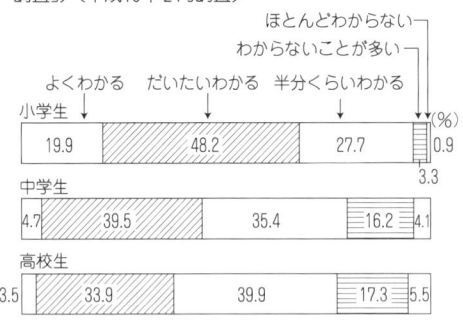

	よくわかる	だいたいわかる	半分くらいわかる	わからないことが多い	ほとんどわからない
小学生	19.9	48.2	27.7	3.3	0.9
中学生	4.7	39.5	35.4	16.2	4.1
高校生	3.5	33.9	39.9	17.3	5.5

学校での生活と意識

●学校生活で嫌なこと，不満なこと（総務庁青少年対策本部，「青少年の生活と意識に関する基本調査」）

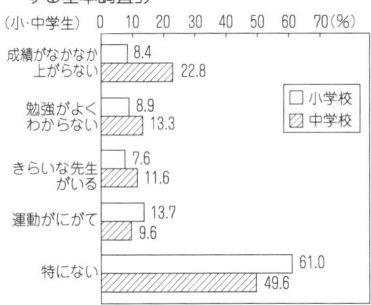

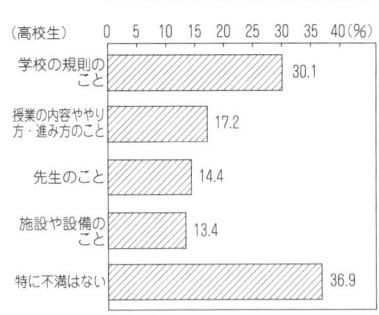

（小・中学生）

	小学校	中学校
成績がなかなか上がらない	8.4	22.8
勉強がよくわからない	8.9	13.3
きらいな先生がいる	7.6	11.6
運動がにがて	13.7	9.6
特にない	61.0	49.6

（高校生）

	％
学校の規則のこと	30.1
授業の内容ややり方・進み方のこと	17.2
先生のこと	14.4
施設や設備のこと	13.4
特に不満はない	36.9

（注）調査時期：平成7年11月〜12月，調査対象：平成7年4月1日現在9〜23歳の男子及び女子6,000人

●「話し合いの時に積極的に発言しない理由」（上）と「話し合いで意見が違ったときどうするか」（下）（国立教育研究所，「国際化の進展に対応したコミュニケーション能力の育成を目指す．カリキュラムの開発研究」中学校調査報告書）

＊発言したいことがあっても，どのように話したらよいか分からないから	45
＊話そうと思うと緊張してしまうから	30
＊話し合うときに自分の考えが見つからないから	28
＊間違ったことを言って友達から笑われることが恥ずかしいから	24
＊話し合いの内容に興味が感じられないから	17
＊反対されるのがいやだから	11
＊発言をしても意味がないと思うから	10
＊発言をすると疲れるから	7
＊話し合いをしたいような，仲のよい友だちがあまりいないから	6
＊発言をしても友だちに分かってもらえないから	5
＊間違ったことを言って先生から笑われることが恥ずかしいから	2
＊発言をしても先生に分かってもらえないから	2

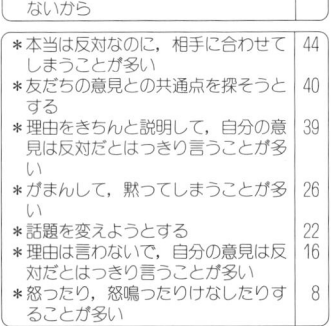

＊本当は反対なのに，相手に合わせてしまうことが多い	44
＊友だちの意見との共通点を探そうとする	40
＊理由をきちんと説明して，自分の意見は反対だとはっきり言うことが多い	39
＊がまんして，黙ってしまうことが多い	26
＊話題を変えようとする	22
＊理由は言わないで，自分の意見は反対だとはっきり言うことが多い	16
＊怒ったり，怒鳴ったりけなしたりすることが多い	8

（注1）複数回答（2つまで）。2626人の回答（％）
（注2）調査時期：平成7年1月〜3月，調査対象：8都県の中学1〜2年生2642人

●困ったことや悩みがあったときに相談する相手（総務庁青少年対策本部，「青少年の生活と意識に関する基本調査」）

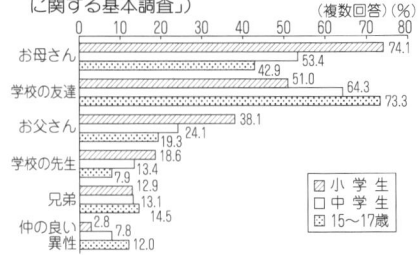

	小学生	中学生	15〜17歳
お母さん	74.1	53.4	42.9
学校の友達	51.0	64.3	73.3
お父さん	38.1	24.1	19.3
学校の先生	18.6	13.4	7.9
兄弟	12.9	13.1	14.5
仲の良い異性	2.8	7.8	12.0

（注）調査時期：平成7年11月〜12月，調査対象：平成7年4月1日現在9〜23歳男子及び女子6,000人

● 小学校ではいま、こんな問題が起きている（読売新聞, 1999年9月26日）

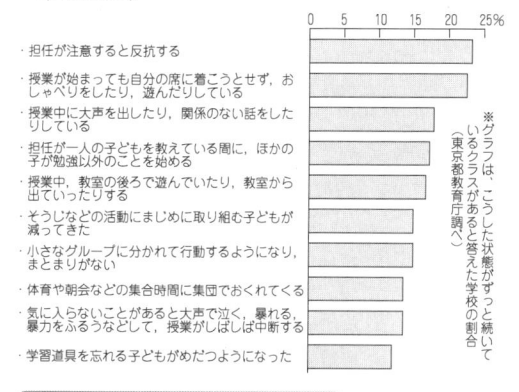

項目	割合
担任が注意すると反抗する	
授業が始まっても自分の席に着こうとせず、おしゃべりをしたり、遊んだりしている	
授業中に大声を出したり、関係のない話をしたりしている	
担任が一人の子どもを教えている間に、ほかの子が勉強以外のことを始める	
授業中、教室の後ろで遊んでいたり、教室から出ていったりする	
そうじなどの活動にまじめに取り組む子どもが減ってきた	
小さなグループに分かれて行動するようになり、まとまりがない	
体育や朝会などの集合時間に集団でおくれてくる	
気に入らないことがあると大声で泣く、暴れる、暴力をふるうなどして、授業がしばしば中断する	
学習道具を忘れる子どもがめだつようになった	

※グラフは、こうした状態がずっと続いているクラスがあると答えた学校の割合（東京都教育庁調べ）

学校の現状

● 学級運営上課題が見られた学校（東京都教育庁、「小学校における学級経営にかかわる調査について」）

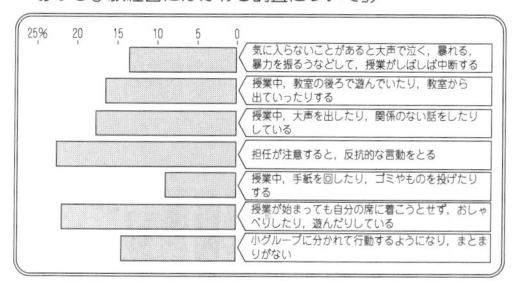

- 気に入らないことがあると大声で泣く、暴れる、暴力をふるうなどして、授業がしばしば中断する
- 授業中、教室の後ろで遊んでいたり、教室から出ていったりする
- 授業中、大声を出したり、関係のない話をしたりしている
- 担任が注意すると、反抗的な言動をとる
- 授業中、手紙を回したり、ゴミやものを投げたりする
- 授業が始まっても自分の席に着こうとせず、おしゃべりをしたり、遊んだりしている
- 小グループに分かれて行動するようになり、まとまりがない

（注）調査対象：都内の公立小学校1393校、調査日：1999年6月

● 小学校教師の悩み＝子どもたちに接する際に感じていること（日本教職員組合, 1998年1月）

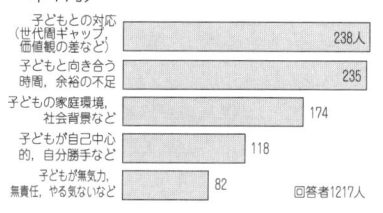

項目	人数
子どもとの対応（世代間ギャップ、価値観の差など）	238人
子どもと向き合う時間、余裕の不足	235
子どもの家庭環境、社会背景など	174
子どもが自己中心的、自分勝手など	118
子どもが無気力、無責任、やる気ないなど	82

回答者1217人

● 児童・生徒の心の健康問題を示すサイン（抄録）（東京新聞, 1999年5月26日）

▶ 身体に現れるサイン
発熱が続く
だるい
目が回る
急に目が見えなくなる、二重に見える
立ちくらみ
急にやせ始めた、太り始めた
異常に水を飲む
頭痛、腹痛
息が苦しい、胸が苦しい
左胸が痛い、心臓がドキドキする
おう気、おう吐、下痢しやすい
深呼吸をしないではいられない

▶ 行動、態度等に現れるサイン
ぼんやりしている
ふさぎ込んでいる
やる気がない、意欲がない
急に成績が低下した
表情が乏しい
ブツブツ独り言を言う
幼い子の言葉遣い
無言、無口
落ち着かない
集中力がない
すぐにカッとする
ささいなことで荒れる
おかしな声を何回も出す
肩をすくめたり、首を振ったりする
目をパチパチさせることが多い
手を洗うことが異常に多い
困っているのに理由を言わない

● 調査で「学級がうまく機能しない状況にある」とした学級と全国の公立学校の学級の規模別割合　文部省委嘱「学級経営研究会」の学級崩壊についての調査（朝日新聞, 2000年4月19日）

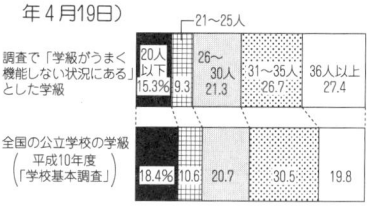

	20人以下	26～30人	21～25人	31～35人	36人以上
調査で「学級がうまく機能しない状況にある」とした学級	15.3%	9.3	21.3	26.7	27.4
全国の公立学校の学級（平成10年度「学校基本調査」）	18.4%	10.6	20.7	30.5	19.8

付　録　3

●暴力行為の内訳（文部省，「平成11年度の生活指導上の諸問題の現状について」（速報））

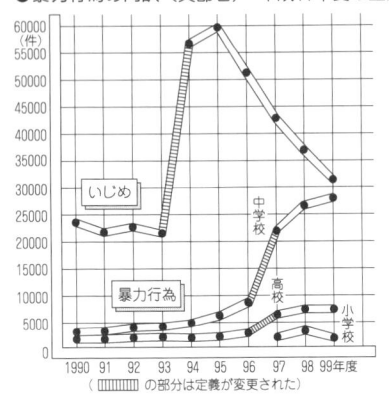

形　態		小学校	中学校	高校	合計
対教師暴力	校内	161	4065	651	4877
	校外	6	79	15	100
生徒間暴力	校内	725	11105	3351	15181
	校外	95	2585	1006	3686
対人暴力	校内	5	214	56	275
	校外	58	1165	513	1736
器物破損	校内	618	8862	1242	10722
	校外	—	—	—	—
小　計	校内	1509	24246	5300	31055
	校外	159	3829	1534	5522
合　計		1668	28075	6834	36577

（注1）「いじめ」は，1994年度からは調査方法などを改めたため，それ以前との比較はできない。1994年度以降のものには，特殊教育諸学校の発生件数も含む。

（注2）「暴力行為」は，1996年度までは「校内暴力」についての集計である。なお，1997年度からは調査方法などを改めたため，それ以前との比較はできない。小学校については，1997年度から調査を行なっている。

●高等学校中途退学者数の推移（公・私立計）（文部省「平成11年度の生徒指導上の諸問題の現状について（速報））

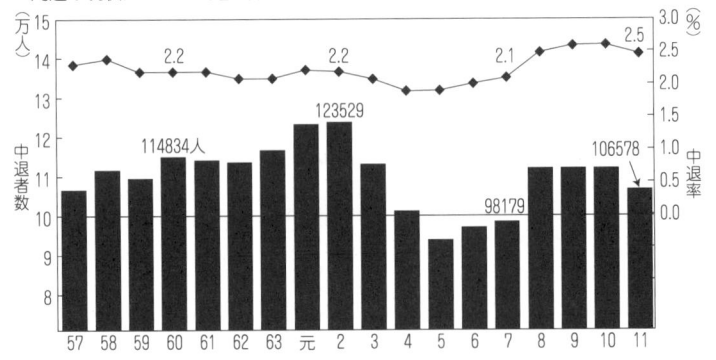

●自殺した少年の学識別状況（警察庁，平成10年）　　　　　　　　　　　　　　　　（人）

区分＼学職別	総数(人)	未就学児	学生，生徒						有職少年	無職少年	不詳
			計	小学生	中学生	高校生	大学生	その他			
総　数(人)	720	0	455	17	102	219	50	67	101	161	3
うち女子	231	0	162	7	32	80	22	21	24	43	2
総数にしめる女子の割合(%)	32.1	—	35.6	41.2	31.4	36.5	44.0	31.3	23.8	26.7	66.7

● 性的行為についての関心と経験（総務庁，「非行原因に関する総合的研究調査（第3回）概要」）

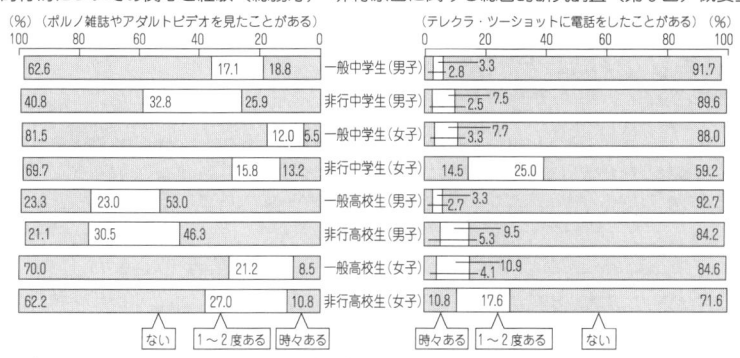

（％）（ポルノ雑誌やアダルトビデオを見たことがある）　　（テレクラ・ツーショットに電話をしたことがある）（％）

	ポルノ雑誌やアダルトビデオを見たことがある				テレクラ・ツーショットに電話をしたことがある		
一般中学生（男子）	62.6	17.1	18.8	2.8	3.3		91.7
非行中学生（男子）	40.8	32.8	25.9		2.5	7.5	89.6
一般中学生（女子）	81.5	12.0	6.5		3.3	7.7	88.0
非行中学生（女子）	69.7	15.8	13.2	14.5	25.0		59.2
一般高校生（男子）	23.3	23.0	53.0	2.7	3.3		92.7
非行高校生（男子）	21.1	30.5	46.3		5.3	9.5	84.2
一般高校生（女子）	70.0	21.2	8.5		4.1	10.9	84.6
非行高校生（女子）	62.2	27.0	10.8	10.8	17.6		71.6

ない ／ 1～2度ある ／ 時々ある　　時々ある ／ 1～2度ある ／ ない

（注）調査対象者：「一般少年（9620人）」小・中・高校生（8840人）全国15都府県の公立小学校・中学校・高等学校計90校（各都府県から各2校を選定）／大学生（780人）全国5都府県の公立大学に在籍する20歳未満の大学生・「非行少年（1270人）」補導少年（637人）刑法および特別法に違反または触れる行為により警察に捕導された小学5年生以上の非行少年・少女／鑑別所在所少年（633人）少年鑑別所に在所している非行少年　調査時期：1998年9月

● 性交に対する見解（結婚するまでは性交は不可）の意識の推移（東京都幼小中高性教育研究会調査）

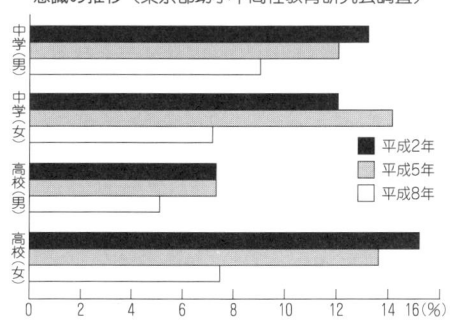

凡例：■ 平成2年　■ 平成5年　□ 平成8年

（中学（男）、中学（女）、高校（男）、高校（女）／0〜16%）

非行的行為の経験と意識

● 性別学年別喫煙経験率（国立公衆衛生院，「未成年者の飲酒・喫煙行動に関する調査」）

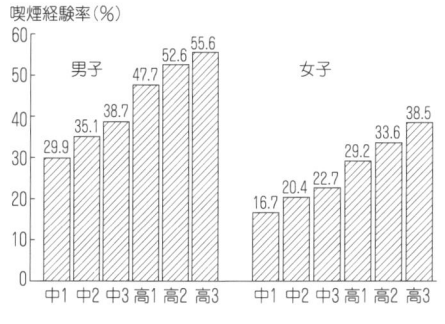

喫煙経験率（％）

	中1	中2	中3	高1	高2	高3
男子	29.9	35.1	38.7	47.7	52.6	55.6
女子	16.7	20.4	22.7	29.2	33.6	38.5

（注）調査時期：平成8年12月〜平成9年1月，調査対象：全国の中学校（80校），高等学校（73校）の協力を得て117,325人（うち有効数115,814通）の中・高校生から調査票を回収

付　録　3

いじめについての意識

● 「いじめられた時」、「他の人がいじめられているのを見た時」の児童生徒の対応（複数回答）（総務庁行政監察局、「いじめ・登校拒否・校内暴力問題に関するアンケート調査」）

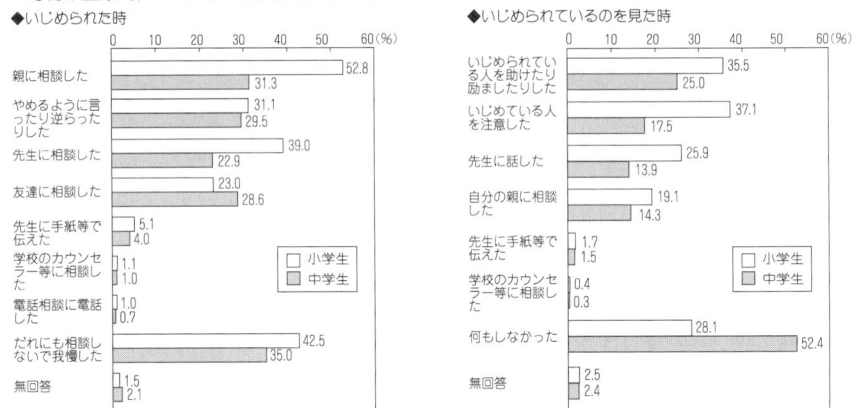

◆いじめられた時

対応	小学生(%)	中学生(%)
親に相談した	52.8	31.3
やめるように言ったり逆らったりした	31.1	29.5
先生に相談した	39.0	22.9
友達に相談した	23.0	28.6
先生に手紙等で伝えた	5.1	4.0
学校のカウンセラー等に相談した	1.1	1.0
電話相談に電話した	1.0	0.7
だれにも相談しないで我慢した	42.5	35.0
無回答	1.5	2.1

◆いじめられているのを見た時

対応	小学生(%)	中学生(%)
いじめられている人を助けたり励ましたりした	35.5	25.0
いじめている人を注意した	37.1	17.5
先生に話した	25.9	13.9
自分の親に相談した	19.1	14.3
先生に手紙等で伝えた	1.7	1.5
学校のカウンセラー等に相談した	0.4	0.3
何もしなかった	28.1	52.4
無回答	2.5	2.4

（注）　調査時期：平成9年10～11月、調査対象：18都道府県に所在する公立小学校の4～6年生、公立中学校の1～3年生17638人

● いじめの態様（平成10年度）（「平成11年度版青少年白書」、2000年1月）

区　分	小学校 件数	小学校 構成比%	中学校 件数	中学校 構成比%	高等学校 件数	高等学校 構成比%	盲・聾・養護学校 件数	盲・聾・養護学校 構成比%	計 件数	計 構成比%
言葉での脅し	2659	15.4	5216	18.1	841	20.8	51	21.7	8767	17.4
冷やかし・からかい	5040	29.3	8399	29.1	879	21.8	44	18.7	14362	28.5
持ち物隠し	1418	8.2	2229	7.7	202	5.0	30	12.8	3879	7.7
仲間はずれ	3533	20.5	3791	13.1	329	8.1	24	10.2	7677	15.2
集団による無視	1023	5.9	1759	6.1	153	3.8	6	2.6	2941	5.8
暴力を振るう	2229	12.9	4591	15.9	930	23.0	48	20.4	7798	15.5
たかり	259	1.5	922	3.2	353	8.7	11	4.7	1545	3.1
お節介・親切の押しつけ	247	1.4	349	1.2	82	2.0	10	4.3	688	1.4
その他	815	4.7	1608	5.6	271	6.7	11	4.7	2705	5.4
計	17223	100.0	28864	100.0	4040	100.0	235	100.0	50362	100.0

（注）　複数回答　　　　　　　　　　　　　　　　資料：文部省調べ

● 最近の主な少年凶悪事件（産経新聞，2000年5月18日より抜粋）

事件	被疑者	概要	動機	特異性
神戸小6児童殺害	少年(14)＝当時・現在は(17)＝を殺人の容疑で逮捕（平成9年6月28日）。医療少年院に収容	9年5月24日午後，神戸市須磨区にあるケーブルテレビアンテナ基地局舎付近で小6男児(11)を首を絞めて殺害。遺体をナイフとのこぎりで切断し，頭部を近くの中学校玄関前に遺棄した	「弱ければだれでもよかった」「いろいろな殺害方法を試してみたかった」と供述。遺体を切断したことには，「魂を抜くためだった」「儀式だった」と説明	被害児童の口に「酒鬼薔薇聖斗」「私を止めることができるか…」という挑戦状。神戸市内で9年に起きた連続通り魔事件も自供。頭部を一時自宅屋根裏に隠す
バス乗っ取り	佐賀市の無職少年(17)を人質強要処罰法違反などで現行犯逮捕（平成12年5月4日）。殺人容疑などで再逮捕（5月2日）	5月3日午後1時半ごろ，佐賀市を出発した西鉄高速バスを少年が乗っ取り。人質の家本達子さん＝当時(68)＝を殺害するなどして立てこもり，約15時間後に警官隊が突入し，逮捕	「派手なことをして社会にアピールしたかった」と供述。「(退院するために)入院中は医師の言うことを聞くふりをした」「(当初供述した)『電波がきた』というのは，でたらめだった」とも	事件前，警察庁や首相官邸など4カ所に手紙を郵送。警察庁の手紙には「我革命を実行す」などと犯行予告？ インターネット掲示板に少年法によって保護されていることを意識した書き込み
愛知主婦殺人	愛知県豊川市の高3男子(17)を殺人容疑で逮捕（平成12年5月2日）	5月1日夕，豊川市の主婦，筒井喜代さん(65)が自宅に侵入してきた少年に首や頭など約40カ所を包丁で刺され，金づちで殴られて死亡。夫の弘さん(67)もけが	「殺人は社会的には悪いことだが，違う次元で経験することが必要だった。この世に老人はいらない」「人がどの程度の暴力で死ぬのか知りたかった」	自宅から数十冊のホラー小説が押収される。「(本から)殺人という行為に関心を持った」。成績優秀で対人関係も良好だったとされる
愛知ストーカー殺人	愛知県西尾市の無職少年(18)に懲役5-10年の不定期刑（5月15日名古屋地裁岡崎支部判決）	平成11年8月9日朝，西尾市内の路上で高2の女子生徒＝当時(16)＝が登校途中に少年＝当時(17)＝に刺されて死亡。近くにいた女子高生もナイフで脅し，約20分間連れ回す	被害者女性に交際を断られ，女性が男性の友人と一緒にいるのを見かけて許せなくなり，殺害を決意	神戸事件を知り，すごい悪いことをやってマスコミを騒がせたとして，犯人に尊敬の念。自分自身を「猛末期頽死（もうまっきたいし）」と呼ぶ
愛知5400万円恐喝	無職少年(16)ら10人を傷害などの容疑で逮捕（平成12年4月5日～）	無職少年をリーダーとする暴走族グループが，名古屋市緑区に住む少年(15)から約8カ月の間，約80回にわたって計5400万円を脅し取る	無職少年らはお互いの秘密を漏らしたと恐喝を始め，要求額はエスカレート。「飲食やゲーム代，タクシー代に使った」と供述	入院していた少年が，ほかの患者に粘り強く説得され，被害届を提出。加害少年の両親が警察に相談したが，捜査に着手せず

● 少年法改正による新たな制度（朝日新聞，2000年11月30日）

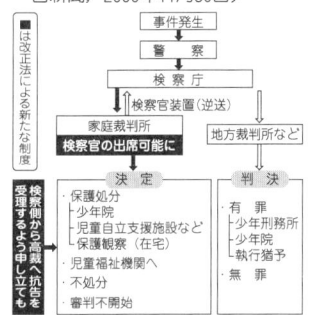

■は改正法による新たな制度

事件発生
↓
警察
↓
検察庁
↓
検察官送致（逆送）
↓
家庭裁判所 ／ 地方裁判所など
検察官の出席可能に

決定
・保護処分
　─少年院
　─児童自立支援施設など
　─保護観察（在宅）
・児童福祉機関へ
・不処分
・審判不開始

判決
・有罪
　─少年刑務所
　─少年院
　─執行猶予
・無罪

検察側から高裁へ抗告を受理するよう申し立ても

少年凶悪事件と少年法改正

付録 3

家庭教育の意識と現実

● 「家庭で教育すべきこと」・「家庭教育を妨げるもの」（複数回答可）
（東京都，『東京都教育モニターアンケート調査（平成10年度）』）

	家庭で教育すべきこと	%	家庭教育を妨げるもの	%
1	言葉づかい	58.8	過保護	50.4
2	金銭感覚	52.1	教育はすべて学校が担うべきとの考え	49.6
3	近所への迷惑行為	42.0	片方の親への仕せ過ぎ	39.5
4	盛り場の徘徊	37.0	家庭教育への無関心	37.8
5	ゴミの投げ捨て	36.1	放任主義	37.8
6	家事の手伝い	36.1	受験	34.5
7	座席譲りなどのいたわりの心	36.1	テレビ等の影響	34.5
8	近所での挨拶	36.1	家庭生活にゆとりがないこと	33.6
9	就寝等の規則的習慣	33.6	子育ては面倒だという思い	27.7
10	食べ物の好き嫌い	21.8	夫婦間の考えの違い	18.5
11	交通ルール	18.5	夫婦仲の悪さ	16.8

● 子どもの期待する母親像・父親像（複数回答可）（中央区教育委員会，『家庭教育に関するアンケート調査報告書 平成10年度』）

	期待する母親像	%	期待する父親像	%
小学5年生	優しい	66.8	優しい	61.1
	よく遊んでくれる	50.6	よく遊んでくれる	61.0
	話をよく聞いてくれる	46.9	話をよく聞いてくれる	40.6
	親切	37.8	親切	32.7
	けじめがある	25.3	けじめがある	24.3
	友達のような	16.3	友達のような	14.5
	厳しい	10.4	厳しい	10.7
中学2年生	優しい	58.9	優しい	52.0
	話をよく聞いてくれる	35.0	話をよく聞いてくれる	29.2
	親切	28.7	よく遊んでくれる	25.4
	友達のような	24.2	親切	24.9
	けじめがある	20.0	けじめがある	24.1
	よく遊んでくれる	14.5	友達のような	23.0
	厳しい	8.5	厳しい	8.9

● 児童相談所における子ども虐待相談件数（資料：厚生省「社会福祉行政業務報告」）

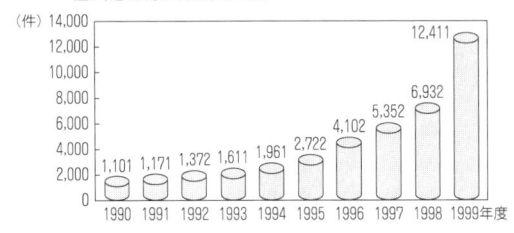

年度	1990	1991	1992	1993	1994	1995	1996	1997	1998	1999
件数	1,101	1,171	1,372	1,611	1,961	2,722	4,102	5,352	6,932	12,411

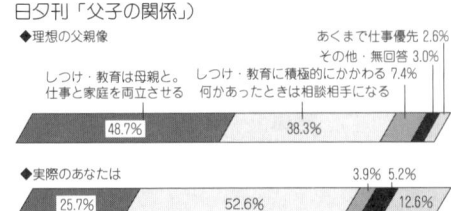

● 子どもに言ってはいけない言葉（産経新聞，1999年10月26日）

- あんたなんか、よそへやっちゃうわよ
- 大嫌い
- おまえなんか産むんじゃなかった
- 男（女）の子だったらよかったのに
- 本当にばかね
- 何でもっとちゃんとできないの
- 怠けないで、もっとがんばりなさい
- ぐずぐずしないで早くしなさい
- そんなことどうでもいいでしょ、くだらない
- お田さんの言うとおりにしなさい

● 父親像の理想と現実（日本経済新聞，1998年7月21・22日夕刊「父子の関係」）

◆理想の父親像
- しつけ・教育は母親と。仕事と家庭を両立させる 48.7%
- しつけ・教育に積極的にかかわる 何かあったときは相談相手になる 38.3%
- その他・無回答 3.0%
- あくまで仕事優先 2.6%

◆実際のあなたは
- 25.7%
- 52.6%
- 12.6%
- 3.9%
- 5.2%

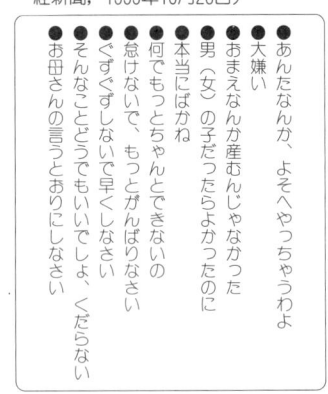

（注） 調査対象は首都圏・近畿圏・中京圏に住む小学5年～中学3年生の子どもを持つサラリーマンとその子ども（中学1～3年生）各800人。有効回答は父親230人，子ども169人

引用・参考文献

第1章　学校における教育相談の意義と役割
●引用文献○●
飯田芳郎　1980　生徒指導の意義　飯田芳郎・沢田慶輔・鈴木　清・樋口幸吉・堀　久（編）　新生徒指導事典　第一法規出版　1-3.
加藤純一　1997　親面接のポイント　ほんの森出版
河合隼雄　1976　日記から（朝日新聞連載記事）　朝日新聞（福岡）　9月11日朝刊
河合隼雄　1983　大人になることのむずかしさ―青年期の問題　岩波書店
河合隼雄　1995　子どもと教育〈河合隼雄著作集第7巻〉　岩波書店
文部省　1980　生徒指導上の問題についての対策（中学校・高等学校編）〈生徒指導資料第15集・生徒指導研究資料第10集〉　大蔵省印刷局
文部省　1981　生徒指導の手引（改訂版）　大蔵省印刷局
文部省　1988　生活体験や人間関係を豊かなものとする生徒指導（中学校・高等学校編）〈生徒指導資料第20集・生徒指導研究資料第14集〉　大蔵省印刷局
文部省　1990　学校における教育相談の考え方・進め方（中学校・高等学校編）〈生徒指導資料第21集・生徒指導研究資料第15集〉　大蔵省印刷局
文部省　1991　小学校における教育相談の進め方〈小学校生徒指導資料7〉　大蔵省印刷局
文部省　1999　学校における性教育の考え方，進め方
中山　巌（編著）　1992　教育相談の心理ハンドブック　北大路書房
中沢次郎　1978　学校教育相談の理論　松原達哉（編）　学校教育相談　日本文化科学社　1-30.
佐々木　健　1998　子どもに教師の悪口を吹き込む親　児童心理52（15），金子書房　106-108.
Wickman, E. K.　1928　*Children's behavior and teachers' attitudes.*　New York：The commonwealth Fund.

○参考文献●○
加藤純一　1997　親面接のポイント　ほんの森出版
牧野禎夫・佐藤晴雄（編著）　1996　生徒指導と教育相談〈新教職課程シリーズ第4巻〉　エイデル研究所
真仁田　昭・深谷和子・田上不二夫・有村久春（編）　1998　特集「親と教師のトラブル解決ハンドブック」　児童心理52（15），金子書房　2-191.
文部省　1972　中学校におけるカウンセリングの進め方〈生徒指導資料第8集〉　大蔵省印刷局
文部省　1990　学校における教育相談の考え方・進め方（中学校・高等学校編）〈生徒指導資料第21集・生徒指導研究資料第15集〉　大蔵省印刷局
中西信男　1986　生徒指導と教育相談　教育心理34（11），日本文化科学社　10-13.
中山　巌（編著）　1992　教育相談の心理ハンドブック　北大路書房

第2章　教師に望まれるカウンセリング・マインド
●引用文献○●

Ginott, H. G.　1972　*Teacher and child : A book for parents and teachers.*　New York : The Macmillan Publishing.　久富節子（訳）1983　先生と生徒の人間関係　サイマル出版会

原野広太郎　1987　学校カウンセラーの新しい役割―いま求められるカウンセリング・マインド　児童心理41（8），金子書房　11-16．

神保信一　1991　生徒指導の課題と展望　中西信男・神保信一（編）　生徒指導・相談の心理と方法　日本文化科学社　167-182．

菅野 純　1994　生徒指導とカウンセリング・マインド　坂野雄二・宮川充司・大野木裕明（編）生徒指導と学校カウンセリング　ナカニシヤ出版　112-122．

北島貞一　1987　だれでも，いつでも，どこでもできる教育相談　井上裕吉・北島貞一（編）生徒の心を豊かにする教育相談　明治図書　7-31．

中山 巖　1982　ブラインド・ウォーク（閉眼歩き）の体験に関する一考察　佐賀大学教育学部研究論文集，第29集，第2号（Ⅱ），149-164．

中山 巖　1983　「"Who are you?"のみの質問形式による相互インタビュー」を体験することの意義について　佐賀大学教育学部研究論文集，第30集，第2号（Ⅱ），117-129．

中山 巖　1993　カウンセリング・マインドを生かした教師の指導―小・中・高校における児童・生徒としての体験を通して―　佐賀大学教育学部研究論文集，第41集，第1号（1），149-159．

中山 巖　1995　カウンセリング・マインドを生かした教師の指導（Ⅱ）　佐賀大学教育学部研究論文集，第42集，第2号，171-177．

中山 巖・佐藤美丸・三池大和・古賀靖之・中野俊明　1983　看護学生に対する体験学習の試み　佐賀大学教育学部研究論文集，第31集，第1号（Ⅱ），227-250．

Rogers, C. R.　1957　The necessary and sufficient conditions of therapeutic personality change. *J. Consult. Psychol.* 21, 95-103.　伊東 博（訳編）1966　パーソナリティ変化に必要にして十分な条件〈ロジャーズ全集第4巻〉　サイコセラピーの過程　岩崎学術出版社

Rogers, C. R.　1967　Process of the basic encounter group. In Bugental J. F. T（Ed.）*Challenges of humanistic psychology.* New York : McGraw-Hill. 261-276.

○参考文献●○

桂 広介・長島貞夫・真仁田 昭・原野広太郎（編）1987　特集「カウンセリング・マインド」児童心理　41（8），金子書房　3-189．

中山 巖　1987　青年の適応　丹野眞智俊（編著）　青年の心理　北大路書房　152-165．

中山 巖　1987　青年と体験学習　丹野眞智俊（編著）　青年の心理　北大路書房　193-206．

中山 巖（編著）　1992　教育相談の心理ハンドブック　北大路書房

依田 新（監）　1977　新・教育心理学事典　金子書房

第3章　パーソナリティとその理解
●引用文献○●

Allport, G. W.　1961　*Pattern and growth in personality.*　New York : Holt, Rinehart & Winston.　今田 恵（監訳）1968　人格心理学（上）　誠信書房

Cattell, R. B.　1950　*Personality : A systematic, theoretical and factual study.*　New York : McGraw-Hill.

Erikson, E. H.　1959　*Identity and the life cycle.*　New York : International University Press.　小此木啓吾（訳編）1973　自我同一性　誠信書房

Freud, S.　1923　*Das Ich und das Es*　Imago, G. W.（Bd.）XIII　井村恒郎（訳）1954　自我とエ

ス〈フロイト選集第4巻〉 日本教文社
Jung, C. G. 1921 *Psychologische Typen.* Zürich : Rascher Verlag. 高橋義孝（訳） 1970 人間のタイプ〈ユング著作集1〉 日本教文社
笠原 嘉 1977 青年期 中央公論社
Kretschmer, E. 1921 *Körperbau und Charakter.* Berlin : Springer. 相場 均（訳） 1961 体格と性格 文光堂

○参考文献●○
長谷川貢雄 1967 心理学〈NHK大学講座〉 日本放送出版協会
石川弘義・麻生 誠・福島 章（編） 1987 特集「コンプレックス」 青年心理, 61, 金子書房, 1-150.
伊沢秀而・古沢頼雄・杉渓一言 1968 心理学〈NHK大学講座〉 日本放送出版協会
河合隼雄 1971 コンプレックス 岩波書店
前田重治 1976 心理面接の技術 慶應通信

第4章 心理検査とその利用
●引用文献○●
Moreno, J. L. 1934 *Who shall survive? A new approach to the problem of human interaction.*
日本文化科学社 1985 個別式心理検査カタログ
品川不二郎・品川孝子 1958 田研式親子関係診断テストの手引 日本文化科学社
Symonds, P. M. 1939 *The psychology of parent-child relationships.* New York : Appleton-Century.
高橋雅春・高橋依子 1986 樹木画テスト 文教書院
田中熊次郎 1975 新訂児童集団心理学 明治図書
Wechsler, D. 1939 *Wechsler-Bellevue intelligence scale. Form I.* Psychological Corporation.
矢田部順吉 1975 内田・クレペリン検査 岡堂哲雄（編） 心理検査学―心理アセスメントの基本― 垣内出版 370-386.

○参考文献●○
馬場禮子（編著） 1999 臨床心理学概説〈放送大学教材〉 放送大学教育振興会
伊沢秀而・古沢頼雄・杉渓一言 1968 心理学〈NHK大学講座〉 日本放送出版協会
内田照彦 1992 心理検査の理解 中山 巖（編著） 教育相談の心理ハンドブック 北大路書房 42-57.

第5章 カウンセリングの技法
●引用文献○●
Ivey, A. E. 1983 *Intentional interviewing and counseling.* Belmont, California : Brooks/Cole Publishing Company. 福原真知子・椙山喜代子・國分久子・楡木満生（訳編） 1985 マイクロカウンセリング 川島書店
笠原 嘉 1980 青年期の自殺の精神病理 上里一郎（編） 自殺行動の心理と指導 ナカニシヤ出版 100-124.
Maltsberger, J. T. 1986 *Suicide risk : The formulation of clinical judgment.* New York : New York University Press. 高橋祥友（訳） 1994 自殺の精神分析―臨床的判断の精神力動的定式化― 星和書店
名島潤慈 1999 夢分析における臨床的介入技法に関する研究 風間書房

Sullivan, H. S. 1947 *Conceptions of modern psychiatry : The first William Aranson White memorial lectures.* New York : The William Alanson White Psychiatric Foundation. 中井久夫・山口直彦（訳）1976 現代精神医学の概念 みすず書房

高橋祥友 1992 自殺の危険―臨床的評価と危機介入― 金剛出版

○参考文献●○
Sullivan, H. S. 1954 *The psychiatric interview.* New York : Norton & Co. 中井久夫・松川周悟・秋山 剛・宮崎隆吉・野口昌也・山口直彦（訳）1986 精神医学的面接 みすず書房

鑪幹八郎・名島潤慈（編著）1999 新版 心理臨床家の手引 誠信書房

第6章 不登校の理解と対応
●引用文献○●
荒井 清 1990 登校拒否，問われているのは誰なのか あも1（4），メディカ出版 10-11.

Broadwin, I. T. 1932 A contribution to the study of truancy. *American Journal of Orthopsychiatry*, 2, 253-259.

Johnson, A. M., Falstein, E. I., Szurek, S. A., & Svendsen, M. 1941 School phobia. *American Journal of Orthopsychiatry*, 11, 702-711.

河合隼雄 1983 大人になることのむずかしさ―青年期の問題 岩波書店

河合隼雄 1995 子どもと教育〈河合隼雄著作集第7巻〉 岩波書店

文部省 1984 生徒の健全育成をめぐる諸問題―登校拒否問題を中心に（中学校・高等学校編）〈生徒指導資料第18集・生徒指導研究資料第12集〉 大蔵省印刷局

文部省 1998 登校拒否問題への取組について（小学校・中学校編）〈生徒指導資料第22集〉 大蔵省印刷局

文部省 1999 生徒指導上の諸問題の現状について（速報）

文部省 2000 平成11年度の生徒指導上の諸問題の現状について（速報）

文部省初等中等教育局 1992 登校拒否（不登校）問題について―児童生徒の「心の居場所」づくりを目指して〈学校不適応対策調査研究協力者会議報告〉

文部省初等中等教育局中学校課 1998 生徒指導上の諸問題の現状と文部省の施策について

斉藤礼子 1990 共通体験をもとに人生を学びあう あも1（4），メディカ出版 11-12.

佐藤修策 1959 神経症的登校拒否行動の研究：ケース分析による 岡山県中央児童相談所紀要，4，31-37.

東京都教育委員会 1990 平成元年度学校不適応検討委員会報告書

鷲見たえ子・玉井収介・小林育子 1960 学校恐怖症の研究 精神衛生研究，8，27-56.

渡辺 位 1990 「登校拒否」，私はこう考える あも1（3），メディカ出版 43-44.

吉田修二 1991 巣立ちの群像―本物の母 朝日新聞（福岡）8月28日朝刊

○参考文献●○
下司昌一・神保信一（編）1990 登校拒否がわかる本―教師と親のためのハンドブック〈教育心理別冊④〉 日本文化科学社

桂 広介・真仁田 昭・原野広太郎（編）1988 特集「登校拒否」児童心理，42（13），金子書房 3-179.

河合 洋（編）1990 特集「登校拒否をめぐって part 1」あも1（3），メディカ出版 1-53.

真仁田 昭・原野広太郎・有村久春（編）1990 特集「登校拒否の心理と指導」児童心理44（8），金子書房 3-199.

中山 巖 1992 登校拒否の理解と対応 中山 巖（編著）教育相談の心理ハンドブック 北大路

書房　86-105.
奥地圭子　1989　登校拒否は病気じゃない　教育史料出版会
総務庁行政監察局（編）1999　いじめ・不登校問題などの現状と課題　大蔵省印刷局

第7章　いじめの理解と対応
●引用文献○●
広瀬寿克　1996　中学校の「いじめ」が見えてくるシステム作り〈その1〉　坂本昇一（編）「いじめ」に学校はどう取り組むか　明治図書　31-41.
古賀靖之　1997　「いじめ」問題のフィールド，システム，そしてダイナミックス　第27回日本小児科学会セミナー資料　30-39.
松原達哉（編著）1996　いじめっ子への処方箋　教育開発研究所
文部省　1984　児童の友人関係をめぐる指導上の諸問題〈小学校生徒指導資料3〉　大蔵省印刷局
文部省　1994　「いじめ対策緊急会議」緊急アピール：「いじめ問題の取り組みについてのチェックポイント」12月9日
文部省　2000　平成11年度の生徒指導上の諸問題の現状について（速報）

○参考文献●○
稲村　博　1986　いじめ問題　教育出版
稲村　博・斎藤有紀雄（編）1995　「現代のエスプリ」別冊　いじめ自殺　至文堂
森田洋司・清永賢二　1994　（改訂版）いじめ　金子書房
尾木直樹　1995　いじめ　学陽書房
坂本昇一　1996　「いじめ」と教師の意識変革の課題　明治図書
高野清純（編著）1986　いじめのメカニズム　教育出版

第8章　非行の理解と対応
●引用文献○●
遠藤隆行　1998　犯罪統計から　吉村雅世（企画）ラウンドテーブルディスカッション　戦後非行の第四のピークはくるか―最近の少年たちの変化を考える―　犯罪心理学研究，第36巻特別号（日本犯罪心理学会第36回大会発表論文集），158-160.
樋口幸吉　1980　非行傾向とはなにか　上出弘之・伊藤隆二（編）非行傾向のある子ども　福村出版　1-54.
法務大臣官房司法法制調査部調査統計課　1998　第100矯正統計年報（平成10年）
法務省法務総合研究所（編）1999　犯罪白書（平成11年版）大蔵省印刷局
法務省矯正局（編）1998　現代の少年非行を考える―少年院・少年鑑別所の現場から―　大蔵省印刷局
菅野　純　1993　生徒指導 vs 教育相談　進路ジャーナル，389, 19-21.
菊池季夫　1984　類型論的理解の必要性　石田幸平・武井槇次（編）犯罪心理学―青少年犯罪者の生活空間と類型論―　東海大学出版会　29-48.
小林万洋　1998　少年鑑別所の現場から　吉村雅世（企画）ラウンドテーブルディスカッション　戦後非行の第四のピークはくるか―最近の少年たちの変化を考える―　犯罪心理学研究，第36巻特別号（日本犯罪心理学会第36回大会発表論文集），161-162.
文部省（編）1999　我が国の文教施策（平成11年度）大蔵省印刷局
文部省　2000　平成11年度の生徒指導上の諸問題の現状について（速報）
岡本潤子　1998　家庭裁判所の現場から　吉村雅世（企画）ラウンドテーブルディスカッション戦後非行の第四のピークはくるか―最近の少年たちの変化を考える―　犯罪心理学研究，第36巻特別号

（日本犯罪心理学会第36回大会発表論文集），160-161.
佐藤郁哉　1984　アメリカにおける犯罪研究の動向　石田幸平・武井槙次（編）犯罪心理学―青少年犯罪者の生活空間と類型論―　東海大学出版会　163-182.
関　文恭　1995　スクールカウンセラーと学校組織の変革　村山正治・山本和郎（編）スクールカウンセラー―その理論と展望―　ミネルヴァ書房　79-92.
総務庁青少年対策本部（編）　1999　青少年白書（平成10年度版）―青少年問題の現状と対策―　大蔵省印刷局
総務庁青少年対策本部（編）　2000　青少年白書（平成11年度版）―青少年問題の現状と対策―　大蔵省印刷局
山本和郎　2000　ロジャーズからコミュニティ心理学へ　氏原　寛・村山正治（編）ロジャーズ再考―カウンセリングの原点を探る―　培風館　75-102.

○参考文献●○
渕上克義　1995　学校が変わる心理学　ナカニシヤ出版
平場安治　1987　少年法（新版）　有斐閣
Hirshi, T.　1969　*Causes of delinquency.*　Berkeley : University of California Press.　森田洋司・清水新二（監訳）1995　非行の原因―家庭・学校・社会のつながりを求めて―　文化書房博文社
国分康孝（編）　1992　構成的グループ・エンカウンター　誠信書房
麦島文夫　1990　非行の原因〈シリーズ　人間の発達2〉　東京大学出版会

第9章　性に関する問題の理解と対応
●引用文献○●
浅井春夫　1999　子どもの性の自己決定権と性教育　日本子どもを守る会（編）子ども白書1999年版 "性と子どもの人権"　草土文化　36-40.
Cooper, S. J.　1991　*New strategies for free children : Child abuse prevention for elementary school children.*　New Jersey : the Educational Information & Resource Center (EIRC).　森田ゆり（監訳）・砂川真澄（訳）1995　「ノー」をいえる子どもに―CAP／子どもが暴力から自分を守るための教育プログラム　童話館出版
北沢杏子　1989　ぼくのいもうとがうまれた　アーニ出版
北沢杏子　1996　知的ハンディを持つ人びとへの性教育・エイズ教育　アーニ出版
ももち麗子　1999-a　ひみつ―問題提起作品集―　講談社
ももち麗子　1999-b　いたみ―問題提起作品集―　講談社
文部省　1999　学校における性教育の考え方，進め方
総務庁青少年対策本部（編）　2000　青少年白書（平成11年度版）―青少年問題の現状と対策―　大蔵省印刷局
高村寿子　1999　性の自己決定能力の育成　高村寿子（編）性の自己決定権を育てるピアカウンセリング　小学館　10-28.
武田　敏　1996　生と性のヘルスカウンセリング　武田　敏・弘中正美（編）（普及版）学校カウンセリング実践講座　学習研究社　48-49.
山本直英　1997　わたしとあなたの「からだ読本」　明石書店
渡辺純一　1999　ピアカウンセリング事業実施のプログラム　高村寿子（編）性の自己決定権を育てるピアカウンセリング　小学館　72-84.

○参考文献●○
Dilley, J. W., Pies, C. & Helquist, M.　1993　*Face to Face : A guide to aids counseling*（update

version). Aids Health Project. 矢永由美子（訳） 1994 エイズ・カウンセリング・ガイド　HBJ出版局
河野美代子　1998　いのち・からだ・性　高文研
村瀬幸浩　1998　21世紀性と性教育のゆくえ　大月書店
山本直英　1997　セクシャル・ライツ　明石書店

第10章　障害児の理解と援助
●引用文献○●

ＡＡＭＤ　1973　*Manual on terminology and classification in mental retardation.*　村上氏廣（訳・監）　1975　精神遅滞の用語と分類　日本文化科学社
ＡＡＭＲ　1992　*Mental retardation : Definition, classification, and systems of supports.*　茂木俊彦（監訳）　1999　精神遅滞―定義・分類・サポートシステム―　学苑社
ＡＰＡ　1994　*Quick reference to the diagnostic criteria from DSM-IV.*　高橋三郎・大野　裕・染矢俊幸（訳）　1995　ＤＳＭ―Ⅳ　精神疾患の分類と診断の手引き　医学書院
上野一彦　1998　発達障害とその臨床的援助　下山晴彦（編）　教育心理学Ⅱ　発達と臨床援助の心理学　東京大学出版会　73-101.
藤本光孝　1992　障害児の理解と対応　中山　巌（編著）　教育相談の心理ハンドブック　北大路書房　172-190.
学習障害及びこれに類似する学習上の困難を有する児童生徒の指導方法に関する調査研究協力者会議　1995　学習障害児等に対する指導について（中間報告）
学習障害及びこれに類似する学習上の困難を有する児童生徒の指導方法に関する調査研究協力者会議　1999　学習障害児に対する指導について（報告）
文部省　1997　学習障害（ＬＤ）児等の理解と指導　みつめよう一人一人を―学習上特別な配慮が必要な子どもたち―
文部省　1999　生きる力をはぐくむために―障害を配慮した教育―
文部省初等中等教育局特殊教育課　1995　就学指導資料
文部省初等中等教育局特殊教育課　1999　特殊教育資料
長崎　勤・小野里美帆　1996　コミュニケーションの発達と指導プログラム―発達に遅れをもつ乳幼児のために―　日本文化科学社
佐藤泰正（編）　1997　障害児の心理　学芸図書出版

○参考文献●○
石部元雄・柳本雄次（編）　1998　障害学入門　福村出版
小林重雄（監修）　1999　発達障害の理解と援助　コレール社
中山　巌（編著）　1992　教育相談の心理ハンドブック　北大路書房
西村　學・小松秀茂　1998　発達障害児の病理と心理　培風館
佐々木正美（監訳）　1986　自閉症の治療教育プログラム　ぶどう社

第11章　生徒の進路についての指導と援助
●引用文献○●

橋本昭治　1979　職業的社会化　菊池章夫・斉藤耕二（編）　社会化の理論―人間形成の心理学―　有斐閣　169-184.
Herr, E. L. & Cramer, S.　1988　*Career guidance and counseling through life span : sysytematic approaches*（3rd. ed.）．Scott, Foresman & Co.
広井　甫・中西信男　1978　学校進路指導　誠信書房

引用・参考文献

宮沢秀次　1998　若者の就職意識　詫摩武俊（監修）性格心理学ハンドブック　福村出版　836-837.
文部省　1977　中学校・高等学校進路指導の手引き－進路指導主事編－　日本進路指導協会
文部省　1983　中学校・高等学校進路指導の手引き－中学校学級担任編－（改訂版）　日本進路指導協会
文部省　1984　中学校・高等学校進路指導の手引き－体験的・探索的な学習を重視した進路指導（啓発的経験編）　実務教育出版
Parsons, F.　1909　*Choosing a vocation.*　Houghton Mifflin.
仙崎　武　1991　進路指導の理論　仙崎　武・野々村　新・渡辺三枝子（編著）進路指導　福村出版　38-54.
Super, D. E. & Bohn, M. J.,　1970　*Occupational Psychology.*　Belmont : Wadsworth.　藤本喜八・大沢武志（訳）1973　職業の心理　ダイヤモンド社
Super, D. E., Crites, J. O., Hummel, R. C., Moser, H. P., Overstreet, P. L., & Warnath, C. F.　1957　*Vocational development : A framework for research.*　Teacher College, Columbia Univ.
佃　直樹　1991　進路情報の収集と活用　仙崎　武・野々村　新・渡辺三枝子（編著）進路指導　福村出版　133-147.
渡辺三枝子　1995　講義「進路指導におけるカウンセリング」文部省　進路指導の適性化を目指す－平成7年度全国中学校進路指導研修報告　日本進路指導協会　19-36.

○参考文献●○
内藤勇次（編）1991　生き方の教育としての学校進路指導－生徒指導をふまえた実践と理論－　北大路書房
日本進路指導学会（編）1982　現代進路指導講座（全4巻）　福村出版
仙崎　武・野々村　新・渡辺美枝子（編）1991　進路指導論　福村出版
白井利明　1999　生活指導の心理学　勁草書房

第12章　保健室の養護教諭の役割
●引用文献○●
福島　章　1992　青年期の心〈講談社現代新書〉講談社
加藤美智子・鳴澤　實　1991　親とのかかわり方　出井美智子・鳴澤　實（編著）子どもの心がわかる養護教諭　学事出版　147-169.
河合隼雄　1970　カウンセリングの実際問題　誠信書房
古賀靖之　1990　「行動分析」を活用したストレス対処法　金久卓也・野添新一（編）心の健康とストレス〈地方自治職員研修・総合特集シリーズVol.23〉公務職員研修協会　69-84.
古賀靖之・野添新一　1992　心身症の治療9　認知療法・行動療法　高久史麿（監）中川哲也（編）心身症〈Common Disease Series 20〉南江堂　93-99.
国分康孝・門田美恵子　1996　保健室からの登校　誠信書房　29-76.
文部省　2000　平成11年度の生徒指導上の諸問題の現状について（速報）
鳴澤　實　1991　先生とのかかわり方　出井美智子・鳴澤　實（編著）子どもの心がわかる養護教諭　学事出版　170-189.
日本教育新聞　1999　心身症，神経症等の実態把握及び対策に関する研究（厚生省研究班）7月23日
高田公子　1991　保健室と不登校児〈現代のエスプリ〉至文堂　79-87.
山中康裕　1990　児童心理臨床学総論　鑪幹八郎・村上英治・山中康裕（編）発達障害の心理臨床〈臨床心理学体系第12巻〉金子書房　1-37.

○参考文献●○
古賀靖之 1992 教育相談のための行動アセスメント 中山 巖（編著） 教育相談の心理ハンドブック 北大路書房 134-141.
古賀靖之 1992 保健室における養護教諭の対応 中山 巖（編著） 教育相談の心理ハンドブック 北大路書房 142-157.
文部省 1971 中学校におけるカウンセリングの考え方〈生徒指導資料第7集〉 大蔵省印刷局
文部省 1972 中学校におけるカウンセリングの進め方〈生徒指導資料第8集〉 大蔵省印刷局
文部省 1980 生徒指導上の問題についての対策―中学校・高等学校編〈生徒指導資料第15集〉 大蔵省印刷局
永田勝太郎・矢野 純・高田公子（編） 1988 からだの不調〈メンタルヘルス実践体系2〉 日本図書センター

第13章 スクールカウンセラーの役割
●引用文献○●
学校臨床心理士ワーキンググループ 1997 学校臨床心理士の活動と展開
東 晃子・武内珠美・山本義史 1999 スクールカウンセラーに対する派遣校教師の期待と懸念の変化に関する研究（3） 日本教育心理学会第41回発表論文集, 650.
村山正治 1998 臨床心理士によるスクールカウンセリング 氏原 寛・村山正治（編著） 今なぜスクールカウンセラーなのか ミネルヴァ書房 1-21.
大塚義孝・滝口俊子（編） 1998 臨床心理士のスクールカウンセリング1―その沿革とコーディネーター― 誠信書房
武内珠美・東 晃子・山本義史 1998 スクールカウンセラーに対する派遣校教師の期待と懸念の変化に関する研究（1） 日本教育心理学会第40回発表論文集, 236.
武内珠美・東 晃子・山本義史 1999 スクールカウンセラーに対する派遣校教師の期待と懸念の変化に関する研究（2） 日本教育心理学会第41回発表論文集, 649.
鵜養美昭・鵜養啓子 1997 学校と臨床心理士 ミネルヴァ書房
山本義史・上野徳美・武内珠美・東 晃子 1999 スクールカウンセラーに対する派遣校教師の期待と懸念の変化に関する研究（4） 日本教育心理学会第41回発表論文集, 651.

○参考文献●○
倉光 修 1998 臨床心理士のスクールカウンセリング2 その活動とネットワーク 誠信書房
村山正治・山本和郎（編） 1995 スクールカウンセラー その理論と展望 ミネルヴァ書房
村山正治 1998 新しいスクールカウンセラー―臨床心理士による活動と展開― ナカニシヤ出版
岡堂哲雄・平尾美生子（編） 1995 現代のエスプリ別冊 スクール・カウンセリング 要請と理念 至文堂
岡堂哲雄・平尾美生子（編） 1995 現代のエスプリ別冊 スクール・カウンセリング 技法と実際 至文堂
高野清純・渡辺弥生（編） 1998 スクールカウンセラーと学校心理学 教育出版
渡辺三枝子（編） 1997 学校に生かすカウンセリング ナカニシヤ出版

第14章 教育相談関係機関とその利用
●引用文献○●
原島 實 1991 初等少年院 高橋哲夫・田中英彦・原野広太郎・真仁田 昭・間宮 武（監修） 新田健一（編著） 法的措置と処遇〈実践・問題行動教育大系第23巻〉 開隆堂出版 174-191.
本間友巳・中川美保子 1997 不登校児童生徒の予後とその規定要因―適応指導教室通室者のフォロ

　　　　ーアップー　カウンセリング研究, 30, 142-150.
井村弘子　1999　わが職場から―扉の中の少年たち―　臨床心理士報（日本臨床心理士資格認定協
　　　　会）10（1），48-49.
栗田修司　1991　家庭児童の相談活動　高橋哲夫・田中英彦・原野広太郎・真仁田　昭・間宮　武
　　　　（監修）　杉本一義（編著）　教育福祉の援助方法〈実践・問題行動教育大系第22巻〉　開隆堂出版
　　　　213-229.
宮本中子　1997　わが職場から―非行臨床の現場から―　臨床心理士報（日本臨床心理士資格認定協
　　　　会）　9（1），29-30.
文部省初等中等教育局　1992　登校拒否問題への対応について（文部省初等中等教育局長通知）〈文
　　　　初中330　各都道府県教育委員会教育長・各都道府県知事・附属学校を置く各国立大学長・国立久
　　　　里浜養護学校長あて〉
文部省初等中等教育局中学校課　1998a　学校の「抱え込み」から開かれた「連携」へ―問題行動へ
　　　　の新たな対応―〈児童生徒の問題行動等に関する調査研究協力者会議報告〉
文部省初等中等教育局中学校課　1998b　生徒指導上の諸問題の現状と文部省の施策について
中川厚子・森井ひろみ・鶴田桜子　1997　適応指導教室の機能に関する研究―中学卒業生のフォロー
　　　　アップ―　カウンセリング研究, 30, 255-265.
下山寿子・須々木真紀子　1999　適応指導教室における相談活動―通級生徒（中学生）の在籍校との
　　　　かかわりと特徴から―　カウンセリング研究, 32, 163-172.
総務庁行政監察局（編）　1999　いじめ・不登校問題などの現状と課題　大蔵省印刷局

○参考文献●○

桑原義登　1994　わが職場から―児童相談所の現場から―臨床心理士会報（日本臨床心理士資格認定
　　　　協会）　5（2），33-34.
文部省　1998　登校拒否問題への取組について（小学校・中学校編）〈生徒指導資料第22集〉　大蔵省
　　　　印刷局
文部省初等中等教育局中学校課　1998　生徒指導上の諸問題の現状と文部省の施策について
大塚義孝・小川捷之（編著）　1995　臨床心理士職域ガイド〈こころの科学増刊〉　日本評論社
高橋哲夫・田中英彦・原野広太郎・真仁田　昭・間宮　武（監修）　新田健一（編著）　1991　法的措
　　　　置と処遇〈実践・問題行動教育大系第23巻〉　開隆堂出版

事項索引

●あ
アイコンタクト	214
愛着行動	43
赤ちゃん返り	47
アセスメント	224,227
「遊び型」非行	134
アドバイス	78,79,232
甘いレモンの論理	47
アンビバレンス	45

●い
息切れ型	98,99
「いきなり型」非行	134,144
医原病	23
意志決定	157,195,198,199
いじめ	91,93-95,114-128, 141,250,251,253
一時的保護	245
一般鑑別	248
イド	42
今，ここで	20
インボルブメント	145

●う
ウェクスラー式知能検査	56,173
内田・クレペリン精神作業検査	53,61,68

●え
エイズ教育	157
AAMR	175
A式知能検査	58
えこひいき	27
エス	42
SST（生活技能訓練）	36,252
SCT（文章完成法）	53,54,59,207
HTPテスト	54
エディプス・コンプレックス	48
NGO	156
MMPI	53,54
LD児	185-187
エレクトラ・コンプレックス	50
エンカウンター・グループ	35
援助交際	150,152,155,160
エンパワーメント	150

●お
置き換え	47
親学級	104

●か
外向型	41
解釈	76,80
買春（かいしゅん）	156
ガイダンス	3
介入	80,81
開発的教育相談	1,4
回避的反応	207,208
快楽原則	214,217
快楽原理	42
カイン・コンプレックス	50
カウンセラー	8,16,71-76,78-83
カウンセリング	71,146,147, 210-212,230-232,250
カウンセリング・マインド	16-18,31,146,159,199,222, 231,232
学業の不振	91
学習障害（LD）	185-187,202, 244
覚せい剤	138-140
学年部会	12,125
学歴信仰	105,106,108
家事事件	248
過剰適応	45,206,207
家族療法	104,246
カタルシス	21,35,36,211
学校カウンセリング	2
学校教育相談	2,13
学校恐怖症	84
学校ぎらい	87
学校臨床心理士	226,229
葛藤	45,50,51,101
家庭裁判所	127,131,248
家庭裁判所調査官	248
家庭児童相談室	246,247
家庭内暴力	86,100,101
家庭訪問	13,111
仮面	38
感情移入	17

●き
気質	39
キスの経験率	152
基本的信頼感	43
キャリア（career）	188,191, 192
ギャング・エイジ（徒党時代）	43,44
給食	94
教育研究所	127,243
教育センター	12,110,126,228,240,243
教育相談	1,5,147,159
教育相談関係機関	12,107,110, 240,253,254
教育相談室	161,243
教育相談所	243
鏡映法	36
強化	180
共感	6,17
共感的態度	21,162

事項索引

共感的理解	17, 159, 211, 212	心の病	86, 112, 113	自己実現	188, 193, 198, 199, 201
教示	61, 67, 75, 76	個人間差異	41	自己指導能力	4, 5, 18, 198
矯正教育	249	個人差	189	自己主張	36
強迫症状	100	個人資料	195	自己主張訓練	36
共有感覚	35	個人内差異	41	自己成長力	17
		個人理解	193	自己中心性	43

●く
ぐ犯少年　131
クライエント
　　16, 17, 19, 71-83, 199, 244
クライエント中心療法　17
グループ相談　197, 198

個性　39
子どもの権利条約　96, 149
個別式知能検査　55, 67, 68
個別指導　14
個別相談　197, 198
コミットメント　145
コミュニティ心理学　148
コラージュ療法　72
孤立児　64
コンサルテーション　224, 227, 229-231, 236
コンプレックス　46, 48-52, 60

自己否定感　206, 207
自己評価　5
自己受容　4, 5
自己理解　4, 6, 36, 190, 192, 193
自殺　81-83, 117, 206
自殺の危険因子　81
資質鑑別　247, 248
指示的カウンセリング　72
思春期　44
自然観察法　194
自尊感情　152
自尊心（プライド）　107
肢体不自由　166
質問　67, 77, 78, 80
質問紙法　53, 54, 58, 59, 68, 69
実用性　66, 68
児童観　32
児童期　43
児童虐待　155, 245, 246
児童自立支援施設　245, 248
児童相談所　126, 127, 148, 245, 254
児童ポルノ買春禁止法　156
自閉症　181-184
社会的絆理論　145
社会的適応能力　189
社会的望ましさ　54, 69
社会統制理論　144, 145
射精　151, 154
集団式知能検査　55, 58
集中的グループ経験　35
受動的適応　45
守秘義務　15, 34, 229, 237, 245
受容　6, 19, 162, 197
受容的態度　19-21, 159
昇華　48
障害者　34
障害心理学　165
情緒障害　171, 166, 203
焦点のあて方技法　75, 76

●け
K-ABC検査　173, 174
警察の少年課　250
啓発的経験　188, 192, 197
ケースワーカー　127, 246
月経開始　151
健康者常態定型曲線（定型曲線）　62
言語障害　166
言語性IQ　57, 58
言語性検査　53, 57
検査者　66-68
現実吟味　21, 60, 103, 195
現実原則　217
現実原理　42

●こ
高等学校中途退学者　199, 202
構成概念　42
向性検査　41
構成的グループ・エンカウンター　147
校則　95, 96, 98
行動化　100, 101
行動観察法　194
行動症状化　203
行動療法　183, 184
行動標本抽出法　194
校内暴力　22, 141, 147, 253
合理化　47
心の居場所　22, 28, 85, 109, 223, 241
心のサイン　107

●さ
再登校　102-104, 109, 112, 113, 252
再テスト法　66
作業曲線　61, 62
作業検査法　53, 54, 58, 61
作業療法　71
作業療法士　252
三者相談　198

●し
CAT（児童用主題統覚検査）　53, 54
CAP（子どもへの暴力防止）　158
シェーピング　217
ジェンダー　150
自我　42
視覚障害　166
シカト　94
自我同一性　44
自我同一性拡散　44
自我の防衛機制　46
自我防衛　35, 60
時間標本抽出法　194
試験観察　249
自己開示　34, 75, 76

少年院	249
少年鑑別所	148,247,248
少年刑法犯	131-143
少年事件	248
少年総合相談センター	127
少年非行	128,129
少年法	130
少年補導員	250
少年補導センター	250
職業観	189,197,199
職業指導	190,192,249
職業生活（職業観）	199,200
職業的自我同一性	44,108,189
触法少年	131,137
自立	10,16,21,23,33,94,108
自立活動	180
事例研究（ケーススタディ）	13,144
事例研究会（ケース・カンファレンス）	13,229
人格	38,39
人格目録法	53,54
進学指導	199
新学習指導要領	197
神経症的不登校	97,98,101
人工妊娠中絶	152,153
新生児期	42
身体言語	75
身体症状化	203
身体像	179
身体的虐待	155
心的外傷後ストレス障害（PTSD）	156,238
シンナー嗜癖	208
信頼性	58,59,66
心理検査	53,68,243
心理的虐待	155
心理判定員	246
心理療法	71,243
進路指導	1,24,111,181,188-190,192
進路情報	188,192,193,195,196
進路相談	197,198

●す

水面に浮かぶ氷の原理	7,19
スーパーヴィジョン	72,224,230,237,245
スキル訓練	216
スキンシップ	43,158
スクールアドバイザー	227
スクールカウンセラー	14,110,125,146,222,226,228,230-239
スクールカウンセラー活用調査研究	222,223,226-228,230,234
スクールセクハラ	155
すくみ反応	97,100
スチューデント・アパシー	44
すっぱいぶどうの論理	47
ストレス	27,100,101,204
ずる休み	84,112

●せ

生育歴	14,19,61
性格	39
性格症状化	203
性格（人格）検査	53,78
性格未熟型	99
性格類型	59
生活技能訓練（SST）	36,252
生活指導	3,95
生活単元学習	180
生活年齢（CA）	55
性感染症	150,152,153,163
性教育	157,158
性行動	152,154,155
性交の経験率	152
性差別	150
青少年白書	131,140,142
精神科クリニック	251,252
精神科病院	251,252
精神症状化	203
精神遅滞	175
精神遅滞児	55,67
精神年齢（MA）	55
精神分析理論	42
精神保健福祉センター	127,250,251
精通現象	151
生体防御反応	204
性的虐待	149
性的自我同一性	44
性的人権	149
生徒間暴力	141
生徒指導	2,5,147
生徒指導主任	125,250
生徒理解	192,193
青年期	44
性の逸脱行為（行動）	141,142,154,156
性の受容（認識）	152
性犯罪	140
セクシュアル・ハラスメント	155
積極技法	75,76
積極的適応	45
摂食障害	252
折衷的カウンセリング	72
折半法	66
潜伏期	152

●そ

躁うつ性気質（循環性気質）	40
早期療育	179
創造性	54
相談機能	245
相談室登校	110,242
ソシオグラム	64,65
ソシオマトリックス	64
ソシオメトリック・テスト（ソシオメトリー）	53,64

●た

第一反抗期	43
怠学	84,85
大学院指定制度	245
大学入学資格検定（大検）	98,111
大学付設心理教育相談室	244,245
対教師暴力	141
対決技法	75,76
体験学習	33,34,197
退行	46
退行現象	214
対象喪失体験	82

事項索引

対人恐怖症	252	DSM—IV	182	●に	
耐性	242	ティーチ（TEACCH）・プログラム	173,174,184,185	二次的反応	100,101
第二次性徴	44,151,152			日本臨床心理士資格認定協会	245
第二反抗期	44	デイ・ケア（昼間通所）	251,252	乳児期	42
体罰	95	適応（順応）	45,54	人気児	64
代理自我	10	適応機制	46		
ダウン症（ダウン症候群）	178,179	適応指導教室	110,111,240-244	●ね	
田研式親子関係診断テスト	63	適性検査	63	ネグレクト	155
他者理解	36	テスト・バッテリー	68	年少少年	137
妥当性	58,59,65,68	テレクラ	154	年長少年	137
田中・ビネー式知能検査	53,56	転移	47	年齢尺度	56
谷間説	82	てんかん性気質（粘着性気質）	40		
WISC	53,56	転校	28,96,205,216	●の	
WISC—R	53,56,57,173	点数尺度	56	能動的カウンセリング	74
WISC III	53,173	電話相談	13,159,243,254		
WAIS	53,56			●は	
WAIS—R	53,56	●と		パーソナリティ	38-42,54,248
WPPSI	53,56,173	同一視	46	売春	134
WHO（世界保健機構）	165	投影法	53,54,58,59,60	排斥児	64
「Who are you？」	34	動機づけ	68	バウム・テスト（樹木画法）	53,54,60
男性性（アニムス）	51	登校拒否	84-87,96,240	ハロー効果	194
		登校刺激	97,101,111,214	犯罪少年	131
●ち		統合失調症（精神分裂病）	82,86,251,252	犯罪白書	129,131,140
チック	47,100	動作性 IQ	57,58	反社会的行動	7,21,22,104,130
知の障害	166,167,169,175,179	動作性検査	53,57	反射（くりかえし）	19,20
知能	39	動作的コミュニケーション	33	反動形成	46
知能検査	53,54,68,69,70	闘士型	40	反応歪曲	54
知能指数（IQ）	55-58,69,70,175-177	投射	46	ハンディキャップ	166
知能偏差値	58	統制観察法	194		
チャレンジ登校	110,242	特殊学級	167,168-171,181	●ひ	
中間少年	137	特殊教育諸学校	114,167	ピア（仲間）カウンセリング	157
聴覚障害	166	特性	39	P—Fスタディ（絵画—欲求不満）	53,54
超自我	42	特性＝因子説（パーソンズモデル）	190	B式知能検査	58
直面化	163	特性論	41,42	被害者対策要綱	250
治療の教育相談	1,4	図書室登校	110	ひきこもり行動	100,102
		取り入れ（摂取）	46	被検者	54,56,58-62,66-69
●つ		トリックスター（仕掛人）	105	非行	92,93,129-148
追指導	192,201	ドリフト（漂流）理論	144	非行少年率	137
通級指導教室	167-172			非社会の行動	7,104
通知表	28,29,39,111	●な		ビネー式知能検査	55,173
		内観療法（内観法）	72,247	肥満型	40
●て		内向型	41	秘密保持	164
ディアナ・コンプレックス	51				
TAT（主題統覚検査）	53,54				

ヒューマンネットワーク	216
描画法	54,60
病弱・虚弱	166
比率ＩＱ	56

●ふ
フィードバック	75,76,193
不一致型	63,64
風景構成法	54
フェティシズム（物品性愛症）	47
福祉事務所	246
不純異性交遊	7
父性原理	21,22
不定愁訴	202
不適応	28,91,199
不登校	84-113,205,218,243
部分登校	109,111
不本意入学	199
ブラインド・ウォーク（閉眼歩行）	33,34
フラストレーション（欲求不満）	45,117,118
フラストレーション・トレランス（欲求不満耐性）	45
分化的接触理論	144
分離不安型	98
分裂性気質（内閉性気質）	40

●へ
並行面接	12,243
ペルソナ	38
偏差知能指数（DIQ）	56,57
偏食	94

●ほ
傍観者	95,105
暴走族	134
法務教官	249
法務局	128
訪問教育	167
ポーテージ・プログラム	173
保健室	109,202,203,208
保健室登校	109,110,213,215,216,242
保健婦	251
保護処分	248
保護観察	249
保護者会	125,241
母子家庭	28
補償	48
ホスピタリズム（施設病）	43
母性原理	21,22
細長型	40
ホメオスタシス	45,203

●ま
マイクロ技法	75
マッチング理論	190

●む
無気力型	97-99
矛盾型	63,64

●め
明瞭化（要約）	19,20
メサイア・コンプレックス	52
面接法	194

●も
持ち物検査	96
モラトリアム（猶予期間）	44
問題解決能力	163
問題行動	3,7,9,130,204,210
問題行動観	7

●や
薬物乱用	142
やらせ的な行為	112
ヤング・テレフォン・コーナー	127,250

●ゆ
遊戯療法	183,184
有料制	244
夢	80,81
夢分析	81

●よ
良い子像	105,106
養育態度	63,64
養護学校	167
養護教諭	14,109,110,121,125,161,204,205,208,209,218,219,221
幼児期	43
抑圧	46,48

●ら
来所相談	243
ラベリング理論	145
ラポート（ラポール）	66,159,163,198

●り
離婚	28
リビドー	41
リプロダクティブ・ヘルス	149,150
リレーション	214,215
臨床心理士	86,128,227,245,251,252

●る
類型論	40,41

●れ
レイプ	160
劣等感	46,48,52,99,120
劣等感の過補償	144
劣等コンプレックス	51
レディネス	216

●ろ
ロールシャッハ・テスト	53,54,59,60,173,174
ロール・プレイング（役割演技）	35,36,247

●わ
Ｙ－Ｇ性格検査	53,54,59
悪者（犯人）捜し	108

人名索引

● A
Adler, A. 51
Allport, G. W. 38
荒井　清 108
浅井春夫 150

● B
Binet, A. 55
Bohn, M. J. 199, 200
Broadwin, I. T. 84

● C
Cattell, R. B. 41
Cooper, S. J. 159
Cramer, S. 199

● E
遠藤隆行 134
Erikson, E. H. 42, 44

● F
Freud, S. 42, 48, 49, 152
藤本光孝 166
福島　章 204

● G
Ginott, H. G. 23
Ginzberg, E. 190
Guilford, J. P. 59

● H
原島　實 249
原野広太郎 18
橋本昭治 200
Herr, E. L. 199
東　晃子 231
樋口幸吉 130
広井　甫 193
広瀬寿克 124

本間友巳 241

● I
飯田芳郎 3
井村弘子 248
印東太郎 56
Ivey, A. E. 75

● J
神保信一 17
Johnson, A. M. 84
Jung, C. G. 41, 48, 50

● K
Kanner, L. 181
菅野　純 16, 147
笠原　嘉 44, 82
加藤純一 10
加藤美智子 220
Kaufman, A. S. 174
河合隼雄 8, 9, 104, 108, 211
菊池武剋 144
北島貞一 17, 18
北沢杏子 157, 158
小林万洋 134
Koch, K. 60
児玉　省 56
古賀靖之 122, 203, 210
国分康孝 213
Kraepelin, E. 61
Kretschmer, E. 40
粟田修司 246

● M
Maltsberger, J. T. 82
松原達哉 119, 120
宮本中子 250
宮沢秀次 199
茂木俊彦 175

ももち麗子 159
Moreno, J. L. 64
村山正治 228, 231

● N
長崎　勤 173
名島潤慈 80, 81
中川厚子 241, 242
中西信男 193
中山　巖 7, 18, 33-35
中沢次郎 1
鳴澤　實 219

● O
岡本潤子 134
小野里美帆 173
大塚義孝 227

● P
Parsons, F. 190

● R
Rogers, C. R. 17, 35
Rorschach, H. 59

● S
斉藤礼子 106
佐々木健 10
佐藤郁哉 145
佐藤修策 84
佐藤泰正 165
Schopler, E. 174, 184
関　文恭 147
仙崎　武 191
下山寿子 242
品川不二郎 56, 63
品川孝子 63
Simon, T. 55
Sullivan, H. S. 77

310

Super, D. E.
　　　　　　　190, 191, 193, 199, 200
鈴木治太郎　　　　　55
Symonds, P. M.　　63

●T
高田公子　　　　　208, 209
高橋祥友　　　　　　81
高村寿子　　　　　　158
武田　敏　　　　　　153
武内珠美　　　　　　231
滝口俊子　　　　　　227
田中寛一　　　　　　56
田中熊次郎　　　　　65
佃　直樹　　　　　195, 196

●U
内田勇三郎　　　　　61
上野一彦　　　　　　185
鵜養啓子　　　　　　226
鵜養美昭　　　　　　226

●W
鷲見たえ子　　　　　84
渡辺純一　　　　　　157
渡辺三枝子　　　　　198
渡辺　位　　　　　　101
Wechsler, D.　　54, 56
Wickman, E. K.　　　7

●Y
山本和郎　　　　　　148
山本直英　　　　　　160
山本義史　　　　　　231
山中康裕　　　　　　204
矢田部順吉　　　　61, 62
矢田部達郎　　　　　59
吉田脩二　　　　　　105

〔編者紹介〕

中山　巖（なかやま　いわお）

1943年　長野県に生まれる
1970年　広島大学大学院教育学研究科博士課程教育心理学専攻単位取得満期退学
現　在　佐賀大学文化教育学部教授
主　著　『教育実践心理学』（共著）　北大路書房　1986
　　　　『現代教育臨床心理学要説』（共著）　北大路書房　1987
　　　　『生徒指導』〈実践教職課程講座第9巻〉（共著）　日本教育図書センター　1987
　　　　『教育相談の心理ハンドブック』（編著）　北大路書房　1992
　　　　『生活諸相の心理学ハンドブック』（共著）　北大路書房　1993

学校教育相談心理学

2001年3月1日　初版第1刷発行　　定価はカバーに表示
2006年3月1日　初版第7刷発行　　してあります。

編　　者　　中　山　　巖
発　行　所　㈱北大路書房

〒603-8303 京都市北区紫野十二坊町12-8
電　話　(075) 4 3 1 — 0 3 6 1 ㈹
FAX　(075) 4 3 1 — 9 3 9 3
振　替　01050-4-2083

©2001　印刷／製本　創栄図書印刷㈱
検印省略　落丁・乱丁本はお取り替えいたします

ISBN4-7628-2209-4　　　　Printed in Japan